MAXIMILIANO Y JUAREZ

JASPER RIDLEY

MAXIMILIANO Y JUAREZ

Javier Vergara Editor s.a.
Buenos Aires / Madrid
México / Santiago de Chile
Bogotá / Caracas / Montevideo

Título original
MAXIMILIAN AND JUAREZ

Edición original
Constable London

Traducción
Anibal Leal

Diseño de tapa
Susana Dilena

Ilustración de tapa
La Ejecución de Maximiliano de México
de Edouard Manet, Museo del Estado de Mannheim

ISBN 950-15-1411-0

Impreso en la Argentina/Printed in Argentine.
Depositado de acuerdo a la Ley 11.723

A mi hija Bárbara

RECONOCIMIENTOS

Su Majestad la Reina Isabel II me autorizó graciosamente a examinar los documentos de los Archivos Reales, y a publicar la información recogida allí.

Deseo agradecer a Susan Adrian y a mi hija Bárbara Ridley, que me llevaron a casi todos los lugares de México mencionados en el libro, y por su ayuda con las ilustraciones; al senatore Arduino Agnelli, por la bondad que me demostró en Trieste; a Jean Cadell por su asesoramiento en las traducciones; a Angus Cundey, de Henry Poole and Company, por su información acerca de las medidas de Maximiliano, preservadas en los registros de su firma desde 1861, cuando le confeccionaron un traje, durante su visita a Inglaterra; a la dottoressa Rossella Fabiani por su información y la ayuda que me prestó en Miramar; a Catherine Johns por su ayuda en la investigación; al señor Raúl Ortiz, de la Embajada de México en Londres; a Alice Rodman y Elissa Chandler por su hospitalidad en Baltimore mientras yo investigaba en Washington, D.C.; al doctor Michael Smith, por la información acerca de cuestiones médicas; y al señor J.A. Velasco de Oxaca por la información local acerca de Guelatao, la aldea nativa de Juárez.

También deseo agradecer a los bibliotecarios y el personal de la Bibliothèque Nationale de París; de la British Library de Londres; de la British Newspaper Library en Colindale; de la Canning House de Londres; de la Biblioteca del Congreso en Washington, D.C.; de la London Library; del Museo Juárez de Ciudad de México; de los Archivos Nacionales de Ciudad de México; de los Archivos Nacionales de Washington, D.C., y la Rama de Referencia Militar; al Archivo Público de Kew; a los Archivos Real del Castillo de Windsor, y al Staatsarchiv de Viena.

Agradezco a mi esposa Vera que leyó el texto mecanografiado, y que suministró sugerencias muy útiles; a Denis Jones que ayudó en el fotocopiado, y a mi hijo John que leyó las pruebas.

INDICE

Reconocimientos 9

1. Partida de Miramar 13

2. Gutiérrez busca un emperador 18

3. Hidalgo se une a la búsqueda 34

4. El general y el indio 44

5. Las grandes potencias participan en el conflicto 50

6. El archiduque Maximiliano 55

7. Napoleón III cambia de actitud 71

8. La expedición a Veracruz 79

9. Saligny quiere la guerra 94

10. El cinco de mayo 110

11. Seward apacigua a Napoleón III 125

12. Puebla está en nuestras manos 135

13. En Ciudad de México 146

14. Bezaine contra la Iglesia y la guerrilla 153

15. El pacto de familia 172

16. Llega Maximiliano 178

17. La captura de Oaxaca 188

18. ¿Victoria o derrota? 198

19. La persecusión de Romero 207

20. ¿Invadirán los norteamericanos? 216

21. Alice Iturbide 227

22. Grant, Sherman y Sheridan 233

23. El secreto negro 240

24. Charlotte viaja a Europa 253

25. Querétaro 269

26. El diecinueve de junio 282

27. "Dios no lo quería" 294

Bibliografía 303

1

Partida de Miramar

El domingo 10 de abril de 1864 fue un día muy cálido, con un cielo azul sin nubes en la ciudad austríaca de Trieste. Hacia las 10,30 de la mañana centenares de personas se habían alineado a los costados de la calle que partía del puerto y bordeaba la costa del golfo de Venecia, hasta el palacio de Miramar, a unos seis kilómetros y medio al norte de la ciudad. Miramar era la residencia del archiduque Ferdinando Maximiliano, hermano del emperador Francisco José de Austria —el archiduque Max, como los leales habitantes de Trieste lo llamaban afectuosamente.

La gente miraba los cuatro carruajes oficiales, precedidos por soldados a caballo, que se desplazaba lentamente por el camino en dirección a Miramar. El escudo de armas de las portezuelas del carruaje y la librea de los hombres a caballo eran los del archiduque Max, pero los caballeros de levita negra que viajaban en los carruajes eran mexicanos, que venían en una extraña misión: habían venido a proclamar emperador de México a un archiduque austríaco. El jefe de estos hombres, que no había puesto el pie en México desde hacía veinticuatro años, se sujetaba a la autoridad de una asamblea de notables de Ciudad de México. Los notables habían sido designados por el comandante en jefe del ejército francés de ocupación, que había llegado a la capital después de catorce meses de duros combates, pero que aún controlaba menos de un tercio del territorio mexicano.

Pocos minutos antes de las once los mexicanos llegaron al palacio encantado de Maximiliano, la residencia que él había comenzado a construir apenas unos años antes. Vieron un edificio blanco encaramado sobre una roca que sobresalía en dirección al mar, un castillo normando por el estilo pero por el espíritu perteneciente a la mitad del siglo XIX, las almenas cuadradas adornadas a veces con ornamentos barrocos, un producto del romanticismo pos-Biedermeier. Don José María Gutiérrez de Estrada, el jefe de la delegación mexicana, había estado varias veces en Miramar, pero los mexicanos que llegaban por primera vez seguramente se sorprendieron al ver que el palacio del archiduque, su futuro emperador, era un bungalow: hasta ese momento sólo se había completado la planta baja. Los terrenos del castillo estaban atestados de personas, pues los jardines de Miramar siempre se abrían al público los domingos, aunque nunca se había visto tanta gente como ese día.

Los mexicanos fueron recibidos a la puerta del castillo por el conde Zichy-Metternich, gran maestro de la residencia, que los condujo de la terraza al vestíbulo, en cuyo centro había una gran mesa de billar. Atravesó con ellos una serie de cuartos pequeños, incluso el dormitorio de Maximiliano, que parecía el camarote de un barco; ninguna de las habitaciones tenía más de tres metros de alto, pero todas estaban decoradas artísticamente con cuadros muy trabajados, y de todas las paredes colgaban retratos de Maximiliano, sus antepasados y otros Habsburgo reales.

El conde Zichy condujo a los visitantes hasta que llegaron al dormitorio más amplio, la única habitación suficientemente espaciosa como para recibir a la delegación mexicana. El vestíbulo de entrada era más amplio, pero no podía realizarse allí la ceremonia a causa de la mesa de billar, demasiado amplia para ser puesta en otro lugar. Se había llevado una mesita al dormitorio, y allí ocupaba el lugar de las dos camas; era de mármol negro y blanco, con patas curvas de madera dorada, y la superficie estaba cubierta por pequeñas *mezzotintas* de lugares de Roma. Maximiliano deseaba afirmar su aceptación del trono de México sobre esa mesa, que le había sido regalada por el papa Pío IX.

Los mexicanos encontraron al archiduque y su esposa belga, la archiduquesa Charlotte, rodeados por los secretarios, los funcionarios y diplomáticos austríacos y franceses. Maximiliano vestía el uniforme azul de gala de un almirante de la marina austríaca, con la Orden del Toisón de Oro alrededor del cuello. Le sentaba bien, pues él tenía un metro noventa y cinco de estatura, y era robusto y apuesto, aunque un poco obeso por tratarse de un hombre de treinta y un años. Tenía el cutis claro, y los cabellos y la barba rubios, con la barba larga y dividida en el medio, de modo que terminaba en dos puntas. Los ojos azules mostraban una expresión bondadosa y soñadora, que no sugería los ojos de un joven que otrora había escrito en su diario que experimentaba mucha satisfacción al observar el derramamiento de sangre y el sufrimiento en una corrida de toros.

La archiduquesa Charlotte, que se había puesto un vestido rosado con la faja negra de la Orden de Malta sobre el busto y llevaba una tiara de diamantes sobre los cabellos castaños oscuros, era impresionante más que hermosa. Esta joven decidida, que pronto tendría veinticuatro años, poseía una figura elegante y una actitud imperiosa. La cara y la boca eran fuertes y firmes, pero podían suavizarse para mostrar una sonrisa seductora y cordial. Una mirada a las caras de Maximiliano y Charlotte revelaba lo que todo los amigos sabían: la archiduquesa tenía un carácter mucho más fuerte que el de su esposo.

Los delegados mexicanos, con sus levitas negras, permanecían agrupados a pocos pasos de la pareja, y Gutiérrez de Estrada comenzó su discurso. Habló en francés, el idioma de la diplomacia internacional, la segunda lengua de todas las familias reales europeas, y también el habla de los soldados del ejército extranjero de ocupación que había invadido su patria. Se refirió sólo por implicación a la guerra civil que poco antes había asolado México, y no aludió en absoluto al gobierno liberal de su enemigo, Benito Juárez, que aún controlaba parte del país. Pero elogió al emperador de los franceses, Napoleón III, y a Maximiliano y Charlotte, "una princesa que es reina no sólo por su gracia sino por sus virtudes y elevada inteligencia". Era justo que Maximiliano, "un meritorio vástago del emperador Carlos V y de la emperatriz María Teresa", se convirtiera en gobernante de un pueblo que siempre había adherido al catolicismo y a la monarquía, los dos grandes principios introducidos en México por "el pueblo noble y generoso", los españoles, que habían "expulsado de ese país los errores y las sombras de la idolatría".

Maximiliano contestó en español, la lengua de sus nuevos súbditos. El y Charlotte habían llegado a dominar bien el español desde el momento en que comenzaron a aprenderlo, dos años antes. Leyó un escrito previamente preparado, analizado, corregido y censurado por su hermano Francisco José y los ministros de este, y que era un texto que en definitiva él había aceptado. Dijo que los documentos que le habían mostrado lo convencían, y que había sido elegido emperador no sólo por la asamblea de notables de Ciudad de México sino por la abrumadora mayoría del pueblo mexicano. Prometió que gobernaría como un monarca constitucional y que otorgaría a México una constitución liberal apenas se resolvieran las dificultades presentes.

Cuando terminó, los mexicanos aplaudieron entusiastamente y exclamaron: "¡Viva el emperador Maximiliano de México! ¡Viva la emperatriz Charlotte de México!" En el mismo instante, sobre el palacio de Miramar se desplegó la bandera imperial de México, la tricolor roja, blanca y verde. Al ver la bandera, el comandante de los buques de guerra austríacos amarrados en el puerto de Trieste ordenó que se realizara un saludo con veintiún cañonazos.

Monseñor Reditch, limosnero de Miramar, presidió el juramento de Miramar, que se comprometió a defender la independencia de México y la inviolabilidad de su territorio, y a proteger el bienestar del pueblo mexicano. Después, Maximiliano y Charlotte y los dignatarios reunidos más importantes, se reunieron en la minúscula capilla, que albergaba apenas a una docena de personas, para asistir al servicio de acción de gracias, en el curso del cual el coro de la capilla cantó devotamente el *Te Deum*.

Después del almuerzo, hubo otra ceremonia en que el nuevo emperador de México firmó un tratado con Francia. El Tratado de Miramar fue firmado después de casi un año de regateos y forcejeos que habían dejado a Maximiliano con una sensación de resentimiento que él jamás podría disipar del todo. Pero el 10 de abril en Miramar hubo únicamente sonrisas y apretones de mano en el curso de la ceremonia de la firma.

Maximiliano pasó casi una hora firmando otros documentos y designando a sus embajadores en las diferentes cortes europeas; después, se retiró a la biblioteca antes del gran banquete que se celebraría por la noche. Solo frente a su amplio escritorio en la pequeña habitación, de espaldas a la ventana que daba al mar, su cara vuelta hacia un retrato de Charlotte niña pintado por Winterhalter, se desplomó exhausto. Cuando sus criados acudieron para ayudarlo a cambiarse y prepararse para la cena, lo encontraron semiinconsciente, los brazos extendidos sobre el escritorio y la cabeza descansando entre ellos.

Llamaron a su médico, el doctor Jilek. Lo que vio no llegó a sorprenderlo. Había estado esperando durante varias semanas un derrumbe de esta clase, a medida que el humor de Maximiliano pasaba de la alegría a la desesperación, del placer ante la perspectiva de convertirse en emperador de México al pesar porque debía abandonar a su amada Austria y renunciar a su derecho al trono austríaco. La preocupación de Jilek por la salud de Maximiliano era una de las razones por las cuales se había opuesto a la iniciativa relacionada con México. Ahora estaba prestando uno de sus últimos servicios al paciente, porque había declarado con mucha firmeza que no acompañaría a Maximiliano en su viaje a México.

El médico dijo a los funcionarios de Miramar que el archiduque necesitaba un descanso total y no podía asistir al banquete oficial ofrecido esa noche. La archiduquesa —el doctor Jilek trataba de recordar que debía llamarlos ahora emperador y emperatriz— tendría que presidir en lugar del emperador. Charlotte lo hizo muy bien, y se disculpó por la ausencia del emperador e impresionó a todos con su calmosa serenidad y su regio encanto.

Maximiliano y Charlotte debían partir al día siguiente para México en el buque de guerra austríaco *Novara*, suministrado por Francisco José; pasarían por Roma en el trayecto, para recibir la bendición papal. Pero el doctor Jilek dijo que Maximiliano no estaba en condiciones de viajar, y lo llevaron a un pequeño cottage levantado en los terrenos del castillo, donde podía descansar sin que lo molestasen. Cuando se difundió en Trieste y las cercanías la noticia de que se postergaba la partida, los funcionarios locales y los restantes ciudadanos aprovecharon la oportunidad para realizar una última visita en Miramar al archiduque Max. Maximiliano estaba demasiado enfermo para recibirlos, y Charlotte ocupó su lugar. Ella también recibió imperturbable a las delegaciones de Venecia y Fiume.

Hacia el 13 de abril Maximiliano había reaccionado, y se decidió que podía partir al día siguiente. En la última velada no había una nube en el cielo cuando la condesa Paula von Kollonitz, dama de compañía de Charlotte, miró por la ventana de los apartamentos de Charlotte y por última vez vio cómo el sol se hundía en el mar por el oeste. Durante la noche se levantó viento, y hacia el alba las olas rompían en los acantilados que estaban debajo del palacio, aunque el día volvió a ser soleado.

Durante la mañana, los principales ciudadanos de Trieste fueron a Miramar para despedir al archiduque, que había sido un hombre muy popular con los habitantes de la ciudad durante los años de su residencia en el lugar. Maximiliano estaba en condiciones de recibirlos, pero casi se desplomó cuando le entregaron un mensaje de despedida firmado por 12.000 habitantes locales.

A las dos de la tarde del 14 de abril, Maximiliano y Charlotte y sus acompañantes, observados por una nutrida multitud que se había reunido cerca del embarcadero, abordaron la lancha que debía llevarlos al *Novara*. Una banda local ejecutó el himno mexicano, pero Charlotte se volvió hacia la condesa Zichy-Metternich y murmuró: —Mire al pobre Max, cómo llora.

Miramar continuó siendo visible largo rato mientras navegaban hacia el sur a lo largo del Adriático buscando el extremo de Italia y Civita Vecchia, de donde irían a Roma. En esta ciudad les preparaban grandes recepciones y banquetes, pero allí la gente cantaba una de esas letrillas de actualidad que eran tan populares en las clases bajas:

Massimiliano, non ti fidare!
Torno al castello di Miramare!

Maximiliano, ¡no confíes en ellos!
¡Regresa, regresa a Miramár!

2

Gutiérrez busca un emperador

Si Maximiliano no podía decidir si se sentía feliz o desgraciado al haber recibido la corona de México, Gutiérrez de Estrada no soportaba esa ambivalencia. Su visita a Miramar el 10 de abril fue el día más feliz de su vida. Era el fin de una larga búsqueda. A lo largo de veintidós años había viajado de su hogar en Roma a París, Viena y Londres, con el propósito de encontrar un emperador para su amado México. Finalmente, había encontrado a Maximiliano. Una semana después agasajaba a Maximiliano en una recepción en su casa de Roma. "La aristocracia romana más distinguida", escribió Paula von Kollonitz, "se reunió en los salones del señor Gutiérrez de Estrada: entre ellos había muchas damas nobles, cuyos ojos brillaban tan intensamente como los diamantes que adornaban su cuello y los cabellos... el viejo Gutiérrez lloró de alegría ante el honor que recaía sobre su familia. Es un hombre excelente y meritorio".

Cuando Gutiérrez nació en México, en el año 1800, el rey Carlos IV de España gobernaba en el continente americano, un imperio de más de 5.500.000 de millas cuadradas. Incluía la totalidad de América del Sur, excepto la colonia portuguesa de Brasil y los territorios británicos, franceses y holandeses de Guayana; todo el territorio de América Central, excepto Honduras británica, y también Cuba y otras islas, y todo lo que ahora corresponde a los Estados Unidos al oeste del Mississippi, además de Florida. Se extendía a través de 98 grados de latitud, del Cabo de Hornos en el sur a una frontera indeterminada —alrededor de 480 kilómetros al norte de San Francisco— con el territorio en general inexplorado y deshabitado, llamado Oregón, por el gran río Oregón, que estaba señalado en todos los mapas pero de hecho no existía. Oregón separaba el Imperio español de la colonia británica de Canadá y de la América rusa, gobernada en representación del zar loco Pablo I por el gobernador ruso de Nueva Arcángel (Sitka). España, Rusia, Gran Bretaña y Estados Unidos reclamaban todos la soberanía sobre Oregón, pues en esa costa habían desembarcado marinos españoles, rusos y británicos, y los exploradores norteamericanos Lewis y Clark habían llegado allí por tierra viniendo de St. Louis.

En 1800 España cedió a Francia el territorio denominado Louisiana, entre el río Mississippi y las Montañas Rocallosas. Tres años después, Francia vendió ese territorio a Estados Unidos, y en 1819 España cedió Florida al mismo país.

De todas las exploraciones y conquistas realizadas por los españoles en el Nuevo Mundo, Gutiérrez y sus amigos mexicanos conservadores se sentían especialmente orgullosos de la conquista de México por el pequeño grupo de conquistadores de Hernán Cortés en 1521. Cortés y sus hombres habían invadido el Imperio Azteca de Moctezuma con dos propósitos, a los que atribuían la misma importancia: encontrar oro y conquistar para el cristianismo católico las regiones paganas de América. Encontraron poco oro, pero hallaron grandes cantidades de plata en las minas de San Luis Potosí, Guanajuato y Zacatecas. Hacia el siglo XIX estas vetas estaban produciendo dos tercios de la plata americana, y habían convertido a México en el más rico de los cuatro virreinatos españoles gobernados para el rey Carlos por sus virreyes de Buenos Aires, Lima, Bogotá y Ciudad de México. México era "la joya de la corona" del rey de España (como los británicos más tarde denominaron a India). Los conquistadores también se enriquecieron obteniendo concesiones de grandes propiedades en México, donde los indios nativos debían trabajar como siervos.

Los españoles tuvieron el mismo éxito en su labor de proselitismo. Casi inmediatamente después de la captura de una ciudad azteca, comenzaban a construir una catedral o una iglesia en el lugar que antes ocupaban los templos donde los aztecas realizaban sus servicios religiosos y los sacrificios humanos. Los sacerdotes provenientes de España llegaban inmediatamente y se esforzaban por convertir a los indios al cristianismo. Tuvieron mucho éxito, sobre todo después que un campesino indio que se había convertido en cristiano tuvo una visión de la virgen María, apenas diez años después de la conquista, en la aldea de Guadalupe situada en la periferia oriental de Ciudad de México. La Iglesia se ocupó de que Nuestra Señora de Guadalupe se convirtiese en la sana patrona de México, y atribuyó mucha importancia al hecho de que se le hubiese aparecido a un indio; demostraba de qué modo Dios podía recompensar a un miembro de la raza conquistada que aceptaba la verdadera religión y estaba dispuesto a obedecer y a servir a los amos españoles, puestos sobre él por el propio Dios.

La influencia, el poder y la riqueza de la Iglesia Católica en México aumentaron durante los tres siglos que siguieron a la conquista. Los piadosos reyes españoles otorgaron a la Inquisición, o Santo Oficio de México, las mismas atribuciones que tenía en España, y que le permitían lidiar con los acusados de herejía y vicio; estos no tenían derecho de apelar a otro tribunal cualquiera o siquiera el propio rey. Los obispos, generalmente provenientes de España, se convirtieron en el organismo más influyente del virreinato. La Iglesia adquirió cada vez más tierra, y hacia el siglo XIX decíase que era la propietaria de más o menos la mitad de la tierra de México.

México era el virreinato más densamente poblado; en 1800 tenía alrededor de 6 millones de los 17 millones de habitantes de la América española. La capital, Ciudad de México, era la ciudad más grande de América, con una población de 169.000 personas, es decir un número más elevado que Río de Janeiro con 135.000, o Lima con 87.000 o la dinámica ciudad de Nueva York con 60.000. Sólo un millón de los habitantes de México eran blancos. Se trataba en casi todos los casos de criollos, es decir personas de origen español que habían nacido en México, si bien la mayoría de los cargos más importantes de la vida pública estaban en manos de los *gachupines*, que habían nacido en España y viajado a la colonia. Alrededor de un millón eran mestizos, nacidos de las uniones entre los españoles y los indios. Había 10.000 esclavos negros en los puertos de Veracruz y Acapulco, y a lo largo de la costa del Atlántico y el Pacífico, pero no se había aumentado el caudal de individuos traídos de Africa porque los siervos indios podían realizar todas las tareas serviles que eran necesarias.

Los 4 millones de indios de México provenían de 182 tribus diferentes que hablaban 51 idiomas o dialectos distintos, la mayoría de ellos sin alfabeto escrito. Los nativos estaban sometidos a una dura presión económica y racial. Hacia fines del siglo XVIII, el rey de España había abolido oficialmente la servidumbre en México, pero los indios todavía se veían obligados, a causa de las leyes discriminatorias, los reglamentos policiales y las fuerzas económicas, a trabajar en la tierra propiedad de los criollos. Aunque eran desesperadamente pobres, se les exigía pagar "tributo", así como diferentes impuestos y gabelas al gobierno y la iglesia, y se los mantenía en una posición de inferioridad mediante el hambre y las convenciones sociales.

En Ciudad de México, los domingos y los días festivos, los criollos realizaban la siesta vespertina, y salían de sus casas media hora antes de la puesta del sol para caminar o pasear en coche por la Calle de Plateros y la Calle de San Francisco, atravesando la Alameda para reunirse con sus amigos en el Paseo Nuevo. Entretanto, los indios trabajaban en el Paseo al rayo del sol, y descendían a la zanja que corría paralela para recoger agua en cubos y volcarla en la calle con el fin de limpiarla antes de que los criollos llegasen en sus carruajes importados de París y Viena, de Nueva York y San Francisco.

En la Ciudad de México y en muchas otras regiones del país, durante la estación lluviosa, de junio a septiembre, llovía intensamente casi todos los días entre las tres y las cinco de la tarde, de modo que las canaletas de las calles se convertían en arroyos de cursos rápido, pero siempre había indios que esperaban descalzos en el agua, preparados para transportar a los criollos de un lado al otro sobre la espalda por unos pocos centavos.

Durante las festividades religiosas de Semana Santa, era fácil encontrar a un indio en cualquier pueblo representando el papel de Judas, que recibía los escupitajos de la gente deseosa de demostrar su odio al hombre que había traicionado a Cristo. Ataviado con su disfraz de Judas, permanecía horas enteras en la esquina del *zócalo*, la gran plaza urbana, la cara mojada con los escupitajos de los fieles, con el fin de ganar lo suficiente para comer algo y llevar a su familia.

No puede sorprender que el odio de clases fuese muy intenso. En 1799 el obispo de Michoacán escribió que los indios "son criados, sirvientes o peones empleados por la clase alta. Por consiguiente, entre ellos y la clase española existe el conflicto de intereses y la hostilidad que invariablemente prevalece entre los que no tienen nada y los que lo tienen todo, entre los vasallos y los señores". Consideraba que el odio de clases era más intenso en América que en otros lugares, pues en América "no hay graduaciones... todos son ricos o pobres, nobles o bajos". El noble pomeranio, barón Alexander von Humboldt, que estaba muy familiarizado con una sociedad basada en las distinciones y las desigualdades de clase, se sintió sorprendido cuando fue a México en 1803 y presenció la opresión de las clases, la "monstruosa desigualdad de derechos y riquezas" existente allí. Escribió que México era "el país de la desigualdad".

Don José Gutiérrez de Estrada y sus amigos creían que esta situación era justa y propia. Pensaban que todo lo bueno de México había sido creado por los españoles. No podían entender por qué, de tanto en tanto, llegaba de Europa un historiador o un arqueólogo con el propósito de explorar las ruinas de los antiguos templos indios o buscar los registros de una civilización que había existido antes de la llegada de Cortés. ¿Por qué el México anterior a los españoles podía interesarle a alguien? Era un país no de civilización, sino de salvajes que realizaban sacrificios humanos en el culto a sus dioses paganos. Los conservadores mexicanos profesaban mucho mayor simpatía al arzobispo Zumárraga, el primer obispo de México, que en el siglo XVI había destruido 20.000 estatuas de dioses indios, y la totalidad, excepto tres, de los millares de manuscritos en que los aztecas habían escrito su propia historia.

Cuando los liberales señalaban que los sacrificios humanos de los aztecas se habían visto seguidos, en pocos años, por los autos de fe en que la Inquisición quemaba vivos a los protestantes y a otros herejes, los conservadores decían que eso era distinto. El Santo Oficio y las autoridades de México defendían de la herejía a la cristiandad. Sus métodos quizás habían sido un poco duros, pero eso era imputable a las crueldades contemporáneas. La Inquisición de México no había impuesto una sentencia de muerte desde 1715, aunque a principios del siglo XIX todavía cumplía una tarea útil, protegiendo del error a la grey.

Los conservadores mexicanos también se mostraban hostiles a la influencia anglosajona, que comenzaba a filtrarse en México desde Estados Unidos. De hecho, creían que la turbulencia que había transformado a América de un continente satisfecho, dominado por España, en una zona desordenada y repleta de revolucionarios y extremistas se había originado en Nueva Inglaterra en 1775, cuando los colonos británicos se habían rebelado contra su monarca europeo, para afirmar el derecho de los habitantes coloniales a controlar sus destinos políticos y económicos.

Y al año siguiente, en Filadelfia, se habían llevado a cabo la Declaración de la Independencia de Thomas Jefferson, con su absurda y blasfema afirmación de que "todos los hombres han sido creados iguales". ¿No era evidente que Dios había creado desiguales a los hombres, de modo que algunos eran príncipes y otros súbditos, algunos señores y otros siervos, algunos ricos y otros pobres, algunos los amos y otros los esclavos? Y los propios norteamericanos eran hipócritas cuando afirmaban creer que todos los hombres eran iguales, porque poseían esclavos negros y habían exterminado a los indios que habitaban las tierras incorporadas a Estados Unidos. Gutiérrez y sus amigos comparaban este ejemplo típico de la crueldad anglosajona con los actos cristianos de los caballerosos españoles, que no habían exterminado a los indios de México. Los habían obligado a servir a sus amos españoles, tal como lo exigía Dios, pero les habían respetado la vida y salvado sus almas inmortales al convertirlos al cristianismo.

Lo que más inquietaba a los conservadores en relación con la Revolución Norteamericana era el papel que España, su bienamada España, había representado en su promoción. Cuando el ejército de George Washington pasaba hambre en Valley Forge y los coloniales veían la posibilidad de la derrota, Francia había entrado en la guerra contra Inglaterra, y España, aliada de Francia, se le había unido. Las fuerzas españolas que invadieron Florida, interceptaron las naves británicas en el mar, e intentaron sin éxito tomar Gibraltar, no representaron un papel importante en el triunfo de la Guerra Norteamericana de la Independencia; pero el orgullo español de los conservadores mexicanos los inducía a exagerar el papel de España, y su conciencia culpable los llevaba a criticar la locura del rey Carlos III, un hombre bienintencionado pero mal aconsejado, que con el fin de recuperar de los británicos a Florida, había fomentado la idea de la revolución en todo el continente americano.

La Revolución Francesa tuvo un efecto todavía más grave en México. Los revolucionarios parisienses proclamaron la doctrina de la libertad, la igualdad y la fraternidad, y los derechos del hombre, que el papa Pío VI anatematizó como perversa y herética, pues el hombre no tenía derechos, sólo el deber de servir a Dios en el lugar de la sociedad en que el Todopoderoso le había puesto; y debía servirle obedeciendo a sus superiores, mostrándose bondadoso con sus inferiores, y creyendo en las doctrinas de la Iglesia Católica y defendiéndolas.

Hacia 1794 la literatura sediciosa que defendía las doctrinas de la Revolución Francesa circulaba clandestinamente en México. La Inquisición inmediatamente advirtió al virrey y le exhortó a prohibir la publicación de *The Rights of Man (Los derechos del hombre)* de Thomas Paine, así como la lectura en los colegios de libros acerca de la Revolución Francesa, "ese acontecimiento deplorable". El virrey en efecto prohibió el libro de Paine; cuando supo que trescientos ejemplares viajaban de Nueva Orléans a México, ordenó a los funcionarios aduaneros que confiscaran y destruyesen ese "libro sumamente abominable", y aseguró a la Inquisición que haría todo lo que estuviese a su alcance para defender "la tranquilidad pública de estos ricos y valiosos dominios donde florecen los más tiernos y verdaderos sentimientos de religión, amor y lealtad al rey". El virrey se sintió realmente abrumado cuando descubrió que el principal agente de la revolución en México era su cocinero francés, de quien se sentía tan orgulloso. Cuando no estaba atareado preparando sus platos exquisitos para la mesa del virrey, el cocinero había estado organizando la distribución clandestina de libros subversivos. La Inquisición descubrió que el chef era culpable de difundir la "abominable doctrina de la libertad y la irreligiosidad", y poco después fue deportado, lo mismo que la totalidad de los franceses que residían en México.

Después de la Revolución Francesa llegó la invasión napoleónica de España y la quiebra del Imperio español en América. En Buenos Aires, Lima y Bogotá la revolución fue dirigida por liberales blancos, que después de muchos años de lucha consiguieron independizarse de España. En México, los revolucionarios de 1810 fueron en su mayoría indios, aunque su líder era el padre Manuel Hidalgo, un sacerdote criollo, un hombre de cincuenta y siete años que ya estaba calvo; que había dedicado su vida a cuidar de los indios en las propiedades de su padre y que se sentía impresionado por la pobreza y las injusticias que aquellos padecían.

Hidalgo fue miembro de una extensa línea de sacerdotes revolucionarios, que se remonta a Arnaldo de Brescia en la Italia del siglo XII, que creían que la religión de Cristo debía defender a los pobres en lugar de ser un baluarte de la clase gobernante privilegiada. Sus adeptos marchaban bajo un estandarte que mostraba la imagen de Nuestra Señora de Guadalupe. Hidalgo no sólo reclamaba la independencia respecto de España, sino que también denunciaba a los ricos, a los nobles y a los funcionarios como enemigos del pueblo, y proponía confiscar las bienes de los ricos y dividirlos entre los pobres y el Estado.

El virrey envió al ejército mandado por el general Calleja con el propósito de reprimir la rebelión, y los criollos se unieron a este militar. La guerra fue librada de modo salvaje por ambos lados. Cuando los hombres de Hidalgo capturaron el rico centro minero de Guanajuato, masacraron a los criollos. Cuando Calleja recuperó la ciudad, ordenó que todos los habitantes indios se reuniesen en la plaza principal, y entonces, como no deseaba malgastar pólvora y balas en esa chusma, ordenó a sus hombres que degollasen a 14.000 indígenas.

Después de seis meses de combates, las fuerzas del gobierno derrotaron y capturaron a Hidalgo. Fue condenado como hereje por la Inquisición, excomulgado y despojado de los hábitos sacerdotales antes de ser llevado a Chihuahua, en el norte, para ser ejecutado por un pelotón de fusilamiento. Después que le ataron a una silla y le vendaron los ojos, el primer disparo le alcanzó el brazo y el vientre, pero no le mató. El segundo disparo le rompió el hombro y le destripó, pero Hidalgo sobrevivió. Cuando la venda cayó de sus ojos, los soldados vieron que las lágrimas le bañaban las mejillas, y eso los conmovió tanto que el tercer disparo tampoco consiguió matarle. Sólo después que se le acercaron y apoyaron los mosquetes sobre el corazón de Hidalgo, pudieron disparar el tiro definitivo.

La Inquisición ordenó que el recuerdo de un hereje tan perverso fuese borrado por completo. Quien conservara una copia de sus escritos o de su retrato debía ser excomulgado, y se aplicó con tanta eficacia esta orden que hoy no sobrevive ningún retrato de Hidalgo.

La lucha revolucionaria quedó en manos de otro sacerdote, un mestizo llamado José Morelos. A diferencia de Hidalgo, organizó a los rebeldes formando una fuerza disciplinada, prohibió el saqueo y preservó la vida de sus prisioneros. Esta actitud no impresionó al general Calleja, que sistemáticamente ejecutaba a todos los rebeldes capturados. Sólo en los últimos meses de la rebelión, cuando todas sus protestas ante Callejas habían fracasado, Morelos ordenó que se tomasen represalias, ejecutando a los prisioneros y quemando la propiedad de los partidarios del gobierno. La rebelión fue reprimida y Morelos fue fusilado en diciembre de 1815, después que se le separó del sacerdocio y se le excomulgó por hereje. Una de las acusaciones que la Inquisición formuló contra él fue que poseía un retrato de Hidalgo.

Se había perdido la mayor parte del Imperio español, pero México, "la joya de la corona", se vio conservada para el rey Fernando VII cuando los aliados le restablecieron en el trono español, después de la derrota de Napoleón. No duró mucho tiempo. En 1820 una revolución en España determinó que los liberales asumieran el poder en Madrid, abolieran la Inquisición y confiscaran las propiedades de la Iglesia, y ordenaron al virrey de México que hiciera lo mismo en el virreinato —que aboliese la esclavitud, la discriminación racial y el juicio por tribunales militares, y que proclamase la tolerancia religiosa. Cuando estas instrucciones llegaron a México, los terratenientes, la Iglesia y el ejército las rechazaron y proclamaron la independencia del país frente a España. Eligieron como líder al general Agustín de Iturbide, que era criollo, un importante terrateniente y un devoto católico que se había distinguido en la represión de las rebeliones de Hidalgo y Morelos. De modo que la independencia nacional frente a España, que en los restantes virreinatos fue conquistada por los revolucionarios liberales, en México fue obra de contrarrevolucionarios conservadores.

Como Fernando VII de hecho era prisionero de sus ministros liberales en Madrid, los conservadores mexicanos invitaron a un príncipe Habsburgo, el archiduque Karl de Austria, a que se convirtiese en su rey. La delegación de jefes conservadores que fue a Viena a ofrecer la corona al archiduque llevó consigo, como secretario de la delegación, a Gutiérrez de Estrada, que entonces tenía veintiún años. Pero el canciller austríaco Metternich no deseaba que Austria se comprometiese en México, y el archiduque Karl rechazó la oferta.

Después, los conservadores decidieron que el propio Iturbide fuese el emperador Agustín I de México. El nuevo emperador abolió la Inquisición y las leyes discriminatorias en perjuicio de los indios, pero la Constitución prohibió la tolerancia religiosa; sólo podía practicarse la religión católica romana. Los oficiales militares debían jurar que defenderían no sólo a la nación y el Estado, sino también a la Iglesia Católica.

En 1822 Metternich y el zar Alejandro de Rusia autorizaron al rey Luis XVIII de Francia a enviar un ejército a España para derrocar al gobierno liberal y restablecer el dominio absoluto de Fernando VII. Los liberales se rindieron a cambio de la promesa de una amnistía. Fernando prontamente faltó a la promesa, y ordenó fusilar a los líderes liberales. El gobierno de España ahora era tan reaccionario como podían desear los conservadores mexicanos; pero estos se habían acostumbrado a la independencia, y resistieron con éxito los esfuerzos inconsecuentes de Fernando VII en la reconquista de México.

A los liberales de México no les agradaba el gobierno de Iturbide, y persuadieron a uno de los comandantes subordinados, el general Antonio López de Santa Ana, de que derrocase al emperador. Se mostraron más generosos con el derrotado Iturbide que lo que solía ser el caso de los conservadores con sus enemigos liberales; se le permitió salir de México. Fue a Inglaterra, pero regresó a México el año siguiente y trató de organizar una revolución. Cuando fue derrotado y capturado, los liberales no le concedieron una segunda oportunidad. Esta vez le fusilaron.

No pasó mucho tiempo antes de que Santa Ana derrocase al gobierno liberal y se convirtiera en dictador, y durante los cuarenta años siguientes los gobiernos conservadores y liberales se sucedieron varias veces unos a otros. Santa Ana fue expulsado varias veces por los liberales y regresó después de otro golpe de Estado. Gutiérrez y sus amigos afirmaron en 1861 que las luchas entre las facciones y los repetidos pronunciamientos y revoluciones militares habían reducido a México al caos y a la anarquía, y deploraron el hecho de que hubiesen existido setenta y tres presidentes de la república en cuarenta años.

Los liberales mexicanos y sus amigos tenían otra visión de las cosas. Eugène Lefèvre, un radical francés que fue a México para ayudar a la causa liberal y que se convirtió en uno de sus principales protagonistas, escribió en 1869, dos años después del triunfo definitivo de los liberales:

> Cada vez que el Partido Liberal, después de haber tenido la buena suerte de vencer en una elección, conseguía formar un gobierno nacional, es decir un gobierno que no aceptaba convertirse en el humildísimo servidor de los sacerdotes, sino que deseaba dictar leyes en favor de la inmigración extranjera, la apertura de caminos, la construcción de ferrocarriles, la libertad de culto para todas las religiones, la libertad de prensa, la reducción de los derechos aduaneros, etcétera, etcétera; el clero organizaba un pronunciamiento contra el gobierno y utilizaba su inmensa riqueza para pagar el movimiento, y su nefasta influencia para asegurar el éxito... Era la guerra civil permanente, la guerra civil siempre latente o evidente.

Gutiérrez, después de regresar de Viena con la delegación que no había conseguido convencer al archiduque Karl de que aceptase el trono, se convirtió en diplomático y político. Después de actuar breve lapso como ministro extranjero en el gobierno de Santa Ana, reanudó su carrera diplomática y fue enviado a la embajada en Viena, donde contrajo matrimonio con la hija de un marqués francés. Después de la muerte del marqués, la suegra de Gutiérrez contrajo matrimonio con un conde austríaco, y se convirtió en administradora de la residencia del archiduque Maximiliano y la archiduquesa Charlotte. Estos vínculos acentuaron el respeto de Gutiérrez por la realeza y su rechazo cada vez más acentuado a los regímenes republicanos.

En 1840 Gutiérrez escribió una carta al presidente Anastasio Bustamante, un hombre que por breve lapso encabezó un gobierno liberal en México. Era un alegato en favor de la monarquía —no la antigua forma de la monarquía absoluta, sino el régimen constitucional según los modelos británico y francés. Después de la Revolución Inglesa de 1688, los revolucionarios triunfantes no habían establecido una república; en cambio habían invitado primero a Guillermo de Nassau y después a Jorge de Hanover, a ocupar el trono. Incluso en Francia, el país de las doctrinas revolucionarias de 1789, los revolucionarios de 1830 no habían intentado un nuevo experimento con la república, y en cambio habían elegido la monarquía constitucional de Luis Felipe. Estas monarquías constitucionales habían afirmado la libertad, la ley y el orden, y las repúblicas habían llevado al caos y la anarquía, a Robespierre, el "reino del terror" y la guillotina.

La carta de Gutiérrez al presidente conmovió a los liberales. Se elevó un gran clamor público contra ese documento, se afirmó que Gutiérrez era un traidor a la república y se le desterró de México. Gutiérrez fue a Europa y compró una casa en Roma, y desde allí comenzó a buscar un príncipe europeo que aceptara convertirse en emperador de México, así como una potencia europea que enviase un ejército con el fin de obligar al pueblo mexicano a aceptar al monarca. Era apropiado que ese monarca recibiese la denominación de emperador más que la de rey, porque el pueblo hablaba del imperio de Moctezuma, antes de la llegada de los españoles; además, el primer gobernante cristiano de México, Carlos V, había sido emperador, e Iturbide también se asignaba la denominación de emperador Agustín I.

En su carta al presidente Bustamante, Gutiérrez se había referido a Inglaterra y a Francia, después de la revolución de 1830, como a los grandes ejemplos de la monarquía constitucional de éxito; y ahora se volvió hacia Inglaterra y Francia. En 1842 fue a Londres para entrevistar a lord Aberdeen, secretario de Relaciones Exteriores; pero aunque Aberdeen coincidió en que la monarquía constitucional era el mejor sistema de gobierno y el que más convenía a México, rechazó la sugerencia de Gutiérrez en el sentido de que el duque de Cambridge, primo de la reina Victoria, se convirtiese en emperador de México. Señaló que el pueblo británico no deseaba enviar un ejército a México para imponer este sistema a los mexicanos; esto había significado no sólo una injustificada interferencia en los asuntos internos mexicanos, sino que ciertamente habría provocado dificultades entre Gran Bretaña y Estados Unidos.

De modo que Gutiérrez probó con Francia, que apenas unos años antes había ido a la guerra contra México con el fin de obtener indemnización para un maestro pastelero francés que se había visto perjudicado en su propiedad durante un disturbio en la Ciudad de México; fue la "guerra de la pastelería", en la que Santa Ana perdió una pierna y México tuvo que pagar una indemnización de guerra a Francia. Pero una vez satisfecho el honor francés e indemnizado el maestro pastelero, el gobierno de Luis Felipe no deseaba enviar otra expedición a México, y no permitiría que el duque de Aumale, el hijo de Luis Felipe, aceptara el trono mexicano.

A medida que pasaban los años, y Gutiérrez veía sucederse a los gobiernos republicanos en México, su posición se orientaba más hacia el conservadurismo. Ya no favorecía una monarquía constitucional según el modelo inglés, en cambio prefería el gobierno de un soberano conservador autocrático, como los monarcas de la Santa Alianza de Rusia, Austria y

Prusia. En 1846 se dirigió a Viena y fue recibido por Metternich, a quien todos consideraban el principal defensor del conservadurismo y el enemigo más odiado de los revolucionarios republicanos. Gutiérrez apeló a Metternich, considerado "el gran protector del orden y la religión", y le pidió que salvase de la anarquía a México.

Pero Metternich era un realista en política. Hacía mucho que había comprendido que, si bien podía reprimir las revoluciones en Italia, Alemania y Polonia, no podía impedirlas en territorios más lejanos; por consiguiente, había aceptado de mala gana las revoluciones en Francia y Bélgica en 1830, y la victoria de los liberales moderados en España durante la guerra civil española de 1835-39. Sabía que no era nada práctico intervenir en México, sobre todo porque Estados Unidos se opondría enérgicamente, y no correspondía al interés de Austria meterse en un conflicto con Estados Unidos en el continente norteamericano. De modo que Gutiérrez recibió de Metternich mucha simpatía, pero nada más.

Gutiérrez regresó a Londres para entrevistar a lord Palmerston, el nuevo ministro británico de Relaciones Exteriores. Sabía que Palmerston siempre estaba dispuesto a enviar a la flota británica para impresionar a los gobiernos extranjeros, como había hecho en Nápoles, en Grecia y en China; Gutiérrez sin duda imaginaba a las cañoneras británicas frente a Veracruz, asustando a los liberales mexicanos y obligándolos a rendirse. Pero Palmerston estaba dispuesto a actuar sólo si los intereses británicos se veían comprometidos, o si estaba amenazada la seguridad o la propiedad de un súbdito británico, y también él se negó a intervenir en México.

Gutiérrez fue a Madrid, con la esperanza de convencer a la reina Isabel de que restableciese el Imperio español en México instalando en el trono a uno de los príncipes españoles. Pero los ministros de la reina no creían que una expedición española a México tuviese la más mínima posibilidad de éxito, en vista de la oposición de Estados Unidos.

Las esperanzas de Gutiérrez renacieron después del golpe de Estado de Luis Napoleón Bonaparte, el 2 de diciembre de 1851, en París. Luis Napoleón, sobrino de Napoleón el Grande, había sido desterrado de Francia a la edad de siete años, después de la derrota de Waterloo. Su madre era Hortense de Beauharnais, cuyo padre, uno de los jefes de la Revolución Francesa, había sido guillotinado por Robespierre cuando los revolucionarios lucharon unos contra otros; después se había casado con Luis, hermano de Napoleón, convertido por este en rey de Holanda.

Hortense educó a su hijo de modo que fuese en parte un revolucionario y en parte un enemigo de la Revolución. Le enseñó que el único compromiso satisfactorio entre las injusticias y las desigualdades del antiguo régimen y los horrores de la guillotina sería bajo el mando de un miembro de la familia Bonaparte, que determinaría un gobierno en que debían combinarse la igualdad de oportunidades con la preservación de la ley y el orden. Este líder conquistaría un mandato popular en un referéndum antes de gobernar como dictador; defendería la religión y a la Iglesia Católica al mismo tiempo que concedía la tolerancia religiosa a otros credos; y defendería la gloria de Francia al desarrollar una enérgica política exterior y a veces comprometerse en intervenciones militares y en guerras exitosas.

Luis Napoleón vivió exiliado en Suiza e Inglaterra durante muchos años, y en dos oportunidades trató, sin éxito, de llevar a cabo una revolución en Francia. La segunda vez, fue sentenciado a prisión perpetua, y estuvo durante seis años encarcelado en el castillo de Ham, en el norte de Francia, antes de que lograra escapar. Durante su exilio y encarcelamiento escribió varios libros, en los cuales demostró su interés por América y su sentimiento de ansiedad en vista del poder cada vez más considerable de Estados Unidos. Un libro, escrito en Ham en 1844, se refería a la posibilidad de construir un canal a través de Nicaragua para unir el Atlántico y el Pacífico. La idea de un canal a través de los lagos nicaragüenses era atractiva a los ojos de muchos expertos contemporáneos, porque no era posible construir un canal en Panamá, donde el continente tenía menor anchura, en vista de que aún no se habían inventado explosivos que por su poder permitieran volar el suelo rocoso de la región.

En algunos de sus escritos, Luis Napoleón manifestó opiniones socialistas, y a veces se le acusó de ser comunista, pero después de la revolución de 1848 fue elegido presidente de la República Francesa con el apoyo de los partidos conservador y católico. Envió un ejército a Roma y derrotó a los Camisas Rojas de Garibaldi, derrocó la República Romana de Mazzini, y restauró el poder del Papa en los Estados Pontificios. En Francia reprimió implacablemente a los "rojos" —término que incluía a los que se autodenominaban socialdemócratas, comunistas, jacobinos y republicanos rojos. Después del golpe de Estado del 2 de diciembre de 1851, arrestó a 30.000 miembros de esas corrientes, y los internó en campos de Argelia y Cayena.

Luis Napoleón no era el único comentarista político europeo que estaba preocupado por el poder cada vez más considerable de Estados Unidos. Otros advertían que podía llegar el momento en que Europa, que durante siglos había sido el continente dominante, se viese aplastada entre Rusia y Estados Unidos, las dos grandes potencias al este y al oeste. La población de Estados Unidos se duplicaba cada veinticinco años; de 3 millones en 1776 había aumentado a 28 millones hacia 1860. Partiendo de la premisa de que las tendencias del momento se mantendrían, los profetas pronosticaban que hacia 1963 Estados Unidos tendría una población de 512 millones de personas.

También había razones ideológicas para desconfiar de Estados Unidos, una república que había repudiado a la monarquía. En Europa, las palabras "republicano" y "demócrata" eran términos ofensivos en la polémica política. Gran Bretaña tenía sus propias razones para desaprobar a sus infieles ex súbditos de Estados Unidos. Durante los últimos setenta y cinco años, dos veces había entrado en guerra contra ellos, y en varias ocasiones había estado al borde de una tercera guerra a causa de diferencias en relación con la frontera entre Estados Unidos y Canadá. En 1831 Palmerston había felicitado al ministro británico en Washington porque se había negado a asistir a las celebraciones del 4 de julio, que señalaban el quincuagésimo quinto aniversario de la Declaración de la Independencia.

Estados Unidos demostraba su desprecio por las convenciones establecidas de las antiguas monarquías. Rehusaba otorgar el título de "embajador" a sus representantes diplomáticos ante las grandes potencias europeas, e insistía en denominarlos "ministros". Les ordenaba que se negaran a vestir el atuendo cortesano apropiado cuando se presentaban ante los soberanos, ante quienes estaban acreditados, y cuando asistían a los bailes y las recepciones de la corte. Los diplomáticos norteamericanos a menudo estaban en contacto con los revolucionarios radicales e incluso socialistas, y les proporcionaban apoyo moral cuando provocaban revoluciones, y pasaportes norteamericanos que les permitían escapar al exterior cuando las revoluciones fracasaban.

Cuando los terratenientes conservadores de Inglaterra e Irlanda tenían dificultades con algún agitador que azuzaba el descontento de sus arrendatarios, le ofrecían pagar el pasaje a Estados Unidos, donde podría gozar de las dudosas bendiciones de la vida en un país democrático.

A estas alturas de las cosas, los políticos y los periodistas norteamericanos estaban usando una frase nueva, "el destino manifiesto". Nadie sabía muy bien quién la había inventado, pero todos conocían su significado. El destino de Estados Unidos dominaba a todo el continente americano. En su mensaje al Congreso en 1823, el presidente James Monroe había declarado que los Estados Unidos no permitirían que los autócratas europeos de la Santa Alianza interfiriesen en los asuntos americanos. "El sistema político de las potencias aliadas es esencialmente distinto del que se aplica en América... Debemos considerar que cualquier intento que realicen de extender su sistema a una parte dada de este continente es peligroso para nuestra paz y nuestra seguridad. Con las colonias o dependencias existentes de una potencia europea no hemos interferido y no interferiremos." Esta referencia a las colonias existentes no satisfizo a las potencias europeas, que rehusaron firmemente aceptar los principios formulados por Monroe; y, treinta años después, el "destino manifiesto" parecía exceder de lejos la doctrina de Monroe.

Hacia 1852 el *New York Herald* proponía la prolongación del territorio de Estados Unidos desde el océano Artico hasta el istmo de Darién", de modo que, "todos los mares que bañan las costas de América del Norte quedarán amparados por la bandera norteamericana". Al año siguiente, el senador Stephen Douglas, de Illinois, dijo que el destino de Estados Unidos, que era expandirse, no podía quedar limitado por los tratados internacionales. "Uno puede concertar todos los tratados que se le antojen para sujetar los límites de esta república gigantesca, y ella los rechazará todos, y continuará avanzando en su propio curso hasta un límite que no me aventuro a predecir."

Para muchos legisladores de los estados sureños, la expansión de Estados Unidos significaba la expansión de la esclavitud. Habían comenzado con Texas. Pocos años después que México conquistara su independencia, ciudadanos norteamericanos provenientes tanto de los estados libres como de los estados partidarios de la esclavitud habían emigrado a Texas, y no pasó mucho tiempo antes de que exigieran que Texas fuese independiente de México. Los liberales mexicanos los apoyaban. En 1836, después de capturar el Alamo y masacrar a los defensores, Santa Ana fue derrotado y apresado por Sam Houston en la batalla de San Jacinto, y obligado a conceder la independencia texana. Casi inmediatamente, los partidarios de la esclavitud exigieron que Texas solicitara la entrada en los Estados Unidos, pues si bien la esclavitud había sido abolida en México, donde nunca habían residido más que unos pocos millares de esclavos negros, florecía en el sur de Estados Unidos, donde la desmotadora de algodón había hecho mucho más lucrativo que antes que el algodón fuese recogido en los campos por masas de esclavos.

Después de nueve años de independencia, en 1845 Texas se convirtió en el vigésimo octavo estado aceptado por la Unión. Al cabo de pocos meses el presidente Polk aprovechó un incidente fronterizo para declarar la guerra a México y envió a dos ejércitos para obtener varias victorias gloriosas, y capturar y ocupar la Ciudad de México; así como imponer un tratado de paz en virtud del cual México cedió California y los territorios vecinos, en una extensión total de dos quintas partes de su suelo, a los Estados Unidos. Ansioso de preservar la reputación de que era una potencia sin aspiraciones imperialistas, Estados Unidos pagó 15 millones de dólares a México.

En 1853 Santa Ana, que había perdido el poder en México durante la guerra, pero que lo había reconquistado mediante otro golpe de Estado, se encontraba en tales dificultades financieras que aceptó vender otro pedazo del territorio a Estados Unidos. Ahora, México había perdido casi la mitad de la tierra que poseía cuando se independizó de España, treinta y dos años antes.

La Guerra de México fue popular en Estados Unidos, pero una minoría activa se opuso. Los abolicionistas de Nueva Inglaterra y otros enemigos de la esclavitud afirmaron que la guerra era una conspiración del "poder esclavista" del sur para incorporar nuevos estados esclavistas y de ese modo aumentar su influencia en el Congreso. Algunos, incluso el diputado Abraham Lincoln, de Illinois, que llegó a ser muy impopular a los ojos de sus electores, se opuso a la guerra por entender que era un ataque no provocado de Estados Unidos a un vecino más débil.

El teniente Ulysses S. Grant, que acababa de diplomarse en la Academia Militar de Estados Unidos, fue a Texas con su regimiento. Cuarenta años después, escribió en sus *Memorias* que la mayoría de los oficiales militares no tenían escrúpulos con respecto a la anexión de Texas, "pero no era ése el caso de todos. Por lo que a mí respecta, me oponía enérgicamente a la medida, y hasta hoy considero que la guerra que fue el resultado de esa política fue una de las más injustas jamás libradas por una nación más fuerte contra otra más débil. Era el caso típico de una república que seguía el mal ejemplo de las monarquías europeas, que no tenían en cuenta la justicia en su deseo de adquirir más territorios". Pero a pesar de sus sentimientos, Grant cumplió con sus deberes como oficial bajo el general Zachary Taylor, y combatió en Palo Alto, Resaca de la Palma y Monterrey.

Durante varios meses, Grant sirvió en el ejército de ocupación en Tacubaya, a pocos kilómetros al este de Ciudad de México. Como otros visitantes extranjeros, advirtió que casi todos los mexicanos fumaban cigarrillos alrededor de los diez años. Eso le pareció extraño a Grant, pues el consumo de tabaco estaba rigurosamente prohibido cuando él era cadete en West Point, lo mismo que sucedía en el cuerpo de oficiales de la mayoría de los ejércitos del mundo antes de 1850. No le agradaron las corridas de toros que vio en México; la crueldad con los animales le disgustaba tanto como fascinaba al archiduque Maximiliano de Austria.

Gutiérrez de Estrada odiaba Estados Unidos. La guerra le convenció, lo mismo que a sus amigos conservadores, de que los anglosajones de Estados Unidos deseaban conquistar México, y de que los liberales mexicanos que creían en el republicanismo, la igualdad y los derechos del hombre eran agentes de Estados Unidos que trataban de debilitar por dentro a México. ¿Acaso los miembros liberales del consejo municipal de Desierto de los Leones, cerca de Ciudad de México, no habían dicho francamente en 1847 que abrigaban la esperanza de que los soldados norteamericanos consiguieran liberar de la tiranía de Santa Ana al pueblo de México? Pero la mayoría de los liberales mexicanos se abstuvo de decir tal cosa públicamente; por el contrario, cuando Santa Ana vendió territorio a Estados Unidos en la operación denominada la "compra de Gadsden", en 1853, los liberales le denunciaron enérgicamente por haber traicionado a su país en beneficio de los extranjeros.

Gutiérrez no explicó que los líderes del sur norteamericano, con sus simpatías conservadoras, habían sido los promotores de la guerra contra México, y en cambio los simpatizantes liberales y los enemigos de la esclavitud en Estados Unidos se habían opuesto. Se desentendió de tales sutilezas, y llegó a sentirse cada vez más obsesionado, a medida que pasaban los años, con la amenaza de los dos grandes males: el liberalismo mexicano y el expansionismo norteamericano.

Pero había un rayo de esperanza. El pueblo de América del sur y central, de raza latina y religión católica, tenía vínculos emocionales más estrechos con Europa que con los Estados Unidos, anglosajones y protestantes. Si una potencia europea latina y católica podía establecer una base de operaciones o un régimen amistoso en algún lugar de América latina, sería viable frenar la expansión norteamericana, mantener una proporción de su comercio con el Lejano Oriente pese a la competencia norteamericana, e impedir que Estados Unidos llegase a tener poder suficiente para unirse con Rusia y dominar a Europa. Gutiérrez abrigaba la esperanza de que Napoleón III, con su odio a los "rojos", su apoyo a la Iglesia Católica y su temor al poder cada vez más considerable de Estados Unidos, pudiese ser convencido de construir ese baluarte en América central, enviando tropas para instalar a un príncipe europeo como emperador de México. Pero Napoleón III, lo mismo que Aberdeen, Palmerston, Metternich y los españoles, dijo que simpatizaba con la idea pero no haría nada. Gutiérrez estaba desesperado; todos temían a Estados Unidos.

3

Hidalgo se une a la búsqueda

Gutiérrez odiaba más a los liberales a medida que pasaban los días. No sólo eran traidores a su país y agentes de Estados Unidos; eran masones y traidores a Dios. La masonería, aunque formulaba afirmaciones ficticias diciendo que ya había existido en los tiempos bíblicos, en realidad se había iniciado en Escocia a fines del siglo XVI, y se había afirmado en Inglaterra veintinueve años después de la revolución de 1688. Su religión era el deísmo de la Edad del Iluminismo; los masones creían en un Gran Arquitecto del Universo, que podía ser el dios de cualquiera de las corrientes cristianas o el Jehová de los judíos. Bajo la monarquía constitucional británica y el dominio de la aristocracia liberal, se convirtió en una organización respetable, en la que los duques reales eran los grandes maestros. Pero los estados católicos autocráticos de Europa, donde la Iglesia consideraba herejes a los masones y el Estado los veía como subversivos a causa de su deísmo amplio, el origen inglés y el secreto de los procedimientos, se los reprimía y se los obligaba a vivir en la clandestinidad.

Hacia el siglo XIX, la organización europea de los masones, es decir el Gran Oriente, había seguido un camino distinto que los masones británicos. No todos los masones eran revolucionarios activos, pero la mayoría estaba formada por simpatizantes, y las logias del Gran Oriente eran un terreno fértil donde podía reclutarse a los miembros más entusiastas para incorporarlos a los grupos revolucionarios de Francia, Italia y España. El Gran Oriente juntó logias con las mismas simpatías revolucionarias en América central y del sur. Gutiérrez y sus amigos creían que los masones y su sociedad secreta eran los responsables de las revoluciones liberales en México.

Era inevitable que los liberales europeos chocasen con la Iglesia Católica, que se había identificado estrechamente con el despotismo de la monarquía absoluta, y que era notoria por su persecución a los inconformistas. La última posibilidad de evitar el choque desapareció cuando el papa Pío VI condenó la abolición de los privilegios feudales y las doctrinas de la Revolución Francesa en sus encíclicas de 1791. Poco después, los revolucionarios parisienses estaban clausurando iglesias y reprimiendo el culto cristiano. La Iglesia Católica reaccionó fomentando los alzamientos contrarrevolucionarios en la Vendée y en otras provincias, episodios que se convirtieron en una salvaje guerra civil.

Durante el siglo XIX la lucha se extendió a Italia y a España, donde la Iglesia se opuso a lo que ella denominaba "la Revolución"; cuando las ideas de la Revolución Francesa llegaron a México, la guerra entre la Iglesia y los liberales estalló allí, y fue librada con la misma crueldad que en España.

Melchor Ocampo era el liberal a quien los conservadores mexicanos odiaban más; consideraban que era un traidor a su clase y a la memoria de la benefactora que le había hallado cuando era un niño pequeño que jugaba en las callejuelas de Ciudad de México, y le había criado para convertirle en uno de los principales terratenientes del estado de Michoacán. Nadie sabía quién era o cómo había llegado a adquirir el apellido de Ocampo; sólo se sabía que había sido adoptado por doña Francisca Xaviera Tapía, una dama soltera de treinta y nueve años que vivía con su hermano menor en la hacienda que le pertenecía cerca de Maravatío, en Michoacán. Ni siquiera el calumniador más malicioso se atrevía a sugerir que su amor al pequeño tenía una explicación impropia, pues era una dama famosa por su virtud y su piedad. A diferencia de la mayoría de las mujeres acaudaladas de su rango, nunca iba a Ciudad de México para asistir a compromisos sociales, y en cambio viajaba los 130 kilómetros que la separaban de la capital una vez al año, para intervenir en las ceremonias religiosas de Semana Santa, y a veces regresaba con otro huérfano que se añadía a los demás niños de Maravatío.

Cuando falleció, sin dejar parientes —su hermano había muerto antes—, legó toda su propiedad a Melchor Ocampo. Más tarde, él estudió derecho en la Universidad de Ciudad de México, viajó a Francia y a Italia, exploró las fuentes de los ríos mexicanos, realizó experimentos con nuevos métodos de cultivo en sus tierras próximas a Maravatío, y leyó los 10.000 libros de su biblioteca, que incluían las novelas de Victor Hugo y las obras de Proudhon, el escritor francés socialista. Tuvo cuatro hijas ilegítimas, a quienes amaba intensamente y a las cuales educó en su hacienda. Pero a pesar de sus doctrinas liberales acerca del amor y el matrimonio, realizó grandes esfuerzos para impedir que descubriesen que la madre era también una huérfana, que había sido adoptada en la infancia por doña Francisca y se había incorporado a la familia en Maravatío.

Los terratenientes de Michoacán se sintieron complacidos cuando Ocampo comenzó a intervenir en política, pues era obligación de un gran terrateniente representar su papel en los gobiernos nacionales y estaduales. Pero los disgustó que se convirtiese en uno de los líderes más destacados del Partido Liberal, que sirviera como diputado en la legislatura nacional (el Congreso), y fuese ministro de Finanzas de un breve gobierno liberal, además de gobernador de Michoacán. Se indignaron especialmente cuando se enredó en una polémica, en 1851, con el padre Agustín Dueñas, párroco de Maravatío.

Los liberales contaban cierta historia acerca del origen de la controversia. Un campesino pobre de Maravatío que trabajaba en las tierras de Ocampo perdió un hijo, y pidió al padre Agustín que oficiara en el funeral del pequeño. Cuando el padre Agustín le pidió que pagase el tributo acostumbrado, el campesino dijo que no podía pagar. El padre Agustín no quiso renunciar a la contribución. Cuando pasaron los días, los vecinos del campesino se alarmaron; fueron a ver al padre Agustín y le dijeron que si el cadáver no era sepultado pronto, comenzaría a heder. El padre Agustín tenía un gran sentido del humor; afírmase que dijo que era mejor que el padre salara el cadáver y se lo comiese antes de que se descompusiera por completo. Aquí intervino Ocampo. Pagó la contribución al padre Agustín, y el sacerdote ofició en el funeral. Después, Ocampo escribió un folleto atacando los privilegios y la codicia del clero, y denunciando a sus miembros como crueles opresores de los pobres.

No es una historia muy verosímil. Además, Ocampo no aludió al incidente en su polémica contra Dueñas, pero recuerda los relatos exagerados contra el clero que se usaban en la propaganda liberal del siglo XIX tanto en Europa como en América Latina —el tipo de afirmación que, en período electoral, se murmura al pasar, sin publicarla en los periódicos. Pero es muy probable que Dueñas, en efecto, se negara a oficiar a menos que le pagaran su tributo, por pobre que pudiera ser el dolorido padre o la viuda afligida. Era un hombre de principios rígidos y estaba decidido a sostenerlos, no como privilegios personales sino en cuanto que eran los derechos y los privilegios de la Iglesia; y los defendía con tanto o mayor celo cuanto que otrora él mismo había sido liberal. Si se permitía que los campesinos utilizando el alegato de pobreza evitaran el pago de los tributos funerarios, pronto se negarían a pagar otras cargas eclesiásticas; los pobres debían realizar sacrificios para cumplir sus obligaciones con la Iglesia.

Los conservadores estaban indignados con Ocampo. Estaba bien que él, terrateniente local, pagase la contribución al padre Agustín como acto de caridad con el campesino pobre que trabajaba en su tierra; pero no tenía derecho a publicar folletos que atacaran los privilegios del clero. Estaba mal que Ocampo imputase a la Iglesia la mala conducta de un sacerdote. ¿Acaso Cristo no había elegido a Judas como uno de sus apóstoles, para demostrar que el más perfecto grupo de hombres podía incluir a un individuo pérfido entre un total de doce, y a pesar de todo ser un grupo sagrado?

A su vez, Dueñas publicó un folleto contestando a las acusaciones de Ocampo y destacando que, si bien los liberales siempre comenzaban atacando los privilegios del clero, su verdadero objetivo era destruir la propia religión. "Comienzan diciendo: '¡Abajo los abusos!', y después '¡Abajo el clero!' y '¡Abajo la Iglesia!'" Ocampo estaba conduciendo involuntariamente a Michoacán a "la libertad de culto y la libertad de conciencia, dos propósitos que son tan impíos como fatales, y que en Europa son el estandarte del socialismo". Si Dios permitía que esos dos principios se afirmaran en México, "es seguro que nuestro resultado final será la destrucción universal".

Otro liberal odiado era el indio Benito Juárez, que habló únicamente el idioma de su tribu, el zapoteca, hasta los seis o siete años. Había nacido en una cabaña de bambú de la aldehuela de San Pablo Guelatao, sobre la ladera de una montaña en el estado de Oaxaca. Sus padres habían muerto antes de que el niño cumpliese cinco años, y él fue criado por un tío, que le enseñó a hablar español y a leer y escribir; pues pensaba que el niño prometía. El tío le amenazaba con un castigo severo si se mostraba negligente en sus estudios, y, pese a todo, su propósito era que Benito dedicase la vida a cuidar las ovejas en las colinas de Guelatao. De modo que cuando Benito cumplió doce años decidió huir para reunirse con su hermana, que era sirvienta en la ciudad de Oaxaca.

El 17 de diciembre de 1818 Juárez atravesó a pie las montañas, decidido a recorrer los sesenta y cinco kilómetros hasta Oaxaca en un solo día, pues por la noche podía hacer mucho frío, y los pequeños leones montañeses a veces atacaban a los niños que dormían en las laderas. En la cumbre del paso, pudo contemplar allí abajo el valle de Oaxaca, y hacia la noche llegó a la casa de la ciudad donde trabajaba su hermana. Era un niño muy decidido y llegaría a ser un hombre muy decidido.

Su hermana estaba al servicio de un comerciante criollo llamado Maza, que impresionado por la inteligencia y el carácter de Juárez hizo posible que viviese con un monje dominicano en la ciudad, para educarse en el servicio de la Iglesia. Juárez aprendió a hablar latín y francés; pero no le atraía la idea de ser sacerdote, y su tutor, un monje de espíritu amplio, convino con tristeza que sería mejor que Juárez se convirtiese en abogado. Juárez pronto tuvo muchos clientes, aunque su estudio jurídico no fue muy lucrativo; defendía a los arrendatarios frente a los jueces hostiles, en las acciones promovidas contra ellos por los terratenientes; pero aunque era liberal en política, no adoptaba posiciones extremas, y se mostró dispuesto a aceptar un cargo político y administrativo en Oaxaca a las órdenes de un gobernador partidario de Santa Ana.

En 1847, al fin de la guerra contra Estados Unidos, Juárez fue elegido gobernador de Oaxaca, y en la nueva situación creada por la derrota de México, se manifestó francamente en contra de Santa Ana. Mientras este, apremiado por los ejércitos liberales, se retiraba hacia el estado de Oaxaca, Juárez convocó a la milicia local y ordenó que se defendiese la frontera y se rechazara cualquier intento de Santa Ana de entrar en Oaxaca.

Santa Ana explicó años después, en sus *Memorias*, por qué Juárez le impidió entrar en el estado.

> No podía perdonarme el hecho de que me hubiese servido a la mesa en Oaxaca en diciembre de 1828, descalzo y con un camisa y pantalones de tela basta, en la casa de don Manuel Embides Asonbraba, porque es nativo de esa categoría inferior que ha representado un papel destacado en México, como todos saben. Un sacerdote de la orden de Santo Domingo le enseñó a leer y a escribir y a usar zapatos, y le vistió con chaqueta y pantalones. No exagero, pues el general don Manuel Escabar, que estaba presente cuando Juárez servía la mesa, puede confirmarlo.

Hacia 1828 Juárez tenía veintidós años y había estado usando zapatos, chaqueta y pantalón durante muchos años. Acababa de separarse de su tutor para estudiar derecho en la Universidad de Oaxaca, pero es posible que se pusiera ropas indias y se quitara los zapatos con el fin de ganar algún dinero sirviendo la mesa, a menos que Santa Ana y Escabar le hayan confundido con otra persona.

Santa Ana no perdonó a Juárez que le hubiese impedido la entrada en Oaxaca en 1847, y cuando regresó al poder después de otro golpe militar, ordenó que le arrestasen y le deportasen de México. Juárez fue a Nueva Orléans, a reunirse con otros refugiados liberales, entre ellos Ocampo, y allí fundaron el Comité Mexicano Revolucionario, con cuartel general en el Cincinnati Hotel. Pronto se les acabaron los fondos, y debieron abandonar el hotel y encontrar el alojamiento más barato posible en el último piso de un edificio de alquiler del distrito más pobre de la ciudad. Juárez vivía en el piso alto de una casa de la calle St. Peter, durante la intensa ola de calor y la epidemia de cólera de 1854, y se ganaba modestamente la vida enrollando cigarrillos y vendiéndolos en las calles y los despachos de vino. Precisamente en Nueva Orléans, bajo la guía de Ocampo, Juárez se convirtió en un convencido liberal *puro*, en oposición a los *moderados*

Juárez enfermó de cólera. Sus amigos, como no podían enviarle al hospital, le dejaron solo en su habitación, para que viviera o muriese. Sobrevivió; siempre fue un sobreviviente.

Los refugiados se mantuvieron en contacto con los hechos de México y con el general Alvarez, un liberal que estaba organizando la resistencia guerrillera en el oeste contra el gobierno de Santa Ana. Los partidarios de Alvarez hicieron un manifiesto en Ayutla, reclamando el derrocamiento de Santa Ana y la creación de un gobierno liberal. Juárez se dirigió a Acapulco, en la costa del Pacífico, y llegó al cuartel general de Alvarez vestido con toscas prendas indias, quizá con el fin de evitar que le descubriesen durante el viaje. Ofreció prestar los servicios que los revolucionarios considerasen útiles. El hijo de Alvarez, que no conocía la identidad de Juárez, preguntó si sabía leer y escribir y después le asignó tareas administrativas en el cuartel general de Alvarez. Este y su hijo se sintieron avergonzados cuando descubrieron que el pequeño indio, que según creían podía ser analfabeto, era el ex gobernador de Oaxaca, y le preguntaron por qué no se había identificado. "¿Y qué importancia tiene eso?", replicó Juárez.

Había llegado precisamente a tiempo para unirse a las victoriosas fuerzas liberales que entraron en Ciudad de México en agosto de 1855, y que obligaron a Santa Ana a huir al exterior. Ocampo, que había ido a Brownsville, Texas, cuando Juárez salió de Nueva Orléans, con la intención de seguirle, llegó sólo después del triunfo de la revolución.

Alvarez pronto traspasó el liderazgo a otro general liberal, Ignacio Comonfort, que se convirtió en presidente de la república. Nombró a Juárez ministro de Justicia. El gobierno de Comonfort se propuso limitar las atribuciones y los privilegios de la Iglesia, pero procedió cautelosamente, consciente de los intensos sentimientos religiosos de muchos mexicanos y de la influencia de la Iglesia sobre el pueblo, y también sobre los indios. Juárez presentó un proyecto que fue aprobado por el Congreso mexicano, y recibió el nombre de Ley Juárez. Abolía muchas de las atribuciones de los tribunales eclesiásticos y los privilegios del clero, que quedó sometido a la jurisdicción de los tribunales jurídicos ordinarios. Los liberales también conmovieron a la Iglesia y a los conservadores al introducir el matrimonio civil, permitir el divorcio por locura y crueldad, y dictaminar que un varón no podía casarse hasta cumplir los dieciocho años y una niña antes de tener quince años, cuando de acuerdo con la ley canónica el límite había sido de catorce años para los varones y doce para las niñas. Los conservadores también se opusieron al plan oficial de proporcionar educación estatal a las mujeres.

Un colega de Juárez, el ministro de Finanzas Miguel Lerdo de Tejada, convenció al Congreso de la conveniencia de aprobar la Ley Lerdo, un instrumento incluso más polémico, que nacionalizó la propiedad de la Iglesia, clausuró la mayoría de los monasterios y conventos, y estipuló que el clero recibiría un sueldo fijo pagado por el gobierno. Después, el gobierno vendió las tierras eclesiásticas a compradores privados, lo cual les creó un interés financiero en la reforma.

El gobierno de Comonfort redactó una nueva constitución para México. El presidente de la república sería elegido por el término de cuatro años, lo mismo que el presidente de la Suprema Corte. Si por una razón cualquiera, el presidente no podía cumplir sus funciones, el presidente de la Suprema Corte le remplazaría hasta que pudiera elegirse un nuevo presidente. Comonfort fue elegido presidente y Juárez presidente de la Suprema Corte.

Durante las discusiones acerca de la nueva constitución, los liberales del Congreso propusieron rechazar la cláusula de la Constitución de 1824 que declaraba que la religión católica romana era la única religión legal en México. La norma debía ser remplazada por una cláusula que proclamaba el principio de la tolerancia religiosa. La Iglesia convocó a sus fuerzas para oponerse a la propuesta, y reforzó los argumentos de sus diputados en la sala del Congreso con las ruidosas protestas de sus partidarios en las galerías destinadas al público. Algunos de los liberales más moderados también se opusieron al cambio, con el argumento de que era prematuro. "Si una mayoría de esta asamblea", dijo uno de ellos, "se declara en favor de la tolerancia religiosa, esa actitud no se convertirá en ley, y mucho menos en una ley constitucional. El país la repudiará, y la ley continuaría siendo letra muerta, como sucede siempre cuando se dictan leyes opuestas a la voluntad nacional."

El gobierno nacional no se atrevió a imponer la propuesta, y dejó el asunto librado a la votación voluntaria de los diputados. Después de un acalorado debate, la propuesta en favor de la tolerancia religiosa perdió por sesenta y cinco votos contra cuarenta y cuatro. Los partidarios clericales agrupados en las galerías del público dieron vivas y gritaron: "¡Viva la religión! ¡Muerte a los herejes!" "Jesucristo nunca quiso matar", replicó el diputado liberal Ignacio Ramírez, el único líder liberal que reconocía francamente su condición de ateo. Perdió su escaño en la elección siguiente, como le sucedió a la mayoría de los diputados que habían hablado en favor de la tolerancia religiosa.

Como se había perdido la propuesta en favor de la tolerancia religiosa, se adoptó un compromiso. La Constitución de 1857 se limitó a afirmar que la religión católica era la religión de México, pero omitió la cláusula de que era la única religión permitida por la ley. La Iglesia denunció a la nueva constitución. El clero no dejó de señalar que Juárez y Lerdo, como George Washington en Estados Unidos y el rey Víctor Manuel y Garibaldi en Italia, eran masones.

El arzobispo de México era un hombre anciano e ineficaz, que no estaba en condiciones de dirigir la resistencia de la Iglesia a los liberales; pero monseñor Labastida, obispo de Puebla y Tlaxcala, tenía todas las cualidades de liderazgo necesarias, y ansiaba dar batalla. Había nacido en el seno de una familia criolla pobre, pero se había elevado en la Iglesia gracias a su energía y su capacidad. No había adquirido nada del refinamiento de un diplomático o el brillo de un aristócrata. Las damas que se sentaban al lado de este dignatario en los banquetes oficiales se mostraban disgustadas por sus modales en la mesa, y por su hábito de eructar; pero nadie podía acusar a Labastida de falta de entusiasmo antiliberal.

En vista de la Ley Juárez, de la Ley Lerdo y de la Constitución de 1857, Labastida y sus colegas decidieron que no era suficiente ordenar al clero que se negase a absolver a todos los que juraron fidelidad a la nueva constitución; también era necesario derrocar al gobierno de Comonfort mediante un golpe de Estado. Un sacerdote jesuita, el padre Miranda, fue enviado a visitar los cuarteles militares en todo el país con el propósito de conquistar el apoyo de los comandantes al plan. Miranda persuadió a varios de los principales oficiales de la necesidad de reunirse en secreto en Tacubaya, donde convinieron en la ejecución del golpe. Miranda incluso consiguió atraer a su causa a Comonfort, que aceptó remplazar a su propio gobierno liberal por una junta de generales encabezados por él mismo.

El golpe fue ejecutado el 16 de septiembre de 1857. Comonfort persuadió a la mayoría de sus ministros del gabinete de la necesidad de apoyar el golpe; los que rehusaron, como fue el caso de Juárez, sufrieron arresto. Pero en menos de un mes otro de los conspiradores militares, el general Félix Zuloaga, decidió que él sería mejor presidente que Comonfort, y este se vio obligado a renunciar. Su último acto como presidente, antes de viajar a Nueva York, fue ordenar que se liberara a Juárez.

Juárez llegó a la conclusión de que, como Comonfort había renunciado y Zuloaga se había adueñado ilegalmente del poder en Ciudad de México, bajo las cláusulas de la constitución las atribuciones presidenciales habían pasado al propio Juárez, en cuanto era el presidente de la Suprema Corte. Cuando se le liberó de la cárcel, salió de Ciudad de México y viajó a pie hacia el norte. En Guanajuato, encontró apoyo local suficiente que le permitió proclamarse presidente legal de México, opuesto a la junta que se había adueñado del poder. Sus fuerzas fueron derrotadas por el ejército de Zuloaga, y aunque él subestimó la derrota diciendo a sus ministros que "nuestro gallo ha perdido una pluma", se vio obligado a una retirada más hacia el norte. Llegó a Manzanillo, en la costa del Pacífico, donde embarcó en una nave norteamericana y viajó por Panamá, La Habana y Nueva Orléans hasta Veracruz, que siempre había sido un baluarte liberal y estaba en manos de sus partidarios.

Nombró a Lerdo ministro de Finanzas y a Ocampo ministro de Relaciones Exteriores. Su gobierno en Veracruz y el de Zuloaga en Ciudad de México iniciaron una guerra civil de tres años, la llamada Guerra de la Reforma.

Cuando recibió noticias de lo que sucedía en México, Gutiérrez en Roma se mostró más convencido que nunca de que sólo un monarca impuesto por la intervención europea podía terminar con la deplorable situación que prevalecía en su país natal. Tenía el apoyo de Santa Ana, que había renunciado a la esperanza de recuperar la presidencia de México, y vivía exiliado en la isla caribeña de Santo Tomás. Gutiérrez encontró otro aliado útil, José Hidalgo, que había desempeñado cargos un tiempo en las legaciones mexicanas de Londres y Madrid, pero que ahora vivía retirado en París. Cuando estuvo destacado en Madrid, Hidalgo a menudo había visitado la casa de la condesa de Montijo, una de las principales damas de la sociedad, cuya hija Eugenia después se había casado con Napoleón III y era la emperatriz de los franceses.

Aunque Eugenia pronto adquiriría entre los liberales la reputación de partidaria feroz de la Iglesia Católica, en realidad no era en política una ultramontana intolerable, si bien se trataba de una mujer profundamente religiosa. Su padre, el conde de Montijo, a quien ella estaba muy unida, había sido un liberal español. Pero después de su muerte, la madre había establecido relaciones amistosas con los líderes del Partido Conservador de España, y Eugenia fue criada de modo que se convirtió en una católica piadosa en su hogar de Madrid y en el convento de París en que se la educó.

Parece que Eugenia se sintió muy impresionada por un incidente que sobrevino en 1835, cuando ella tenía nueve años y vivía en la Plazuela del Angel de Madrid, durante la guerra civil entre los liberales y los ejércitos católicos de don Carlos. Cuando las fuerzas carlistas avanzaron sobre Madrid, fusilando a todos los liberales capturados, se difundió el rumor de que los sacerdotes y los monjes eran espías carlistas. Cierto día, Eugenia oyó una gran conmoción en la plaza que estaba frente a la casa. Los adultos le dijeron que no mirase por la ventana, pero por supuesto fue lo que ella hizo, y vio que una turba liberal atacaba el monasterio que estaba del lado opuesto de la plaza. Se habían apoderado de un anciano monje, y estaban apuñalándole con sus cuchillos, de modo que el religioso estaba bañado en sangre. Eugenia se horrorizó, y nunca olvidó lo que había visto; para ella, ése sería siempre el significado práctico de "la revolución".

Cuando tenía diecisiete años, trató de suicidarse después de un amor desgraciado, tragando cabezas de fósforos disueltas en leche; pero le dieron un emético y la salvaron. Reaccionó, con la fibra que demostró a lo largo de toda su vida, y se convirtió en una coqueta sin corazón que jugaba indiscriminadamente con jóvenes nobles y toreros, que recorría a caballo las calles de Madrid fumando un cigarro, que chocaba a sus mayores y fascinaba a los hombres. A veces cruzaba la frontera con Francia para pasar unos días en el pequeño puerto pesquero de Biarritz, donde desafiaba a los pescadores a llevarla a pasear en sus barcos cuando era peligroso salir del puerto.

Su padre la había criado de modo que admirase a Napoleón, y Eugenia era una ardiente bonapartista antes de conocer al sobrino de Bonaparte. En noviembre de 1852 estaba en París cuando Luis Napoleón se preparaba para proclamarse el emperador Napoleón III. La invitaron a salir de caza con él en el bosque de Fontainebleau, y mientras los dos se adelantaban a caballo y se separaban del resto para caer juntos sobre la presa, Luis Napoleón se enamoró de Eugenia. Dos meses después, para sorpresa de Europa entera, se casó con la joven. Su belleza, su vivacidad y su falta de formalismo la convirtieron una criatura popular en Francia y Europa; los hombres admiraban su encanto, y las mujeres seguían su ejemplo en el tocado y el vestido. Eugenia logró que la corte de Napoleón III fuese la más brillante de Europa, pero su franqueza a veces le avergonzaba. No mucho después del matrimonio, cuando existía cierta tensión diplomática entre España y Estados Unidos a causa de un incidente en Cuba, Eugenia dijo en presencia de varios diplomáticos extranjeros que un día sería necesario que Francia hiciera la guerra a Estados Unidos. El marido le advirtió inmediatamente que no debía decir tonterías.

Le agradaba pasar unas pocas semanas de septiembre todos los años en su amada Biarritz, y allí Napoleón III le construyó una residencia, la Villa Eugénie. Apenas se supo que la emperatriz simpatizaba con Biarritz, las familias aristocráticas y acaudaladas también acudieron a ese lugar, y la pequeña aldea pesquera que ella había amado se convirtió en un elegante lugar de veraneo.

En septiembre de 1857 Hidalgo fue a pasar unas vacaciones en Bayona, a pocos kilómetros de Biarritz, y estaba caminando por la calle cuando Eugenia, de camino a una corrida de toros, pasó cerca de su carruaje. El se descubrió para saludarla, y Eugenia le reconoció, pese a que no le había visto desde que él había visitado la casa de la madre de Eugenia en Madrid. Eugenia le invitó a su carruaje y dijo al cochero que guiase el vehículo hasta el lugar de destino de Hidalgo. Manifestó su deseo de volver a verle y le invitó a una comida que ella ofrecía en Biarritz pocos días después. Allí, Hidalgo le habló de las cosas terribles que sucedían en México —cómo los liberales estaban atacando a la Iglesia y persiguiendo a los sacerdotes, los monjes y las religiosas.

Pocas semanas más tarde, después de regresar a París, Eugenia invitó a Hidalgo al Palacio de las Tullerías con el fin de que conociera a Napoleón III. Hidalgo explicó al emperador lo que ya había dicho a la emperatriz, y destacó que sólo la intervención de una fuerte potencia europea podía restaurar la ley, el orden y la religión en México. Napoleón manifestó su simpatía, pero dijo que para él sería imposible intervenir en México, pues ello determinaría que Francia tuviera dificultades con Estados Unidos. Estados Unidos, el país del republicanismo y la democracia, era siempre la fuerza que se oponía al sueño de Gutiérrez, es decir la búsqueda de un emperador para México.

4

El general y el indio

Los conservadores mexicanos que habían permanecido en México no estaban tan entusiasmados como los refugiados en Europa o Santa Ana en Santo Tomás ante la idea de contar con un príncipe europeo que llegaría impuesto por un ejército europeo invasor, pues abrigaban la esperanza de que podrían ganar su guerra contra los liberales sin la ayuda extranjera. Mientras la Guerra de la Reforma entraba en su segundo año, en enero de 1859, persuadieron a Zuloaga de que renunciara, y eligieron como presidente de la república al general Miguel Miramón, su brillante segundo jefe. Miramón provenía de una familia de inmigrantes franceses, pero se había asimilado fácilmente a los criollos españoles. En 1846, a la edad de diecisiete años, se había alistado en el ejército para luchar contra los invasores provenientes de Estados Unidos, y había demostrado mucho coraje en varios encuentros. Era terrateniente, un católico devoto, un hombre apuesto y valeroso, que tenía mucho éxito con las damas. Tenía un temperamento atrevido que determinaba que se mostrase dispuesto no sólo a arriesgar su vida en el campo de batalla sino también a adoptar una actitud audaz y agresiva en la guerra y en la política. Cierta vez se le preguntó cuáles eran sus relaciones y su influencia, y replicó: "Mi espada es mi influencia".

Consideraba a los liberales los enemigos de México y de la religión, y creía que su obligación con Dios y con su país era combatirlos y destruirlos sin compasión. Los conservadores no podían haber deseado un jefe mejor en una guerra civil.

Era una figura muy diferente de su rival el presidente de la república: es decir, Benito Juárez, que estaba en Veracruz. Juárez, que en 1859 tenía cincuenta y tres años, medía apenas un metro cincuenta de estatura, tenía la piel más oscura que muchos indios, y exhibía una cicatriz que le cruzaba los labios —quizá la señal del castigo recibido en la infancia de su severo tío en Guelatao. Era abstemio tanto en lo referente a la comida como a la bebida, pero le agradaban mucho los cigarros. Decíase que había engendrado algunos bastardos en su juventud, pero ahora era un devoto marido de su vivaz esposa criolla, doña Margarita, la hija de Maza, el comerciante que le había dado refugio cuando Juárez había llegado a Oaxaca, y que todavía empleaba como doméstica a la hermana del propio Juárez. Este llevaba viviendo siete años en Oaxaca cuando nació Margarita; se casaron en 1843, cuando él tenía treinta y siete años y ella diecisiete. Margarita le dio tres varones y nueve hijas; tres de las hijas murieron en la infancia, pero los nueve niños restantes sobrevivieron, una proporción mucho más elevada que la usual en el México del siglo XIX. Juárez fue un padre abnegado con todos sus hijos.

Doña Margarita vivía en Oaxaca con ocho de los niños, el mayor de catorce años y el menor un niño de pecho, cuando Juárez salió de Ciudad de México y asumió el cargo de presidente de la república. En cuanto supo ella que Juárez había establecido su gobierno en Veracruz, partió de Oaxaca con los niños, para atravesar caminando y cabalgando en mulas las montañas de Veracruz, a doscientos cuarenta kilómetros de distancia. Así, tuvo que afrontar no sólo las privaciones del viaje sino también el peligro de la acción de los bandidos y de las fuerzas conservadoras con las cuales quizá se cruzara. Llegó sana y salva un mes después.

Los modales de Juárez eran corteses y formales. Era un hombre de hablar suave y casi nunca demostraba ningún sentimiento; pero era muy decidido, y podía ser duro y firme como el acero. Sabía manipular hábilmente a sus colegas y lograba reconciliar las discrepancias entre ellos. Se adhería firmemente a los principios liberales y al imperio de la ley; pero infringía la ley, e incluso la constitución, cuando creía que no había otro modo de salvar a su país y a su causa. Sus enemigos, e incluso algunos de sus partidarios, le acusaban de ambición personal; pero en tanto sea posible analizar los motivos de un hombre de estado, probablemente pueda afirmarse que cuando se aferraba al poder y superar a sus rivales lo hacía movido por la sincera creencia de que era el único hombre que podía salvar a México. Y probablemente tenía razón al pensar así.

Algunos conservadores le despreciaban por ser indio, pero le despreciaban aún más por ser abogado. Los cínicos afirmaban que ni los conservadores ni los liberales habían hecho gran cosa por los indios, y que los cuarenta años de luchas y guerras civiles habían sido una disputa entre los terratenientes conservadores, los sacerdotes y los oficiales militares, por una parte, y los abogados y los comerciantes liberales, por otra. Los conservadores también contaban entre sus líderes con dos indios tan puros como Juárez; pero los generales Tomás Mejía y Ramón Méndez eran oficiales del ejército regular. En las montañas nativas de Mejía, cerca de Querétaro, los indios le admiraban y le seguían dondequiera que él deseaba llevarlos; pero muchos otros indios eran partidarios de los liberales.

De Juárez se contaba una anécdota que los liberales repetían complacidos. Cuando por primera vez llegó a Veracruz para encabezar el gobierno, pidió una copa de agua a una negra que servía en el hotel. La mujer le contestó groseramente que se buscase él mismo el agua, y Juárez aceptó la indicación sin protestas ni explicaciones. Al día siguiente, cuando la mujer estaba sirviendo a los miembros del gobierno, en el curso de un almuerzo formal en el hotel, la desconcertó ver al indio que presidía la cabecera de la mesa, y a quien los presentes se dirigían respetuosamente llamándole "Señor Presidente"; la mujer huyó del salón dominada por el pánico.

Pero los conservadores tendían más bien a relatar otra historia acerca de Juárez. Cierto día sus oficiales fueron a informarle que los conservadores habían atacado la ciudad y que se estaba combatiendo en las mismas puertas. Le exhortaron a montar a caballo, ponerse a la cabeza de sus tropas y conducirlas contra el enemigo. "No sé montar a caballo", replicó Juárez mientras encendía otro cigarro y apoyaba los pies sobre el sofá. Era sólo una anécdota, pero no cabe duda de que el señor licenciado don Benito Juárez nunca fue general y jamás usó el espléndido uniforme militar de un oficial del ejército o el atuendo nativo de la tribu zapoteca, el mismo que su hermana, la criada de Oaxaca, vistió toda su vida. Usaba la camisa blanca almidonada y los pantalones y la chaqueta negros, así como el sombrero de copa y el bastón, todos los elementos típicos de un abogado y profesional de la clase media.

Los liberales luchaban con fervor por su causa, y al lema conservador "Religión y Orden" contestaban con el lema "Dios y Libertad". Pero tenían dificultades para encontrar generales que condujesen a sus ejércitos contra los oficiales profesionales que mandaban a las fuerzas conservadoras. Los oficiales militares que se incorporaban a las filas liberales a menudo reñían entre ellos, acusándose mutuamente de deslealtad y del intento de convertirse en dictadores, y de mala gana obedecían las órdenes de un gobierno presidido por un abogado indio. Pero Juárez encontró al general Santos Degollado, a quien nombró ministro de Guerra y comandante en jefe del Ejército Federal. Degollado llamó a sus soldados a combatir "por la sagrada causa de la democracia", denunciando a los conservadores, "los hipócritas fariseos que invocan la religión de Jesucristo sin creer en ella y sin cumplir sus máximas de fraternidad y paz".

En octubre de 1858 Degollado sitió Guanajuato, un objetivo importante para los liberales. Su captura impresionaría a los extranjeros que tenían intereses en las minas de plata. El general conservador Blaucarte se reunió con Degollado en la casa del cónsul prusiano y aceptó entregar la ciudad con la condición de que su vida y la vida de sus oficiales fuese respetada, y de que se les permitiera marcharse libres. Apenas se realizó la rendición, los liberales entraron en Guanajuato y lincharon a varios conservadores locales, incluso un oficial que había ejecutado no mucho antes a un mayor liberal. Uno de los oficiales de Degollado mató a Blaucarte ante los ojos del propio Degollado y su Estado Mayor. Degollado degradó al oficial por ese acto de indisciplina, pero le devolvió el grado pocos meses más tarde, después que el culpable se distinguió en una acción.

Los conservadores generalmente conseguían mostrarse un poco más crueles que sus antagonistas. En marzo de 1859 Miramón, después de recuperar Guanajuato y derrotar a los liberales en varias batallas, marchó hacia Veracruz y sitió la capital de Juárez; pero la fiebre amarilla, que era el azote local, le obligó a levantar el sitio después de un mes, y se retiró desordenadamente hacia Ciudad de México. Degollado había tratado de aprovechar la oportunidad, mientras Miramón estaba en Veracruz, de atacar a Ciudad de México; pero el general Leonardo Márquez, subordinado de Miramón, derrotó a Degollado en Tacubaya, después de una batalla de dos días, el 10 y el 11 de abril.

Miramón llegó a Ciudad de México desde Veracruz la mañana del 11 de abril, y pocas horas después recibió de Márquez el informe de su victoria y una lista de los liberales capturados en la batalla. Diecisiete prisioneros eran oficiales. Degollado había escapado del campo de batalla dejando sólo su camisa, que flameó, con otros trofeos, sobre la residencia de Miramón, el Palacio Nacional de Ciudad de México; pero su segundo, el viejo general Lazcano, era uno de los prisioneros. Miramón envió inmediatamente a Márquez la orden, que según afirmaron los liberales llegó escrita en el papel de escribir de Concha Lombardo, la amante de Miramón, ordenándole que fusilara a los diecisiete oficiales. Más tarde Miramón justificó esta orden con el argumento de que esos oficiales eran desertores de su ejército que se habían pasado al enemigo; pero en realidad partió de la premisa de que cualquier oficial del ejército regular que luchaba por los liberales contra el gobierno de Miramón era un desertor y un traidor.

Tacubaya, que hoy es un suburbio de Ciudad de México, en 1859 era un pequeño pueblo rural, donde los aristócratas, los dignatarios y los empresarios más acaudalados tenían sus casas de campo. El banquero Barrón, cuya familia inicialmente había emigrado a México desde Inglaterra, y que era uno de los hombres más ricos de México, tenía una mansión con un espacioso jardín en Tacubaya; la casa y el jardín del arzobispo de México eran casi igual de espaciosos.

Durante la batalla, los liberales ocuparon la casa del arzobispo y organizaron un hospital de urgencia donde sus servicios médicos, por cierto muy inadecuados, hacían lo posible por los soldados heridos. Contaban con la ayuda del doctor Duval, de la Universidad de Ciudad de México, súbdito británico que con algunos de sus colegas había llevado un equipo de estudiantes de medicina a Tacubaya para ayudar a cuidar a los heridos de ambos bandos. Cuando Degollado se retiró, los soldados del ejército liberal que habían sufrido heridas demasiado graves y no podían ser trasladados, se quedaron en la casa del arzobispo. El doctor Sánchez, jefe del cuerpo médico del ejército de Juárez, decidió permanecer con ellos y con los médicos militares y civiles que los atendían.

Márquez recibió de Miramón la orden de fusilar a los diecisiete prisioneros a las cinco de la tarde del 11 de abril. Inmediatamente ordenó a sus hombres que fusilaran también a todos los demás prisioneros. Comenzaron con el general Lazcano. Algunos de los oficiales de Márquez, que antes habían sido subordinados de Lazcano, estaban a cargo del pelotón de fusilamiento. Llevaban al anciano al jardín del arzobispo, burlándose e insultándole. El les dijo: "Es cobarde y bajo insultar a un moribundo." Le fusilaron por la espalda, el castigo militar que solía aplicarse a la traición. Dos capitanes y un teniente fueron fusilados, también por la espalda, pocos minutos más tarde.

Después, los hombres de Márquez irrumpieron en la casa del arzobispo, donde encontraron una escena que antes de su llegada ya era bastante horrible —una escena repetida a menudo en los hospitales de urgencia de mediados del siglo XIX—. Bajo la supervisión del cirujano, el doctor Sánchez, los médicos estaban ordenando la amputación de los brazos y las piernas de todos los heridos graves. A falta de anestésicos, los enfermeros y los estudiantes suministraban vino a los pacientes para emborracharlos, y los sujetaban a las camas mientras el doctor Sánchez ejecutaba las amputaciones.

Los hombres de Márquez llegaron mientras estaban realizándose las operaciones. Ordenaron que los médicos suspendieran las operaciones y dejaran desangrarse a los heridos. El doctor Sánchez y todos los médicos se negaron. Entonces, los hombres de Márquez mataron a los heridos. Después, dispararon también a los médicos, los enfermeros y los estudiantes, porque según dijeron estaban suministrando ayuda a los traidores, y por lo tanto también ellos eran traidores.

Los propagandistas liberales escribieron muchas historias conmovedoras acerca de los cincuenta y tres mártires que perecieron en la masacre de Tacubaya. Conscientes de los profundos sentimientos religiosos del pueblo mexicano, intentaron convencerlos de que los liberales eran los auténticos cristianos, y de que los "reaccionarios" que falsamente afirmaban luchar por la religión en realidad eran los sucesores de los fariseos que habían perseguido a Cristo. Juan Covarrubias, un estudiante de literatura de diecinueve años que ya había escrito una serie de cuentos cortos y poemas inéditos antes de alistarse en el ejército liberal, recibió la noticia de que le fusilarían. Cuando pidió un confesor, sus carceleros le dijeron que no había tiempo, de modo que distribuyó el dinero que tenía en los bolsillos entre los soldados del pelotón de fusilamiento y se preparó para morir. El oficial impartió la orden de fuego, pero los soldados no dispararon;

cuando se repitió la orden, sólo dos de ellos obedecieron. Eso no ayudó a Covarrubias, pues fue herido por dos balas, y le dejaron para que muriese. Pronto quedó sepultado bajo una pila de cadáveres, pero otros soldados le encontraron, todavía vivo, varias horas después. Con las culatas de los rifles le reventaron la cabeza.

Manuel Matías, otro joven poeta de veinticuatro años, había combatido con el victorioso ejército liberal en la batalla de Ocatlán, donde salvó la vida de un oficial conservador prisionero, que esperaba ser fusilado. El joven idealista le entregó un caballo y le permitió escapar. Cuando los hombres de Márquez dijeron a Matías que le fusilarían por la espalda como traidor, se volvió hacia ellos y les dijo que los perdonaba, pues no sabían lo que hacían al asesinar a los que combatían por la libertad. Una salva de disparos interrumpió sus palabras, y Matías cayó muerto.

Agustín Jáuregui no se había incorporado al ejército liberal y vivía tranquilamente en su casa de la Ciudad de México. Pero alguien le denunció a las autoridades como liberal, y el 11 de abril los soldados le llevaron a Tacubaya y le fusilaron con los demás.

Los liberales escribieron que Márquez en adelante no debía ser llamado "Leonardo" sino "Leopardo" Márquez, y le denominaron "el Tigre de Tacubaya". Márquez se sintió complacido y declaró que asumiría orgulloso el título. Pocos días después de los asesinatos, Márquez intervino en el desfile de la victoria en Ciudad de México, y usó un fajín que le habían regalado las damas conservadoras que le admiraban. Tenía escritas las palabras "A la Virtud y el Valor. La gratitud de las hijas de México".

5

Las grandes potencias participan en el conflicto

Lord Malmesbury, el conservador que era secretario de Relaciones Exteriores de Gran Bretaña, estaba en el Foreign Office de Whitehall de Londres, y leía los despachos enviados por el señor Otway, ministro británico en México; estos mensajes habían tardado un mes en llegar a Malmesbury. A su juicio, la guerra civil mexicana era una molestia, lo mismo que todas las demás guerras civiles en países lejanos y atrasados, pues perjudicaban las actividades comerciales de los súbditos británicos y a veces amenazaban su propiedad y sus vidas. Durante las guerras civiles los dos gobiernos rivales solían imponer impuestos de emergencia a los súbditos británicos y los obligaban a contribuir a los "préstamos" que todos los habitantes nativos debían pagar, impulsados por las amenazas y la presión, y que supuestamente eran reembolsados, aunque en la práctica nunca se llegaba a eso. A menudo los comandantes militares locales, que necesitaban dinero para pagar a sus soldados, adoptaban el procedimiento más sencillo de apoderarse de la propiedad de los súbditos británicos. De vez en cuando un súbdito británico moría atrapado en el fuego cruzado de los combatientes. En México vivía una serie de ingleses y escoceses. Algunos estaban relacionados con las minas de plata de Guanajuato, Zacatecas y San Luis Potosí. Otros habían comprado y desarrollado las tierras de cultivo.

Además, en Londres había también súbditos británicos que retenían bonos oficiales mexicanos relacionados con el reembolso del dinero prestado a México durante los primeros tiempos de la independencia, allá por 1824. El gobierno no mostraba indicios de que estuviera dispuesto a reembolsar el capital protegido por esos bonos, y a veces dejaba impagados los intereses.

El señor Otway, como el resto de los representantes diplomáticos extranjeros, había permanecido en Ciudad de México, y al principio de la guerra civil reconocía al gobierno conservador. Creía que la mejor solución sería que México fuese anexada al Imperio británico, y escribió a lord Malmesbury que había conocido a varios mexicanos adinerados e influyentes que coincidían con su opinión. Malmesbury no dudaba de que en efecto ésa era la mejor solución para México, pero desechó la idea y se limitó a enviar un buque de guerra británico que se exhibiese frente a Veracruz, con el fin de alentar al gobierno de Juárez a pagar el interés a los tenedores británicos de bonos mexicanos. Otras formas más avanzadas de intervención provocarían molestias interminables, y quizá llevarían a la guerra con Estados Unidos.

Cuando Palmerston volvió a ocupar el cargo de primer ministro, en junio de 1859, y lord John Russell fue su secretario de Relaciones Exteriores, el gobierno británico demostró un poco más de simpatía hacia Juárez. No creía que Juárez fuese capaz de gobernar a México y preservar la vida y la propiedad de los súbditos británicos; pero Russell, apegado a sus fuertes tradiciones liberales y anticatólicas, aprobaba las medidas liberales contra la Iglesia, y se sintió complacido cuando en julio de 1859 Juárez dictó una serie de decretos que proclamaron la tolerancia religiosa y completaron la abolición de los privilegios de la Iglesia y la confiscación de su propiedad. Pero un sector influyente de la opinión conservadora británica simpatizaba con los conservadores mexicanos. El órgano de esta corriente, *The Saturday Review*, insistía en que, con todos sus defectos, Miramón era un caballero español, preferible a Juárez, "nada más que un indio" y "un salvaje sanguinario", que atacaba a la Iglesia porque él veneraba a sus dioses indios tribales.

Juárez prestó mucha atención a la protección de la propiedad de los residentes británicos. Cuando el general Degollado, muy consciente de la reacción británica pero ansioso de conseguir dinero para pagar a sus soldados, se apoderó de la plata (valorada en 1.127 millones) que los súbditos británicos de San Luis Potosí enviaban a Veracruz para el embarque a Europa, Juárez insistió en pagar a los propietarios británicos, pese a que le costó los servicios de su mejor general, pues Degollado renunció disgustado y se retiró a la vida privada. Miramón se mostró menos benigno, y no reembolsó los 700.000 pesos que los residentes británicos habían depositado en la legación británica de Ciudad de México, y que Márquez retiró de allí por la fuerza.

El gobierno francés se mostró más hostil que el británico frente a los liberales mexicanos. Durante los últimos meses que precedieron al estallido de la Guerra de la Reforma, el conde de Gabriac, ministro francés en Ciudad de México, había demostrado mucha hostilidad al gobierno liberal; y cuando Zuloaga y Miramón ascendieron a la presidencia, el ministro francés los apoyó de todos los modos posibles. Los conservadores soportaban una situación desventajosa; como Juárez retenía el puerto de Veracruz, los liberales estaban en condiciones mucho mejores de comerciar con Europa y reunir fondos para pagar a sus soldados utilizando los derechos aduaneros cobrados en el puerto. Hacia enero de 1859 Miramón soportaba considerables dificultades económicas, pese a que el clero había vendido su platería y sus objetos de valor, y organizado colectas en las iglesias con el fin de reunir dinero y ayudar al gobierno en su lucha por Dios contra los liberales y los masones.

Gabriac acudió en ayuda de Miramón, y le relacionó con un banquero suizo llamado Jecker, que ofreció prestar dinero al gobierno mexicano en condiciones muy ventajosas para él mismo. Miramón aceptó entregar a Jecker bonos oficiales mexicanos a un interés del 20 por ciento anual. Más tarde, Jecker afirmó que uno de sus socios en esta transacción fue el duque de Morny, hermano ilegítimo de Napoleón III, y uno de sus consejeros más influyentes; Morny había fallecido cuando Jecker formuló esta afirmación, y no hay confirmación de lo que él dijo; pero es muy posible que Morny estuviese relacionado con los bonos de Jecker.

El gobierno español se mostró incluso más hostil a Juárez, y enviaba notas amenazadoras e insultantes a su gobierno siempre que un súbdito español sufría perjuicios o desaires a manos de un comandante liberal de alguna localidad.

Estados Unidos fue la única potencia extranjera que mostró signos de apoyo a los liberales. En Estados Unidos existía intensa simpatía por Juárez, sobre todo en el ambiente de los abolicionistas, que identificaban la lucha de los indios oprimidos de México con la campaña por la liberación de los negros. El *New York Times* escribió que como Juárez encabezaba la lucha por la libertad de una raza oprimida que durante siglos había gemido bajo el talón del opresor, él y los liberales mexicanos soportaban "los insultos y las denuncias de un extremo de la Cristiandad al otro".

Otros norteamericanos apoyaban a Juárez por razones muy distintas. El presidente James Buchanan, que veía alarmado la tendencia de Estados Unidos a la secesión y la guerra civil en relación con el tema de la esclavitud, concibió un plan que, según esperaba, merecería la aprobación pública y sería ventajoso para la nación, además de reportarle gloria al propio presidente. Robert McLane, de Maryland, emisario de Buchanan, presentó a Ocampo, ministro de Relaciones Exteriores, la propuesta de que Estados Unidos reconociera al gobierno de Juárez y enviara una fuerza expedicionaria a México, para ayudar a los liberales a derrocar a Miramón. A su vez, Juárez cedería la Baja California a Estados Unidos, y además reconocería el derecho de una compañía ferroviaria basada en Nueva Orléans a construir un ferrocarril a través del istmo de Tehuantepec, para unir el Atlántico con el Pacífico. Además, Juárez concedería a Estados Unidos derechos extraterritoriales a perpetuidad en el istmo, de modo que ese país pudiera proteger los derechos de sus ciudadanos y de la compañía ferroviaria.

A Ocampo no le agradó la propuesta. Los liberales habían denunciado a Santa Ana por haber cedido territorio a Estados Unidos en el acuerdo denominado la compra de Gadsden. Si ahora los liberales cedían la Baja California, Miramón y los conservadores aprovecharían a fondo el tema como motivo de propaganda política, y la transacción podía distanciar a muchos partidarios liberales. Pero Ocampo sabía que los liberales no estaban ganando la Guerra de la Reforma, y con la constante amenaza de intervención de España, y quizá de otros estados europeos, podía ser necesaria una alianza con Estados Unidos. De modo que decidió, aunque con muy poco entusiasmo, que no tenía más alternativa que aceptar la propuesta. Juárez se mostró más limitativo; estaba dispuesto a aceptar la concesión ferroviaria y el otorgamiento de derechos extraterritoriales en el istmo, pero no la cesión de la Baja California o de cualquier otro fragmento del territorio mexicano.

El 14 de diciembre de 1859, McLane y Ocampo firmaron el tratado, sujeto a la ratificación de sus respectivos gobiernos. Los términos habían sido publicados pocos días antes en la *New York Herald Tribune*; los periódicos favorables a Miramón en Ciudad de México también los publicaron, y atacaron violentamente a Ocampo y a los liberales como traidores a su país. Juárez demoró la ratificación hasta la aceptación del tratado por el Senado norteamericano; pero con la publicación de los términos del tratado por Miramón los liberales ya habían sufrido la mayor parte del daño que podía infringírseles.

En su mensaje al Congreso en diciembre de 1859 Buchanan exhortó al Senado a ratificar el tratado; pero los miembros del Congreso estaban más interesados en lo que Buchanan denominó "los tristes y sangrientos hechos recientes de Harpers Ferry", el episodio en que John Brown y su grupo de dieciocho abolicionistas blancos y negros atacaron el arsenal federal, con la esperanza de provocar un alzamiento de los esclavos y acabar con la esclavitud. El escándalo que siguió a la incursión y la ejecución fue una de las razones por las cuales el Senado rechazó el Tratado McLane-Ocampo. En vista de las alusiones a la guerra civil en Estados Unidos, este no era el momento oportuno para comprometer al país con aventuras en México. Las fuerzas antiesclavistas en Estados Unidos miraron con sospecha los proyectos enderezados a adquirir territorio mexicano, por entender que eran un medio para extender la esclavitud; y los partidarios de la esclavitud no deseaban ayudar a Juárez ni a los liberales mexicanos. El tratado fue rechazado por 27 votos contra 18 en el Senado, y Juárez no tuvo que asumir la responsabilidad de decidir si lo ratificaba o lo rechazaba.

La doctrina de Monroe y los intereses de Estados Unidos impulsaron al gobierno de Buchanan a ayudar a los liberales mexicanos, incluso sin los beneficios prometidos por el tratado. En marzo de 1860 Miramón de nuevo sitió Veracruz, bombardeando la ciudad y matando a treinta ochos mujeres, niños y ancianos, mientras Juárez y su familia se retiraban al fuerte San Juan de Ulúa, frente al puerto; una actitud que indujo a los conservadores a acusarle de cobardía. Miramón también intentó imponer el bloqueo naval a Veracruz, aunque carecía de una armada capaz de aplicarlo. Un buque de guerra español, que había estado navegando frente a Veracruz con la esperanza de asustar al gobierno de Juárez e inducirlo a pagar una indemnización por las pérdidas que habían sufrido los súbditos españoles, mostró indicios de que estaba dispuesto a unirse al bloqueo. Entonces aparecieron dos buques de guerra norteamericanos que alejaron al barco español. La marina española no volvió a intentar una intervención en México.

Cuando Degollado renunció, Juárez le remplazó por un nuevo comandante en jefe, el general Ortega, que en definitiva fue el general más eficaz que los liberales habían hallado hasta ese momento. Derrotó a Miramón en varios encuentros y avanzó sobre Ciudad de México. Miramón realizó un último intento de romper el cerco de los ejércitos liberales, pero el 22 de diciembre de 1860 sus fuerzas fueron aniquiladas en Calpulalpam. Ortega entró en Ciudad de México el día de Navidad, y fue recibido entusiastamente por el pueblo. Miramón había advertido a los diplomáticos extranjeros que habría saqueos y violaciones cuando llegasen los liberales; pero las tropas se comportaron con perfecta disciplina, y no se cometieron excesos en perjuicio de los partidarios de Miramón.

La noticia de la victoria de Ortega en Calpulalpam llegó a Veracruz la noche del 23 de diciembre, cuando Juárez con su esposa y los miembros del gobierno, todos de rigurosa etiqueta, asistían a una representación de *Los puritanos* de Bellini en la ópera. Se interrumpió la representación mientras Juárez, de pie en su palco, leía el mensaje de Ortega que anunciaba la victoria. El público recibió la noticia con aclamaciones tumultuosas. La orquesta tocó el nuevo himno nacional mexicano, que había sido compuesto para celebrar la constitución de 1857. Muy pocos miembros del público conocían la letra, pero todos conocían y cantaban *La Marsellesa*, pues la canción revolucionaria francesa de 1792 se había convertido en el himno de los revolucionarios liberales de todos los países, pese a que estaba prohibida en la Francia de Napoleón III.

Pareció que al fin llegaba la victoria de la causa liberal. Pero tres días antes, el 20 de diciembre, Carolina del Sur se había separado de Estados Unidos en vista de que Abraham Lincoln había sido elegido presidente. Diez estados más acompañarían a Carolina del Sur para formar los Estados Confederados de América. Todos hablaban de una inminente guerra civil norteamericana.

Palmerston se sentía más complacido que nadie ante la perspectiva. El primero de enero de 1861 envió una carta con saludos de Año Nuevo a la reina Victoria, para decirle que los últimos meses del año que terminaba habían visto "la inminente y casi definitiva disolución en América de la gran Confederación del Norte". No dudaba de que Estados Unidos dejaría de existir como nación. Eso era una buena noticia para Palmerston, pero representaba un desastre para los liberales mexicanos.

6

El archiduque Maximiliano

En julio de 1832, durante el verano vienés más cálido del que se tuviera memoria hasta ese momento, dos miembros de la familia imperial estaban confinados a sus lechos en Schönbrunn, el palacio de verano del emperador Francisco II en las afueras de la ciudad. Napoleón Francisco, nieto del emperador, se moría de consunción, y su nuera la archiduquesa Sofía estaba de parto.

Napoleón Francisco, hijo de Napoleón el Grande con su segunda esposa, la archiduquesa María Luisa de Austria, había recibido de su padre la corona de Roma el día que nació. Cuatro años más tarde, después de la batalla de Waterloo, Napoleón abdicó en su favor, de modo que Napoleón Francisco fue el emperador Napoleón II de los franceses durante nueve días, hasta que los ejércitos aliados entraron en París y restauraron al borbón Luis XVIII. Napoleón Francisco no sabía nada de todo esto por entonces, pues su madre había huido con él a Viena. Se crió en Viena, mientras ella vivía con su amante en el ducado de Parma, que le habían cedido los aliados victoriosos. No se autorizó a Napoleón Francisco a retener ninguno de sus títulos anteriores, o a usar la denominación de príncipe de Parma; pero el nieto del emperador Francisco debía poseer un rango apropiado, de modo que se le nombró duque de Reichstadt, y cuando creció fue coronel del ejército austríaco.

Napoleón Francisco fue tratado con el debido respeto en la corte de su abuelo, que le tenía mucho afecto; pero de hecho se le retuvo como prisionero, porque Metternich temía que los bonapartistas le reinstalasen en el trono francés. Deseaba hacer grandes cosas, dignas de su propio padre, y lamentaba que se lo impidieran su mala salud y la posición en que se encontraba. Las restricciones impuestas a sus movimientos perjudicaron el desarrollo de su vida sexual. Cuando una joven bonita se interesaba por él en la ópera, Metternich se alarmaba ante la posibilidad de que la dama pudiera ser una agente bonapartista enviada para organizar la fuga del joven. Se rumoreaba que mantenía cierta relación con la famosa bailarina Fanny Elssler, que hizo furor en Viena hacia 1831; al parecer, el rumor nació sólo porque su criado a veces llevaba las cartas de Napoleón Francisco a un oficial colega suyo que vivía en el mismo hotel que Fanny Elssler. El duque de Reichstadt, que era un joven bastante tímido, no demostró especial interés en Fanny o en cualquiera de las damas jóvenes apropiadas con las cuales se le permitía mantener una relación.

La archiduquesa Sofía era hija del rey Maximiliano de Baviera, que se había aliado con Napoleón y enviado tropas bávaras a combatir al lado de los franceses contra los austríacos en Austerlitz y Wagram. Cuando Napoleón comenzó a retroceder, el rey Maximiliano se apresuró a cambiar de bando y se unió a Austria y los aliados, con la esperanza de que no fuese demasiado tarde. Se sintió muy aliviado cuando no le sucedió nada peor que la imposición de devolver el territorio austríaco que Napoleón le había concedido; y se sintió muy satisfecho cuando Metternich propuso un matrimonio entre su hija Sofía y el archiduque Franz Karl, segundo hijo del emperador Francisco.

Sofía se sintió mucho menos complacida cuando le dijeron que debía casarse con el archiduque. Exclamó: "¡No con *él*!" En efecto, Karl era aburrido, tosco y estúpido, pero ella cumplió su deber hacia el padre y la patria, y se casó con Karl en 1824. Se sentía muy desgraciada en la corte austríaca; escribió a sus padres que detestaba Viena y añoraba a su amado Munich. Su único amigo verdadero en el Hofburg y en Schönbrunn era el duque de Reichstadt, que se sentía tan solo como ella. Cuando se casó con el archiduque, ella tenía diecinueve años y Napoleón Francisco trece, y pronto establecieron entre ellos la relación de una hermana abnegada con un hermano menor. Ella le llamaba "mi viejo" y "*mon petit choux*".

Los rumores acerca de la relación de Sofía con su marido se difundieron durante los seis años que siguieron al matrimonio, porque ella no tuvo hijos. Y de pronto, en 1830, cuando Sofía tenía veinticinco años, dio a luz un varón, que después se convirtió en el emperador Francisco José. Por entonces, el duque de Reichstadt tenía diecinueve años, y se rumoreaba que era el padre de Francisco José. Dieciocho meses después quedó embarazada de nuevo de otro varón, que llegó a ser el emperador Maximiliano de México. Nuevamente se afirmó que Maximiliano era el hijo de Napoleón Francisco.

Estos rumores, apenas murmurados por entonces, fueron proclamados a los cuatro vientos cien años después por los periodistas, los novelistas y los dramaturgos franceses, y han sido aceptados por la mayoría de los biógrafos del emperador Maximiliano. No hay un átomo de evidencia que confirme los rumores; por supuesto, si hubiesen existido pruebas probablemente habrían sido destruidas por las partes interesadas o por las autoridades austríacas. Decíase que Sofía había confesado, en una carta dirigida al confesor de su padre, que Maximiliano era hijo de Napoleón Francisco, y también se afirmó que la carta fue descubierta y destruida en 1859; pero no hay motivos para creer en esta versión. La única base del rumor es cierto parecido físico entre Napoleón Francisco y Francisco José, y el hecho de que Sofía, sin hijos después de seis años de matrimonio con un hombre poco atractivo como Franz Karl, quedara embarazada cuando su íntimo amigo, el duque de Reichstadt, llegó a la edad adulta. Pero incluso si Sofía se hubiese mostrado dispuesta a ser infiel a su marido, ¿habría mantenido una relación sexual con un muchacho a quien consideraba un niño y un hermano menor? ¿O, mientras le veía crecer, el afecto que él le inspiraba la había llevado a iniciarle en las alegrías del sexo, que por timidez él no practicaba con otras mujeres?

La dolencia crónica del pecho en el duque de Reichstadt se agravó. Un día muy frío de febrero de 1832 insistió, pese al consejo de sus médicos, en revistar a su regimiento en un desfile militar en el parque de Schönbrunn, y enfermó peligrosamente. En junio, los médicos dijeron al emperador y su familia que la vida del duque corría grave peligro. La familia consideró esencial que se le administrase la extremaunción, pero temieron sugerirle la idea. Le comunicaron la dificultad a Sofía y ella propuso al duque que ambos recibieran el sacramento, él por su enfermedad y ella por su embarazo. En efecto, lo hicieron conjuntamente en la capilla de Schönbrunn.

El 6 de julio, mientras Sofía daba a luz a Maximiliano, Napoleón Francisco decaía rápidamente. En 1832 las mujeres de alcurnia permanecían confinadas mucho tiempo después del parto, y Sofía aún no se había levantado del lecho el 22 de julio, cuando Napoleón Francisco falleció.

Su madre María Luisa de Parma llegó a tiempo para verle antes de la muerte, pero Sofía no estuvo presente junto al lecho. Cuando se le comunicó la muerte de Napoleón Francisco, se desmayó, y los médicos temieron que la noticia retrasara su recuperación e incluso amenazara la salud de su hijo; pero Maximiliano gozó de buena salud.

De nuevo proliferaron los rumores. Si Maximiliano era el hijo del duque de Reichstadt, la muerte del padre cuando el hijo tenía apenas quince días de vida era la materia prima de una historia triste y romántica. Tres años después Sofía dio a luz al archiduque Karl Ludwig; el cuarto hijo, Ludwig Viktor, nació en 1842. Nadie pudo sugerir que Karl Ludwig o Ludwig Viktor fueran hijos de Napoleón Francisco.

Los liberales del mundo entero veían en el Imperio austríaco un bastión del absolutismo. Aunque no se trataba de un despotismo tan cruel como el ruso, las mazmorras del Spielberg, en Moravia, estaban pobladas por destacados líderes liberales y nacionalistas, que podían considerarse afortunados si recobraban la libertad antes de morir allí. La mayor parte del imperio estaba habitada por pueblos sometidos que se consideraban oprimidos por los austríacos.

El emperador Francisco falleció en 1835, y le sucedió su hijo mayor, el emperador Fernando I. Fernando padecía de epilepsia, y aunque gozaba de salud suficiente para casarse con una princesa piamontesa, el matrimonio no tuvo hijos. Metternich continuaba avalando el imperio y rechazando todas las propuestas de reforma. Entretanto, Sofía continuaba criando a sus dos hijos mayores, Francisco José y Fernando Maximiliano, pero la gente advirtió que su personalidad parecía haber cambiando, y que era una mujer más fría y más dura desde la muerte del duque de Reichstadt.

Los dos varones vivían juntos en el Hofburg y en Schönbrunn, y en el verano pasaban las vacaciones en el Ischl, cerca de Salzburgo. Tenían diferente carácter. Francisco José era un hombre ordenado, sistemático, interesado en los temas militares; Fernando Maximiliano, generalmente llamado Fernando Max tanto por la familia como por el pueblo, era más soñador y tenía un temperamento más artístico, aunque era mejor jinete que Francisco José. Los dos varones mantenían una relación muy estrecha, y Fernando Max miraba con mucha admiración a su hermano mayor, un individuo más enérgico.

En 1848 estallaron revoluciones en Europa entera. En marzo hubo alzamientos en Praga, Viena, Milán y Budapest. El emperador y la familia imperial quedaron a merced de la turba en Viena. Pero el ejército austríaco en Lombardía y Venecia, al mando del mariscal de campo Radetzky, que entonces tenía ochenta y dos años, conquistó una serie de victorias sobre los revolucionarios italianos. Francisco José, que tenía dieciocho años, sirvió en el ejército de Radetsky. Maximiliano, a quien a los dieciséis años se consideraba demasiado joven para acompañar a su hermano, estaba con el emperador, y con Sofía y el resto de la familia en el Hofburg.

En mayo una manifestación estudiantil en Viena desembocó en que los estudiantes se abrieron paso hacia el interior del Hofburg y llegaron ante la presencia del emperador. La familia imperial huyó a Innsbruck. Pocas semanas después consideraron prudente regresar a Viena; pero pronto hubo otro alzamiento de los radicales, y en el curso del mismo fue asesinado el ministro de guerra. La familia imperial escapó otra vez, y fue a Olmütz, en Moravia. Sofía, fuera de sí a causa de la indignación, escribió: "Podría haber soportado la pérdida de uno de mis hijos más fácilmente que la ignominia de someterme a una masa de estudiantes. En el futuro la vergüenza del pasado parecerá sencillamente increíble". Pudo considerarse afortunada ante su propia imposibilidad de prever el futuro.

El imperio se salvó gracias a Radetsky y al mariscal de campo Windischgrätz, así como a los odios nacionalistas que dividían a los revolucionarios. Radetsky aplastó la revolución en Italia, y Windischgrätz recuperó Praga y Viena, aunque para reconquistar Hungría fue necesaria la intervención de un ejército ruso. Windischgrätz ordenó fusilar a veintitrés líderes radicales en Viena después de someterlos a juicio ante una corte marcial, y se ejecutó y flageló a los revolucionarios en Lombardía y Hungría. Los liberales de Europa entera se sintieron ultrajados por las ejecuciones y las flagelaciones, y la opinión pública de Inglaterra se sintió particularmente irritada cuando azotaron a mujeres. Pero la familia imperial austríaca, la nobleza y la clase media —y muchos miembros del pueblo, y especialmente los campesinos— consideraron que el anciano "padre Radetsky" era un héroe, que merecía sobradamente la marcha popular que Johann Strauss el viejo compuso en su honor.

La archiduquesa Sofía era la personalidad más enérgica de la familia imperial. En el momento culminante de la revolución convocó a Olmütz a Windischgrätz, y al cuñado de este, el príncipe Felix von Schwarzenberg, y allí este último fue nombrado canciller. Sofía, Windischgrätz y Schwarzenberg creían que el emperador Fernando, a quien su pueblo consideraba un idiota cordial, no era un jefe de Estado apropiado en esa peligrosa situación. Francisco José, que tenía dieciocho años, y había conquistado sus galones en el ejército de Radetsky, y además poseía la energía juvenil, la agresividad y el atractivo popular necesario, sería un líder mucho más eficaz de la contrarrevolución.

Sofía convenció a Fernando de que abdicase, y a su propio marido de que renunciara a su derecho de sucesión al trono. En una ceremonia realizada en Olmütz el 8 de diciembre de 1848, el emperador Fernando abdicó, Franz Karl renunció a su derecho de sucesión y Francisco José comenzó su reinado, que continuaría hasta 1916. Maximiliano fue uno de los primeros en prestar juramento de fidelidad a su hermano, el nuevo emperador. En adelante, incluso cuando los dos hermanos afectuosos estaban reunidos y solos, se dirigía a Francisco José llamándole "Su Majestad".

El joven emperador aprobaba sin reservas la política draconiana de Radetsky, Windischgrätz y Schwarzenberg, pero Maximiliano, un hombre de ribetes menos marciales y más filosóficos, no se sentía muy complacido con ella. Señaló en su diario que, si bien "afirmamos que nuestra época es la de la cultura... En muchísimas ciudades europeas la posteridad percibirá con asombro y horror" el hecho de que los tribunales militares, sin el más mínimo proceso legal, "la cruel influencia de la venganza odiosa condenó a muerte a la gente con pocas horas de preaviso, quizá porque esa gente deseaba algo distinto de lo que prefiere el poder que se impone a la ley".

Pero sólo el más fanático partidario de Schwarzenberg y Radetsky podía haber temido que Maximiliano fuese en absoluto un liberal. Tenía un espíritu moderno en aspectos superficiales. Como otros miembros de la generación más joven fumaba cigarros y usaba barba, pues las barbas precisamente en ese momento se ponían de moda, sobre todo en los radicales jóvenes. Llegó a manifestar mucho interés por la botánica, algo desusado en miembros de la familia real. Pero sus opiniones en la mayoría de las cosas eran convencionales y conservadoras.

Era un católico devoto y asistía regularmente a misa y se confesaba. Hacía todo lo posible para cumplir las normas de conducta que su religión le imponía. Si a veces visitaba a una prostituta, se trataba de un pecado demasiado vulgar y venial como para que mereciese una crítica muy enérgica. Tenía un elevado sentido del honor —el código del honor de los Habsburgo, en que se le había criado. Creía en la monarquía absoluta, aunque no excluía la posibilidad de organizar asambleas populares si esa era la voluntad del monarca.

Maximiliano era un hombre de sólidos principios. No eran los principios de los liberales, que creían en la libertad, la igualdad y la fraternidad; en una constitución que otorgaba a todos los hombres la libertad de palabra, la libertad de prensa, el derecho a evitar el arresto arbitrario, la creación de organismos parlamentarios y legislativos elegidos por el pueblo, a través del sufragio universal o limitado. Los partidarios de la monarquía absoluta creían en la obediencia, en el deber de todos, cualquiera que fuese la clase social y el lugar en que Dios los había puesto, de obedecer a sus superiores y tratarlos con el debido respeto. El debía aconsejar sinceramente a sus superiores, pero también debía aceptar siempre las decisiones de aquéllos y cumplir sus órdenes. Debía mostrarse bondadoso y justo con sus inferiores, agradeciéndoles y recompensando el servicio fiel, protegiéndolos en situaciones de peligro y absteniéndose de abandonarlos si se veían en dificultades porque habían cumplido concienzudamente con su deber. Estos eran los principios que se aplicaban en el ejército y la Iglesia Católica, los dos bastiones de la monarquía absoluta; y eran los principios en que creía el archiduque Fernando Max.

En cierta ocasión, cuando era joven, anotó veintisiete normas de conducta que según creía él debía observar, y siempre llevaba consigo el papel en que las había escrito. "1. Que la mente gobierne al cuerpo y lo mantenga en un estado de moderación y moral. 2. Jamás una palabra falsa, ni siquiera por necesidad o vanidad. 3. Es necesario mostrarse bondadoso con todos... 7. Ni insultos ni obscenidades... 17. Jamás quejarse, porque es un signo de debilidad". Admiraba la tradicional flema inglesa; la norma 22, "to take it coolly" ("reaccionar fríamente"), estaba escrita en inglés, aunque todas las restantes estaban en alemán. Pero no habría aprobado la costumbre del caballero inglés de cenar a veces con sus arrendatarios; su décima regla era "Nunca bromear con nuestros inferiores, nunca charlar con los servidores". Y por supuesto, estaba la regla 13: "Nunca burlarse de la religión o de la autoridad".

Como Francisco José se identificaba de modo tan destacado con el ejército, se consideró apropiado que su hermano se incorporase a la marina, y en 1850, cuando Maximiliano tenía dieciocho años, se le dio el mando de la flota del Adriático. El almirante Dahlerup, comandante en jefe, opinó que Maximiliano era un oficial naval capaz, y cuando en 1854 Dahlerup renunció a su mando, el sucesor, almirante Tegetthoff, formuló la misma opinión acerca del archiduque. Durante el período de Maximiliano con la flota, se amplió el puerto de Trieste, y Maximiliano demostró mucho interés en los trabajos.

Su madre apoyó la consagración de Maximiliano a sus deberes como oficial naval, sobre todo después que descubrió que su hijo había comenzado un amable galanteo con la condesa Paulina von Linden, hija del ministro en Viena del rey de Würtemberg. Maximiliano había bailado con una condesa en una fiesta de carnaval, y después le había enviado flores y un poema de amor. La velada siguiente ambos fueron a la ópera, y se sentaron con sus respectivos padres en diferentes palcos. El le dirigió una sonrisa, y ella se cubrió recatadamente la cara con las flores que él le había enviado. Maximiliano regresó al día siguiente a su barco en Venecia, y poco después Paulina salió de Viena, porque su padre fue trasladado a la legación de Würtemberg en Berlín.

Un año después Maximiliano acompañó a Francisco José en una visita oficial a Berlín. Paulina y sus padres asistieron al gran baile ofrecido en honor del emperador. Francisco José se interesó especialmente por Paulina, pero Maximiliano no le habló. La miró con expresión de tristeza pero no mostró indicios de que la reconociera, y pasó de prisa a otra habitación. Paulina estaba segura de que él la evitaba porque se le había ordenado que no renovase la relación entre ambos, y de que Francisco José le prestaba particular atención para mostrar a todos que ella no había hecho nada malo. La condesa y Paulina y Maximiliano comprendieron que la diferencia de rangos imposibilitaba cualquier intimidad entre ellos; ella tenía una jerarquía muy baja para ser la esposa de Maximiliano, y muy alta para ser su mantenida.

Durante el verano de 1851 Maximiliano viajó al reino de Nápoles, y allí se alojó con su primo el rey Fernando en el palacio de Gaeta. Como muchos otros gobernantes del siglo XIX, Fernando había iniciado su reinado con la intención de promover reformas liberales, pero se había convertido en un ultraconservador cuando percibió que las reformas sólo conducían al desorden y la revolución. Después de que sus generales reprimieron la revolución en Sicilia en el año 1848, bombardeando Palermo y otras ciudades, Fernando fue apodado "Rey Bomba" por los radicales; en sus mazmorras había casi cuarenta mil prisioneros políticos.

Mientras Maximiliano residía con el Rey Bomba, presenció un incidente inquietante. Recorriendo en coche con el rey las calles de Gaeta, una mujer que sostenía en brazos a un niño se abalanzó sobre el carruaje real; era la esposa de un detenido político que estaba en las mazmorras, y quería pedir a Fernando que perdonase a su marido. Los guardias la apartaron, y como ella se resistió el niño cayó al suelo; el cochero real azuzó a los caballos, dejando tendidos en el suelo de la calle al niño y la madre. Maximiliano se sintió turbado por el incidente, pero las conclusiones que extrajo no fueron hostiles al régimen napolitano. Escribió en su diario: "La escena fue triste, e ilustró los sentimientos intensos y quizás exagerados de los meridionales".

A pesar de todas las protestas de los liberales, la monarquía austríaca no sólo había sobrevivido y derrotado a la revolución, sino que parecía más fuerte que nunca, y la atmósfera era optimista. En Viena se aplicó un gran programa de reconstrucción, y en el centro de la ciudad se construyeron amplias avenidas nuevas bordeadas por edificios de estilo neoclásico. Maximiliano no se sentía complacido por las medidas represivas en Italia y Hungría, pero lo mismo que todos los miembros del régimen austríaco y la mayoría del pueblo, creía que el imperio gozaba de estabilidad política y era militarmente invencible, y que todos, y sobre todo los extranjeros, los que advertían acerca del peligro de negarse a hacer concesiones eran gente ignorante y descarada.

Era un individuo de espíritu intensamente patriótico, y estaba orgulloso de todo lo que provenía de Austria. Cuando en su diario cierta vez escribió que las mujeres inglesas eran hermosas, se apresuró a agregar que cuando se trataba de bailar el vals, eran muy inferiores a las muchachas austríacas. Su única crítica a Austria era el clima frío y húmedo de Ischl, donde a lo sumo había sólo tres o cuatro días hermosos en el año, aunque podía decir cosas más severas acerca de los fríos veranos de Amsterdam y Reichstadt en Bohemia.

Maximiliano fue enviado con su barco en una gira que recorrió las puertas del Mediterráneo, con visitas a Albania, Grecia y Esmirna. En Albania conoció a un marinero que había sido pirata durante la Guerra de la Independencia de Grecia, y solía escucharle con una mezcla de desaprobación y admiración cuando el viejo le hablaba del modo en que solía matar y torturar a los soldados turcos. Visitó al jefe de una aldea albanesa, y conversó cordialmente con él, pero le irritó que ese jefe, unos años después, tuviese el "descaro" de escribirle al Hofburg de Viena.

Visitó al rey Otto de Grecia, que era primo de su madre, pues las grandes potencias habían decidido que Grecia tuviera como soberano a un príncipe bávaro. Maximiliano observó la corrupción que prevalecía por doquier en el reino de Otto. En Esmirna le avergonzó ver que en el mercado se ofrecían en venta esclavas desnudas. "La vista de una mujer desnuda me asusta", escribió, "me lleva a creer que el pecado es insoportablemente atractivo".

En Gibraltar fue invitado a cenar por el gobernador, sir Robert Gardiner, un general conservador que consecuentemente había rehusado asilo a los refugiados radicales españoles. Gardiner recibió bien al archiduque Fernando Max, y brindó por la salud del emperador de Austria, en un discurso muy adecuado que sorprendió agradablemente a Maximiliano, que había esperado escuchar las acostumbradas críticas inglesas a la opresión austríaca en Italia y Hungría. El archiduque observó la extraña costumbre inglesa en virtud de la cual las damas se retiraban al final de la cena, de modo que los caballeros permanecían solos para beber su oporto; pero a diferencia de la mayoría de los visitantes que llegaban a Inglaterra, aprobó esta práctica. "Muchos creen que esta costumbre es bárbara", escribió. "Me agrada. Las damas deben aprender que tienen que vencer a los hombres. Las consecuencias de una caballerosidad exagerada e insensata hacia las damas se nos manifiesta en la inmoralidad de Francia".

En Sevilla le fascinó el modo de vida español, y recordó orgullosamente que su antepasado Habsburgo, el emperador Carlos V, había gobernado y vivido en España. Le encantaron las corridas de toros y las mujeres españolas, que no se desmayaban al ver la sangre, como le sucedía a tantas mujeres del decadente siglo XIX, y gozaban con el espectáculo y gritaban complacidas en los momentos más horribles de las corridas de toros. No aprobó las corridas más moderadas de Portugal, donde se molestaba y atormentaba al toro pero no se lo mataba.

Después que Francisco José ascendió al trono imperial, y durante seis años, Maximiliano fue el heredero del trono; pero en 1854 Francisco José se casó con la princesa Isabel de Baviera, de quien se había enamorado, pese a que Sofía había planeado que él se casara con la hermana de Isabel. La nueva emperatriz tenía un carácter tan decidido como el de la misma Sofía, y sabía defenderse perfectamente de su autoritaria suegra. Pronto dio un hijo y heredero a Francisco José. (Treinta y un años después este hijo, Rodolfo, murió en circunstancias misteriosas con su amante Marie Vetsera, en Mayerling.)

En 1856 Maximiliano fue enviado en visita oficial a la corte de Napoleón III en París. Por supuesto, se comportó impecablemente y suscitó una impresión favorable en Napoleón III y Eugenia; pero en sus cartas personales a Francisco José manifestó su mediocre opinión del emperador y la emperatriz, dos individuos poco convencionales y advenedizos. Los consideraba *parvenu*, palabra que aparece con frecuencia en sus cartas, y creía que Napoleón III "carecía por completo de nobleza". Napoleón le recordaba "no tanto a un emperador con un cetro como a un maestro de ceremonias circenses provisto de látigo". Reconocía que Eugenia era hermosa y "bastante refinada, pero en general desprovista de la cualidad augusta de una emperatriz".

Le chocaba el modo en que el emperador hablaba francamente de la gente y las cosas en presencia de sus criados. "Me parece una actitud típica de un *parvenu*, que carece por completo de ese *esprit de corps* que determina que uno se cuide y evite mostrarse a los que ocupan cargos subordinados". Le pareció que la pieza representada ante la corte en el Palacio de Saint Cloud era "muy impropia" y "no debía representarse en presencia de las damas"; además, el manifiesto interés del emperador en todas las mujeres bonitas "menoscaba muchísimo su soberana dignidad".

En la fiesta oficial ofrecida en su honor, "el público era increíblemente heterogéneo, y se caracterizaba por el atuendo repulsivo y el comportamiento desprovisto de buen gusto. Abundaban los aventureros". No le agradaba la "etiqueta del *parvenu*" en la corte de Napoleón III. "Más aun, uno puede advertir que su entorno ha sido antes el de un presidente de la república; a menudo para ellos es difícil mantenerse en un nivel adecuado. Asimismo, el comportamiento de las damas de la corte hacia la emperatriz, el hecho de que le estrechen las manos, la animosa cordialidad, son todos aspectos un tanto chocantes para nuestras ideas de lo que es la etiqueta imperial".

De París pasó a la corte del rey Leopoldo de los belgas, en Laeken, cerca de Bruselas, donde conoció a la princesa Charlotte, hija de Leopoldo. Se enamoraron casi inmediatamente y pocos meses después el compromiso era oficial. El rey Leopoldo, que se convirtió en el suegro de Maximiliano e influyó mucho sobre él, recibió de los periodistas la denominación de "Néstor europeo", a causa de los astutos consejos políticos que proporcionaba a sus parientes de las familias reales europeas. Era el hijo menor del duque de Coburgo, el minúsculo estado soberano alemán que producía maridos y mujeres para los monarcas más poderosos. Su hermana era madre de la reina Victoria, y su hermano el padre del príncipe Alberto, marido de Victoria. El mismo Leopoldo, cuando era joven, se había casado con la princesa Charlotte Augusta, nieta de Jorge III de Inglaterra, y segunda en la línea de sucesión al trono inglés; pero dieciocho meses después del matrimonio ella había muerto al dar a luz a una hija prematura.

Cuando los súbditos griegos del sultán de Turquía se rebelaron y conquistaron su independencia, las grandes potencias llegaron a la conclusión de que Leopoldo sería el soberano ideal del nuevo Estado griego; pero él rechazó el ofrecimiento. Sabía que, de aceptar, se vería arrastrado a un conflicto entre Rusia y Gran Bretaña. Poco después se le ofreció otro trono, cuando estalló una revolución en Bruselas en 1830 contra el dominio del rey de Holanda, a quien los aliados habían entregado Bélgica en 1815. Como las grandes potencias no estaban dispuestas a aceptar una idea tan radical como una república, había que encontrar rey al nuevo Estado belga. Coincidieron en la persona de Leopoldo, que aceptó. Durante ocho años de guerra y bloqueo, y de una complicada diplomacia internacional hasta que al fin se definieron la independencia y las fronteras belgas, Leopoldo conquistó el respeto de las grandes potencias y de sus súbditos belgas. Bélgica se convirtió en modelo de un país constitucional moderado, con libertad de palabra, de prensa y electoral; Leopoldo gobernó como un monarca constitucional que aceptaba el consejo de sus ministros electos.

Este soberano sensato y recto tenía en su carácter una faceta emocional que era más compleja que su visión filosófica y política. Hacia el fin de su vida Leopoldo dijo que la única vez que había sido realmente feliz correspondía a los dieciocho meses en que estuvo casado con la princesa Charlotte Augusta. La amaba profundamente, y después de la muerte de Charlotte nunca se enamoró de otra mujer. Nueve años después de su muerte, cuando él estaba de visita en Berlín, fue al teatro y vio a una actriz, Karoline Bauer, que se parecía tanto a Charlotte Augusta que las personas que las habían conocido a ambas apenas podían creer en el testimonio de sus propios ojos. Leopoldo persuadió a Karoline de que abandonara la escena, y la instaló en una villa de Regent's Park, en Londres, y le asignó también una casa de campo en los terrenos de la residencia que él habitaba en Claremont, cerca de Esher en Surrey, donde la visitaba casi todos los días; pero sólo deseaba mirarla y escucharla mientras ella le leía en voz alta una historia enaltecedora de un libro sumamente moral. Ella se cansó de esta relación platónica y abandonó al monarca después de un año.

Cuando él ocupó el trono de Bélgica, consideró que su deber era casarse y ofrecer a su reino un hijo y heredero. Para consolidar su alianza con Francia contrajo matrimonio con la princesa Luisa, hija del rey Luis Felipe. Su esposa le dio tres hijos, pero el primero murió en la infancia, y la salud de los restantes varones no era buena, de modo que Leopoldo consideró que debía asegurar la sucesión con un cuarto hijo. Cuando él tenía cincuenta años y su esposa treinta y ocho, nació el vástago, en Laeken el 7 de junio de 1840. Leopoldo se sintió decepcionado porque era una niña, aunque a la reina Luisa el hecho la complació, y trató de conquistar a su marido sugiriendo que la hija se llamase Charlotte. Se la bautizó debidamente con los nombres de Charlotte Amélie, pero durante unos años Leopoldo se negó a demostrar interés por ella. Cuando la pequeña fue retirada de la nursery real para celebrar la fiesta de su cuarto cumpleaños, a la que el padre condescendió en acudir, Luisa escribió con tristeza a propia madre, la reina de los franceses: "¡Pobre niña! Probablemente jamás tendrá un cumpleaños tan feliz como este".

A medida que Charlotte creció, Leopoldo poco a poco alentó sentimientos más cálidos hacia ella. Estaba convirtiéndose en una hermosa muchacha, con suaves cabellos castaños oscuros y profundos ojos castaños; además, era una niña muy inteligente y seria que impresionaba a sus tutores, a su madre y, más tarde, a su padre por su precocidad. A los trece años sabía hablar inglés y alemán perfectamente, además de francés; sabía recitar sin faltas las fechas de todos los reyes de Inglaterra, y resolver cotidianamente tres problemas aritméticos bastante difíciles.

A semejanza del príncipe Alberto, su sobrino y el príncipe consorte inglés, Leopoldo reaccionó intensamente contra la inmoralidad de la sociedad en que le habían criado durante los primeros años del siglo XIX; y a semejanza de Alberto, predicaba moral a sus hijos, y lo hacía con la mayor seriedad y muy extensamente. La princesa Charlotte reaccionó bien frente a la permanente prédica de los valores morales a que la sometía su padre. Era una católica devota, pues aunque Leopoldo era protestante había aceptado que debía educarse a Charlotte en la fe de su madre y la mayoría de sus súbditos. Asistía regularmente a misa y se confesaba, y consultaba con su padre confesor todas las dificultades que encontraba en su camino. Aceptaba sin reservas la máxima que Leopoldo le había inculcado: "Las personas que ocupan posiciones encumbradas deben prevenirse especialmente del egoísmo y la vanidad".

Leopoldo tenía sesenta años y Charlotte diez cuando falleció la reina Luisa, y cuando Charlotte llegó a ser una joven hermosa, el padre le demostró una consagración absoluta. El único defecto de Leopoldo era que protegía demasiado a su hija; impedía que los hombres se le acercaran, y tenía la costumbre encantadora, pero un tanto ridícula, de elogiar la belleza, la inteligencia y las cualidades morales de Charlotte a todos y a cada uno en las más variadas ocasiones.

Como a Charlotte le encantaba el baile, y sabía bailar con elegancia, Leopoldo celebró muchas fiestas en Laeken. Pero Charlotte no podía bailar con un hombre que no fuese miembro de una familia real, y ni siquiera los príncipes reales o los duques podían abrazarla por la cintura cuando bailaban con ella, pues ese era un privilegio reservado exclusivamente a sus hermanos. En la juventud de Leopoldo el vals era una danza campesina inmoral, bailada en la sociedad sólo por los que temerariamente menospreciaban todo lo que era apropiado; por lo que se ve, que Leopoldo permitiese en absoluto bailar el vals implicaba una actitud bastante avanzada.

Charlotte tenía dieciséis años cuando Maximiliano llegó a Bruselas en el verano de 1856, inmediatamente después de salir de París. El prefería de lejos la vida en Laeken antes que la corte frecuentada por los *parvenu* en las Tullerías, y así escribió a Francisco José: "Si comparo esto con París, me impresiona aquí la agradable sensación de encontrarme de nuevo en mi propio ambiente". Le encantó la princesa Charlotte, cuyo padre, como de costumbre, la elogió sin medida. Dijo Leopoldo: "Creo que llegará a ser la princesa europea más hermosa".

Leopoldo contempló la posibilidad de un matrimonio entre Charlotte y Maximiliano, pero la reina Victoria creía que Charlotte debía casarse con don Pedro, hijo de la reina de Portugal. "Estoy segura de que habría más probabilidades de asegurar la felicidad de Charlotte si se otorgase su mano a Pedro, y no a uno de esos innumerables archiduques", escribió a Leopoldo. Pero Charlotte ya había decidido que se casaría con Maximiliano. Si eso era lo que ella deseaba, Leopoldo estaba dispuesto a permitirlo. "Mi propósito es y era", escribió a Victoria, "que Charlotte decida lo que a *ella* le place, sin la influencia de lo que yo pueda preferir". El compromiso del archiduque Fernando Maximiliano y la princesa Charlotte Amélie fue anunciado oficialmente en noviembre de 1856.

Hubo ciertas dificultades en relación con la dote. Como Bélgica era un Estado constitucional, el asunto no podía resolverse sencillamente negociando entre los ministerios austríaco y belga de Relaciones Exteriores; había que convencer a los diputados del Parlamento belga de que la dote no era excesiva. Maximiliano ahora demostró un aspecto de su carácter que nadie habría previsto en vista de su actitud distante y poco mundana, o de sus veintisiete normas de comportamiento. Le encantaba el dinero, y estaba dispuesto a regatear del modo más indigno para conseguir una suma más elevada. Cuando regresó a Laeken en la Navidad de 1856 y Charlotte se sintió más enamorada que nunca de él, Maximiliando discutió larga y enérgicamente con Leopoldo para obtener una dote más elevada que la que el Parlamento belga estaba dispuesto a ofrecer. Charlotte estaba decidida. "El archiduque es en todos los sentidos encantador", escribió, y Maximiliano consiguió la dote que reclamaba.

Maximiliano estuvo en Laeken durante las celebraciones por las bodas de plata, es decir el vigésimo quinto aniversario del ascenso de Leopoldo al trono de los belgas. Asistió a la ceremonia del Año Nuevo de 1857, cuando los diputados al Parlamento llegaron a Laeken y felicitaron a Leopoldo por el aniversario. En esa ocasión los principales parlamentarios pronunciaron discursos elogiando la monarquía constitucional. Como de costumbre, Maximiliano se comportó con perfecta propiedad, pero escribió a Francisco José: "Durante casi cinco horas tuve que tragar todas esas frases trilladas que se formulaban unos a otros los representantes del gobierno constitucional y las diferentes autoridades y organismos corporativos... Todo el asunto estaba preparado para inspirar en el observador sin prejuicios un disgusto profundo por las falsedades constitucionales".

Tampoco le impresionó el baile en su honor celebrado pocos días después en Laeken, porque pareció que se había permitido la asistencia de todos los que deseaban participar. "La más encumbrada nobleza del país se codea con sus propios sastres y zapateros; todos los tenderos ingleses que se han retirado a Bruselas por razones de economía pueden participar del baile con sus familias." De todos modos, eso era mejor que los *parvenu* de París.

Durante el otoño de 1856 Francisco José decidió que había llegado el momento de suavizar la severidad del régimen en sus provincias italianas. Si se proponía aplicar una política más liberal en Lombardía, sería aconsejable sustituir a Radetzky, que había sido virrey durante el período de la represión, por un líder menos odiado. Radetzky, que ahora tenía noventa años, podía ser retirado por razones de edad, después de agradecerle debidamente sus servicios. Francisco José nombró a Maximiliano sucesor de Radetzky. El rey Leopoldo aprobó enérgicamente la decisión, y Maximiliano y Charlotte, después de casarse en Bruselas en el verano de 1857, fueron a Milán, donde Maximiliano ocupó el cargo de virrey de Lombardía y Venecia.

El nuevo virrey estaba decidido a hacer todo lo posible para conquistar la buena voluntad de los italianos. El y Charlotte aprendieron a hablar italiano; pero no era fácil conseguir que el pueblo de Milán y Venecia olvidase la dureza del dominio de Radetzky, y sólo unos pocos miembros de la aristocracia local abandonaron su política de boicotear las funciones oficiales a las cuales Maximiliano los invitaba. En cierta ocasión, Charlotte fue abucheada cuando asistió al teatro en Venecia. Maximiliano se sintió muy conmovido, y quedó convencido de que toda la culpa era de Napoleón III. "A causa de la incitación de Napoleón", escribió al rey Leopoldo, "nuestro gobierno en Italia se ha convertido en el blanco de los periodistas y los polemistas revolucionarios".

La tarea de Maximiliano no se vio facilitada por la actitud de Francisco José, que le alentó a mostrarse liberal pero le recordó que "debe practicarse la severidad, aunque con justicia y sin rastros de rencor". En una serie de cartas, preguntó a Maximiliano cómo era posible que la bandera tricolor italiana flamease sobre el arsenal de Venecia y por qué las autoridades italianas habían necesitado tanto tiempo para arriarla. ¿Y por qué se había permitido que trescientos estudiantes se manifestasen en Padua contra el régimen? Aconsejó a Maximiliano que "apelase a la severidad en presencia incluso de la rebelión más minúscula". Asimismo, Francisco José rechazó enfáticamente el consejo de Maximiliano en el sentido de que se otorgase cierto grado de gobierno propio a Normandía y a Venecia, pues ello "significaría el debilitamiento del poder de resistencia del gobierno frente a la revolución y a los qué la apoyan".

En abril de 1859 Napoleón III y el rey Víctor Manuel de Piamonte fueron a la guerra contra Austria, después de acordar secretamente la liberación de Lombardía y Venecia y su anexión a Piamonte, a cambio de la cesión por este estado de Saboya y Niza a Francia. Al comienzo de la guerra Francisco José apartó a Maximiliano del cargo de Lombardía y Venecia, con el fin de que el gobierno de las provincias quedase en manos del mariscal de campo Franz Gyulai, comandante en jefe austríaco en Italia. Maximiliano fue enviado a Venecia para hacerse cargo de la marina, pero durante esta guerra no hubo operaciones navales. Después que Gyulai fue derrotado por Napoleón III en Magenta, Francisco José le apartó del cargo y asumió personalmente el mando de su ejército; pero Francisco José también fue derrotado en Solferino. Napoleón III se sintió impresionado por el elevado número de bajas en Solferino y alarmado por la concentración de tropas prusianas a lo largo del Rin; temía que si la guerra continuaba, podía convertirse en una guerra revolucionaria que alentaría mucho a los extremistas. Por consiguiente, se reunió con Francisco José en Villafranca y acordó condiciones de paz por las cuales Austria cedía Lombardía a Piamonte pero conservaba Venecia.

Hacia el final de la guerra, Maximiliano estaba completamente desilusionado. El y Charlotte fueron a Madeira, donde ella permaneció mientras Maximiliano pasaba a Brasil, desembarcaba en Bahía y comenzaba a recoger muestras de la flora de los bosques amazónicos —pues en efecto, la botánica siempre le había interesado.

Durante su visita a Brasil, Maximiliano demostró de nuevo su actitud ambivalente hacia la opresión y la crueldad, su mezcla de sentimientos liberales y humanitarios, por una parte, y por otra su admiración ante la energía, la audacia y la brutalidad de los hombres de acción implacables. Cuando se alojó en la propiedad de un noble brasileño, le impresionó ver el *chicote* y la *palmatoria* con que azotaban a los esclavos, y le dolió especialmente el regocijo con que los hijos del amo bromeaban acerca de esa flagelación. Pero al mismo tiempo, fue evidente que admiraba a un amo que gobernaba despóticamente sobre centenares de negros a quienes podía reprimir y aterrorizar con una sola mirada, y ante el miedo que ellos sentían frente al *chicote*; también demostró enorme respeto por un inmigrante alemán que después de servir en el ejército prusiano había ido a Brasil para hacer fortuna y se había convertido en propietario de una gran extensión de terreno y de muchos esclavos.

Maximiliano redactó un relato de sus viajes por Brasil y de sus excursiones anteriores por Albania y el Mediterráneo (ese trabajo no estaba destinado a la publicación, pero fue editado poco después de su muerte). Sus descripciones de los paisajes y los retratos literarios de las personas a quienes conoció mostraron su imaginación, su sensibilidad, el amor a la belleza, el ansia de nuevas experiencias y su talento como escritor. Regresó de América del sur enamorado del continente americano y de su clima cálido, pero desaprobando el sistema esclavista existente en Brasil, pues "los negros son hombres y cristianos, y según la ley de Dios nacen libres".

Cuando regresó a Europa dedicó mucho tiempo a supervisar la construcción del palacio de Miramar, cerca de Trieste, donde él y Charlotte vivían cuando no residían en Lacroma, la isla que estaba frente a la costa de Dalmacia y que Charlotte había adquirido para ambos. Pero el matrimonio comenzaba a deteriorarse. Los dos cónyuges ya no compartían el mismo dormitorio. Algunas personas afirmaban que esa actitud respondía al hecho de que él había enfermado de sífilis, como resultado del contacto con una prostituta en Brasil; pero de acuerdo con su criado Grill, el distanciamiento comenzó repentinamente un poco más tarde, después que Maximiliano regresó a Miramar de una visita a Viena. De acuerdo con la versión de Grill, Maximiliano enfermó de sífilis como consecuencia del contacto con una prostituta en Viena, e infectó a Charlotte. Se dijo exactamente lo mismo en relación con Francisco José y la emperatriz Isabel después que esta salió de Viena y comenzó a viajar por Europa.

Pero Charlotte, que pasaba su tiempo pintando, nadando y cabalgando en los bosques de su amada isla de Lacroma, no mostraba en público signos de sentirse desilusionada con su esposo. "Creo que llegará el día", escribió a su antigua gobernanta, "en que el archiduque de nuevo ocupará una posición destacada. Con ello me refiero a una posición en la cual gobernará, pues fue creado para eso y la Providencia le bendijo con todo lo que es necesario para labrar la felicidad de un pueblo".

Y entonces, en octubre de 1861, el conde Rechberg, ministro de Relaciones Exteriores de Austria, llegó a Miramar y preguntó a Maximiliano si desearía convertirse en emperador de México.

7

Napoleón III cambia de actitud

Después de ganar la Guerra de la Reforma, Juárez entró en Ciudad de México la mañana del 11 de enero de 1861, y fue recibido entusiastamente por los habitantes. Antes de salir de Veracruz, Robert McLane le había exhortado a mostrarse moderado en su victoria y compasivo con sus antagonistas derrotados, y los representantes diplomáticos europeos en México le ofrecieron el mismo consejo que el ministro norteamericano. Sus partidarios, al recordar la masacre de Tacubaya y otras atrocidades cometidas por los conservadores, no se sentían tan magnánimos; pero los simpatizantes conservadores y los residentes extranjeros, que se habían sentido agradablemente sorprendidos ante el buen comportamiento de las tropas liberales después que tomaron Ciudad de México, se sintieron igualmente aliviados al comprobar que cuando el gobierno de Juárez asumió el poder no hubo masacres de prisioneros conservadores, ni juicios sumarios ni ejecuciones, ni guillotina ni pelotones de fusilamiento.

Para Juárez era más fácil mostrar moderación, porque la mayoría de los líderes conservadores más odiados se había fugado. Miramón se escondió, y pasó en secreto a Veracruz, donde embarcó en un buque de guerra francés, que después se alejó de la costa mexicana llevando a bordo al fugitivo. El capitán francés se negó a entregarle a las autoridades liberales de Veracruz o a los buques de guerra británicos que estaban allí, si bien el gobierno británico deseaba interrogarle acerca del robo de dinero de la legación británica en Ciudad de México. El buque de guerra francés llevó a Miramón a La Habana. Zuloaga y Márquez también escaparon de Ciudad de México y fueron a Michoacán, donde organizaron bandas armadas e hicieron la guerra de guerrillas en las montañas, a menos de ciento sesenta kilómetros de la capital.

Algunos líderes conservadores fueron a Europa para unirse a Gutiérrez de Estrada e Hidalgo. El general Almonte, ministro de Miramón en París, también se unió a los refugiados mexicanos cuando cayó el gobierno de Miramón. Almonte era hijo ilegítimo del sacerdote Morelos, que había encabezado la rebelión de 1811. Comenzó su vida política como liberal, pero más tarde se unió al ejército y apoyó a Santa Ana, con quien estuvo mientras observaba la matanza de los defensores de El Alamo, y había sido apresado con Santa Ana en San Jacinto. Fue ministro de guerra del gobierno del presidente Bustamante en 1840, cuando Gutiérrez publicó su carta al presidente en favor de una monarquía constitucional en México. En esa época Almonte había impartido al ejército una orden en la cual denunciaba a Gutiérrez como traidor, pero ahora los dos hombres eran aliados en la lucha contra Juárez.

Un destacado líder conservador no huyó. Fue Isidoro Díaz, cuñado de Miramón que había sido miembro de su gobierno; fue capturado y sentenciado por un tribunal militar a ser fusilado por traición. Su esposa y su familia rogaron por su vida a Juárez. Juárez le indultó e hizo saber que estaba contemplando el otorgamiento de una amnistía a los partidarios de Miramón. Esta actitud provocó mucha indignación en los liberales, y sobre todo en los clubes revolucionarios que seguían el ejemplo de los clubes jacobino y cordelero de París en 1792. Una reunión de los clubes en la Universidad de Ciudad de México, con asistencia de 5.000 miembros, envió una delegación a Juárez para protestar por la concesión de la amnistía y el perdón otorgado a Díaz. Francisco Zarco, el brillante director del periódico liberal *El Siglo XIX*, escribió que si se perdonaba a Díaz y se concedía una amnistía a todos los reaccionarios, podía decirse "adiós justicia, adiós libertad, adiós orden público".

En vista de las protestas, Juárez anuló el indulto a Díaz y no concedió la amnistía. Pero no se ejecutó a Díaz, aunque se le retuvo en la cárcel, y no se adoptaron medidas para arrestar a cualquiera de los restantes conservadores que vivían pacíficamente en Ciudad de México y en otros lugares del territorio controlado por el gobierno liberal.

Los liberales, como muchos revolucionarios y miembros de los partidos izquierdistas, estaban discutiendo entre ellos. Muchos de ellos criticaban la actitud de Juárez acerca de la amnistía, y él y Ocampo también fueron criticados porque habían deseado ceder territorio mexicano a Estados Unidos de acuerdo con los términos del tratado McLane-Ocampo. Degollado, que a su vez era objeto de sospechas porque había renunciado a su cargo de comandante en jefe en medio de la guerra, afirmó que había demostrado más coraje que Juárez, pues cuando el ejército de Miramón bombardeó Veracruz él, a diferencia de Juárez, no se había refugiado en San Juan de Ulúa.

Ocampo creía que estas disputas eran inevitables. "Por desgracia, el Partido Liberal es esencialmente anárquico", escribió, "y continuará siéndolo por muchos miles de años. El criterio de nuestros enemigos es la autoridad... Obedecen ciega y uniformemente, y en cambio cuando nosotros recibimos órdenes, a menos que se nos diga cómo y por qué, murmuramos y nos mostramos renuentes cuando incluso no desobedecemos ni resistimos".

Durante toda la guerra civil, Juárez había actuado como el presidente de la república, en virtud de su cargo de presidente de la Suprema Corte, según las cláusulas de la constitución; ahora que podía celebrarse una elección, tenía que presentarse como candidato a la presidencia. Ortega, que había llevado a la victoria a los ejércitos liberales, renunció a su cargo en el gobierno de Juárez y se le opuso en la elección presidencial. Lerdo también se presentó como candidato, pero falleció durante la campaña electoral. Juárez fue elegido, con 5.289 votos contra 1.989 de Lerdo y 1.846 de Ortega; pero el Congreso confirmó la elección de Juárez por sólo 61 votos contra 55. Ortega fue elegido presidente de la Suprema Corte, y por lo tanto debía asumir el cargo de presidente en caso de incapacidad de Juárez.

Ocampo, consciente de la impopularidad de su tratado con McLane, y deseoso de dedicar más tiempo a su estancia modelo de Pateo, cerca de Maravatío, renunció como ministro de Relaciones Exteriores. Juárez designó en ese puesto a Zarco, y Ocampo se retiró a su propiedad agrícola, la que no había visto durante todos los años de la guerra civil. Juárez le exhortó a regresar a Ciudad de México y a representar su papel como diputado en los debates del Congreso. Advirtió a Ocampo que podía encontrarse en peligro a causa de las bandas guerrilleras de Márquez, que se mostraban activas en las montañas de Michoacán, no lejos de Maravatío. Pero Ocampo permaneció con sus hijas en Pateo.

El 30 de mayo de 1861, las hijas fueron a una fiesta en Maravatío, dejando solo a Ocampo en la casa con unos pocos criados. Avanzada la tarde, un pequeño grupo de jinetes llegó a Pateo, encabezados por el capitán Cajiga, un español que se había incorporado a la banda de Márquez. Ocampo los invitó a beber una copa, pero los hombres rehusaron y ordenaron a Ocampo que montase un caballo y los acompañara. Mientras atravesaban a caballo Maravatío, Ocampo pidió que le permitiesen visitar a sus hijas en la fiesta y despedirse de ellas, pero Cajiga se negó. Después de viajar dos días, llegaron a la aldea de Huapango, donde Cajiga entregó a Ocampo a Zuloaga y Márquez, que habían establecido provisionalmente su cuartel general en ese lugar.

Cuando los habitantes de Maravatío vieron que se llevaban a Ocampo prisionero, inmediatamente informaron a Ciudad de México. *El Siglo XIX* expresó la indignación de los liberales, y denunció a los "soldados de la religión" de Márquez como individuos peores que las tribus salvajes de apaches y comanches que secuestraban a mujeres y niños. El periódico exigió que se enviase a Márquez un mensaje para informarle que, a menos que liberasen a Ocampo, los conservadores más destacados de Ciudad de México serían fusilados; si Márquez exigía rescate por Ocampo, se recolectaría el dinero entre los partidarios de los conservadores. El gobierno ordenó arrestar a la madre de Márquez y a la esposa de Zuloaga como rehenes por la vida de Ocampo. La madre de Márquez escapó, pero la esposa de Zuloaga fue apresada. No se le hizo daño, pero se le dijo que escribiera una carta a Zuloaga preguntándole qué rescate exigía para liberar a Ocampo.

Márquez y Zuloaga esperaron veinticuatro horas en Huapango, y después, llevando consigo a Ocampo, se trasladaron a Tepeji del Río, adonde llegaron la mañana del 3 de junio. Aquí, Ocampo fue informado de que sería fusilado. Sus guardias le ofrecieron la posibilidad de confesar, pero Ocampo rehusó confesarse; dijo al sacerdote que no necesitaba su intervención para hacer las paces con Dios. Dieron a Ocampo tiempo para redactar su testamento, y después, a las catorce horas, un pequeño destacamento de soldados salió de Tepeji del Río con Ocampo en dirección al oeste. Cuando llegaron a un claro en el bosque, el comandante de los soldados ordenó a Ocampo que desmontase. Apenas lo hizo los soldados le dispararon en la cabeza y el corazón, desde tan cerca que la cara de Ocampo quedó ennegrecida por la pólvora. Pasaron una cuerda por las axilas del muerto y colgaron el cadáver de un árbol, donde lo encontró al día siguiente el mensajero a quien Juárez había enviado con el ofrecimiento de pagar rescate por Ocampo.

El cadáver fue llevado a Ciudad de México y sepultado después del funeral civil en que había insistido Ocampo; durante la ceremonia grandes multitudes de liberales reclamaron venganza "ante la bestia vil de Tacubaya, el execrable Leonardo Márquez" y todos los reaccionarios. Márquez y Zuloaga publicaron una declaración en la cual negaban toda responsabilidad por la muerte de Ocampo y afirmaban que Cajiga le había secuestrado sin que ellos le autorizaran; pero nadie les creyó. *El Siglo XIX* condenó la actitud de la Iglesia, que siempre estaba dispuesta a denunciar al gobierno liberal si las autoridades civiles legitimaban a los hijos bastardos de un sacerdote, pero no había pronunciado una sola palabra para condenar la muerte de Ocampo. Circularon rumores en el sentido de que los liberales enfurecidos asaltarían las cárceles y lincharían a Isidoro Díaz y a otros prisioneros conservadores; los ministros europeos en Ciudad de México exhortaron a Juárez a impedir semejante atrocidad. Juárez les dijo que ya había enviado a uno de sus comandantes más jóvenes, el general Leandro Valle, a defender las cárceles y proteger de la turba a los prisioneros.

El general Degollado, indignado ante el asesinato de Ocampo, y percibiendo la oportunidad de recuperar su reputación, compareció ante el Congreso y pidió permiso para mandar un ejército que aplastaría a Márquez y a su guerrilla. El gobierno y el Congreso concedieron su deseo, y Degollado partió para Michoacán con una pequeña fuerza formada principalmente por reclutas sin experiencia. Cuando se internaron en las montañas cayeron directamente en una emboscada preparada por Márquez. La mayoría de los hombres de Degollado huyó, y el propio Degollado fue apresado cuando intentaba la fuga y fusilado inmediatamente.

Cuando el cuerpo horriblemente mutilado de Degollado fue llevado a Ciudad de México, el joven general Valle se ofreció voluntario para vengar a Ocampo y a Degollado. Encabezó una fuerza de ochocientos hombres que se internó en las montañas de Michoacán, pero cuando llegó a un punto que estaba aproximadamente a un kilómetro y medio del lugar en que había muerto Degollado, él y sus hombres fueron emboscados. Muchos de sus soldados murieron. El propio Valle fue capturado y llevado ante Márquez, que le dijo que le concedía media hora antes de fusilarle. Valle contestó que si él le hubiese capturado a Márquez, le habría concedido tres minutos.

En el lugar de la ejecución, dijeron a Valle que le fusilarían por la espalda como traidor. Preguntó a quién había traicionado; le dijeron que a la religión. Después de alcanzarle con diecisiete balas, colgaron su cadáver de un árbol. Márquez soltó a los demás prisioneros liberales capturados, y les dijo que volviesen a Ciudad de México y advirtieran a los líderes liberales los trataría, a ellos y a todos los compradores de tierras eclesiásticas confiscadas, como había tratado a Valle. Obligaría a los liberales menos destacados a cumplir condenas de trabajo forzado, imponiéndoles la reconstrucción de los monasterios y los conventos destruidos por los liberales.

El general Ortega asumió personalmente el mando del nuevo ejército enviado contra Márquez. Su segundo jefe fue el general Porfirio Díaz, que se había distinguido en varios combates y batallas de la Guerra de la Reforma. Ortega, más cauteloso que Degollado y Valle, evitó todas las emboscadas que le prepararon y obligó a las guerrillas de Márquez a dispersarse y huir a distritos más lejanos. Muchos guerrilleros fueron capturados, entre ellos Cajiga, el hombre que había apresado a Ocampo, y fueron fusilados inmediatamente; pero Márquez y Zuloaga escaparon. Desde su cuartel general en las montañas, Márquez pudo mantener correspondencia con el padre Miranda, y por intermedio de este con Gutiérrez y sus amigos de París, que felicitaron a Márquez por sus hazañas.

El gobierno liberal afrontaba otro problema: ¿Cómo podían pagar a los acreedores exteriores y calmar a los gobiernos extranjeros que reclamaban satisfacción por lo que habían sufrido sus súbditos? México estaba al borde de la quiebra y no podía pagar. Y ahora los gobiernos extranjeros insistían en que Juárez pagase todas las deudas que Miramón había contraído durante la guerra civil —una indemnización por los préstamos forzosos que Miramón había impuesto, por la propiedad de extranjeros que habían secuestrado, por el dinero de los súbditos británicos que Márquez había robado de la legación británica, y por las sumas completamente irrazonables que Miramón se había comprometido a pagar a Jecker y a los tenedores de los bonos de Jecker.

Una norma de derecho internacional, en la cual Palmerston y otros gobiernos europeos siempre insistían al tratar con naciones atrasadas, decía que el gobierno de un país era responsable por las deudas y los actos de gobiernos anteriores y de los ciudadanos que cometían atentados contra los extranjeros, incluso si esos gobiernos anteriores y esos ciudadanos eran sus antagonistas políticos. Pero era difícil convencer a los liberales mexicanos, que habían padecido tanto a manos de sus enemigos conservadores, de que ahora debían soportar nuevas privaciones para compensar a los extranjeros por las fechorías de los conservadores, sobre todo cuando esos extranjeros habían sufrido menos a manos de los conservadores que lo que había sido el caso de los propios liberales.

El gobierno de Juárez trató de negociar un arreglo de las deudas con los gobiernos británico y francés. No se realizó ningún esfuerzo para alcanzar un entendimiento con España, pues el ministro español en Ciudad de México se había aliado francamente a Miramón durante la guerra civil. Juárez le acusó de mantener contacto secreto con los líderes de la guerrilla conservadora, y le expulsó, lo mismo que al nuncio papal y al ministro de Guatemala. Pero sir Charles Wyke, ministro británico, no se mostró irrazonable. Estaba dispuesto a extender el plazo para el reembolso a los acreedores británicos y a cancelar parte de las deudas.

El ministro francés, Pierre Alphonse Dubois de Saligny, era un individuo más difícil. Además de ser el portavoz de un gobierno hostil, era un hombre arrogante que reñía casi tanto con el resto de los diplomáticos europeos en México como con los ministros de Juárez. Veinte años antes, cuando era el ministro francés en Texas durante la breve independencia de ese Estado, había exagerado un incidente —sus cerdos habían sido sacrificados por un vecino texano en el curso de una disputa acerca de los límites de los respectivos jardines— hasta que el asunto casi desembocó en una guerra entre Francia y Texas. Era un hombre de simpatías intensamente conservadoras, y aprovechaba todas las oportunidades de disputar con el gobierno liberal. En abril de 1861 escribió al ministro francés de Relaciones Exteriores que, en vista "del estado de anarquía, o más bien de disolución social, que prevalece en este lamentable país", debía enviarse inmediatamente una sólida fuerza naval francesa a la costa de México, "con el propósito de proporcionar protección a nuestros intereses".

Pero incluso Savigny pareció estar a un paso de concertar un acuerdo acerca de los reclamos franceses y los bonos de Jecker con Manuel Zamacona, que en el curso de otra reorganización del gobierno había sucedido a Zarco como ministro de Relaciones Exteriores. Y entonces, el 17 de julio el Congreso mexicano aprobó una resolución que suspendía el pago de los intereses correspondientes a todos los acreedores y tenedores de bonos extranjeros. Zamacona, que percibió las posibles consecuencias desastrosas de esta provocación, exhortó a Juárez a vetar la resolución. Juárez se negó; ya era bastante impopular entre los extremistas liberales, y no se atrevió a contrariar la apasionada posición de crítica a los grandes acreedores extranjeros adoptada por los diputados liberales del Congreso y los escritores de la prensa liberal.

Apenas Saligny se enteró de la resolución que suspendía el pago de los intereses, rompió las negociaciones con Zamacona y se dispuso a salir de México. Zamacona le pidió que esperase unos pocos días, ante la posibilidad de que se modificara la decisión del Congreso, pero Saligny se negó. Sir Charles Wyke también criticó la resolución, y aunque permaneció más tiempo que Saligny, también salió de Ciudad de México.

Las potencias europeas se sintieron alentadas a adoptar una línea dura con Juárez à causa de las noticias que habían recibido de Washington. A las cuatro y media de la madrugada del 12 de abril, las baterías confederadas del puerto de Charleston abrieron fuego sobre la guarnición de Estados Unidos en Fort Sumter, que se rindió después de un bombardeo de treinta y seis horas. Había comenzado la Guerra Civil norteamericana. Tres meses después, el 21 de julio, un ejército de 18.000 de la Unión salió de Washington con la intención de tomar la capital confederada de Richmond, unos 185 kilómetros al sur. Chocaron con el ejército confederado en Bull Run, Virginia.

Muchos civiles llegaron de Washington para presenciar la primera batalla de la guerra. Algunos llevaban consigo canastas de picnic, y varias damas visitaron el cuartel general del ejército, con la esperanza de cambiar unas pocas palabras durante los intervalos de combate, con los oficiales que habían sido sus acompañantes en los diferentes bailes de los regimientos. La presencia en el campo de batalla de espectadores con canastas de picnic era un aspecto normal de la guerra en aquel momento; los excursionistas habían aparecido en Crimea y en Italia para contemplar los combates de Alma y Solferino. Uno de los civiles era un conservador mexicano, llamado Rafael Rafael, que vivía en Nueva York. Había ido a Washington para presenciar la batalla.

El ejército norteño encontró una resistencia mucho más intensa que lo que había previsto, y se retiró en desordenadamente a Washington, y los espectadores civiles se retiraron con mayor rapidez todavía que los soldados. Rafael volvió a Nueva York y escribió a su amigo el general Almonte, en París, que después de lo que había visto en Bull Run estaba convencido de que el Norte era demasiado incompetente, y el Sur demasiado débil para ganar la Guerra Civil; si los ejércitos sureños hubiesen contado con recursos suficientes, habría podido tomar Washington después de Bull Run. Por consiguiente, era probable que la guerra terminase en un empate y una paz de compromiso, pero al margen del resultado definitivo, duraría años y no meses. Para los conservadores mexicanos esa era la mejor situación concebible. Almonte se apresuró a trasmitir las buenas noticias a sus colegas en Europa.

En septiembre de 1861 Hidalgo fue a Biarritz, pues sabía que Napoleón III y Eugenia estarían allí. Eugenia le invitó a cenar en la Villa Eugénie. Después de la cena ella fue a sentarse frente a una mesita con dos de sus damas, y él se unió al grupo. En voz baja, Hidalgo dijo a Eugenia que acababa de recibir una carta con información confidencial en el sentido de que los gobiernos británico y español contemplaban la posibilidad de enviar una fuerza naval a Veracruz para asumir el control de la aduana y cobrar los derechos hasta que se hubiese pagado a los acreedores británicos y españoles del gobierno mexicano. Eugenia se puso de pie y se acercó a Napoleón III, que entró en la habitación leyendo una carta que acababa de recibir del rey de Siam. Eugenia dijo a Hidalgo: "Repita al emperador lo que acaba de decirme."

Hidalgo así lo hizo, y como de costumbre exhortó a Napoleón III a ayudar a los oprimidos de México. Napoleón III dijo que la Guerra Civil norteamericana había modificado por completo la situación. Si Gran Bretaña y España le apoyaban, él enviaría una fuerza expedicionaria a México; inicialmente utilizaría sólo la armada, pero si parecía que el pueblo mexicano lo deseaba, ayudaría a esa gente a derrocar al gobierno de Juárez e instalaría a un príncipe europeo como emperador de México. Sí, él estaba dispuesto ahora a hacer lo que Gutiérrez e Hidalgo le habían exhortado a hacer durante muchos años.

Pero, ¿a quién iba a nombrar emperador de México? No podía ser un príncipe español, pues en México odiaban a los españoles, y los mexicanos temerían que fuese un paso para restablecer en México la colonia española. No podía ser un miembro de la familia Bonaparte, pues las grandes potencias, y sobre todo Gran Bretaña, no aceptarían que México se incorporase al Imperio francés. El candidato elegido debía ser católico. ¿No podía ser alguno de los príncipes o archiduques Habsburgo de menor cuantía —el duque de Módena o el archiduque Rainier?

—Por supuesto, está el archiduque Maximiliano —dijo Eugenia—, pero no aceptará.

—No —dijo Hidalgo—, no aceptará.

Napoleón III coincidió.

—En efecto, no aceptará.

Hubo un breve silencio mientras Eugenia se ponía de pie y permanecía allí, golpeándose suavemente el pecho con el abanico. Después dijo: —¿Saben una cosa? Algo me dice que él *querrá* aceptar.

8

La expedición a Veracruz

Napoleón III planeó cuidadosamente el asunto, como siempre planeaba —en secreto, tortuosamente, sin confiar en nadie. En su juventud había sido un hombre obstinado y se había convertido en el hazmerreír por sus intentos temerarios y desastrosos de promover un golpe militar en Estrasburgo y Boulogne; pero en la edad madura se había convertido en un político hábil y diplomático. Cuando Hidalgo le reveló en Biarritz la información secreta de que Gran Bretaña y España se disponían a enviar una fuerza naval a Veracruz, Napoleón dio a entender que ya lo sabía todo al respecto, y que había estado analizando el asunto durante varias semanas con los gobiernos británico y español, y que él era precisamente el primero que había sugerido la idea.

Más de cuarenta años después, el diplomático e historiador francés Maurice Paléologue preguntó a Eugenia cuándo había decidido Napoleón III intervenir en México, y "qué le había aportado el impulso definitivo y decisivo". Eugenia replicó: "Sucedió en 1861 en Biarritz, y fui yo misma." Eugenia se refería a la conversación de ambos en septiembre. Pero dos meses antes, en julio, Napoleón había revisado sus planes de intervención en México con un hombre de estado español, el general Prim, conde de Reus, mientras este pasaba sus vacaciones en Vichy poco después del comienzo de la Guerra Civil norteamericana. Napoleón en aquel momento aún no había decidido a quién erigiría como emperador de México, pero en Biarritz y durante el mes de septiembre él, Eugenia e Hidalgo coincidieron en realizar la oferta a Maximiliano.

El plan de Napoleón era que Francia, España y Gran Bretaña enviasen una fuerza conjunta a Veracruz para apoderarse de la aduana y utilizar sus ingresos para el pago a los acreedores franceses, británicos y españoles. Si se podía convencer a Gran Bretaña y España de que cooperasen, se eliminaría cualquier posibilidad de que Estados Unidos interviniese apoyando a Juárez; de ese modo lograría impedir también que el gobierno británico condenase la intervención francesa, y evitaría que España actuase sola y reconquistase a México, una actitud que frustraría los planes de Napoleón de someter a México a la influencia francesa. Una vez que los tres aliados se hubiesen apoderado de Veracruz, cínicamente se frustrarían sus negociaciones con Juárez acerca del arreglo de las reclamaciones de los acreedores extranjeros. Incluso si Juárez se mostraba dispuesto a aceptar las exorbitantes exigencias francesas por los tenedores de los bonos de Jecker, Saligny podía formular nuevas e inaceptables propuestas, y provocar una ruptura. Después, los franceses podrían persuadir a sus aliados británicos y españoles de que avanzaran hacia Ciudad de México, derrocaran a Juárez e instalaran a Maximiliano como emperador. Si Gran Bretaña y España se negaban a consentir en esto, los franceses podrían hacerlo solos y conquistar más influencia en México que en el caso de que sus aliados los ayudasen. Maximiliano como emperador de México sería una barrera opuesta a la expansión norteamericana en América Latina y del sur, y para agradecer la ayuda francesa otorgaría privilegios a los capitalistas franceses en México; quizás incluso fuera posible persuadirle de que cediese a Francia el estado de Sonora, con sus minas de oro y plata, aunque Napoleón tendría que poner mucho cuidado en relación con la posibilidad de anexar territorio mexicano.

Gran Bretaña y España aceptaron unirse a la expedición a Veracruz después que se enteraron de que el Congreso mexicano había suspendido el pago de los intereses por las deudas extranjeras. Se celebraron negociaciones en Londres acerca de las condiciones de la Convención de las Tres Potencias, que determinaría la normativa general; pero Napoleón aún no había revelado a Gran Bretaña y España su plan de convertir en emperador a Maximiliano. Tenía que elegir el momento exacto; si lo decía demasiado temprano, Gran Bretaña podía retirarse de la proyectada intervención, y España quizá decidiera actuar por su cuenta y poner a un príncipe español en el trono de México. Si lo decía demasiado tarde, le acusarían de engaño, de haberlos inducido a una intervención conjunta mediante un ardid. De modo que Napoleón hablaría cuando las negociaciones relacionadas con la Convención de las Tres Potencias estuviesen casi terminadas, aunque no se hubiese llegado al punto final; cuando en teoría fuese posible que Gran Bretaña y España se retirasen, pero en la práctica resultase muy difícil.

Cuanto más pensaba en el plan, más le agradaba. Y le pareció que era la mejor idea que había tenido jamás; era su *grande pensée*.

Tenía que abordar adecuadamente a Maximiliano. Una de las ventajas de proponer a Maximiliano como emperador de México era que complacería a Francisco José y mejoraría las relaciones de Napoleón con Austria, con la cual había estado en guerra dos años antes. De acuerdo con el derecho de familia de los Habsburgo, Francisco José, como jefe de la familia, debía otorgar su consentimiento antes de que Maximiliano pudiera aceptar el trono de México; por lo tanto, había que acercarse primero a Francisco José. Pero sería una aproximación informal. Napoleón dijo a Eugenia que pidiese al conde Thouvenel, ministro francés de Relaciones Exteriores, que mencionara el asunto en una carta personal al príncipe Richard Metternich, embajador austríaco en París, quien pasaba unas vacaciones en su propiedad de Bohemia.

Los refugiados mexicanos no podían esperar. Hidalgo volvió de prisa a París desde Biarritz, para informar a Gutiérrez que Napoleón III había cambiado de actitud, y ahora estaba dispuesto a enviar fuerzas a México para instalar a Maximiliano en el trono imperial; Gutiérrez fue directamente a la embajada de Austria para hablar con el encargado de negocios y rogarle que pidiese al conde Rechberg, ministro de Relaciones Exteriores de Austria, que se aviniese a abordar el tema con Francisco José.

Durante los pocos años siguientes, Maximiliano a veces acusó a Francisco José de haberle alentado y después desalentado en relación con la aceptación del trono de México; en realidad, Francisco José, después de su primera discusión con Rechberg, adoptó una posición de la cual jamás se apartó. Profesaba mucho afecto a su hermano menor. Sí, Max siempre había sido un poco tonto. En su infancia le agradaba avergonzar a los mayores diciendo cosas desprovistas de tacto acerca de cortesanos eminentes y huéspedes extranjeros. Y después, cuando era joven y ocupaba el cargo de gobernador de Lombardía y Venecia, sus ideas liberales mal digeridas podían haber hecho mucho daño si se le hubiese permitido llevarlas a la práctica. Pero Francisco José amaba a Max y no sería un obstáculo en su camino si Maximiliano deseaba convertirse en emperador de México. No le negaría su permiso como jefe de la familia, pero Max debía entender que emprendía esa aventura por cuenta propia, que Francisco José y el gobierno austríaco de ningún modo podían comprometerse, y que no le proporcionarían el más mínimo apoyo. Francisco José también advirtió a Maximiliano que en su opinión sería muy poco sensato aceptar el ofrecimiento, a menos que se cumpliesen dos condiciones: primero, que tanto Gran Bretaña como Francia le apoyasen en México —y eso significaba no sólo seguridades de simpatía, sino compromisos contractuales bien definidos de ayuda práctica; y segundo, que fuera aceptado y bien recibido como emperador por la mayoría del pueblo mexicano.

A principios de octubre de 1861 Francisco José envió a Rechberg a Miramar para explicar esta cuestión a Maximiliano. Maximiliano no se sorprendió mucho, pues durante algunos años había estado recibiendo cartas de Gutiérrez acerca del tema. Rechberg informó a Francisco José que Maximiliano ansiaba aceptar el trono de México en las condiciones puntualizadas por Francisco José. Rechberg envió a Gutiérrez una respuesta que, aunque prudente, era de lejos la más alentadora que Gutiérrez había recibido jamás del gobierno austríaco. Rechberg escribió al encargado austríaco en París: "Por consiguiente, conde, os autorizamos a informar al señor Gutiérrez, en rigurosa confidencia, que el Emperador, nuestro augusto Señor, no rechazará una propuesta seria que se le formule en esta cuestión, y que Su Alteza Imperial el archiduque Fernando Maximiliano quizá tampoco rehúse ceder al deseo de la nación mexicana, si dicha nación le convoca para ocupar el trono." Rechberg agregó que "debía entenderse claramente que, para salvaguardar la dignidad de Su Alteza Imperial el archiduque y de su augusta casa", la aceptación de Maximiliano estaba condicionada a que recibiera el apoyo activo de Gran Bretaña y Francia, y a "una invitación claramente formulada por el propio pueblo de México al archiduque".

Napoleón III se sintió muy satisfecho con las respuestas de Francisco José y Maximiliano, y se mostró decidido a asegurar que se cumplieran las condiciones en que ellas insistían. Comprometería el apoyo francés y trataría de obtener un compromiso análogo de Gran Bretaña. Con respecto a la invitación originada en el pueblo mexicano, pensó que eso no debía adoptar la forma de un plebiscito en México, porque si bien él mismo, de acuerdo con la tradición bonapartista, había sido elegido emperador de los franceses en un plebiscito nacional, un príncipe Habsburgo no desearía recibir el trono por mandato popular. Después que las tres potencias aliadas hubiesen derrocado al gobierno de Juárez, convocarían a una conferencia de notables mexicanos, que ofrecería el trono a Maximiliano. Napoleón ya había dicho a Thouvenel que sugiriese a lord Russell, secretario británico de Relaciones Exteriores, que ese congreso de notables debía elegir como gobernante a un príncipe extranjero. "Por supuesto, el único pretexto legítimo de una manifestación armada proviene de nuestros agravios, pero creo que correspondería al interés general convertirlo en el medio en virtud del cual la propia nación mexicana se beneficie con las circunstancias."

El 9 de octubre, el mismo Napoleón III escribió a su embajador en Londres, el anciano conde Flahaut, que cincuenta años antes había sido amante de la reina Hortense, madre de Napoleón, y el padre de su hijo ilegítimo, el duque de Morny. En su carta Napoleón sometió el nombre de Maximiliano a la consideración del gobierno británico y pidió a Flahaut que mostrase la carta al primer ministro británico, lord Palmerston.

> No es necesario que yo detalle el interés común que nos mueve en Europa a lograr que México se pacifique y cuente con un gobierno estable. Por una parte ese país, que goza de todas las ventajas naturales, ha atraído a un gran caudal de nuestro capital y muchos de nuestros compatriotas, cuya existencia se ve constantemente amenazada; pero si se regenerase formaría una barrera infranqueable frente a las presiones de América

del Norte... y sería un canal importante para el comercio inglés, español y francés.

Estados Unidos no podía intervenir a causa de la Guerra Civil norteamericana, y "las ofensas infligidas por el gobierno mexicano han aportado a Inglaterra, España y Francia una razón legítima para intervenir en México". Por consiguiente, sugería que se designase emperador de México al archiduque Maximiliano de Austria; y decía que suscitaba en él un placer especial proponer como candidato al príncipe de una nación con la cual recientemente había estado en guerra.

Palmerston no se impresionó. Escribió a Russell que durante quince años "gente de México" había tratado de persuadirle de que interviniese en ese país para instalar en el trono a un príncipe europeo; pero al examinar el tema se veía que lo que deseaban era que se les proporcionase unos 20.000 soldados europeos y "muchos millones de esterlinas". Sin duda, esa intervención beneficiaría a México, y también a las potencias europeas, si el país quedaba gobernado por un príncipe europeo; pero no correspondía a los intereses británicos proporcionar las tropas necesarias y el dinero destinado a la realización del plan. Si Napoleón III decidía hacerlo, Gran Bretaña le desearía buena suerte, pero no prestaría un apoyo activo.

Russell se oponía aún más enérgicamente que Palmerston al plan de Napoleón III. No le agradaban la ideología republicana y las medidas confiscatorias de los liberales; pero aprobaba su declaración acerca de la tolerancia religiosa, y temía que el gobierno de Maximiliano y sus partidarios conservadores la anulasen y persiguiera a los protestantes. No creía que la idea de Napoleón tuviese muchas posibilidades de éxito. "Este proyecto parece haberse originado en los refugiados mexicanos en París", escribió a lord Bloomfield, el embajador británico en Viena. "Esta clase de personas se caracteriza por el cálculo sin fundamento de la fuerza de sus propios partidarios en su país natal y por la extravagancia de sus esperanzas de apoyo."

Además, Russell ansiaba evitar que hubiese dificultades con Estados Unidos, incluso si este país estaba enredado en una guerra civil. "Sin ceder en absoluto a las extravagantes pretensiones que implican lo que se denonima doctrina Monroe, por razones prácticas sería insensato provocar los sentimientos hostiles de América del Norte, a menos que estuviese en juego un objetivo supremo de realización tolerablemente sencilla."

El gobierno de Juárez, enfrentado con la amenaza de intervención de las tres potencias europeas, buscó un aliado poderoso, y pudo encontrar uno solo —Estados Unidos, que en 1848 se había apoderado de casi la mitad del territorio de México, y siempre ansiaba conseguir más—. Después de la indignación provocada en México por el tratado McLane-Ocampo, Juárez estaba dispuesto a establecer una alianza con Estados

Unidos sólo como último recurso; pero ahora se veía reducido al último recurso. Su ministro en Estados Unidos, Matías Romero, no dudaba acerca de lo que era el mal menor para México. "Nos encontramos afrontando duras alternativas: sacrificar nuestro territorio y nuestra nacionalidad a Estados Unidos, o nuestra libertad y nuestra independencia en beneficio de los despóticos tronos europeos. El segundo peligro es inmediato y más inminente."

Juárez había enviado a Romero a Estados Unidos inmediatamente después de ganar la Guerra de la Reforma contra Miramón. Romero era un abogado joven y muy capaz, procedente del estado natal de Juárez, es decir, Oaxaca, y había trabajado allí con el gobierno cuando Juárez era gobernador. De camino a Washington, Romero fue a Springfield, Illinois, para visitar a Abraham Lincoln, el nuevo presidente electo de Estados Unidos; y en febrero de 1861 mantuvieron una larga conversación. Romero se sintió alentado y al mismo tiempo desalentado por la actitud de Lincoln. Lincoln dijo que él y muchos de sus partidarios se habían opuesto a la guerra contra México en 1846, y que estaban decididos a inaugurar una nueva política de amistad hacia los países de América Latina. No habría más agresión imperialista contra México. Pero advirtió a Romero que si, como parecía probable, en Estados Unidos estallaba la guerra entre el Norte y el Sur, su gobierno no podría proteger a México de los ataques de las potencias europeas, pues Estados Unidos no haría nada para alentar a dichas potencias europeas a hacer causa común con los rebeldes sureños.

Lincoln designó como secretario de Estado a William H. Seward, ex gobernador de Nueva York. Todos habían supuesto que Seward sería el candidato republicano a la elección presidencial, pero después de encabezar la primera elección en la convención partidaria, había quedado empatado con su rival Salmon P. Chase, lo cual permitió que Lincoln fuese elegido como candidato de transacción después de la primera votación. Cuando Seward supo que España, Francia y Gran Bretaña planeaban apoderarse de los ingresos de la aduana de Veracruz, envió una protesta y ofreció pagar todas las deudas que México tenían con los acreedores de esas potencias, si ellas se abstenían de organizar dicha expedición. Propuso que Estados Unidos asumiera el total de la deuda mexicana, pagando a los acreedores un interés del 3 por ciento durante cinco años; después de ese período, el gobierno mexicano compensaría a los Estados Unidos a la tasa del 6 por ciento, y por su parte México otorgaría a Estados Unidos una hipoteca sobre las tierras públicas y los minerales de México septentrional, como garantía del pago.

Las tres potencias rechazaron la oferta. Palmerston escribió burlonamente a Russell que "el gobierno de Washington, inspirado por un caballeroso sentido de la justicia... propone pagar el interés de la deuda extranjera de México, no sé con cuánta amplitud, imponiendo una hipoteca a toda la riqueza mineral de México". Este plan no contemplaba "el castigo de los asesinos de los súbditos de las tres potencias, y... prepara el terreno para el embargo promovido por este nuevo acreedor... y además tiende a prolongar el actual estado de anarquía en México".

Palmerston proponía en cambio, para apaciguar o molestar a Estados Unidos, que las tres potencias invitaran a ese país a unirse a la ocupación de Veracruz. Romero rogó a Seward que aceptara esta propuesta, de modo que Estados Unidos pudiese ejercer una influencia moderadora sobre las tres potencias restantes; pero Seward no deseaba comprometerse. "Es muy duro tener que declarar la guerra a un amigo con el propósito de contribuir a salvarlo", dijo a Romero.

El señor don Juan Antonio de la Fuente era un hombre preocupado. Después que los liberales ganaron la Guerra de la Reforma en México, Juárez había despedido al general Almonte, ministro de Miramón en París, y designado para sucederle a De la Fuente. La tarea de De la Fuente era impedir que Napoleón III invadiese México. Los liberales mexicanos, después de sufrir durante años, en la cárcel o el exilio, bajo la dictadura de Santa Ana, habían realizado una revolución, conquistado el poder político y aplicado su programa de reforma, con el único resultado de haber sido derrocados por otro golpe de estado conservador, y se habían visto comprometidos en una guerra civil especialmente destructiva. Ahora, cuando al fin habían vencido en esa guerra, al cabo de pocos meses se veían amenazados por la posibilidad de que los atacase el ejército más poderoso del mundo, que acudía en apoyo de los conservadores derrotados y para renovar el ataque de los reaccionarios a la democracia.

De la Fuente no veía el modo de detener los planes franceses. Estaba lidiando con un enemigo que era mucho más fuerte que los liberales mexicanos, y que estaba decidido a imponerles la guerra, por muchas concesiones que ellos hicieran o cualquiera que fuese la gravedad de las humillaciones que ellos se mostrasen dispuestos a aceptar.

De la Fuente esperó ansiosamente en París. Durante cuatro meses el gobierno francés se negó a aceptarle como ministro mexicano y continuó reconociendo a Almonte. Y un día observó complacido y aliviado que se le invitaba a una recepción diplomática; pero Thouvenel continuó rechazando sus peticiones de entrevista. Cuando al fin le convocaron al Ministerio de Relaciones Exteriores para conversar, Thouvenel se mostró frío y amenazador; dijo a De la Fuente que Francia utilizaría métodos de "coerción severa" contra México si el gobierno de Juárez no accedía a todas las exigencias francesas, incluso el pago de la deuda originada en los bonos de Jecker. De la Fuente solicitó una audiencia con Napoleón III, pero fue postergada repetidas veces con distintas excusas hasta el 10 de agosto, en que se le concedió audiencia en Saint-Cloud. De la Fuente vio sorprendido que Napoleón se mostraba encantador y preguntaba de la forma más cordial por Juárez; pero en todo caso no le dio a De la Fuente ninguna seguridad acerca de la amenaza de invasión a México.

Como de costumbre, Napoleón III había manejado muy astutamente las negociaciones diplomáticas; había conseguido que el renuente gobierno británico se uniese a la intervención, y de ese modo había obtenido cierta cobertura que encubría sus motivos reales, e impedía que el gobierno español actuase solo. La Convención de Londres fue firmada definitivamente el 31 de octubre de 1861. Las tres potencias debían enviar sus fuerzas navales y 10.000 soldados para ocupar Veracruz. España suministraría 7.000 soldados a las órdenes del general Prim; Francia enviaría 2.500 al mando del vicealmirante Jurien de la Gravière; y Gran Bretaña, 700 infantes de marina a las órdenes del comodoro Dunlop.

Pero Palmerston y Napoleón III habían sido advertidos por personas que conocían México de que Veracruz era uno de los cuatro puertos más insalubres del océano Atlántico, y que en esa temporada del año el 20 por ciento de los europeos que permanecían en Veracruz morían de *vómito*, la forma más peligrosa de la fiebre amarilla. Era mejor que las tropas avanzaran hacia las tierras altas y más saludables del interior. Napoleón comprendió que esa podía ser una excusa para ir más allá de Veracruz. Señaló al almirante Jurien que las condiciones del clima y la necesidad de proteger a los súbditos franceses en otros lugares de México podían determinar que fuese necesario extender el área de operaciones más allá de Veracruz, y "que para atacar al gobierno mexicano, o hacer más eficaz la coerción ejercida sobre él mediante la toma de los puertos, tal vez usted deba avanzar hacia el interior de México, incluso hasta Ciudad de México si es necesario". Pero Russell ordenó a sir Charles Wyke y al comodoro Dunlop, en un despacho que había sido leído y aprobado tanto por Palmerston como por la reina Victoria, que los 700 infantes de marina británicos no podían ser utilizados en el interior del territorio, y que "por consiguiente usted en ningún caso permitirá que los infantes de marina participen en operaciones contra Ciudad de México".

Apenas se firmó la Convención de Londres, se realizaron los preparativos para la partida de la expedición. El 1º de noviembre los lores del Almirantazgo británico propusieron que las tres flotas se encontrasen unos veinticuatro kilómetros al noroeste del Cabo San Antonio, en el extremo occidental de la colonia española de Cuba, y que navegaran conjuntamente hasta Veracruz; en la semana siguiente las primeras naves francesas habían partido de Toulon. Pero el capitán general de Cuba había decidido que los españoles serían los primeros en actuar; las naves británicas y francesas continuaban en mitad del Atlántico cuando los barcos españoles salieron de La Habana con 6.000 soldados a bordo. Llegaron a Veracruz el 8 de diciembre. Su comandante emitió una proclama en la que afirmaba que no llegaban para interferir en el gobierno interior de México, sino sólo para obligar al gobierno de Juárez a pagar indemnizaciones a los españoles que habían sufrido agravios y perjuicios. No hubo resistencia, y hacia el 17 de diciembre los españoles habían desembarcado y ocupado la ciudad y enarbolado la bandera española sobre el Fuerte de San Juan de Ulúa.

Los británicos y los franceses no estaban muy lejos. Los catorce barcos de vapor franceses que llevaban 2.500 hombres habían llegado a Tenerife hacia el 24 de noviembre. "¡Marineros y soldados!", dijo el almirante Jurien, "vamos a México". Les recordó las palabras de Napoleón III: "Dondequiera que flamea la bandera francesa, la precede una causa justa y la sigue un gran pueblo." Los franceses desembarcaron en Veracruz entre el 6 y el 8 de enero de 1862. Los infantes de marina británicos llegaron al mismo tiempo, y el general Prim arribó con otro millar de hombres para asumir el mando de todas las fuerzas españolas de Veracruz.

Cuando llegó a Ciudad de México la noticia de que los españoles estaban en Veracruz, el presidente Juárez se dirigió al Congreso de México. Se encontraba allí un periodista inglés, Charles Lempriere; en vista de todo lo que se hablaba en Inglaterra acerca de la intervención en México, había decidido ver personalmente qué sucedía. Descubrió que el Congreso era muy distinto de la Cámara de los Comunes de Londres. La sala era un inmenso semicírculo, de unos sesenta metros de diámetro, que miraba a un estrado alto bajo un dosel de terciopelo rojo, donde estaba el sillón del presidente, también de terciopelo rojo. Sobre el sillón colgaba la bandera mexicana —verde, roja y blanca—. La sesión se realizó el domingo 15 de diciembre. Al llegar a las dos de la tarde, Lempriere comprobó que las galerías públicas "estaban ocupadas por la chusma más heterogénea, hombres y mujeres; pero no se oían interrupciones, excepto las que protagonizaban los propios miembros, que hacían ruido suficiente para compensar el resto".

Juárez entró en la Cámara a las tres, "en medio de un estrépito extraordinario de cañones y trompetas". Después de inclinarse amablemente hacia todos los lados, habló a los miembros del Congreso "con una voz clara y notablemente agradable", y les dijo que la temida intervención europea ya había comenzado, y que había soldados españoles en Veracruz. Cuando terminó de hablar, fue ovacionado estrepitosamente, y el Congreso aprobó el otorgamiento de poderes absolutos para gobernar por decreto durante la situación de emergencia.

Tres días después, Juárez lanzó su llamado al pueblo:

¡Mexicanos! Si se proponen humillar a México, desmembrar nuestro territorio, intervenir en nuestra administración interna y en nuestra política, o incluso destruir nuestra nacionalidad, apelo a vuestro patriotismo para expulsar a esas fuerzas pestilentes y hostiles que han sido la causa de nuestras diferencias de opinión, a contribuir con nuestros esfuerzos y nuestra sangre, a unirse alrededor del gobierno en defensa de la causa más grande y más sagrada que existe entre los hombres y los pueblos: la defensa de nuestra patria. Al defendernos nosotros mismos en la guerra que se nos ha impuesto, nos atendremos rigurosamente a las leyes y las costumbres establecidas para beneficio de la humanidad. Que los nacionales enemigos indefensos a quienes hemos concedido generosa hospitalidad vivan en paz y seguridad bajo la protección de nuestras leyes. Así, refutaremos las mentiras de nuestros enemigos y demostraremos que somos dignos de la libertad y la independencia que hemos heredado de nuestros padres.

Lo mismo que la mayoría de los visitantes extranjeros, Charles Lempriere tenía una opinión baja de los mexicanos —inferior incluso a la que le merecían los nativos que había visto en sus viajes por Bulgaria y Grecia—. Reconocía que las mujeres mexicanas eran hermosas y que "aún conservan todo el poder del abanico, el arco grácil del cuello y la mirada atrevida que es la peculiaridad de la raza española". Pero pensaba que ante todos los hombres bailaban muy bien el vals, "desde hace muchos años el individuo que se asegura un cargo —no importa cuál sea, de ministro para abajo, con escasas y honrosas excepciones— piensa únicamente en enriquecerse a costa del público". Le sorprendía ver el gran entusiasmo con que las nutridas multitudes de viejos, mujeres y niños en la Ciudad de México saludaba a los jóvenes conscriptos, convocados por la leva de Juárez, que marchaban para unirse al ejército. El pueblo los escoltaba hasta el Paseo, donde los carruajes tirados por mulas los conducían a Veracruz, pues el ferrocarril hasta ahora no había llegado más lejos de Camerone, a unos sesenta y cinco kilómetros de Veracruz.

El archiduque Fernando Max estaba muy entusiasmado ante la perspectiva de convertirse en emperador de México. Durante los treinta meses siguientes habría de demostrar una extraordinaria indecisión en referencia a la aventura mexicana, mientras fluctuaba entre el placer y la desesperación; pero su primera reacción, el 4 de octubre de 1861, fue de alegría. Había estado preguntándose qué haría con su vida desde que se le había apartado del cargo de virrey de Lombardía y Venecia y el hijo de la emperatriz Isabel le había arrebatado la función de heredero del Imperio austríaco. A semejanza de Brasil, México era en América el país inexplorado y sin desarrollar del futuro; muchas regiones de México tenían el clima cálido que a él le encantaba; ¿y qué podía ser más apropiado que México fuese gobernado por un príncipe Habsburgo bienintencionado, descendiente de Carlos V, el primer emperador cristiano de México?

Su esposa estaba todavía más interesada en la idea. Charlotte sentía que Maximiliano estaba malgastando sus cualidades en Miramar, y aunque amaba la casa y su isla de Lacroma, estaba muy dispuesta a sacrificarlas y a cumplir su deber acompañando a su marido a México y ayudándole en el papel de emperatriz. Cuatro años más tarde, cuando las cosas ya estaban poniéndose difíciles en México, escribió desde allí a su antigua gobernanta, que residía en Europa: "Ponte en mi lugar, y puedes preguntarte si la vida en Miramar era mejor que la vida en México. ¡No, cien veces no! Y por mi parte, prefiero una posición que me aporta actividad y obligaciones, e incluso, si quieres, dificultades, que sentarme en una roca y contemplar el mar hasta llegar a los setenta años." En todas las fases del asunto Charlotte alentó a Maximiliano para que fuese a México.

Francisco José y el conde Rechberg estaban un tanto inquietos a causa del exceso de entusiasmo del archiduque. Francisco José temía que, como de costumbre, Max cometiese una tontería, y que se apresurase a aceptar antes de asegurar el cumplimiento de las condiciones que Francisco José creía esenciales, y que se lo dijese a Gutiérrez quien dejaría llegar las noticias a la prensa internacional. En este último aspecto sus peores temores se cumplieron, pues el 17 de noviembre tanto el *Indépendance Belge* de Bruselas como el *Kölnische Zeitung* de Colonia publicaron una declaración en el sentido de que se había ofrecido la corona de México al archiduque Fernando Maximiliano.

Maximiliano se molestó al ver que Francisco José y Rechberg creían que él se lanzaba impetuosamente sobre la aventura mexicana. Les dijo que había decidido consultar a su suegro, el rey Leopoldo, antes de aceptar, y que era Rechberg, y no el propio Maximiliano, quien había aceptado reunirse con Gutiérrez. El mismo había estado teniendo a raya a Gutiérrez al mismo tiempo que evitaba desalentar demasiado a un partidario fiel. Había rechazado la sugerencia de Gutiérrez de visitar Miramar, pues creía que ese paso atraería excesiva atención; en cambio, había ordenado a su secretario que se reuniese con Gutiérrez en París. Y él no era la persona responsable de la filtración que había llegado a la prensa.

Maximiliano también consultó con el papa Pío IX, que otrora había sido liberal, pero que se había visto llevado por su miedo a la revolución y a la violencia de las turbas a apoyar los regímenes conservadores y absolutistas en todo el mundo. Maximiliano escribió para decir que abrigaba la esperanza de que, si aceptaba el trono de México, "recibiré la sagrada bendición que es tan absolutamente esencial para mí". Pío IX replicó que las versiones que había recibido de la situación en México "reclaman nuestra piedad, y la vuestra es una tarea meritoria cuando convocáis a la religión y la sociedad de modo que se ocupen de hallar remedios prontos".

El rey Leopoldo no discrepó del consejo que Francisco José había dado a Maximiliano; él también creía que Maximiliano debía aceptar el trono de México sólo si recibía firmes garantías de apoyo de Gran Bretaña y Francia, y si el pueblo mexicano le invitaba. Pero tenía muchas más esperanzas que Francisco José acerca del cumplimiento de dichas condiciones, e inmediatamente se dedicó a persuadir a su sobrina favorita, la reina Victoria, de la necesidad de apoyar el plan y de inducir a su gobierno a garantizar el apoyo que era esencial para Maximiliano.

El 24 de octubre de 1861 Leopoldo escribió a Victoria que le complacía que "mi vecino" (Napoleón III) haya desviado su atención hacia México. "Sería un gran progreso conseguir gradualmente que las que hasta ahora fueron colonias españolas se acerquen a la civilización, de modo que sean útiles para el resto del mundo"; pero como eso no podía hacerse "en las condiciones vigentes, las de una revolución cada quincena", la intervención francesa debía ser bien recibida.

Recibió una respuesta desalentadora de su sobrino Alberto, príncipe consorte de la reina Victoria, que le escribió el 5 de noviembre, menos de seis semanas antes de fallecer de fiebre tifoidea, a la edad de cuarenta y dos años. Alberto escribió que Leopoldo podía, si así lo deseaba, mostrar su carta a Max y a Charlotte, y les advirtió que debían tener mucho cuidado antes de aceptar el ofrecimiento que les había formulado Napoleón III. "El plan de México es dudoso y peligroso. Como proviene de las Tullerías, uno tiene que preguntarse: ¿Cuál es su propósito? ¿Podemos creer que se trata de un plan inmaculado cuyo único designio es ayudar a Max y a Charlotte?"

Por el contrario, el príncipe Alberto creía que el motivo de Napoleón debía ser restablecer el dominio del "partido de los sacerdotes" y los jesuitas en México, y de ese modo reconquistar el apoyo de los católicos ultramontanos de Francia, a quienes había ofendido con su apoyo a la unidad italiana en la guerra de 1859. En tanto los Estados Unidos no tolerarían una monarquía en sus propios umbrales, cualquier intento de derrocar mediante la fuerza el republicanismo en América, en lugar de permitir que se destruyese solo, podía provocar una reacción contra la monarquía que fortalecería el republicanismo en ambos continentes. "Abrigo sinceramente la esperanza de que Max y Charlotte no caigan en una trampa."

Esta carta no convenció al rey Leopoldo y produjo un efecto todavía menor en el príncipe Leopoldo, hijo del rey, duque de Brabante (después el rey Leopoldo II de los belgas, notorio por su afición a las prostitutas y por la introducción de la esclavitud en el Congo). El príncipe Leopoldo estaba entusiasmado con la oferta a su cuñado, y tenía la certeza de que Maximiliano muy pronto sería el emperador no sólo de México sino de un imperio más dilatado. "Una vez que estéis firmemente establecido en México", escribió a Maximiliano, "es probable que gran parte de América se someta a vuestro dominio".

Después de mantener esperando casi tres meses a Gutiérrez, Maximiliano al fin aceptó recibirle en Miramar. Llegó la víspera de Navidad y permaneció cinco días. En la Nochebuena, Maximiliano le dijo que si el pueblo mexicano le invitaba a que fuera su emperador, él aceptaría.

Gutiérrez exhortó a Maximiliano a comunicarse con Santa Ana, que vivía exiliado en Santo Tomás, pues sabía que Santa Ana apoyaría el plan de convertir en emperador a Maximiliano. Gutiérrez también sugirió que monseñor Labastida, arzobispo de Puebla, que vivía en Roma, fuese enviado a México a trabajar por Maximiliano apenas los franceses pusieran los pies en ese país. Labastida ya había informado al ministro austríaco en Roma de su apoyo a Maximiliano y le había convencido de que los mejores elementos de México siempre habían conservado un "carácter esencialmente antidemocrático", y que sólo los "amigos del orden" —los conservadores, la Iglesia y la mayoría de la clase terrateniente— podían ser útiles en el intento de "acabar con la anarquía" en México.

Apenas Gutiérrez salió de Miramar, Maximiliano fue a ver a Francisco José, que estaba visitando Venecia, la única provincia italiana que aún conservaba. Los dos hermanos se reunieron en Venecia la víspera de Año Nuevo, y mantuvieron una larga conversación acerca de México. Maximiliano estaba tan seguro de que iría a México que analizó detalladamente los problemas que se surgirían cuando él saliera de Miramar. Salvo que en su entusiasmo Maximiliano interpretase mal lo que dijo su hermano y representara erróneamente su posición en el memorándum que esa noche escribió acerca de lo que habían hablado, Francisco José tuvo una actitud muy colaboradora. Aceptó proporcionarle un buque de guerra austríaco que llevaría a Maximiliano a México, así como "artillería, equipo para la construcción de puentes y oficiales artilleros" para una fuerza de voluntarios austríacos y belgas dispuestos a prestar servicios en México; todos ellos deberían ser católicos.

Analizaron la cuestión que siempre interesaba tanto a Maximiliano —el dinero—. Maximiliano continuaría recibiendo su subsidio anual de 100.000 florines, y Francisco José le adelantaría otros 200.000 florines para sus gastos inmediatos. Maximiliano nombraría a Santa Ana duque de Veracruz o de Tampico, el título que aquél prefiriese, y Santa Ana recibiría el mismo sueldo, 36.000 escudos, que había recibido como presidente de México. El archiduque Karl, hermano de Maximiliano, o el mismo Francisco José comprarían Miramar a Maximiliano, y se encontrarían otros empleos para los servidores que no le acompañaran a México.

Napoleón III coincidió en que era necesario relacionarse con Santa Ana, pero él y Eugenia se habían formado una opinión negativa de Gutiérrez cuando Hidalgo le presentó en enero de 1862. Las opiniones de Gutiérrez en el tema religioso le parecieron demasiado intolerantes. Napoleón se enorgullecía de ser el defensor de la Iglesia Católica contra los rojos y los radicales sin Dios, pero creía en la tolerancia en relación con otras religiones y ciertamente no deseaba desagradar a sus aliados ingleses participando en la persecución de los protestantes de México. A Eugenia se la acusaba con frecuencia de ser una española intolerante y ultramontana y, sin embargo, coincidía totalmente en esto con Napoleón. Después de conocer a Gutiérrez, se quejó de que la experiencia había sido parecida a una conversación con Felipe II de España, el gran perseguidor de los herejes. Napoleón tenía una opinión mucho más elevada del general Almonte, que era firme partidario de los conservadores pero se expresaba con un poco más de tacto que Gutiérrez. Napoleón aconsejó a Maximiliano que utilizara los servicios de Almonte en México.

En enero de 1862 Almonte y Labastida fueron a Miramar y pasaron varios días con Maximiliano. Le ratificaron su apoyo, y él se mostró ansioso de aceptar la ayuda que le prometían. Durante la estancia de los dos hombres en Miramar, Maximiliano firmó con Almonte un acuerdo acerca de lo que debía hacerse en México. Coincidieron en que hasta la llegada de Maximiliano el país sería gobernado por un consejo de regencia formado por Almonte, Santa Ana y Labastida; también convinieron el número de marqueses, condes y barones que Maximiliano designaría. Además, debía reconocer todos los títulos de nobleza existentes en la aristocracia mexicana.

Pero Almonte fue la causa de las primeras dudas de Maximiliano acerca de México. Napoleón III propuso que Maximiliano pagase 200.000 dólares para cubrir parte del costo de la visita de Almonte a México. Maximiliano aprobó el viaje de Almonte a Veracruz, pero se negó a pagar. Richard Metternich consideró en París que Maximiliano había alentado tanto a Napoleón III que le sería difícil negarse a contribuir con los 200.000 dólares, pero Maximiliano no quería pagar un centavo. Esta exigencia de dinero limitó por primera vez parte de la euforia de Maximiliano hacia México.

Sus dudas se acentuaron cuando se enteró de la firme negativa del gobierno británico a prestarle ningún género de ayuda activa. El apoyo británico había sido una de las condiciones en que habían insistido Francisco José y el rey Leopoldo, y Maximiliano se había basado en la estrecha amistad de Leopoldo con la reina Victoria para atraerse al gobierno británico. Pero Palmerston y Russell se mostraron tan decididos como siempre en su negativa a aceptar el compromiso.

Maximiliano comenzaba a dudar. ¿Debía renunciar a la aventura mexicana? ¿No había sido siempre una condición de su aceptación que Gran Bretaña, lo mismo que Francia, se comprometiese a prestar un apoyo activo? Recordó toda su antigua hostilidad hacia Napoleón III, a quien había condenado como *parvenu* y como el hombre responsable de toda la inquietud reinante en Italia. Escribió a Rechberg que no aceptaría el trono de México a menos que contase con el apoyo de Gran Bretaña contra futuras amenazas provenientes de Estados Unidos, y agregó: "Desde el comienzo mismo de nuestras negociaciones he pensado a cada momento que existía el peligro de una extensión ilimitada del poder francés... En mi opinión, el emperador Napoleón desea dominar a México sin que a los ojos de Europa parezca que lo hace." Todas las actitudes de Napoleón en las negociaciones sobre México habían convencido a Maximiliano "del deseo evidente del emperador de los franceses de encauzar el asunto de modo que el futuro soberano de México se vea completamente impedido de liberarse de su tutela".

Hacia abril de 1862 Maximiliano casi había decidido abstenerse de ir a México.

9

Saligny quiere la guerra

La totalidad de las fuerzas aliadas había desembarcado en Veracruz hacia el 8 de enero de 1862, e inmediatamente tropezó con dificultades. Juárez había ordenado que el pueblo mexicano no colaborase con los invasores. Muchos habitantes de Veracruz habían salido de la ciudad, y los campesinos y los comerciantes de la región circundante no enviaban suministros. Los aliados hallaron la suciedad y la fiebre amarilla que se les había anunciado. Los oficiales de intendencia, mientras se paseaban por la ciudad para encontrar comodidades apropiadas con el fin de alojar a los soldados, encontraban una cloaca abierta en casi todas las calles. Se incautaron de un hospital en desuso para destinarlo a algunos soldados británicos, y alojaron al resto, así como a parte de la fuerza francesa y española en el Fuerte San Juan de Ulúa. La primera noche, diecisiete soldados británicos alojados en el viejo hospital enfermaron gravemente, y pronto el número se elevó a setenta y siete. Más del 10 por ciento de la fuerza británica quedó fuera de combate.

Los altos comisionados aliados celebraron su primera reunión en Veracruz el 9 de enero. Francia y Gran Bretaña estuvieron representadas por sus embajadores en México, Saligny y sir Charles Wyke, y por los comandantes en jefe de las fuerzas expedicionarias, el almirante Jurien de la Gravière y el comodoro Dunlop. El general Prim, conde de Reus, era el único representante español en la comisión, pero como era senador en Madrid y antes había servido en varias comisiones diplomáticas, se encontraba en perfectas condiciones para abordar los problemas políticos y diplomáticos, así como los que le concernían en su carácter de comandante en jefe de las fuerzas españolas en Veracruz. Fue también el presidente durante las reuniones de los altos comisionados.

En su juventud, Prim había sido liberal, y bajo el gobierno del dictador conservador general Narváez se había refugiado en Inglaterra y Francia para evitar una sentencia de seis años de cárcel en Filipinas; pero un gobierno conservador más moderado le había concedido la amnistía, permitiéndole regresar a España, y empleándole en misiones militares y diplomáticas. A la edad de cuarenta y siete años aún profesaba ciertas simpatías liberales, pero se reservaba sus opiniones políticas. Había desposado a una mexicana, cuyo tío, González Echeverría, era ministro de Finanzas en el gobierno de Juárez. No pasó mucho tiempo antes de que los conservadores mexicanos, y Saligny, Napoleón III y Eugenia se convencieran de que Prim era un agente secreto de Juárez y de que trataba de sabotear los objetivos de las tres potencias.

En la primera reunión, el almirante Jurien propuso que en vista de la escasez de suministros, los aliados enviaran fuerzas a Tejería y Medellín, a unos treinta y dos kilómetros de Veracruz, para conseguir alimentos, pues creía que los campesinos mexicanos se mostrarían muy dispuestos a venderlos a los aliados si los aliados de Juárez no lo impedían. Prim coincidió con la propuesta de Jurien, y lo propio hicieron, aunque con desgana, Wyke y Dunlop, a pesar de que las instrucciones que les había impartido el gobierno británico los obligaban a no pasar de Veracruz. Las tropas aliadas obtuvieron los suministros que necesitaban en Tejería y Medellín; las fuerzas mexicanas se retiraban a medida que los aliados avanzaban, y no trataban de detenerlos.

El 13 de enero los altos comisionados aliados discutieron el modo de satisfacer las exigencias formuladas al gobierno mexicano. México debía más dinero a los británicos que a todos los demás acreedores juntos. Las reclamaciones británicas a México se elevaban a 69 millones de piastras mexicanas, o dólares de plata. (Alrededor de 14 millones de libras esterlinas o 346 millones de francos franceses. La piastra mexicana tenía casi el mismo valor que el dólar norteamericano; cinco francos franceses equivalían a un dólar, y alrededor de cinco dólares a la libra esterlina.) El gobierno mexicano reconocía una deuda de alrededor de 9 millones de dólares a sus acreedores españoles, y de 2.860.000 dólares a los franceses. Pero el gobierno británico comprendía que México no podía permitirse el pago total de sus deudas. Los aliados podían apoderarse de la aduana de Veracruz, que era la principal fuente de ingresos de México, pero sus exigencias absorberían el 79 por ciento de los derechos de aduana, y el gobierno mexicano no podría funcionar si le reducían en esa proporción su renta. Por consiguiente, Wyke propuso que los aliados iniciaran negociaciones con Juárez, le presentasen una lista detallada de las reclamaciones de sus súbditos y discutieran qué proporción estaba dispuesto a pagar el gobierno mexicano.

Prim aceptó, pero Saligny presentó el borrador de un ultimátum que propuso se enviase a Juárez. Sin puntualizar detalles de las sumas debidas a los acreedores franceses, exigió que el gobierno mexicano aceptara pagar

12 millones de dólares para cubrir todo lo que se debía a los súbditos franceses hasta el 31 de julio de 1861; al mismo tiempo, Francia se reservaba el derecho de reclamar una suma ulterior como compensación por los agravios sufridos desde entonces. El gobierno de Juárez también debía aceptar la obligación de saldar completamente las sumas adeudadas a los tenedores de los bonos Jecker por una suma adicional de 15 millones.

Wyke y Prim consideraron que el ultimátum de Saligny era muy irrazonable; no podía pretenderse que México pagase 12 millones a sus acreedores sin mencionar detalles acerca del modo en que se había calculado esta cifra. Les parecía que el monto era excesivo; consumiría otro 15 por ciento de los derechos aduaneros recaudados en Veracruz, dejando únicamente el 6 por ciento para el gobierno mexicano; y se oponían a las reclamaciones de los tenedores de los bonos Jecker. Aunque admitiendo en principio que el gobierno de un país debía ser responsable por las deudas en que habían incurrido los gobiernos precedentes, les parecía injusto exigir a Juárez que pagase intereses a la tasa del 30 por ciento anual a Jecker y sus asociados por dinero que Jecker había prestado a Miramón para hacer la guerra a Juárez, quien en el momento del contrato había anunciado públicamente que no reconocería ni reembolsaría los préstamos realizados a Miramón. Los franceses exigían que México pagara, en el curso de los años, 15 millones a cambio de los 750.000 dólares entregados por Jecker a Miramón.

¿Y por qué el gobierno francés formulaba esas peticiones en nombre de un banquero suizo? La explicación francesa era que, como Suiza carecía de representante diplomático en México, Francia actuaba en nombre de los ciudadanos suizos que residían allí. Pero el gobierno suizo había pedido a Estados Unidos, no a Francia, que representara sus intereses en México. En 1862 nadie, excepto Jecker y sus colaboradores más cercanos, sabía que el duque de Morny, medio hermano ilegítimo e influyente ministro de Napoleón III, retenía el 30 por ciento de los bonos Jecker.

Incluso el Ministerio de Relaciones Exteriores francés se sorprendió ante el hecho de que Saligny reclamase 12 millones; les parecía que con 10 millones se aproximaba más a la verdadera cifra. Pero Saligny dijo en privado a Prim que si bien creía que 10 millones era la cifra justa, le habían ordenado reclamar 12 millones, y debía atenerse a sus instrucciones. Dejó a Prim la impresión de que la cifra de 12 millones había sido fijada arbitrariamente por el propio Napoleón III.

Más tarde, Prim afirmó que cuando Jurien, en la reunión de los altos comisionados aliados, leyó el pasaje del ultimátum de Saligny referido a los bonos Jecker, Wyke y Dunlop protestaron y dijeron "al unísono que 'Esa reclamación es inadmisible, el gobierno mexicano jamás lo aceptará; antes de tolerarlo, irán a la guerra, y las armas de Inglaterra jamás apoyarán semejante injusticia'". Pero Saligny no quiso reducir sus exigencias.

Sólo después que Dunlop afirmó que sería lamentable que el ultimátum destruyese la cooperación entre los aliados, obtenida después de tan prolongadas y laboriosas conversaciones, Saligny accedió a la petición británica y española de postergar el envío del ultimátum hasta que los aliados hubiesen despachado los enviados a Ciudad de México para negociar con el gobierno.

Saligny odiaba a Juárez y a su partido. Escribió a Montluc, cónsul general de Francia ante Juárez, y relación personal del propio Saligny, y le explicó que al comienzo de su visita a México

> saludé el triunfo del Partido Liberal como el comienzo de una era de paz y prosperidad para esta desgraciada república, pero... este llamado Partido Liberal inmediatamente reprimió todas las libertades y remplazó el despotismo brutal y estúpido de Miramón por la dictadura del señor Juárez, que es al mismo tiempo un idiota y un sinvergüenza. El llamado Partido Liberal es nada más que una colección de personas sin respeto por la ley o la religión, sin inteligencia, sin honor, sin patriotismo, que jamás han tenido otra opinión política que no sea el robo.

Saligny habló todavía más francamente al pagador general de las fuerzas francesas en Veracruz: "Mi único mérito consiste en haber adivinado que el emperador había decidido intervenir en México, y en haber logrado que su intervención fuese necesaria."

Al escribir a Russell acerca de las reuniones de los altos comisionados, Wyke le dijo que el ultimátum de Saligny era "perfectamente ultrajante" y "tan insultante" que sería imposible que el gobierno mexicano lo aceptara. Russell coincidió; creía que las exigencias francesas "podían ser formuladas sólo con la esperanza de que el gobierno mexicano tuviese que rechazarlas y diera de ese modo a los aliados un *casus belli*. Ordenó a lord Cowley, embajador británico en París, que urgiese a Thouvenel a modificar la petición de 12 millones. Thouvenel aceptó que la cifra fuese revisada por un comité formado por el secretario de la legación francesa en México, y el vicecónsul francés en Veracruz y un empresario francés en México, pero rehusó aceptar la presencia de un representante del gobierno mexicano en el comité. Cowley dijo a Thouvenel que creía que el ultimátum de Saligny era simplemente una excusa que los franceses utilizaban para permanecer en México. Thouvenel replicó: "Sin duda, tal era el deseo del emperador."

Entretanto, Napoleón III había decidido enviar 4.000 solados más a Veracruz. Esa medida no agradó al gobierno británico, pero Napoleón explicó que por el honor de Francia debía haber tantos soldados franceses como españoles en Veracruz.

Juárez recibió cortésmente en Ciudad de México a los enviados de los aliados, pero aclaró que defendería la independencia de México de la intervención extranjera. De acuerdo con Wyke, "pronunció un discurso interminable en el sentido de que México es una gran nación". Envió a su ministro de Relaciones Exteriores, el general Doblado, a reunirse con Prim el 19 de febrero en La Soledad, a cuarenta kilómetros de Veracruz. Doblado se mostró muy conciliador. Sugirió que las tropas aliadas en Veracruz estaban padeciendo las consecuencias del calor y de las enfermedades de las "tierras calientes", y que, por lo tanto, debían avanzar hasta las tierras altas próximas a Orizaba, a unos cien kilómetros de Veracruz hacia el interior del país, donde el clima era más saludable para los europeos. Afirmó que el gobierno mexicano permitiría que las tropas se desplazaran a ese lugar si los altos comisionados reconocían al gobierno de Juárez y abrían negociaciones acerca de las deudas, y con la condición de que si las negociaciones se veían interrumpidas y los aliados declaraban la guerra, se retirarían a las posiciones anteriores en Veracruz. Esta propuesta tenía una doble finalidad desde el punto de vista de los mexicanos: era un gesto cordial destinado a apaciguar a los aliados, y privaba a los franceses del argumento de que era necesario avanzar hasta Ciudad de México para evitar el peligro que corría la salud de los soldados.

Cuando Prim regresó a Veracruz con la propuesta de Doblado, Saligny se opuso a concertar ningún acuerdo con el gobierno de Juárez, pero fue desautorizado por el almirante Jurien, y los altos comisionados ratificaron la Convención de La Soledad. Saligny aceptó bajo protesta, y escribió a París para quejarse de la conducta de Jurien y los comisionados británico y español.

Juárez se mostraba conciliador con los aliados, pero tenía una actitud dura frente a los mexicanos que colaboraban con ellos. El 25 de enero dictó un decreto, al amparo de los poderes de emergencia que el Congreso mexicano le había concedido. Decretó que el extranjero que invadiera armado el territorio de México sin una declaración de guerra, el mexicano que voluntariamente sirviera en las fuerzas de dicho invasor, y el mexicano o el extranjero que viviendo en México invitase a los extranjeros a invadir o a modificar la forma de gobierno de la república, o que votase o aplicase leyes en territorio ocupado por la fuerza invasora, sería culpable de un crimen contra la independencia y la seguridad de México, y después de ser condenado por una corte marcial debía sufrir la pena de muerte. Saligny denunció el decreto y dijo que demostraba el carácter bárbaro del régimen de Juárez.

Aunque Saligny se opuso a la Convención de La Soledad, los soldados franceses se sintieron felices aprovechando sus cláusulas, que les permitía salir de Veracruz para ir al distrito de Orizaba. Durante las siete semanas pasadas en Veracruz, 29 soldados franceses habían muerto por enfermedad y 159 estaban en el hospital. Iniciaron el agotador viaje a las seis de la mañana del 26 de febrero, marchando como lo hacía siempre el ejército francés —no todos al mismo paso, sino cada hombre con su propio andar. Hacia mediodía muchos soldados, debilitados por las condiciones insalubres de Veracruz, se habían rezagado respecto de sus camaradas más fuertes; los oficiales que marchaban al frente de la primera columna había perdido de vista a dos terceras partes de sus hombres. El almirante Jurien, que retrocedió a caballo siguiendo la línea de marcha, se sintió conmovido al ver el estado de sus hombres, y se alegró de que no corriesen peligro de ser atacados por los mexicanos. Todos los hombres habían llegado al anochecer al primer campamento, pero cuando el ejército llegó a La Soledad, después de franquear el paso que separa las tierras calientes pertenecientes a la planicie costera de la meseta alta, habían recorrido sólo cuarenta kilómetros en cuatro días.

Se detuvieron dos días en La Soledad, y cuando continuaron hacia Orizaba dejaron atrás 80 hombres que estaban enfermos y unos 200 incapaces para marchar. Llegaron a Orizaba al noveno día después de la salida de Veracruz. Allí volvieron a descansar, antes de continuar hacia el destino final, en Tehuacán, donde se instalarían. Cuando entraron en Tehuacán, cinco días después, se encontraban en condiciones mucho mejores, aunque 122 hombres llegaron en ambulancias.

El 6 de marzo, mientras las tropas marchaban, el general conde Charles Ferdinand de Lorencez llegó a Veracruz treinta y siete días después de partir del Cherburgo, con 4.474 hombres y 616 caballos muy necesarios. Pronto pasaron a Tehuacán, donde se unieron a los soldados de Jurien.

Las tropas españolas fueron a Córdoba, en la misma región. El plan original era que los británicos permanecieran en Orizaba; pero el gobierno británico les había ordenado que no salieran de Veracruz, y Wyke y Dunlop dijeron a Prim que los inquietaba la llegada de los refuerzos franceses comandados por Lorencez, y que, por lo tanto, estaban muy interesados en evitar cualquier compromiso con la profundización de la intervención francesa en México. Decidieron que no aprovecharían el ofrecimiento mexicano de ir a Orizaba, y en cambio reembarcarían a los soldados en las naves que estaban frente al puerto de Veracruz.

Entretanto, los mexicanos estaban reuniendo sus fuerzas, a medida que el pueblo respondía al llamamiento de Juárez a engrosar el Ejército oriental y defender su país del invasor extranjero. El entusiasmo de los voluntarios en Ciudad de México, que había impresionado al periodista inglés Charles Lempriere, no se manifestó por doquier; aún había muchos simpatizantes del Partido Conservador, e incluso algunos de los partidarios liberales se sumaron lentamente al Ejército oriental. Como algunos de los revolucionarios de los países europeos, que manifestaban más interés en combatir a sus vecinos conservadores que a los conservadores que militaban en las filas de un ejército extranjero instalado a 1.600 kilómetros de sus hogares.

Hubo una respuesta positiva al llamamiento en Oaxaca, el Estado nativo de Juárez, y también en el Estado natal de Porfirio Díaz, el líder liberal en ascenso. A la edad de treinta y dos años, Díaz era un veterano de la guerra contra Estados Unidos, la rebelión de 1852 y la Guerra de la Reforma, y poco antes había sido elegido miembro del Congreso y promovido al rango de general. Había servido en la campaña contra las guerrillas de Márquez en Michoacán. El pueblo de Oaxaca estaba dividido políticamente, como sucedía con los habitantes de la mayoría de los estados mexicanos. Muchos admiraban a Juárez y sus realizaciones como gobernador de Oaxaca; su programa de construcción de caminos, su plan de educación universal y la prohibición de los matrimonios infantiles; pero otros deploraban la supresión de los monasterios por el gobierno liberal. La ciudad de Oaxaca fue tomada por las fuerzas de Miramón durante la Guerra de la Reforma, pero en los últimos meses del conflicto Díaz expulsó a esas tropas y recuperó a Oaxaca para los liberales.

El pueblo de Oaxaca padecía más a consecuencia de los desastres naturales que de las guerras civiles. En los asedios y las luchas de calles entre Díaz y los conservadores habían muerto unos pocos centenares de personas, pero hubo millares de víctimas de la viruela en 1851 y 1852, y de cólera, así como de un terremoto sobrevenido en 1854.

En febrero de 1862 más de un millar de hombres de Oaxaca marcharon hacia el noreste para unirse al Ejército oriental mexicano. Como de costumbre en México, los soldados estaban acompañados por sus esposas y sus mujeres, que cocinaban y limpiaban para los hombres alistados en el ejército. La primera brigada oaxacana marchó hacia la aldea de San Andrés Chalchicomula, a unos sesenta y cinco kilómetros al noroeste de Córdoba, el cuartel general del Ejército oriental, y acampó cerca de un gran depósito, donde el mismo ejército había almacenado unas 23 toneladas de pólvora. La tarde del 6 de marzo las mujeres encendieron fuego frente al depósito y comenzaron como de costumbre a preparar la comida de los soldados. Muchos comerciantes locales, sabiendo que las mujeres estarían preparando la comida, se acercaron a vender tortillas y frijoles.

Era un día ventoso, y el viento envió una chispa hacia el establo, donde encendió la pólvora y provocó una tremenda explosión. En un momento el suelo quedó cubierto de cadáveres, de brazos y piernas y cabezas, y de charcos de sangre. Cuando varios días después fue posible contar a las víctimas, se descubrió que habían muerto más de 1.500 personas —1.042 soldados, 475 mujeres, y unos 30 comerciantes locales. Doscientas personas más quedaron heridas, y muchas perdieron un miembro o la vista. Algunos heridos fueron llevados a las casas vecinas y se les dispensaron ciertos cuidados, pero los servicios médicos del Ejército oriental eran absolutamente incapaces de afrontar un desastre de semejante magnitud.

El almirante Jurien recibió la noticia en el momento en que sus tropas llegaban a Tehuacán, a unos sesenta y cinco kilómetros de San Andrés. Consideró que debía aliviar el sufrimiento; y era una oportunidad adecuada para demostrar que los franceses, según ellos mismos afirmaban, habían llegado a México para salvar y no para oprimir al pueblo mexicano. Envió a algunos médicos militares franceses a ayudar a los heridos de San Andrés. La habilidad de estos médicos fue de un valor inestimable, y salvaron muchas vidas que en otras condiciones se habrían perdido.

Como de costumbre, los conservadores mexicanos se mostraron menos generosos que los franceses frente a sus enemigos. Cuando el padre Ignacio Merlín, uno de los canónigos de la catedral de Oaxaca, fue invitado a incorporarse al comité que debía organizar la ayuda a las víctimas de la explosión, se negó; no estaba dispuesto a hacer nada para ayudar a los impíos liberales. "El señor Merlín, un fiel representante de su clase", escribió el periódico liberal *La Victoria* de Oaxaca, "se niega a pertenecer a una organización humanitaria, no porque esté muy atareado, sino para demostrar al mundo que uno no debe acudir al clero cuando se trata de aliviar a los infortunados". Cuatro semanas después los liberales de Oaxaca clausuraron el convento de Santa Catalina de Siena, que había sido levantado en 1576, expulsaron a las monjas y convirtieron el edificio en una sede oficial. (Hoy es el Hotel Presidente.)

La explosión de San Andrés fue un desastre para los liberales. Sólo quedó un puñado de supervivientes de la primera brigada de Oaxaca. Casi el 10 por ciento de todo el Ejército oriental mexicano pereció por la negligencia de uno de sus propios hombres y por un golpe de la mala suerte.

Napoleón III envió al general Almonte de París a Veracruz; como Maximiliano se negó a pagar sus gastos de viaje, Napoleón realizó ese desembolso. Miramón también llegó a Veracruz. El gobierno británico no había perdonado a Miramón el episodio de la incautación del dinero de la legación británica en Ciudad de México, en 1860; y Saligny asistió irritado al anuncio de Dunlop en el sentido de que si Miramón desembarcaba en Veracruz sería arrestado y juzgado por robo. Prim aceptó permitirle que llegase a La Habana.

Wyke y Prim también estaban preocupados por la presencia de Almonte, pues creía que Juárez interpretaría su llegada como un intento de los aliados de interferir en la política interior de México. Doblado protestó contra la presencia de Almonte en el territorio ocupado por las fuerzas aliadas; pero Saligny rechazó la exigencia de Doblado en el sentido de que se expulsara a Almonte de México. Trabajó en estrecha colaboración con Almonte, y juntos se relacionaron con algunos de los generales de Juárez, con la esperanza de convencerlos de que desertaran y se uniesen a los aliados.

Almonte contactó con el general Uraga, comandante en jefe del Ejército oriental mexicano. Aseguró a Uraga que los franceses habían llegado, no para conquistar México, sino para liberar a los mexicanos de la tiranía de Juárez. Uraga no se comprometió, pero tampoco rechazó inmediatamente las insinuaciones de Almonte. Juárez comenzó a sospechar de Uraga y le apartó de su cargo de comandante en jefe. En su lugar designó al general Ignacio Zaragoza, un joven que usaba anteojos, y que se parecía más a un diplomado universitario que a un jefe militar mexicano.

Almonte también se comunicó con el general Robles Pezuela, que había combatido en favor de Miramón durante la Guerra de la Reforma, pero había sido indultado por Juárez, que le permitió vivir tranquilamente en Ciudad de México. Los agentes de Juárez descubrieron que Robles había estado escribiendo a Almonte. Robles no fue arrestado, pero se le ordenó residir en la ciudad de Sombrerete, del estado de Zacatecas, a unos 600 kilómetros del distrito en que se encontraban las tropas aliadas; además, se le exigió que diese su palabra de honor de que no saldría de la ciudad.

Almonte invitó a Robles a reunirse con él en Córdoba, y Robles inició el viaje con un amigo que estaba en contacto con oficiales franceses. Casi habían llegado a Córdoba cuando fueron detenidos por guardias militares mexicanos que guarnecían un puesto de control. Cuando les preguntaron a dónde iban, los dos hombres espolearon los caballos, que partieron al galope. Uno de los centinelas, como muchos mexicanos, era un experto con el lazo; enlazó a Robles cuando se alejaba al galope de su caballo y le arrancó de la montura. El otro hombre escapó y llegó al campamento francés.

Robles, que se había fracturado el brazo al caer del caballo, fue llevado al cuartel general de Zaragoza en San Andrés, donde le juzgó un tribunal militar de acuerdo con el decreto del 25 de enero, bajo la acusación de intento de colaborar con los invasores. Se le halló culpable y se le sentenció a muerte.

González Echeverría, ministro de Finanzas de Juárez, y Jesús Terán, ministro de Justicia, estaban negociando con Wyke y Prim en Orizaba cuando llegó la noticia de que Robles había sido condenado a muerte. Wyke y Prim dijeron a Echeverría y a Terán que si la sentencia de muerte contra Robles no se ejecutaba, esa actitud originaría una impresión favorable en los altos comisionados aliados y facilitaría las negociaciones sobre las deudas.

Echeverría y Terán enviaron una carta por mensajero al cuartel general de Zaragoza, exhortando a este jefe a postergar la ejecución hasta que fuese posible presentar la petición de perdón a Juárez en Ciudad de México. El mensajero salió de Orizaba a las siete de la tarde, pero se extravió al cabalgar en la noche oscura durante una tormenta; y cuando llegó a San Andrés a las once del día siguiente, le dijeron que Robles había sido ejecutado por un pelotón de fusilamiento cinco horas antes.

Saligny declaró que el bárbaro gobierno de Juárez había cometido un acto hostil contra Francia al ejecutar a un valeroso oficial que había deseado mantener relaciones con los franceses. Wyke lamentó la ejecución; aunque censuró a Robles por rebelarse contra su gobierno y faltar a su palabra, le consideraba un hombre bondadoso que, durante la Guerra de la Reforma, nunca había cometido atrocidades, a diferencia de Márquez y otros generales de su partido. Russell creía que los franceses eran los responsables de la muerte de Robles, pues esta era la reacción inevitable de los liberales mexicanos ante la noticia de que "los representantes de un partido derrotado desembarcan protegidos por 7.000 hombres que han invadido su suelo".

En el campamento francés de Tehuacán todos esperaban que llegase la orden de París para iniciar la guerra contra Juárez. Saligny aseguró a Jurien que la mayoría del pueblo mexicano odiaba la tiranía de Juárez y que los franceses serían acogidos como libertadores. Jurien dudaba de todo esto. "Aquí nos odian", escribió a Thouvenel; "el extranjero armado siempre es odioso". Saligny destacó que Jurien no debía juzgar a México por Veracruz, que siempre había sido una ciudad liberal. Cuando los franceses llegaran a Puebla, en el camino a Ciudad de México, se los recibiría cálidamente, pues Puebla era tan católica y conservadora como Veracruz era liberal.

El padre jesuita Miranda, que había representado un papel tan importante en la organización del golpe de estado conservador que derrocara al gobierno de Comonfort en 1857, había llegado de Europa a Veracruz en compañía del resto de los refugiados mexicanos. Mostró a Saligny una carta de un amigo de Ciudad de México, que se quejaba amargamente del decreto dictado por Juárez el 25 de enero contra los traidores. El decreto "no nos deja otra alternativa que empuñar las armas... Después del decreto del día 25, ¿qué puede esperarse de esta gente? ¿Cuántas víctimas tendremos antes de que lleguen estos caballeros (los soldados franceses)? Por amor de Dios, exhórtenlos a actuar y a venir directamente a esta ciudad, porque de lo contrario estamos perdidos".

Jurien no estaba convencido, pero no dudaba de que los franceses podrían llegar a Ciudad de México sin dificultad apenas recibieran la orden del emperador. El 24 de marzo escribió a Lorencez que estarían en Ciudad de México al cabo de un mes.

Prim trató de advertir a Napoleón III que estaba cometiendo un grave error al derrocar al gobierno de Juárez e instalar en su lugar a Maximiliano. Le escribió desde Orizaba el 17 de marzo y señaló que en México, a diferencia de los países europeos, no había una aristocracia arraigada en la cual fuera posible confiar como sostén de la monarquía, y que México tenía por vecino a Estados Unidos, donde la gente se adhería enérgicamente a las doctrinas republicanas y se oponía con fiereza al concepto de monarquía:

Lejos de mí, Señor, imaginar siquiera que el poder de Su Majestad Imperial es insuficiente para erigir en México un trono destinado a la Casa de Austria... Para Su Majestad será fácil llevar a la capital al príncipe Maximiliano y coronarle como rey; pero este rey no hallará apoyo en el país, excepto por parte de los jefes conservadores, que no pensaron en la posibilidad de crear la monarquía cuando ejercían el poder y lo piensan únicamente ahora que son un grupo disperso, derrotado y exiliado. Algunos ricos también aceptarán un monarca extranjero que llegue apoyado por los soldados de Su Majestad, pero este monarca no tendrá nada que le sostenga el día que se le retire el apoyo, y caerá del trono erigido por Su Majestad del mismo modo que otros poderes terrenales caerán el día en que el manto imperial de Su Majestad cese de cubrirlos y defenderlos.

Esta referencia a "otros poderes terrenales" tenía que ver con el Papa, cuyo poder temporal en Roma estaba protegido por los soldados de Napoleón III. El pronóstico de Prim fue tan preciso acerca de Roma como lo fue acerca de México.

Napoleón III se irritó mucho cuando recibió la carta de Prim, y Eugenia se enojó todavía más. Prim había sido la primera persona a quien Napoleón, en Vichy, en julio de 1861, había revelado su plan de intervenir en México e instalar en el trono a un príncipe europeo; los españoles habían sido los primeros en exigir satisfacción del gobierno de Juárez y enviar soldados a Veracruz, bajo el mando de Prim. Ahora, Prim le sermoneaba y le decía que abandonase toda la empresa. Napoleón III atribuyó esta actitud al resentimiento español porque él había elegido a un príncipe austríaco en lugar de un español para reinar en México, y al hecho de que Prim había sido seducido para apoyar a los liberales mexicanos por su esposa mexicana y el tío de esta, en el gobierno de Juárez. Envió al gobierno español una nota oficial, que fue publicada en el periódico oficial francés *Le Moniteur* el 2 de abril, pidiéndole que retirase a Prim de México y le remplazara por otro comandante.

Napoleón ya se había comprometido antes de recibir la carta de Prim. El 20 de marzo Thouvenel envió instrucciones a Savigny y a Jurien, informándoles de que el gobierno francés había repudiado la Convención de La Soledad. Censuraba discretamente a Jurien por haberla aprobado; ordenaba a este que regresara a París y en su lugar designaba a Lorencez comandante en jefe. Ratificaba todo lo que Saligny había dicho y hecho, y les ordenaba que se adhiriesen, sin modificaciones, al ultimátum formulado por Saligny el 12 de enero, y que lo presentaran inmediatamente al gobierno de Juárez, al margen de la reacción de los altos comisionados británico y español. Si Juárez no aceptaba el ultimátum, debían iniciar inmediatamente operaciones militares y avanzar hacia Ciudad de México. Apenas debían ofrecer a Juárez la oportunidad de satisfacer las demandas. "Su Majestad abriga la esperanza", escribió Thouvenel, "de que ustedes no permitirán que se los detenga con respuestas evasivas y falaces del gobierno de Juárez, y que marcharán sobre la capital con toda la rapidez que los medios disponibles permitan". El honor francés exigía que se adhiriesen a los términos de la Convención de La Soledad y que se retirasen a Veracruz desde sus posiciones en las tierras altas; de modo que debían comenzar la retirada y abrir operaciones militares apenas las tropas españolas hubiesen abandonado sus posiciones y estuviesen fuera de la zona de combate.

Para eliminar una anomalía, el 26 de marzo el ciudadano suizo J.B. Jecker se nacionalizó francés y se convirtió en súbdito del emperador Napoleón III, que seis días antes había decidido ir a la guerra para satisfacer las reclamaciones de Jecker hacia México.

Cuando Thouvenel mostró a De la Fuente una copia de las instrucciones que había enviado a Saligny y a Jurien, De la Fuente comprendió que era la guerra, y que él ya nada podía hacer en Francia. Solicitó su pasaporte y rompió las relaciones diplomáticas entre Francia y México. Envió una última nota de protesta a Thouvenel. "México no es tan débil como lo era España bajo Napoleón I. México puede ser conquistada, pero jamás se someterá, y no será conquistada sin haber demostrado el coraje y las virtudes que no se le reconocen." "La iniciativa (de Napoleón), ruinosa y terrible para nosotros, lo será igualmente para sus instigadores."

El 9 de abril los altos comisionados aliados celebraron la última reunión en Orizaba. Wyke y Prim protestaron ante la decisión francesa de permitir que Almonte y Miranda fuesen a Córdoba. "Nadie tiene más respeto personal que yo por el general Almonte", escribió Wyke a Jurien, "pero su excelencia seguramente comprenderá que es el jefe reconocido del partido que encabezan los infames Márquez, Cabos y otros que ahora se han levantado en armas y hacen francamente la guerra al gobierno establecido de México... Otro de vuestros protegidos, el padre Miranda, es un hombre cuyo nombre mismo evoca una de las peores escenas de la guerra civil, que ha demostrado ser una vergüenza para la civilización de nuestro siglo". Prim y Wyke anunciaron que, como Francia estaba interfiriendo evidentemente en los asuntos internos de México, España y Gran Bretaña se retiraban de la intervención conjunta.

Los altos comisionados pudieron coincidir en la última nota a Doblado, para informarle que, a causa de sus discrepancias, actuarían independientemente unos de otros. Las tropas francesas se retirarían a sus anteriores posiciones en las tierras calientes, y apenas las fuerzas españolas, que saldrían de México, hubiesen sobrepasado ese punto, probablemente alrededor del 20 de abril, el ejército francés iniciaría sus operaciones.

En su respuesta, Doblado expresó el aprecio que sentía México por "la conducta noble, leal y considerada de los comisionados inglés y español", e informó a Saligny y a Jurien que si bien México jamás sería el agresor, defendería su independencia y enfrentaría a la fuerza con la fuerza.

Cuando Russell envió a Wyke una copia del informe enviado desde París por Cowley, y referido a las negociaciones francesas por Maximiliano, Wyke comprendió cuáles habían sido los objetivos de Saligny. "Los agentes franceses", escribió a Russell, "desde el principio estuvieron decididos a derrocar a este gobierno en favor de un partido reaccionario, mediante el cual esperan conseguir que el Archiduque sea elegido rey de México."

Wyke y Dunlop se reunieron con Doblado en Puebla, el lugar más cercano, donde podían tener la certeza de que no se encontrarían con el ejército francés que avanzaba. Prim los habría acompañado si no se hubiese sentido obligado a supervisar el reembarque de las tropas españolas en Veracruz. El 30 de abril Wyke y Dunlop firmaron con Doblado un tratado que resolvía con un compromiso las reclamaciones de los acreedores británicos: México pagaría a los acreedores británicos 13 millones. La primera cuota de 2 millones sería pagada inmediatamente; el saldo de 11 millones sería pagado en cuanto México obtuviese de Estados Unidos un préstamo que cubriese la suma, y en todo caso dentro de los dieciséis meses siguientes. Cada trimestre, a medida que recibieran el dinero de Estados Unidos, lo transferirían al gobierno británico. El convenio era casi idéntico al acuerdo concertado entre Zamacona y Wyke en Ciudad de México en julio de 1861, pero que había sido rechazado por el Congreso mexicano. Ahora Juárez, al amparo de los poderes de emergencia que se le habían otorgado, poseía la autoridad necesaria para confirmar el tratado sin remitirlo al Congreso, y lo hizo sin pérdida de tiempo.

Los gobiernos británico y español ratificaron la terminación de la intervención conjunta decidida por sus altos comisionados; pero el gobierno británico repudió la Convención de Puebla. No se opuso al arreglo financiero, pero no aceptó el compromiso de Estados Unidos. "El gobierno de Su Majestad cree que el modo en que se reconoce un tratado entre México y Estados Unidos es objetable, pues si el tratado se aplica, puede afectar a la independencia de México... Por consiguiente, el gobierno de Su Majestad rehúsa ratificar esta Convención."

Tanto Gran Bretaña como España retiraron de Veracruz a sus fuerzas sin haber firmado ningún acuerdo con el gobierno de Juárez, de modo que el campo quedó libre para que los franceses actuasen solos en México.

En Gran Bretaña, la opinión pública se dividió. Leopoldo, rey de los belgas, llegó a Londres en febrero de 1862, con la esperanza de persuadir al gobierno, la prensa y la reina Victoria de la necesidad de apoyar la intervención francesa y el plan de instalar a Maximiliano en el trono de México. Es posible que tuviera cierto éxito con la prensa, pues tanto *The Times* de Londres como el *Morning Post* publicaron editoriales que simpatizaban con la candidatura de Maximiliano. *The Times* aprobó enérgicamente el plan de derrocar a la democracia republicana en México, y se preguntó si "esos mestizos desmoralizados y sanguinarios, que unen los vicios del blanco con el salvajismo del indio", eran "las personas que podían enseñar no sólo a la decadente España sino incluso a Francia e Inglaterra la lección del gobierno propio".

Pero esto no modificó la política del gobierno británico. Si los franceses conseguían convertir a Maximiliano en emperador de México e imponían la ley y el orden al amparo de un soberano constitucional, Gran Bretaña vería el cambio con diferentes niveles de aprobación —más de Palmerston, menos de Russell. Pero el gobierno británico no abandonaría su política de rigurosa neutralidad y no intervención en la guerra entre Napoleón III y Juárez.

El rey Leopoldo tuvo menos éxito con la reina Victoria. Cuando ella supo el fin de la Convención de Londres y la colaboración entre las tres potencias en México, escribió a Russell: "La conducta de los franceses es vergonzosa por doquier. No tengamos *nada* que ver con ellos en el futuro, cuando se trate de la actuación en otros países."

La opinión pública de Francia se unificaba más para Napoleón III que la opinión pública de Inglaterra. Hasta 1860 su régimen había sido una dictadura en que la prensa no podía criticar al gobierno sin temor a la clausura, y los socialistas y radicales corrían el riesgo de ser arrestados y encarcelados en campos de concentración de Argelia o Cayena. Pero en noviembre de 1860 Napoleón había suavizado la dictadura y permitido la discusión política libre, aunque el gobierno conservaba, y a veces usaba, sus atribuciones para censurar y perseguir a sus críticos. Cinco miembros de la oposición liberal —Jules Favre, Ernest Picard, Émile Ollivier, Louis Darimon y Jacques Louis Hénon— habían logrado ser elegidos miembros del organismo legislativo, el Corps Législatif, durante la elección general de 1857; y en las ulteriores elecciones complementarias, a pesar de toda la presión y la discriminación originada en los funcionarios oficiales en favor de los candidatos del gobierno. El grupo de cinco hombres podía criticar en la cámara todos los aspectos de la política oficial, incluso la política en México, pero se veía superada irremediablemente por las votaciones que seguían a los debates.

Favre y sus colegas no se opusieron a la política napoleónica de exigir a Juárez reparación por los perjuicios que habían sufrido los acreedores franceses; pero pidieron que Napoleón iniciara negociaciones con Juárez en lugar de intentar el derrocamiento de su gobierno mediante la fuerza. "Los gobiernos no tienen más derechos que los individuos a matar a sus deudores con el fin de obligarlos a pagar" dijo Favre. El primer ministro Auguste Billault, cuya principal obligación era defender la política del emperador en el Corps Législatif, rechazó esta exigencia. Se dirigió a los diputados opositores con toda la cortesía exigida por el procedimiento parlamentario, y lamentó que "el honorable monsieur Favre" y sus colegas pusieran en duda la justicia de la causa de Francia en momentos en que los soldados franceses estaban derramando su sangre por esa causa en México. Cuando Billault habló, en el debate del 13 de marzo de 1862, aún no había llegado a París la noticia de que el almirante Jurien aceptaba la Convención de La Soledad. "Nuestros soldados se dirigen a Ciudad de México", dijo Billault, "como partieron el 20 de febrero, seguramente ya han llegado".

Napoleón III siempre deseaba conocer la reacción del pueblo frente a las medidas que él adoptaba. Ordenó a los *procureurs généraux* (fiscales de distrito) de todos los departamentos de Francia que informasen regularmente al ministro del Interior acerca de la opinión del pueblo en sus respectivos distritos. Se ordenó a los *procureurs généraux* que fuesen rigurosamente veraces en estos documentos confidenciales, y aunque a veces agregaban una frase aduladora, en general parece que informaron con franqueza y sinceridad.

Durante el otoño de 1861 y el invierno siguiente, los informes de todo el territorio francés aportaron la misma versión: la falta de interés por México, la incapacidad total para apreciar los amplios proyectos del emperador en América Central y las ventajas que ellos aportarían a Francia en lo político y económico. Este sentimiento pareció acentuarse durante la primavera de 1862. El *procureur général* de Nancy informó el 5 de abril de que se observaba escaso interés en las expediciones coloniales a México, a pesar de las ventajas que Francia había obtenido de sus expediciones a China y Cochinchina. El *procureur général* de Lot-et-Garonne se expresó más enérgicamente desde Agen, el 6 de abril: "La expedición a México está determinando un efecto más bien desagradable en la opinión pública; la gente reconoce sin dificultad que era necesario después de las injurias y los robos a que se vieron sometidos nuestros compatriotas, pero nadie conoce bien esas injurias y esos robos."

En los círculos intelectuales de París se manifestó en privado una crítica más dura de los opositores al gobierno. En marzo de 1862 el escritor Marco de Saint-Hilaire dijo al economista inglés Nassau (padre) que Napoleón III había cometido muchos errores, pero que "el peor era probablemente la expedición a México. Con ella culminará la ruina de nuestras finanzas, y como dije antes, ella a su vez determinará la ruina de la dinastía".

Pero Napoleón III no creía que el apoyo de la opinión pública fuese necesario en una campaña tan fácil como la que se disponía a iniciar en México. El general Lorencez tenía bajo su mando a 7.300 soldados; restando los enfermos y los que debían quedarse en la retaguardia para defender las instalaciones vitales de Veracruz y otros lugares, podía contar con 6.000 hombres para conducirlos a Ciudad de México. Lorencez creía que se trataría de una tarea fácil. El 25 de abril escribió al mariscal Randon, ministro de guerra, en París: "Somos tan superiores a los mexicanos por la raza, la organización, la disciplina, la moral y la elevación de los sentimientos, que ruego a su excelencia tenga la bondad de informar al emperador de que, a la cabeza de 6.000 soldados, ya soy el amo de México."

10

El cinco de mayo

En Orizaba, Saligny y Jurien lanzaron una proclama dirigida al pueblo mexicano: "¡Mexicanos! No hemos venido aquí para intervenir en vuestras disputas; hemos llegado para terminar con ellas... La bandera francesa flamea en suelo mexicano; esta bandera no se retirará. Que los individuos sensatos la saluden como una insignia amistosa. ¡Que los locos se atrevan a luchar contra ella si se atreven!"

El general Almonte también emitió una proclama, en la cual se declaró presidente de la República de México. Zuloaga, que después de la partida de Miramón había declarado que era el verdadero presidente y el jefe del Partido Conservador, ahora renunció al cargo en favor de Almonte y se retiró de la política activa. Márquez, el Tigre de Tacubaya, el asesino de Ocampo, respondió al llamamiento francés. Después de su derrota en Michoacán, había continuado actuando en las montañas al norte de Ciudad de México, al frente de una guerrilla de cerca de 2.500 hombres. Comenzó a atravesar el territorio con sus partidarios, abrigando la esperanza de unirse al ejército francés.

Lorencez estaba preparado para iniciar su marcha hacia Ciudad de México. Si su ejército hubiese estado en Veracruz, la tropa habría tenido que escalar la cadena montañosa para llegar a la meseta de las tierras templadas, y después a la meseta aún más alta de las tierras frías, donde se encuentran Puebla y Ciudad de México. Gracias a la Convención de La Soledad, el grueso de los hombres de Lorencez ya estaban en Tehuacán y Orizaba, situados en las tierras templadas. Pero una de las condiciones del acuerdo de La Soledad era que si los aliados repudiaban la Convención y declaraban la guerra a México, se retirarían a sus posiciones anteriores en la planicie costera. Lorencez anunció que las honrosas tradiciones del ejército francés le imponían observar la Convención; las tropas francesas en efecto partieron de Tehuacán, marchando hacia el este, con el propósito de franquear el paso y descender a la llanura costera.

Había 340 soldados franceses en el hospital de Orizaba, y Lorencez preguntó a Zaragoza si podían permanecer allí. Zaragoza aceptó, con la condición de que no permanecieran en Orizaba soldados franceses en buenas condiciones físicas. Prometió que los soldados internados en el hospital estarían a salvo, y serían bien cuidados bajo la protección del ejército mexicano; y aseguró a Lorencez que no había olvidado cómo los médicos franceses habían cuidado a sus heridos después de la explosión de San Andrés. El 18 de abril los oficiales franceses decidieron trasladar a los enfermos a otro hospital de Orizaba. La mayoría fue llevada en ambulancia, pero unos pocos, que tenían fuerza suficiente para caminar, atravesaron a pie la ciudad, llevando consigo sus armas de puño. Cuando se informó del hecho a Zaragoza, protestó a Lorencez y dijo que los franceses estaban violando el acuerdo y manteniendo en Orizaba soldados en condiciones de combatir.

A estas alturas de la situación los franceses habían llegado a Córdoba, en su marcha hacia las tierras calientes; pero aún se encontraban en la meseta. Desde allí, Lorencez escribió a Zaragoza para explicarle que los soldados que habían atravesado caminando las calles de Orizaba eran parte de los 340 heridos que Zaragoza había aceptado que permanecieran allí. Zaragoza aceptó la explicación, y escribió a Lorencez disculpándose por haber interpretado mal la situación.

Pero Lorencez no esperó la respuesta. Llegó a la conclusión de que la protesta inicial de Zaragoza demostraba que los liberales se disponían a masacrar a los soldados franceses que estaban en el hospital de Orizaba. Esta situación le impedía continuar su retirada hacia la llanura costera; no podía abandonar a sus soldados enfermos a merced de los bárbaros juaristas. Prim, que pasaba por Córdoba de camino a Veracruz, dijo a Lorencez que sus soldados enfermos estaban tan seguros en el hospital de Orizaba como podían estarlo en París. Pero Lorencez ordenó que sus tropas diesen media vuelta y marchasen hacia Orizaba. De nuevo, como en Roma durante las operaciones contra la República Romana y Garibaldi en 1849, el ejército francés de Napoleón III obtenía una importante ventaja militar al violar las condiciones de un armisticio, y había hallado una excusa plausible para proceder así.

Como los franceses habían infringido la Convención de La Soledad, Zaragoza no pudo defender los pasos que estaban debajo de Orizaba, y se retiró a su segunda línea de defensa, el paso más alto de Aculzingo, que se elevaba de Orizaba a la meseta alta a través de los espesos bosques que cubrían los niveles superiores del paso. Destacó 4.000 hombres con ocho cañones en Las Cumbres, cerca de la cima del paso. El 28 de abril Lorencez envió a sus hombres a forzar el paso, de frente al fuego mexicano. Después de un áspero combate, que duró desde la una y media de la tarde hasta las cinco los franceses pusieron en retirada a los mexicanos y llegaron a la cumbre, con sólo dos bajas fatales y treinta y seis heridos. Era la victoria relativamente fácil que habían previsto.

Una vez en la meseta, avanzaron de prisa hacia Puebla mientras Zaragoza se retiraba. Zaragoza había ordenado a sus hombres que desparramasen en el suelo folletos de propaganda en francés, distribuidos en el camino que debían recorrer los franceses. Lorencez envió un grupo avanzado con la orden de recoger y quemar los folletos antes de que llegase el resto de los hombres; pero muchos soldados vieron estos folletos y los mencionaron en las cartas enviadas a sus familias en Francia.

Hacia el cuatro de mayo los franceses habían llegado a la aldea de Amozoc, algunos kilómetros al norte de Puebla, y Lorencez decidió atacar inmediatamente la ciudad. Saligny, basándose en la información que había recibido de los conservadores mexicanos, había dicho a Lorencez que los franceses serían bien recibidos como libertadores, y saludados con flores por los habitantes de Puebla.

Puebla, con 80.000 habitantes, y más de 150 iglesias, estaba rodeada por una cadena de fuertes. Sobre el costado norte estaban los fuertes Loreto y Guadalupe; al sur, el fuerte del Carmen; al oeste, los fuertes San Xavier y Santa Anita. Zaragoza apostó a parte de sus 6.000 hombres en los fuertes, y mantuvo a otros como reserva en la ciudad, donde había levantado barricadas en la mayoría de las calles como última línea de defensa. Su principal temor era la reacción de la gente, pues Puebla había sido siempre un baluarte conservador. Como Saligny, suponía que darían la bienvenida a los franceses.

Pocos días antes, Saligny había recibido noticias de Márquez, que no estaba lejos y que avanzaba de prisa para unirse a los franceses con sus 2.500 guerrilleros. Márquez envió a un explorador indio a través de las líneas de Zaragoza, con un mensaje para Saligny; estaba escrito en un trozo de papel oculto en uno de los cigarrillos enrollados a mano que el explorador llevaba consigo. El explorador llegó al cuartel general francés y se lo entregó a Saligny, que se sintió más confiado que nunca acerca de la posibilidad de que los franceses fuesen bien acogidos en Puebla. Pero en caso de que hubiese más resistencia de la prevista, comunicó a Lorencez el consejo que había recibido de los conservadores mexicanos que conocían Puebla. Lorencez no debía tratar de entrar en la ciudad por el norte, en la dirección de Amozoc, sino por el este.

Almonte había acompañado al ejército francés hasta Amozoc. Conocía bien Puebla, pues la había capturado y defendido durante las guerras civiles. Aconsejó a Lorencez que rodease la ciudad y atacase por el oeste, y dijo que Puebla jamás había sido tomada desde el norte. Pero Lorencez decidió marchar directamente desde Amozoc hasta Puebla, y bombardear y capturar los fuertes del norte.

La mañana del cinco de mayo los franceses avanzaron hasta una distancia de unos 1.500 metros del fuerte Guadalupe, la primera de las fortificaciones que se cruzaban en su camino, sobre el reborde norte de

Puebla, aproximadamente a unos ochocientos metros del fuerte Loreto, que era más grande y aparecía después. A las once de la mañana la artillería comenzó a bombardear el fuerte Guadalupe. Varias granadas cayeron en el interior del fuerte, matando a algunos defensores y provocando daños en los muros. Un rato después, Lorencez ordenó que la artillería avanzara y reanudara el bombardeo desde más cerca; pero desde la nueva posición el ángulo de la visión y de fuego era menos satisfactorio, y durante el segundo bombardeo ninguna granada alcanzó el fuerte o infligió bajas a los mexicanos.

Después de una hora y media los franceses habían gastado más de la mitad de sus municiones, y Lorencez envió a su infantería con la orden de capturar el fuerte Guadalupe. Fueron recibidos con intenso fuego de mosquetes de los mexicanos apostados en el fuerte, y de otros protegidos por el terreno elevado que se extendía entre los dos fuertes. Además, la artillería mexicana de fuerte Loreto apuntó también a la infantería francesa. Dos coroneles franceses fueron muertos cuando encabezaban el ataque de sus regimientos, y pronto los cadáveres de los franceses estaban apilándose frente a los muros de fuerte Guadalupe. En determinado momento un soldado francés consiguió trepar los muros e izar la bandera francesa sobre el fuerte, pero fue muerto un momento después y se arrió la enseña. Zaragoza ordenó a su caballería que atacase a la infantería francesa desplegada frente al fuerte, y Porfirio Díaz encabezó la carga.

Zaragoza estaba esperando la lluvia, pues durante la semana precedente había caído un intenso aguacero todas las tardes. Llegó a las tres de la tarde, con una tormenta que empapó a los combatientes, disminuyó la visibilidad y determinó que el terreno frente al fuerte se convirtiese en un lugar resbaladizo. A las cuatro de la tarde Lorencez ordenó la retirada. Los franceses descendieron, alejándose del fuerte Guadalupe, hasta alcanzar una posición al pie de la colina, y allí esperaron el contraataque mexicano. No llegó, y los franceses levantaron sus tiendas y pasaron la noche escuchando las aclamaciones de los mexicanos, que celebraban su victoria, entonando canciones nacionales y la "Marsellesa", que para los franceses era "*nuestra* 'Marsellesa'", pese a que Napoleón III la había prohibido en Francia, y era el himno de los revolucionarios liberales de todo el mundo, y también de México.

Los franceses tuvieron 462 muertos y heridos en los combates de la jornada; ocho cayeron prisioneros.

A pesar de este tropiezo, los franceses esperaban confiados el ataque mexicano del día siguiente; pero Zaragoza tenía un saludable respeto por el ejército francés, que desde sus victorias en Crimea y en Italia había conquistado la fama de que era el mejor ejército del mundo. Probablemente se sintió tan sorprendido como los franceses ante la derrota que sus hombres les infligieron, y es posible que no quisiera abusar de su suerte. En un período de la historia en que las armas modernas aportaban a la defensa una considerable ventaja sobre la ofensiva, una cosa era rechazar el ataque francés a un fuerte y otra atacarlos y derrotarlos en campo abierto. Lo que importaba era el efecto producido en la moral de sus hombres y en el prestigio internacional de México por la derrota de los franceses el cinco de mayo; y ese efecto se perdería si una derrota seguía inmediatamente a la victoria.

Lorencez esperó dos días el ataque de Zaragoza, y entonces, el ocho de mayo, inició su retirada a Orizaba, pues no podía reanudar el avance con su fuerza disminuida, y no había un lugar más cercano que Orizaba para establecer una base. Ahora que los franceses habían emprendido la retirada general, Zaragoza podía afirmar que había obtenido una gran victoria. En su despacho al ministro de guerra, el nueve de mayo, escribió que el ejército francés había combatido valerosamente, pero que Lorencez había demostrado que era incapaz en el ataque. "Ciudadano ministro, las armas nacionales se cubrieron de gloria, y a través de usted felicito al primer magistrado de la República. Puedo afirmar orgulloso que el ejército mexicano ni una sola vez dio la espalda al enemigo durante la prolongada lucha que debió afrontar." Afirmó que había lanzado a la batalla 3.602 hombres, y que los franceses habían perdido 1.000 hombres entre muertos y heridos, y de ocho a doce prisioneros.

Los franceses cuestionaron estas cifras. Dijeron que Zaragoza había subestimado su propia fuerza y exagerado las pérdidas francesas, y que los mexicanos habían comprometido 12.000 hombres en la lucha, superando a los franceses por dos a uno. Pero aunque Zaragoza había exagerado las pérdidas francesas y subestimado el número de hombres que él mandaba, parece que los dos ejércitos tenían fuerzas más o menos iguales, con unos 6.000 hombres de cada lado.

Juárez aprovechó a fondo la victoria. Decretó que el cinco de mayo debía ser una fiesta nacional, lo mismo que el 16 de septiembre, el día que Hidalgo había comenzado la revolución de 1810, y que la ciudad de Puebla en adelante debía llevar el nombre de ciudad de Zaragoza. La gente continuó llamándola Puebla; se la llamó Zaragoza sólo en los documentos oficiales y en los artículos de la prensa patriótica. No pasó mucho tiempo hasta que los funcionarios y los periodistas comenzaron a llamar Puebla-Zaragoza a la ciudad, con el fin de que la gente supiera a qué lugar se referían.

En la propia Puebla, pocos celebraron la victoria del cinco de mayo, pues Saligny acertaba en su creencia de que la mayoría de los habitantes se preparaba para dar la bienvenida a los franceses. Zaragoza estaba disgustado, y el mismo día en que emitió su triunfal orden del día, escribió una carta personal al gobierno que le habría agradado quemar a Puebla, porque los habitantes eran gente mala, perezosa y egoísta, y se lamentaban de la victoria del cinco de mayo.

Lorencez aseguró a sus tropas que no tenían nada de qué avergonzarse, y en realidad, aunque sin nombrarle, atribuyó la culpa a Saligny. "Nos dijeron cien veces que la ciudad de Puebla nos reclamaba con todo el corazón, y que los habitantes se precipitarían a nuestro encuentro para cubrirnos de flores. Con la confianza originada en estas falsas afirmaciones nos presentamos ante Puebla." No era una excusa muy convincente; un general debía estar dispuesto a afrontar a un enemigo que recibía a los hombres con disparos y no con flores.

La última etapa de la retirada de Lorencez a Orizaba, durante el descenso desde las Cumbres de Aculzingo, se reunió con Márquez y sus 2.500 jinetes. Las tropas llegaron a Orizaba el 18 de mayo. Zaragoza se acercó con 14.000 hombres, entre ellos 6.000 al mando del general Ortega, que había llegado del norte demasiado tarde para intervenir en la batalla del cinco de mayo. Zaragoza ocupó posiciones en las laderas de las Cumbres de Aculzingo, y bombardeó Orizaba sin infligir demasiado daño a los franceses.

Esa noche, a las nueve, el joven capitán francés Détrie condujo a su unidad de setenta y cinco hombres en una patrulla de reconocimiento sobre las líneas mexicanas. Al atacar a algunos soldados enemigos lo hizo, sin saber, a causa de la oscuridad, que estaba comprometiendo a la vanguardia del ejército mexicano. Los mexicanos, que no esperaban el ataque y estaban confundidos por la oscuridad, se dejaron dominar por el pánico y huyeron a las laderas de la montaña, provocando más confusión y pánico en sus camaradas, que de pronto se encontraron en medio de una batalla. Détrie y sus hombres continuaron atacando toda la noche, y a las tres de la madrugada se les unieron setenta y cinco hombres más, que habían acudido a reforzarlos. Hacia la mañana los mexicanos habían huido, dejando a Détrie dueño del paso de Cerro Borrego. Los franceses habían tenido dos muertos y veintiocho heridos, incluido el mismo Détrie que había sufrido una herida grave; pero habían matado o herido a doscientos mexicanos, y capturado doscientos prisioneros, la bandera de un regimiento y dos piezas de artillería.

Nadie explicó jamás de manera satisfactoria por qué los soldados mexicanos, que habían luchado con tanta eficacia en fuerte Guadalupe el 5 de mayo, se defendieron tan mal en Cerro Borrego trece días después. Uno de los oficiales franceses que intervino en la acción atribuyó la victoria a un malentendido general. Señaló que si él y sus compañeros hubiesen conocido el número de hombres que ocupaban el paso, jamás habrían intentado desalojarlos con setenta y cinco soldados, y que la victoria, debido al vigor excepcional del capitán Détrie, había sido posible únicamente porque la oscuridad de la noche impidió que el enemigo advirtiese qué reducidas eran las tropas de los franceses, y que los franceses comprendiesen las dificultades y los peligros de su propia iniciativa.

Por supuesto, los mexicanos no publicaron su derrota ni permitieron que proyectase una sombra sobre las celebraciones públicas del cinco de mayo; pero la derrota de Cerro Borrego tuvo resultados trascendentes. Restableció todo el sentimiento de inferioridad, la renuencia de afrontar al gran ejército francés que había obsesionado a los comandantes mexicanos antes del cinco de mayo. No desencadenaron otros ataques en gran escala contra la posición francesa de Orizaba, y les permitieron permanecer allí hasta que recibieron refuerzos de Francia.

Las noticias del cinco de mayo tardaron más de un mes en llegar a Europa, y hasta que las recibieron Napoleón III y sus partidarios vivieron en un estado de feliz ignorancia, convencidos de que Lorencez iba camino de Ciudad de México. *Le Temps* publicó el 23 de mayo que el almirante Jurien de la Gravière avanzaba hacia Ciudad de México con tanta velocidad que incluso cuando se tenía en cuenta la diferencia entre los franceses y los mexicanos —"el pueblo francés ocupando un lugar muy encumbrado y el pueblo mexicano uno muy bajo"— de todos modos era una gran realización. El 31 de mayo *La Patrie* informó que las tropas francesas habían entrado en Puebla el dos de mayo, recibidas con vivas por parte de la población, que había iluminado la ciudad en su honor.

Napoleón y Eugenia aún no se habían enterado de la derrota cuando Eugenia escribió el siete de junio a la archiduquesa Charlotte, que había iniciado correspondencia con ella, y a quien esperaba escribir muy pronto dispensando el trato propio de una emperatriz a otra. Después de criticar a Wyke y a Prim por aceptar la Convención de La Soledad, Eugenia escribió: "Aquí estamos, gracias a Dios, sin aliados." Como Francia había actuado sola, liberada de la contención que emanaba de los ingleses y los españoles, todos los hombres de México estaban "reagrupándose alrededor de Almonte, que ayer sólo era un proscrito, y es hoy el dictador de todas las provincias que hemos ocupado hace poco. El próximo correo probablemente nos traerá noticias de nuestra llegada a Ciudad de México".

El mismo día, Napoleón escribió a Maximiliano que las noticias provenientes de México eran muy buenas, ahora que al fin habían rechazado las "torpes y ridículas insinuaciones" de Prim al gobierno de Juárez. "Ansío mucho saber qué ha sucedido el último mes. El general Lorencez me escribió que confiaba en que llegaría a Ciudad de México a más tardar el 25 de mayo."

Las noticias del cinco de mayo llegaron por primera vez a Europa a través del barón Wagner, ministro prusiano en México, que escribió a su gobierno sobre los hechos. El ministro prusiano de Relaciones Exteriores envió a Bismarck una copia del despacho de Wagner. Bismarck era embajador de Prusia en París (el último cargo diplomático que había asumido antes de ser invitado imprevistamente a ocupar la posición de primer ministro de Prusia, en el mes de septiembre siguiente). Consciente de que Napoleón III deseaba vivamente recibir noticias de México, Bismarck le mostró el despacho de Wagner, si bien escribió a Berlín que estaba seguro de que Napoleón no recibiría bien la información.

La primera reacción de los periodistas de Napoleón III ante las noticias provenientes de Puebla fue mentir. El 13 de junio *La Patrie* escribió que el 15 de mayo había llegado de Veracruz la noticia de que el ejército francés había ganado "una batalla muy gloriosa" frente a Puebla, "en que las tropas mexicanas, muy superiores en número, habían sido totalmente derrotadas. Afirmábase que los franceses entrarían en Puebla al día siguiente; y que "los rumores alarmantes que los diarios ingleses continuaban difundiendo" eran falsos. *Le Constitutionnel* también negaba los informes acerca de una derrota francesa. Pero la verdad no pudo ser ocultada durante mucho tiempo, y Napoleón decidió usarla para sus propios fines. Ahora tenía otros motivos para intervenir en México —vengar la derrota del cinco de mayo, restablecer el prestigio francés, recuperar el honor nacional. Decidió enviar 20.000 soldados a México. El 18 de junio *La Patrie* continuaba haciendo gala de coraje; aunque reconocía que se había sufrido un leve tropiezo en México, escribía que se enviaban refuerzos, "no para auxiliar a nuestro ejército en Puebla, sino para reforzar los resultados que nuestros valerosos soldados ciertamente obtuvieron en el camino a Ciudad de México".

Napoleón había designado al general Élie Frédéric Forey para remplazar a Lorencez como comandante en jefe, pues si bien envió un mensaje reconfortante a Lorencez, le dijo que había dirigido mal el ataque a Puebla, y no hubiera debido impartir la orden del día culpando a Saligny. Forey, un individuo alto de cara rojiza, que estaba hacia el final de la cincuentena y que llevaba un espléndido bigote blanco, había representado un papel importante en el esfuerzo por ganar el apoyo del ejército para el golpe de estado de Napoleón el 2 de diciembre de 1851; además, se había distinguido en Crimea y en Italia.

El 3 de julio Napoleón escribió una carta a Forey, y la misiva fue publicada con algunas omisiones en *Le Moniteur*. Después de elogiar a Saligny —"No dudo de que si se hubiese seguido su consejo nuestra bandera ahora flamearía sobre Ciudad de México"— trazó los objetivos de la política francesa en México. Forey debía proteger a Almonte y a todos los mexicanos partidarios de la intervención francesa, y aceptar su ayuda; debía proteger la religión, pero no anular la venta de las tierras eclesiásticas por el gobierno liberal; y todas sus decisiones políticas debían ser simplemente provisionales, hasta que los mexicanos pudieran decidir por sí mismos su destino, una vez que los franceses hubieran entrado en Ciudad de México. No debía imponer determinada forma de gobierno en México, pero si los mexicanos deseaban tener una monarquía, Francia apoyaría el plan, y Forey debía sugerir que eligiesen como soberano al archiduque Maximiliano. "El príncipe que puede ascender al trono de México", escribió Napoleón en un pasaje que fue omitido en la versión publicada, "siempre se verá obligado a actuar en beneficio de Francia, no sólo por gratitud sino incluso más porque los intereses de su país coincidirán con los nuestros, y porque él no podrá mantenerse en el trono prescindiendo de nuestra influencia".

¿Por qué Francia sacrificaba la vida de sus soldados y su dinero e intentaba hallar un trono para un príncipe austríaco? Porque "la prosperidad de América importa a Europa, pues alimenta nuestra industria e infunde vida a nuestro comercio". Correspondía al interés de Francia que Estados Unidos fuese un país poderoso y próspero, pero no que adquiriese el control de la totalidad del Golfo de México y dominase todo el territorio de América Central y del Sur, incluso el istmo de Panamá, porque en ese caso "en adelante no habría en América otro poder que el de Estados Unidos". Pero si, gracias al ejército francés, podía crearse en México un gobierno estable, "habremos levantado una barrera infranqueable que se opondrá a las presiones de Estados Unidos". Este último pasaje fue suprimido en la versión publicada y remplazado por una oración que no estaba incluida en la carta original: "Habremos devuelto su fuerza y su prestigio a la raza latina que habita del otro lado del océano".

Mientras todos los conservadores mexicanos, de Almonte a Márquez, se unían a los franceses y luchaban en lo que Lorencez y Forey denominaban oficialmente "el ejército franco-mexicano", los liberales franceses en México apoyaban de forma entusiasta a Juárez y organizaban la propaganda que exhortaba a sus compatriotas a impedir que Saligny y Almonte llevasen por mal camino a Napoleón III, y le convencieran de que enviase a los soldados franceses a destruir la libertad de México. El diario francés de Ciudad de México, *Le Trait-d'Union*, escribió que "sería demasiado absurdo que la Francia de 1789, la Francia de Solferino, se convirtiese en México en la defensora y el soldado de las ideas retrógradas y la más vergonzosa reacción clerical".

De nuevo, como en el caso de la explosión de San Andrés, el azar, y no los franceses, asestó el golpe más tremendo a los liberales mexicanos. En septiembre de 1862 Zaragoza falleció de tifus. El general Ortega le sucedió en el cargo de comandante en jefe.

Zaragoza había planeado lanzar un ataque para expulsar de Orizaba y Veracruz a los franceses antes de que llegaran los refuerzos enviados desde Francia, y Ortega también estaba considerando la idea. Juárez la vetó. Estaba convencido de que los mexicanos podían derrotar a los franceses sólo mediante la guerra de guerrillas. Continuó realizando gestos amistosos dirigidos a los franceses, devolviéndoles los soldados heridos que habían sido capturados el cinco de mayo, así como sus medallas halladas en el campo de batalla, y aceptando el intercambio de otros prisioneros. Pero no se hacía ilusiones en el sentido de que Napoleón III permitiera que él y su pueblo viviesen en paz. Cuando Montluc le escribió desde Francia acerca de la oposición de los círculos liberales de ese país a la expedición a México, y de los esfuerzos que él todavía realizaba con el propósito de persuadir a Napoleón de que abandonase su intervención, Juárez replicó a Montluc el 28 de agosto de 1862: "Estimado señor, no tiene sentido hacerse ilusiones; el gobierno imperial ha decidido humillar a México e imponerle su voluntad. Esta verdad se ha visto confirmada por los hechos; no tenemos otra alternativa que defendernos."

Los mexicanos estaban haciendo la guerra de guerrillas contra los franceses en las regiones que se extendían alrededor de Veracruz y Orizaba. Las pequeñas unidades de soldados franceses que se internaban en las aldeas se veían atacadas; asesinaban a los soldados franceses que se apartaban de sus unidades, y los mexicanos que colaboraban con los franceses eran liquidados. En Tampico, ocupada poco antes por los franceses, varios de sus soldados fueron apuñalados por la calle.

En Francia, Napoleón III no estaba dispuesto a apresurar las cosas. No se repetiría el avance prematuro sobre Puebla y la derrota del cinco de mayo. Esta vez, se prepararía paciente y metódicamente el terreno, organizando poco a poco una gran superioridad militar. En septiembre, Forey embarcó para México, y asumió el comando de manos de Lorencez, mientras las tropas continuaban llegando a Veracruz. La necesidad de vengar la derrota, de demostrar a los mexicanos y al mundo que Francia era la principal potencia militar del orbe, que podía conquistar a una nación atrasada si estaba decidida a hacerlo, se había manifestado a la opinión pública francesa y había desplazado la apatía y la oposición interna a la expedición de México. El autor Prosper Mérimée, que había conocido a Eugenia cuando ella era niña en España, y estaba totalmente a favor de las Tullerías, escribió en su diario: "Los mexicanos han sido tan estúpidos que no permitieron que los derrotase un puñado de franceses, y ahora no hay un solo hombre en Francia que se atreva a afirmar que sería mejor negociar con Juárez que rociarle con balas de cañón, las cuales son muy costosas."

En el Corps Législatif, el primer ministro Billault explicó que era necesario vengar el honor francés, y los diputados votaron entusiastamente los fondos que aquél reclamó para la nueva expedición a México; sólo los diputados liberales opositores rechazaron la política del gobierno francés hacia México. La gran mayoría de los franceses adoptó la misma actitud. En julio de 1862 los informes de los *procureurs* de Francia entera daban la misma versión. En Agen, Amiens, Burdeos, Colmar, Metz, Nancy y Orléans el pueblo hasta ese momento no había apreciado la importancia de la expedición a México, y no la había apoyado; pero ahora, "a pesar de las hábiles y pérfidas palabras de monsieur Jules Favre", la actitud de la gente había cambiado. Después del fracaso de las fuerzas en Puebla, toda la población comprendía que "el honor de los franceses estaba afectado", y exigía "que nuestras armas reciban una abrumadora satisfacción".

Francisco José se mostraba tan escéptico como siempre con respecto al plan de convertir a Maximiliano en emperador de México. La actitud del gobierno británico continuaba siendo ambigua: si Napoleón III lograba establecer en México una monarquía e imponer allí la ley y el orden, se trataría de un hecho favorable; pero dudaba del grado de éxito que podía alcanzar. En octubre de 1862 Russell, que se mostraba más escéptico que Palmerston, de nuevo advirtió a Napoleón III que no se comprometiese en México. En un despacho dirigido a lord Cowley, que según la autorización del propio Russell podía presentarse a Thouvenel, Russell le recordaba lo que había sucedido cincuenta años antes cuando Napoleón I había intentado conquistar a España contra la voluntad del pueblo español. El fin de la historia "es muy conocido, y podría servir como advertencia, salvo el hecho de que nadie escarmienta jamás en cabeza ajena".

Maximiliano aún no estaba seguro de lo que iba a hacer. En mayo de 1862 dijo a Rechberg que aunque al principio le había atraído la idea de llegar a ser emperador de México, si ahora se le ofrecía el trono lo rechazaría. Pero continuó jugando con la idea de aceptarlo. De vez en cuando surgía la posibilidad de que él fuese a otro lugar. En febrero de 1863 estalló en Polonia una revolución contra el gobierno ruso, y el zar tuvo que enviar un ejército para reprimirla. Entre los grupos de revolucionarios polacos se formó un movimiento en favor de invitar a Maximiliano a convertirse en rey de Polonia; pero Francisco José no estaba dispuesto a aceptar nada parecido, y al cabo de pocos meses los rusos habían aplastado la revolución.

Una posibilidad más práctica era Grecia. Cuando Otto de Baviera, primo de Maximiliano, que había sido elegido rey de los griegos en 1832, fue derrocado después de una revolución que estalló en Atenas, las grandes potencias buscaron un nuevo monarca. El gobierno británico pensó que Maximiliano podía ser un candidato apropiado. El 19 de febrero de 1863 Russell escribió al rey Leopoldo para sugerirle que Maximiliano se convirtiese en rey de Grecia, y aprovechó la oportunidad para advertir de nuevo a Leopoldo y Maximiliano de los peligros que este afrontaría en México: "Aquí, el gobierno no ve a nadie más digno de ocupar un cargo difícil pero honroso que al yerno de Su Majestad, el archiduque Fernando Maximiliano... Pero me dicen que el archiduque encausa sus aspiraciones hacia México más que hacia Europa. Puede tenerse la certeza de que un príncipe apoyado en un ejército francés no podrá conquistar el afecto del pueblo mexicano." Russell estaba seguro de que el apoyo de Napoleón III al partido reaccionario de México, la suspicacia mexicana frente a los extranjeros y los sentimientos republicanos de Estados Unidos, "determinarán el fracaso de cualquier candidato europeo al trono de México".

Pero Maximiliano no aceptó contemplar la posibilidad de ocupar el trono de Grecia, y le irritó el ofrecimiento, pues creyó que era una maniobra para alejarle de México. "No me dejarán en paz ni siquiera un momento", escribió. "Desean hundirme en el ridículo total. Fígaro aquí, Fígaro allá, todos los días una corona diferente, incluso la de Polonia."

Todos los años, en enero, Napoleón III se dirigía al Corps Législatif para inaugurar el nuevo período parlamentario. En su discurso de enero de 1863, su referencia a México fue breve y majestuosa. "Las expediciones a China, a Cochinchina y a México han demostrado que no hay un solo país, por lejos que esté, donde quede sin castigo una afrenta al honor de Francia". La cámara aprobó por 245 votos contra 5 un voto de confianza a la política del gobierno en México. Billault dijo que Francia entera se había levantado contra esas cinco voces aisladas.

Los refugiados franceses en Inglaterra podían atacar los planes de Napoleón acerca de México con más energía que los diputados que estaban en París. Edgar Quinet publicó en Londres, en 1862, su trabajo titulado *L'Expédition du Mexique*, para criticar la política francesa en México, pese a que su voz no alcanzaba a ser oída en Francia. Escribió que en 1781 los franceses habían ido a América para llevar la libertad a su pueblo; en 1862 iban a ese continente para suprimir la libertad. Napoleón III deseaba conquistar México con el fin de poner una mina bajo Estados Unidos, considerado en el mundo entero como un baluarte de la libertad republicana y la democracia. Quinet no se sentía impresionado por las invocaciones a defender el honor de la bandera. Creía que siempre que un gobernante absolutista deseaba obligar a sus súbditos a correr de un lado a otro para cumplir sus órdenes se refería "al honor de la bandera".

Carlos Marx adoptó la misma posición. Apoyó firmemente la lucha liberal en México, con tanto más celo cuanto que creía que sus dos espantajos, Palmerston y Napoleón III, apoyaban la intervención francesa. El 20 de noviembre de 1862 escribió a Federico Engels, para quejarse de que en París "incluso los burgueses supuestamente radicales aluden al 'honor de la bandera'".

La señorita Sara Yorke era una joven muy independiente y bastante precoz, perteneciente a una familia de Luisiana, y vivía en Ciudad de México. Su hermano, que era ingeniero, ayudaba a construir el ferrocarril que un día uniría a Veracruz con Ciudad de México, aunque hasta ese momento sólo se habían tendido sesenta y cinco kilómetros de vías entre Veracruz y Camerone. Sara estaba educándose en París, y allí se alojaba en la casa de monsieur Achille Jubinal, un eminente anticuario que había sido miembro del Corps Législatif. Jubinal desaprobaba las actitudes de Napoleón III, y en la intimidad de su hogar criticaba enérgicamente la política oficial en México; pero no se unía a los cinco diputados opositores del Corps Législatif, y se cuidaba mucho de lo que decía en público, pues mantenía relaciones cordiales con prominentes partidarios de Napoleón que a menudo compraban sus antigüedades.

Sara acababa de cumplir sus quince años en marzo de 1862, cuando recibió la noticia de que uno de sus hermanos en México había sido asesinado por bandidos, y que debía regresar a Ciudad de México para ayudar a su familia que residía allí. Poco antes de salir de París, Jubinal la llevó a una venta de sus tapices en la Rue Drouot, donde encontraron al duque de Morny, y su esposa rusa, la ex princesa Sophie Trubetskoi, una belleza alta y fría con una espléndida cabellera dorada. Jubinal dijo a Morny que Sara viabaja a México, y que él estaba preocupado por la seguridad de la jovencita. "Oh", dijo Morny, "cuando llegue a ese país, habremos modificado toda la situación. Lorencez se encuentra ahora en ese lugar; nuestro ejército habrá llegado a Ciudad de México; los caminos serán muy seguros. No tema". La duquesa de Morny se mostró encantadora con Sara, que muchos años después, cuando con el nombre de Sara Yorke Stevenson se había convertido en una distinguida arqueóloga y precursora de la educación femenina, aún recordaba cuán bondadosa y alentadora se había mostrado la duquesa.

Sara llegó a Veracruz después de un viaje por mar sin incidentes, e inició el viaje más peligroso en carruaje hasta Ciudad de México. No podía tomar la ruta directa por Orizaba y Puebla sin atravesar la línea del frente de los ejércitos francés y mexicano; pero la compañía de diligencias pagaba tributo a los líderes guerrilleros locales que permitían que el carruaje se desplazara sin ser molestado por un camino distinto. El viaje de Veracruz a Ciudad de México duró nueve días. Se alojaban todas las noches en posadas primitivas pero amistosas, cuyo personal tenía en el vestíbulo una pila de mantas preparadas para envolver a los viajeros que caminaban hasta el hotel, en caso de que el carruaje hubiese sido asaltado por los bandidos y los viajeros se hubiesen visto despojados de todas sus prendas.

Sara llegó sana a Ciudad de México y se acomodó a la vida de la capital durante el verano y el invierno de 1862-63, alojada en un agradable apartamento. Pronto comenzó a participar en la vida social. La sociedad continuaba asistiendo a bailes, a corridas de toros y al teatro como de costumbre, sin sentirse turbada por el hecho de que el ejército francés estuviese en Orizaba, pues todos parecían pensar que la victoria del cinco de mayo había significado el triunfo en la guerra. Había bastante delincuencia en la ciudad, con robos y ocasionales secuestros; los hombres que salían de las casas después de las ocho de la tarde llevaban revólver o una llave inglesa como protección frente a los ataques; y caminaban por el medio de la calle, evitando los callejones y los portales oscuros.

Los residentes extranjeros de Ciudad de México se sentían un tanto temerosos ante la posibilidad de ser atacados por la gente, sobre todo después que el barón Wagner, ministro de Prusia, había sido atacado y herido gravemente en la calle; pero los rumores acerca de la posibilidad de una masacre de extranjeros el 16 de septiembre, Día Nacional de México, fueron totalmente infundados; y con pocas excepciones la gente obedeció a la petición de Juárez de evitar todas las demostraciones contra los extranjeros que vivían pacíficamente en México.

El gobierno acentuó sus medidas represivas contra la Iglesia, que apoyaba francamente a los franceses. Sólo en Guadalajara la jerarquía eclesiástica respondió a la llamada oficial de unión contra el invasor extranjero; y Labastida, obispo de Puebla, ordenó al clero que negase todo alivio espiritual a los soldados del ejército liberal, incluso cuando estaban heridos. Juárez respondió a su vez con el decreto del 30 de agosto de 1862, que disolvió todas las organizaciones eclesiásticas del país con excepción de Guadalajara, y determinó que el sacerdote que recomendaba desobedecer la ley podía ser castigado con tres años de cárcel. También desterró de las calles las procesiones religiosas y prohibió que el clero usara sus vestimentas eclesiásticas fuera de las iglesias.

El ejército francés pasó el verano de 1862 y el otoño y el invierno siguientes en estado de alerta, pero en general inactivo; concentrado en Orizaba y Veracruz, con la única excepción de algunas expediciones a las zonas rurales para perseguir y destruir a los grupos guerrilleros que atacaban los transportes y a veces asaltaban los puestos avanzados franceses. Los soldados comenzaron a quejarse de que su alto mando no hacía otra cosa que distribuir panfletos con el texto de los discursos de Billault ante el Corps Législatif, como respuesta a los discursos de Favre, distribuidos gracias a los esfuerzos de los liberales mexicanos. El hastío era uno de los principales problemas de los soldados. El ejército organizó funciones teatrales con el fin de pasar el tiempo, y descubrió talentos inesperados en los soldados, algunos de los cuales corrieron el riesgo de soportar las burlas de sus camaradas al representar papeles femeninos.

La noche del 10 de agosto de 1862 se realizó un ensayo general en el teatro de la guarnición de Orizaba, con uno de los más recientes éxitos parisienses, *Michel et Christine*. En mitad del ensayo sonó la alarma; algunos guerrilleros habían desencadenado un ataque contra la ciudad. Los actores se despojaron rápidamente de sus prendas masculinas y femeninas, se pusieron sus uniformes militares y empuñaron las armas para luchar contra el enemigo, al que rechazaron después de un combate de tres horas. La noche siguiente la representación de *Michel et Christine* se realizó sin interrupciones.

Los soldados que representaban papeles femeninos proporcionaban una agradable distracción, pero las tropas deseaban ver verdaderas mujeres. Encontraron tres mujeres jóvenes y hermosas en la bodega de Manuel González en Veracruz, donde junto al vino de Manuel y las piruetas de un organista que lograba que los monos bailaran al compás de su música, había tres bailarinas, todas menores se veinte años, y todas hábiles especialistas en la provocativa danza local que combinaba la *cachoza* y el *bolero*;

las tres tenían el nombre de pila de Dolores. Los soldados franceses frecuentaban la bodega de González, y admiraban a las tres Dolores mientras el amable anfitrión llenaba a cada momento las copas.

Esa noche tres artilleros franceses consagraron varias horas felices a la bodega de González, pero al regresar a los cuarteles sintieron las primeras molestias, y entraron doloridos y tropezando en las barracas de la caballería. Fueron enviados de prisa a un hospital, donde los médicos diagnosticaron que los habían envenenado, y les salvaron la vida administrándoles un emético muy oportuno.

Antes de que terminase la noche la policía militar francesa había llegado a la bodega. Pero González ya no estaba. Después de cumplir su misión en Veracruz, se había apresurado a huir para unirse a las guerrillas rurales. Las tres Dolores todavía estaban allí; las arrestaron y una corte marcial francesa las juzgó, al mismo tiempo que a cinco acusados más, bajo el cargo de ser cómplices de un intento de asesinato. Dos hombres fueron condenados a muerte, y una mujer que había suministrado el veneno recibió una sentencia de prisión perpetua. Dolores Barajos fue sentenciada a diez años de trabajos forzados; pero Dolores Arellano y Dolores Carrajal fueron absueltas. Las tres Dolores tuvieron su breve momento de fama internacional, y merecieron comentarios destacados en la prensa parisiense antes de desaparecer de la vista del público —una de ellas para soportar día tras día la áspera monotonía de la vida carcelaria en el fuerte San Juan de Ulúa, y las otras dos para continuar viviendo y bailando mientras duró su belleza y mientras evitaban la fiebre amarilla y el vómito, así como otros peligros de la vida en Veracruz.

11

Seward apacigua a Napoleón III

El puerto de Matamoros, en el ángulo noreste de México, estaba prosperando. A treinta y cinco metros de distancia, después de las "aguas turbias y amarillentas del Río Grande" (como las describió un oficial austríaco), estaba Texas, que durante los últimos veinticinco años había sido una provincia de México, una república independiente, y el vigésimo octavo estado de los Estados Unidos; pero ahora era uno de los once estados de la Confederación. Al unirse a los Estados Confederados de América, Texas había formado una extensa frontera con México, hecho que ayudaba mucho a la causa sureña.

A principios de la Guerra Civil, el Norte obtuvo la supremacía naval, y pudo provocar grave daño al Sur bloqueando sus puertos sobre el Atlántico e impidiendo la exportación de algodón a Europa, así como la importación de material de guerra y otros suministros. Pero las exportaciones y las importaciones podían salir o llegar a través de Matamoros. Una carreta tras otra, cargada de algodón, se desplazaba lentamente desde Missouri, Arkansas y Luisiana, atravesando las llanuras de Texas para llegar a Brownsville; y después, viajaba en barcazas por el Río Grande hasta Matamoros, afrontaba allí el control aduanero, descendía algo más de treinta kilómetros hasta el pequeño puerto de Bagdad, sobre el Golfo de México, y en naves de alta mar pasaba a La Habana, en la Cuba española, y a Belice, en la Honduras británica, y desde allí se dirigía a Liverpool, El Havre y otros puertos de Europa occidental. Los barcos, las naves, las barcazas y las carretas realizaban el mismo viaje a la inversa, llevando zapatos, mantas, lienzos, polvo, plomo, salitre y azufre, e incluso las más recientes modas parisienses para las bellas sureñas de Atlanta, Charleston y Richmond. De Europa llegaban trescientas naves anuales. La parte principal del comercio se realizaba en naves inglesas, españolas, alemanas, danesas y rusas.

Este comercio intenso y lucrativo atrajo a Matamoros a millares de personas. En el curso de dos años, su población se septuplicó, y pasó de 7.000 a 50.000 individuos. Había marineros en puerto, agentes de las compañías marítimas extranjeras despachadas allí, comerciantes que abrían tiendas para abastecerlos, prostitutas y administradores de burdeles, agentes federales de Estados Unidos que espiaban e informaban a Washington, agentes confederados que practicaban el contraespionaje e informaban a Richmond, refugiados favorables a la Unión provenientes de Texas, desertores del ejército confederado, y mexicanos que acudían a ocupar cargos en los servicios de aduana, que podían hacer una fortuna gracias a los sobornos que se les pagaba para conceder licencias que permitían que las mercancías que entraban y salían de Texas pasaran a través de la aduana.

El gobierno de Washington recibía de Matamoros los informes de sus agentes acerca de la amplitud del tráfico, pero nada podía hacer para cerrar este hueco en su bloqueo del Sur. En marzo de 1863, cuando llegaron a Bagdad ochenta y dos barcos provenientes de Europa, el capitán Bailey, comandante en jefe de la flota de la Unión que aplicaba el bloqueo, informó que a menos que pudiera limitarse el tráfico a través de Matamoros, el objeto del bloqueo se vería seriamente frustrado. Pero podía llegarse a eso únicamente si Estados Unidos estaba dispuesto a violar la soberanía mexicana o el derecho internacional, capturando o bloqueando Matamoros, lo cual habría sido un grave error político. Y era probable que ese paso provocase un conflicto de Estados Unidos con Gran Bretaña y Francia, pues un buque de guerra británico y otro francés, el *Phaeton* y el *Le Bertolet*, generalmente navegaban por el golfo frente a Matamoros, dispuestos a intervenir para proteger a las naves mercantes. Palmerston y Napoleón III podían aprovechar un incidente en ese lugar como excusa para declarar la guerra a Estados Unidos.

Al comienzo de la Guerra Civil, Jefferson Davis, presidente de la Confederación, comprendió inmediatamente la importancia de mantener relaciones amistosas con México. Envió a México a John T. Pickett, funcionario oficial, para ofrecer su amistad a Juárez, con la esperanza de mantener relaciones diplomáticas con el gobierno mexicano. Pickett sugirió que el gobierno confederado podía devolver a México parte del territorio que Estados Unidos se había anexado en 1848, pero Juárez negó tener nada que ver con él. No sólo sus simpatías liberales sino también el realismo político le inducían a comprender que los liberales mexicanos debían aliarse con Abraham Lincoln y el Norte, no con Jefferson Davis y el Sur. Juárez continuó manteniendo excelentes relaciones con el ministro de Estados Unidos en Ciudad de México, Thomas Corwin, que era muy popular en México porque se había opuesto a la guerra mexicana de 1846. Juárez atendió favorablemente la petición de Corwin, que solicitó se autorizara el paso de una fuerza de soldados de la Unión desde California hasta el puerto de Guaymas en el Pacífico, y que atravesó el territorio mexicano para proteger a Arizona de un ataque de los confederados. Con respecto a Pickett, se emborrachó en un bar de Ciudad de México, y fue arrestado por su conducta desordenada y expulsado del país.

Pero Matías Romero afrontaba una tarea difícil en la legación mexicana de Washington. William H. Seward, secretario de Estado del gobierno de Lincoln, era un hombre encantador y un político hábil, pero tendía a oscilar de un extremo al otro. Durante sus treinta años en política, a veces había complacido a los abolicionistas con la declaración de que abolir la esclavitud era un deber más importante que obedecer a la Constitución; pero después había intentado conquistar la candidatura republicana a la presidencia oponiéndose al programa abolicionista de su rival, Salmon P. Chase. Como gobernador de Nueva York casi había desencadenado una guerra con Inglaterra al juzgar por asesinato a un soldado canadiense que había matado a un ciudadano norteamericano del lado norteamericano de la frontera, mientras ayudaba a reprimir una rebelión en Canadá; y había alentado el chauvinismo popular con sus inflamadas invocaciones a la expansión del territorio norteamericano. Pero cualesquiera fuesen las restantes causas que a veces había apoyado, nunca había sido amigo de México.

Al comienzo de la guerra contra México, en 1846, Seward había expresado su placer ante el hecho de que Estados Unidos había llegado a una nueva etapa de su desarrollo, la etapa del "engrandecimiento territorial", pues "nuestra población está destinada a impulsar sus olas irresistibles hacia las gélidas barreras del Norte y encontrar a la civilización oriental en las costas del Pacífico". En 1860 reclamó la anexión de Nueva Brunswick y Nueva Escocia, "lo que resta de México", todas las Indias Occidentales y América Central, así como la América rusa (Alaska). Reveló a su hijo que se proponía llevar a los Estados Unidos "hasta el polo por el norte y hasta los trópicos por el sur".

Cuando vio muy fastidiado que Lincoln le derrotaba en la lucha por la candidatura republicana, Seward quedó convencido de que, como intelectualmente era superior en todos los sentidos a Lincoln, podía tratar al presidente como un peón, y ejecutar su propia política exterior. En vísperas del estallido de la Guerra Civil, sin consultar a Lincoln, trazó un plan en virtud del cual el Norte y el Sur resolverían sus diferencias y se unirían para desencadenar una "guerra de conquista" que trocaría el "peligroso desmembramiento de la Unión en la anexión triunfal de Canadá, México y las Indias Occidentales". Si España y Francia se oponían, les declararía la guerra a ambas. Pero después que Lincoln descubrió y ridiculizó el plan, y comenzó la Guerra Civil, Seward aplicó eficazmente la política de Lincoln, consistente en evitar las dificultades con las potencias europeas hasta que se hubiese ganado la guerra.

Cuando Romero visitó a Lincoln en Springfield, el presidente norteamericano le advirtió que si la Guerra Civil estallaba en Estados Unidos, su gobierno no podría ayudar a México contra un agresor europeo. Cuando comenzó la guerra, y la resistencia sureña demostró que era mucho más formidable que lo que se había previsto, se corrió el peligro muy real de que Gran Bretaña y Francia reconocieran a la Confederación e incluso intervinieran de su lado. Lincoln se mostró más convencido que nunca de que no debía irritar a Francia con una actitud de ayuda a Juárez.

Frente a la Guerra Civil norteamericana la opinión pública europea estaba dividida, con pocas excepciones, según líneas políticas claras. Los revolucionarios alemanes, los socialistas y los radicales franceses y los liberales y abolicionistas ingleses, desde John Bright y Víctor Hugo a Garibaldi y Marx, apoyaban al Norte en la guerra contra la esclavitud y por la democracia republicana. Napoleón III y Eugenia, el papa Pío IX, los reaccionarios católicos españoles y los tories ingleses apoyaban al Sur y los complacía asistir a la desintegración de Estados Unidos. El periódico español conservador *El Pensamiento Español* escribió que "la república modelo que *había sido* Estados Unidos" demostraba que una sociedad no puede sobrevivir si su propósito es el bienestar del hombre y no el servicio de Dios. Estados Unidos, que había nacido a través de la rebelión, ahora "luchaba como un caníbal y perecería en un mar de sangre y lodo. Tal es la historia auténtica del único estado mundial que ha conseguido recrearse de acuerdo con las flamígeras teorías de la democracia".

Palmerston se sentía igualmente complacido al contemplar la desintegración de "los Estados *Desunidos*", aunque como era el jefe de un gobierno liberal en cuyo gabinete muchos miembros apoyaban al Norte, no podía hacer por el Sur tanto como habría deseado. Pero aprovechó la oportunidad cuando un buque de guerra de Estados Unidos interceptó a una nave británica, el *Trent*, en medio del Atlántico y secuestró a James Murray Mason y John Slidell, dos conocidos políticos sureños que se dirigían a Europa como representantes diplomáticos oficiosos del gobierno confederado en Londres y en París. El gobierno británico, con el entusiasta apoyo de Napoleón III, protestó por la captura y envió tropas a Canadá; Lincoln y Seward cedieron y liberaron a Mason y Slidell. La amenaza de intervención británica del lado del Sur continuó, pues el bloqueo de la Unión a los puertos confederados estaba provocando una aguda escasez de algodón y graves dificultades económicas en Lancashire y Francia.

Mason en Londres y Slidell en París comenzaron a trabajar con el fin de persuadir a Palmerston y a Napoleón III de que reconocieran a la Confederación como el gobierno legal, paso preliminar del ingreso en la guerra del lado del Sur. Cada vez que el Sur obtenía una victoria, aumentaba la posibilidad de que Gran Bretaña y Francia lo reconocieran; cada vez que el Norte derrotaba al Sur, se debilitaba esa posibilidad. En dos ocasiones Napoleón III propuso que Gran Bretaña y Francia reconocieran a la Confederación; pero en cada caso la presión de los miembros liberales del gabinete de Palmerston y de la opinión pública de Gran Bretaña convenció a Palmerston de la necesidad de rehusar. Napoleón decidió postergar el reconocimiento por Francia hasta que Gran Bretaña conviniera en adoptar la misma actitud.

Lincoln y Seward estaban decididos a evitar a toda costa todo lo que significara provocar a Napoleón III. Abrigaban la esperanza de alcanzar con él un entendimiento informal, en el sentido de que si Francia no reconocía al gobierno de Jefferson Davis, Estados Unidos no haría nada para ayudar a Juárez.

El 14 de febrero de 1862 Romero habló a Seward del peligro de un inminente ataque francés a México. La respuesta de Seward fue muy desalentadora. Dijo que todas las partes en la disputa entre México y las potencias aliadas debían demostrar el sincero deseo de negociar la solución pacífica de sus diferencias. Esta declaración era tan fútil como transparente, y significaba que Estados Unidos no haría nada para impedir que los franceses conquistasen México.

La intervención francesa en México provocó intensos sentimientos en América del Sur, donde la opinión pública estaba dividida, lo mismo que en Europa, según las líneas partidarias e ideológicas. El emperador de Brasil y el dictador militar derechista de Guatemala acogieron con simpatía la intervención francesa, que rescataría a México y la religión de la tiranía liberal; los gobiernos liberales de Ecuador, Perú, Chile y Argentina apoyaban a Juárez, y deseaban hacer todo lo que pudiera ayudarle. En enero de 1862 Manuel Corpancho, que acababa de ser designado ministro peruano ante el gobierno de Juárez, fue a Washington para sugerir a Seward que debía convocarse un congreso panamericano de todos los estados del continente, con el fin de analizar la posibilidad de defender a la república mexicana. Seward rehusó atender a Corpancho, con el especioso argumento de que sería impropio que el secretario de Estado norteamericano discutiera la situación con un ministro peruano que estaba acreditado ante México y no ante Estados Unidos.

Dos meses después, Federico Astaburuaga, ministro chileno en Washington, un diplomático perfecta y debidamente acreditado ante Estados Unidos, también abordó el tema con Seward, y sugirió que Estados Unidos debía convocar a un congreso panamericano y realizar por lo menos un gesto moral público contra la intervención francesa en México. Seward dijo a Astaburuaga que Estados Unidos no aceptaría una monarquía en México, pero se negó a convocar un congreso panamericano o a formular una declaración pública acerca del asunto. En cambio, envió una circular a todos los representantes diplomáticos de Estados Unidos en el exterior, y en ella señaló que Gran Bretaña, Francia y España habían informado a Estados Unidos que su único propósito en México era reparar los agravios sufridos, y que el presidente de Estados Unidos no abrigaba dudas acerca de su sinceridad, y aceptaba totalmente su declaración en el sentido de que no deseaban modificar la forma de gobierno de México.

Hacia abril de 1862, un ministro peruano debidamente acreditado había llegado a Washington; propuso a Seward que Estados Unidos y todos los estados de América Central y del Sur emitiesen una declaración en la cual afirmaran que jamás reconocerían a la Confederación Sureña o tolerarían el establecimiento de una fuerza extranjera en el continente americano. Seward se negó a aceptar esta propuesta, y dijo que dicha declaración podía amenazar las relaciones de Estados Unidos con las potencias europeas. Los estados suramericanos contemplaron la posibilidad de convocar por su cuenta un congreso panamericano. Seward les dijo que si lo hacían, Estados Unidos rehusaría enviar una delegación y haría pública su negativa.

Los diplomáticos norteamericanos en el exterior tenían dificultades para cumplir las instrucciones de Seward y contener su indignación en relación con el tema de México, especialmente después de la publicación, incluso con importantes omisiones, de la carta de Napoleón III a Forey del 3 de junio de 1862. El ministro de Estados Unidos en Madrid, Gustave Koerner, habló con el ministro de Relaciones Exteriores de España en enero de 1863, y le dijo oficiosamente que Estados Unidos adoptaría medidas apropiadas para impedir que se impusiera permanentemente una monarquía al pueblo mexicano. Cuando Seward se enteró, desautorizó a Koerner, y le dijo que Estados Unidos aceptaba por completo las garantías francesas acerca de sus intenciones en México, y permanecería rigurosamente neutral en caso de guerra entre México y Francia. Envió a Dayton, en París, una copia de su despacho a Koerner, y le ordenó que se la leyese a Thouvenel.

Las tropas francesas en Veracruz y las tierras calientes estaban sufriendo los efectos de la fiebre amarilla. Forey preguntó si no sería posible reclutar algunos soldados negros en África, porque seguramente se adaptaban mejor al calor y se mostraban más resistentes a las enfermedades tropicales. Ya había remplazado a las tropas francesas por la Legión Extranjera en las zonas más insalubres, y por entonces escribió desvergonzadamente al mariscal Randon, ministro de Guerra en París: "Dejé a los extranjeros más que a los franceses en lugares en que había más enfermedades que oportunidades de gloria."

El gobierno francés consideró que podía buscar soldados negros en Egipto, pues las autoridades egipcias regularmente secuestraban a negros del Sudán y los utilizaban para realizar trabajos forzados en El Cairo y Alejandría. En teoría, Egipto era una provincia del Imperio turco, pero el cargo de jedive, el virrey del sultán, tenía carácter hereditario y pertenecía a la familia de Mehemet Alí, gracias sobre todo al apoyo que Francia había prestado a Mehemet Alí durante la década de 1830. Ahora, Napoleón III pidió al jedive que demostrase la gratitud que sentía por el apoyo francés vendiéndole 1.500 conscriptos secuestrados para servir en México.

Como Egipto no era un Estado independiente, la política exterior estaba en manos del gobierno turco. Las potencias extranjeras estaban representadas únicamente por cónsules en Alejandría; sus legaciones y sus ministros estaban en Constantinopla. El acuerdo ilegal entre Francia y el jedive fue mantenido en secreto, con la esperanza de que los negros estuviesen a bordo de un buque de guerra francés, rumbo a México, antes de que el sultán se enterase, y antes de que Palmerston, que sospechaba de los vínculos entre Francia y Egipto, pudiese frustrar el plan.

La fragata francesa *La Seine*, que zarpó de Tolón y llevaba tropas francesas a Cochinchina, amarró en Alejandría el 1º de enero de 1863. Esas tropas seguían la ruta acostumbrada a través del itsmo de Suez (los franceses aún estaban construyendo el canal) para embarcar en otra nave en Suez, la cual los llevaría a Saigón. *La Seine* permaneció en el puerto de Alejandría. El siete de enero 50 jóvenes negros fueron atrapados en las calles y arrastrados al barco, donde se unieron a 450 soldados negros que ya estaban sirviendo en el ejército del jedive. Los soldados y la policía egipcios acordonaron la zona e impidieron que las esposas y las familias de los negros que habían acudido a protestar se aproximaran a la nave, la que partió la mañana siguiente con destino a Veracruz.

William S. Thayer, cónsul general de Estados Unidos en Alejandría, formuló una enérgica protesta ante el gobierno del jedive, censurando tanto el modo brutal de alistamiento como el acto hostil a un vecino de Estados Unidos, la República de México. Thayer preguntó si los soldados habían sido despachados por orden del sultán, lo cual significaba que Turquía estaba en guerra con México, o sin su conocimiento, en cuyo caso Egipto se había rebelado contra el sultán. El ministro del jedive primero esquivó a Thayer, y después le mintió, y finalmente reconoció que los negros habían viajado a México; pero afirmó que el sultán nada sabía del asunto, y que el jedive había enviado únicamente 500 hombres, pese a que los franceses habían pedido 1.500. Thayer deseaba insistir en el tema y exigir que el jedive devolviese los hombres a Egipto; pero cuando informó a Washington, Seward le dijo que no hiciera nada más, pues no era un asunto que interesara a Estados Unidos que el jedive enviase tropas a México.

Los 500 negros llegaron a Veracruz y fueron incorporados al ejército francés. Merecieron grandes elogios de Forey, de sus comandantes y de sus camaradas franceses por el coraje que demostraron en presencia del enemigo; y como había previsto Napoleón III, fueron mucho más eficaces que los soldados franceses para resistir la enfermedad y cumplir sus obligaciones en las tierras calientes.

La principal necesidad de Juárez era conseguir armas de Estados Unidos; pero las Leyes de Neutralidad de Estados Unidos prohibían la exportación de armas a países beligerantes o el alistamiento de voluntarios para luchar por ellos en las guerras en que Estados Unidos era neutral.

Cuando el ministro francés en Washington preguntó a Seward si Estados Unidos se proponía aplicar las Leyes de Neutralidad contra los liberales norteamericanos que deseaban enviar armas y voluntarios a Juárez, Seward le aseguró que se les impondría el rigor de la ley. Al margen del tema de las relaciones con Francia, el gobierno de Estados Unidos sospechaba de cualquier contrato de exportación de armas, porque se habían conocido casos en que los agentes confederados habían arreglado la exportación de armas de Estados Unidos a Canadá, y después habían despachado subrepticiamente las armas a los estados confederados, burlando el bloqueo de la Unión.

Durante el verano de 1862 Romero preguntó a Seward si Estados Unidos estaba dispuesto a conceder a Juárez un préstamo de 30.000 dólares, o preferiblemente 40.000, lo cual le permitiría comprar armas en Estados Unidos y también obtener una licencia para exportarlas a México, pues en ese país no existían fábricas de armamentos que pudieran producir las armas necesarias para combatir a los franceses. Seward dijo que el gobierno no podía dar a México un préstamo con fondos del Tesoro, pues eso molestaría a Napoleón III; pero que Romero podía tratar de recaudar el dinero apelando a los inversores privados. Romero consiguió reunir dinero suficiente para comprar 36.000 mosquetes, 4.000 sables, 1.000 pistolas y municiones a un comerciante de armas de Nueva York, y pidió al Tesoro de Estados Unidos la licencia de exportación para esas armas. Después de cierta demora, se rechazó la solicitud de licencia. Seward dijo a Romero que esto no respondía a la presión que él podía haber ejercido, sino a que Edwin Stanton, secretario de Guerra, había dicho que las armas eran necesarias para el Ejército de Estados Unidos.

Cuando los refuerzos destinados al ejército francés continuaron llegando a Veracruz, el departamento de suministros tropezó con dificultades. Había escasez de caballos para la caballería y de mulas para el transporte. Con el fin de ahorrar espacio en los buques de transporte, la Oficina de Guerra francesa había decidido enviar desde Francia sólo unos pocos caballos, con la esperanza de conseguir en México los restantes caballos y mulas necesarios. Pero había escasez del tipo adecuado de caballos en México, y la mayoría de los habitantes, fuese por motivos patrióticos o por el temor que inspiraba el decreto dictado por Juárez el 25 de enero, rehusaban vender caballos y mulas a los franceses. Por consiguiente, el ministro francés en Washington pidió a Seward que permitiese la compra de caballos, mulas y carros en Estados Unidos, para exportarlos a Veracruz; Seward accedió.

Para Romero, esta fue la gota que colmó el vaso. Estados Unidos, el único amigo y protector de México, no sólo se negaba a vender armas a Juárez, sino que despachaba caballos, mulas y carros de transporte para la inminente ofensiva francesa. Preguntó indignado a Seward: ¿Esas no eran armas de guerra tanto como las que él no había podido enviar a Juárez?

Seward replicó que el Ejército de Estados Unidos necesitaba las armas, pero no los caballos, las mulas y los carros. Romero consideró que eso no era nada más que una excusa.

Una quincena más tarde, el 21 de noviembre de 1862, Lincoln firmó una proclama que prohibía todas las exportaciones de armas de Estados Unidos mientras durase la Guerra Civil. A partir de este decreto, Juárez tuvo que depender del tráfico ilegal de armas de Nueva York a Matamoros, y de San Francisco a los puertos mexicanos del Pacífico.

Charles Francis Adams, ministro de Estados Unidos en Londres, actuó por propia iniciativa para ayudar a Juárez. Pidió al gobierno británico una licencia que autorizaba a la firma inglesa de Howell y Ziman a enviar una carga de artículos en una nave contratada con destino a Matamoros, y afirmó que los artículos eran remitidos "con fines meritorios". No reveló que se trataba de armas compradas para Juárez por sus partidarios en Gran Bretaña. Cuando se conoció la verdad, Seward se disculpó ante el gobierno británico y censuró a Adams, aunque no se le llamó a Washington.

Mientras Lincoln y Seward, a pesar de su simpatía por Juárez, debilitaron su lucha contra los franceses con el fin de aplacar a Napoleón III, Juárez, pese a toda la admiración que sentía por Lincoln y la causa norteña, no podía impedir que el comercio con la Confederación continuase por Matamoros. Emitió un decreto prohibiéndolo, pero no pudo lograr que fuera respetado. El general Santiago Vidaurri, gobernador de los estados de Tamaulipas y Nuevo León, controlaba la situación en Matamoros, y aunque en teoría reconocía la autoridad del gobierno de Juárez, en la práctica hacía lo que se le antojaba en su territorio. No estaba dispuesto a renunciar a las rentas aduaneras y a los sobornos que le pagaban, y que pagaban a sus funcionarios, los confederados por permitir que saliera el algodón y entrasen las municiones a través de Matamoros.

En marzo de 1863 Jefferson Davis envió a un agente a Orizaba para sugerir a Forey y a Saligny que los franceses enviasen un escuadrón para ocupar Matamoros, con lo cual se asestaría un golpe doble, es decir tanto a Juárez como a Estados Unidos. Clausuraría la última vía de salida de Juárez hacia el Golfo de México y el Atlántico, y si los franceses retenían el puerto, la Marina de Estados Unidos no intentaría capturar o bloquear Matamoros. Saligny consideró que la idea era excelente, y confió en que sería aplicada a través de una alianza entre Francia y la Confederación; pero los franceses no pudieron navegar en dirección a Matamoros porque dos terceras partes de las tripulaciones padecían fiebre amarilla.

De modo que el gobierno confederado se volvió hacia Vidaurri, y mediante el incremento de los sobornos le convenció de que ignorase las órdenes de Juárez y alentase el comercio por Matamoros. Sin consultar o siquiera informar a Juárez, Vidaurri firmó con la Confederación un tratado que le comprometía a extraditar a todos los desertores del ejército confederado que huyesen a Matamoros; que permitía que los soldados confederados persiguiesen a sus desertores, o a otros enemigos cualesquiera, atravesando la frontera y entrando en México; y que le obligaba a expulsar de Matamoros a todos los agentes y espías de Estados Unidos. Juárez nada podía hacer para impedir que Vidaurri cumpliese el tratado. No podía obligar al gobernador de Tamaulipas cuando Estados Unidos ni siquiera le había permitido comprar armas suficientes para combatir a los franceses.

Romero pensó que ya no podía cumplir ninguna función útil en Washington. El 19 de enero de 1863 escribió disgustado a Juárez y sugirió que su gobierno rompiese relaciones diplomáticas con Estados Unidos, o por lo menos le llamase a México para incorporarse al ejército. Juárez era demasiado sensato para seguir el consejo de Romero, y aunque de mala gana le reconvocó, pronto le persuadió de la necesidad de que regresara a Washington, donde permaneció durante treinta años.

Romero nunca volvió a formular consejos absurdos a su gobierno, y pronto comprendió que podía ser más útil en Washington que en el ejército de México. Pero también advirtió que debía adoptar nuevos métodos. Era inútil tratar de persuadir a Seward, o incluso a Lincoln, de que se abstuviesen de complacer a Napoleón III. Debía organizar el apoyo a México en Estados Unidos mediante la propaganda en los clubes mexicanos y las organizaciones de refugiados, a través de los grupos políticos radicales, de los miembros influyentes del Partido Republicano de Lincoln, de los mítines públicos y los discursos en los banquetes hechos públicos, a través de la prensa y sobre todo en el Congreso. Debía crear en Estados Unidos un clima de opinión que ningún presidente o secretario de Estado pudiera resistir. Le llevaría mucho tiempo, pero era el único camino.

12

"Puebla está en nuestras manos"

En febrero de 1863 el general Forey estaba preparado para iniciar su campaña. Tenía bajo su mando 18.000 hombres de infantería, 1.400 de caballería, 2.150 artilleros, 450 zapadores y un cuerpo administrativo de 2.300 individuos, además de los 2.000 soldados mexicanos de Márquez. Poseía cincuenta y seis cañones y 2,4 millones de proyectiles. Sus comandantes subordinados eran el general Félix Douay y el general Achille Bazaine, de cincuenta y dos años, que había ascendido desde las jerarquías inferiores, y había sido promovido al rango de general durante el sitio de Sebastopol.

Antes de salir de Orizaba, Forey exhortó a sus soldados a "marchar hacia la victoria que Dios os dará", por la causa del "orden y la libertad". Debían ser compasivos después de la victoria, pero terribles en el combate, y así "pronto afirmaréis el noble estandarte de Francia sobre los muros de Ciudad de México, al grito de '¡Viva el Emperador!'"

Pero Forey estaba preocupado por lo que harían las guerrillas cuando él iniciara su ofensiva contra Puebla. ¿Podían interferir seriamente en sus líneas de suministros? Los guerrilleros de tiempo completo recibían la ayuda de combatientes de dedicación parcial. Los liberales mexicanos de todas las clases, incluso algunos caballeros de la clase alta, a veces intervenían en una operación nocturna de la guerrilla. Los tenderos de aldea, cuya posición social era más elevada en México que en Europa, generalmente simpatizaban con la guerrilla, les proporcionaban suministros y los alojaban en sus casas. La mayoría de los habitantes de Veracruz estaban del lado de la guerrilla, y eso incluía a los comerciantes extranjeros que residían allí, y sobre todo a los franceses que se habían instalado en Veracruz. Muchos de estos franceses eran liberales y republicanos; otros deseaban mantener buenas relaciones con sus clientes mexicanos, que estarían allí cuando se hubiese marchado el ejército de ocupación; y otros aun temían lo que podía sucederles si ayudaban a los invasores franceses desafiando el decreto dictado por Juárez el 25 de enero.

Las guerrillas se mostraban muy activas cerca del pequeño poblado de Medellín, a sólo trece kilómetros de Veracruz, y alrededor de Alvarado y Tlacotalpán, unos sesenta y cinco kilómetros al sur de Veracruz, sobre la costa. Los muchos arroyos y riachuelos que cruzaban el campo impedían las operaciones francesas, pues los guerrilleros habían destruido los puentes y retirado los botes y las barcazas. Algunos pequeños grupos de guerrilleros a menudo entraban en Veracruz para comunicarse con sus partidarios en esa ciudad y llevarles panfletos que después eran distribuidos subrepticiamente entre los soldados franceses.

Cuando las fuerzas aliadas ocuparon por primera vez Veracruz, los guerrilleros impidieron que los suministros llegasen a la ciudad. Pero esta política resultó contraproducente. Los aliados enviaron tropas a las aldeas para apoderarse de los alimentos, y a los campesinos mexicanos les molestó perder dinero por la imposibilidad de comerciar con la ciudad. Entonces, los guerrilleros cambiaron de táctica y concedieron permiso a los aldeanos para comerciar con Veracruz, con la condición de que pagaran un impuesto a la guerrilla por los suministros enviados a la ciudad. Los aldeanos pagaron, de buena gana, como contribución a la causa patriótica, o irritados, como dinero que los bandidos les quitaban mediante extorsión.

Los franceses formaron una unidad oficial para combatir a los guerrilleros, la *contre-guérilla*. Estaba formada no por soldados comunes sino por reclutas especiales, hombres duros, implacables y sin temor. Algunos eran mexicanos, pero otros provenían de Francia, Inglaterra, España, Grecia, Italia, Holanda, Suiza, Estados Unidos y América del Sur. La mayoría había llegado a México con la esperanza de hacer fortuna y había fracasado, pero también había marineros que habían desertado de sus naves; un traficante de esclavos de La Habana, arruinado cuando los negros que llevaba en su barco había muerto de tifus; ciudadanos norteamericanos que habían intervenido en incursiones en Guatemala; fracasados cazadores de bisontes de la región de los Grandes Lagos; y plantadores de Luisiana arruinados por la Guerra Civil. Uno provenía de un medio complemtamente distinto: el conde Émile de Kératry había renunciado a su cargo de agregado a la embajada francesa en Nápoles para servir con el ejército en Argelia. Después, le habían enviado a México, donde convenció a las autoridades de que le trasladasen a la *contre-guérilla*.

La *contre-guérilla* estaba al mando del coronel de Steklin, un oficial suizo que era mercenario en el ejército francés. Contaba con la ayuda de dos cañoneras que patrullaban la zona de la costa hacia el norte y el sur de Veracruz, y abrían fuego sobre cualquier grupo de guerrilleros que descubría. El capitán naval Rivière, que servía en una de las cañoneras, creía que "la moralidad puede ser inculcada en los pervertidos sólo mediante el terror, no a través de la persuasión". La *contre-guérilla* actuaba sobre la base de este principio. Kératry escribió que él y sus camaradas habían derramado y perdido mucha sangre.

Forey no estaba satisfecho con el modo en que Steklin dirigía las operaciones de la contraguerrilla. Creía que el conde Du Pin, un hombre de edad que había obtenido muchas condecoraciones militares en campañas anteriores, se lo haría mejor. Du Pin había servido en China e intervenido en el saqueo del palacio de verano del emperador de China en Pekín, la ocasión en que el palacio fue quemado, removidos los jardines, y las antigüedades valiosísimas del palacio destruidas por los franceses y británicos para castigar al emperador por las torturas infligidas a los súbditos franceses y británicos encarcelados en el palacio. Du Pin, en lugar de arrojar las antigüedades a las llamas, las había llevado a París y vendido por muchísimo dinero. Se trataba de una violación de la disciplina militar, y le habían destituido; pero Napoleón III había intervenido personalmente en su favor, y se había reintegrado al ejército y enviado a México.

El 14 de febrero de 1863, tres días antes de que Forey iniciara su avance sobre Puebla, Saligny ofreció un baile a los oficiales franceses y la aristocracia mexicana local en la casa que había alquilado en Orizaba. Durante el baile, Forey llevó aparte a Du Pin y le ofreció el mando de la *contre-guérilla*. Du Pin aceptó y le pidió a Forey que mejorase la moral y la disciplina de la *contre-guérilla* suministrando a los hombres un uniforme oficial y asignándoles una paga más elevada que la que recibían los soldados franceses de otros regimientos. Forey no miró con buenos ojos la sugerencia de una retribución más elevada, pues pensó que eso podía provocar resentimiento en el ejército; pero en definitiva aceptó, pues era necesario proporcionar adecuados incentivos a quienes se alistasen en la *contre-guérilla*.

Kératry también asistió al baile de Saligny. Al observar a los caballeros mexicanos que bailaban el vals y la *habanera*, se preguntó cuántos de ellos volverían a su casa después de la fiesta para quitarse las prendas de etiqueta antes de unirse a las guerrillas en alguna acción nocturna. Pensó que quizá la próxima vez que los vieran estarían bailoteando al borde de una cuerda, colgados por orden de Du Pin.

Du Pin, que usaba una pelliza roja y negra de coronel, con botas amarillas y espuelas mexicanas, un enorme sombrero en la cabeza, ocho condecoraciones en el pecho, el revólver atado al muslo y un sable colgando de la montura del caballo, había conquistado el respeto y el afecto de sus hombres y aterrorizado al enemigo. El capitán Rivière escribió complacido que los mexicanos de las tierras calientes estaban tan atemorizados por Du Pin que no se acercaban ni siquiera a cincuenta leguas de su persona.

Once días después que Du Pin asumió el mando de la *contre-guérilla*, un español llamado Pérez Lorenzo fue a su cuartel general en Medellín.

Dijo a Du Pin que era comerciante de frutas y vivía en un rancho próximo. La víspera algunos guerrilleros habían llegado a su rancho y le habían atado a un poste mientras violaban y asesinaban a su esposa embarazada antes de abrirle en canal el cuerpo y arrojar el niño nonato a la cara de Lorenzo. Lorenzo dijo a Du Pin que sabía adónde habían ido los asesinos y ofreció mostrar a la *contre-guérilla* el camino que llevaba al campamento. Du Pin sospechó que podía tratarse de una trampa para llevar a sus hombres a una emboscada, pero después de atar a la espalda los brazos de Lorenzo, la *contre-guérilla* le permitió conducirlos al campamento de los guerrilleros. Los guerrilleros fueron sorprendidos por completo, y antes de que pudieran resistir la *contre-guérilla* mató o capturó a muchos. Colgaron de las ramas de los árboles a todos los prisioneros. "Fue la primera tarjeta de visita dejada por la *contre-guérilla* francesa a los bandidos de las tierras calientes", escribió Kératry.

Lorenzo, que ahora merecía la confianza de la *contre-guérilla*, propuso mostrarles el camino que llevaba a otros escondrijos de la guerrilla. Una noche, cuando ya entraban en una aldea, Lorenzo señaló a uno de los aldeanos y dijo que era sargento en el grupo de guerrilleros que había asesinado a su esposa. La *contre-guérilla* se apoderó del hombre y le colgó de un árbol a la luz de la luna. Al día siguiente Lorenzo desapareció, y la *contre-guérilla* jamás volvió a verle. ¿Había inventado toda la historia para usar a los franceses con el fin de desembarazarse de sus enemigos? ¿Era un conservador que deseaba ver que los franceses exterminaran a un grupo de guerrileros liberales y que había mentido acerca de la violación y el asesinato de su esposa? ¿O había dicho la verdad, y había sido capturado y muerto por los guerrilleros? A la *contre-guérilla* eso no le importó; habían muerto y ahorcado a varios hombres que eran guerrilleros o bandidos, y eso les bastaba.

Cuando Du Pin llegaba a una aldea, se dirigía a la casa más espaciosa, suponiendo que era la residencia de un ciudadano local importante, y reclamaba alimentos para sus hombres. Se apoderaba al azar de una serie de aldeanos, utilizados como rehenes, y anunciaba que si los alimentos no llegaban pronto, fusilaría a los rehenes. Esta actitud siempre lograba que los habitantes se diesen la mayor prisa para encontrar comida y bebida y todos los suministros que Du Pin exigía. A veces, Du Pin ordenaba más alimentos que los que necesitaba con el fin de que los aldeanos creyesen que su número era superior al real. Después que los hombres habían comido lo que necesitaban, destruían los alimentos restantes.

Du Pin sabía que el pequeño pueblo de Tlaliscoya, entre Tlacotalpán y Alvarado, era un centro guerrillero. Cuando la *contre-guérilla* entró en el pueblo una noche, todas las luces de las casas se apagaron. Du Pin dijo a los habitantes que necesitaba botes para operar en el riachuelo. Le contestaron que no había botes en el pueblo. Du Pin estableció su centro en la tro en la espaciosa residencia, a orillas del río, que pertenecía a un ciudadano importante, el señor Billegras, y arrestó a seis de los principales notables del pueblo. Dejó en libertad a dos y les dijo que debían llevar a la casa por lo menos dos botes a las cinco de la mañana siguiente. Si los botes no llegaban, quemaría las casas de los dos notables, y después de las cinco de la mañana, y cada media hora, fusilaría a uno de los cuatro notables restantes, e impondría una multa de 1.000 dólares a los habitantes de Tlaliscoya. Los botes estuvieron en la casa de Billegras a las cinco de la mañana.

La *contre-guérilla* descubrió un mosquete en la casa de Billegras y ordenó a los restantes notables que impusieran el castigo apropiado al propio Billegras. Le multaron en 500 dólares, y los pagó inmediatamente; se dividió el dinero entre los miembros de la *contre-guérilla* antes de salir de Tlaliscoya.

Los habitantes de Tlaliscoya ahora temían realmente a la *contre-guérilla*. Cuando Du Pin y sus hombres llegaron un tiempo después, iluminaron el pueblo con lámparas en todas las ventanas y en la plaza principal, con el fin de celebrar la llegada de la *contre-guérilla* y en honor de la intervención francesa en México. Du Pin dijo que les proporcionaría una iluminación mejor, y ordenó a sus hombres que incendiaran las chozas de las afueras del pueblo, las que a su juicio habían sido utilizadas como refugio por los guerrilleros.

La *contre-guérilla* realizó una incursión nocturna contra un rancho que estaba a unos tres kilómetros de Medellín y encontró en una plantación de bananas una serie de mosquetes y una carabina, y pudieron identificarlos como armas robadas de los arsenales militares franceses. El bananal pertenecía a un viejo llamado Munos y a su hijo. Du Pin llevó al padre y al hijo de regreso a Medellín, y después de convocar a los habitantes a la plaza principal mediante el redoble de tambores, anunció que Munos y su hijo serían colgados al día siguiente del principal árbol que crecía en la plaza. Una delegación de notables de Medellín acudió a Du Pin para pedirle que perdonara a los dos hombres, pero él se negó. Por la noche las mujeres vinieron a rogarle que se compadeciera; muchas de ellas, de acuerdo con la versión de Kératry, usaban elegantes mantillas sobre los bonitos hombros. Du Pin se negó a recibirlas. Kératry escribió que se retiraron, muy desilusionadas de la famosa caballerosidad de los oficiales franceses.

La mañana siguiente se anudaron cuerdas nuevas al árbol de la plaza, preparándolo para la ejecución, pero Du Pin dejó entrever que había un modo en que quizá podían salvar la vida de Munos y su hijo. Más de cuatrocientos habitantes fueron a la tienda de Du Pin, gritando repetidas veces: "¡Viva la intervención! ¡Viva el emperador de los franceses! ¡Vivan los franceses!" Ahora, Du Pin aceptó perdonar y dar la libertad a los dos hombres, porque la población entera "había demostrado tan claramente su apoyo al nuevo orden de cosas".

Du Pin estaba seguro de que toda la región en realidad apoyaba a los guerrilleros, y los ayudaría apenas se retirasen él y sus hombres. Era sobremanera importante impedir que los guerrilleros atacasen la línea ferroviaria que llegaba a Camerone y el camino a Orizaba y Puebla, de modo que quemó todos los ranchos de la región.

Juárez había concentrado sus fuerzas en Puebla y estaba preparado para librar la batalla decisiva de la campaña en defensa de la ciudad. Tenía veintidós mil hombres al mando del general Ortega. Esas fuerzas incluían no sólo mexicanos sino también algunos desertores españoles del ejército de Prim, unos pocos aventureros ingleses, voluntarios de Estados Unidos y un elevado número de revolucionarios liberales europeos, refugiados de los gobiernos absolutistas que habían recuperado el poder en Europa después de la derrota de las revoluciones de 1848. Estos hombres ansiaban luchar por la libertad y contra Napoleón III. Además de las mujeres que siempre acompañaban al ejército mexicano, había una mujer, de veintitrés años, a quien se había permitido acompañar al ejército y luchar después que su esposo había sido muerto. El cinco de mayo esta joven había combatido tan bien que se la había ascendido al rango de teniente coronel.

Juárez visitó a sus hombres en Puebla y los exhortó a resistir al invasor.

El emperador Napoleón III insiste en infligir los horrores de la guerra a un pueblo que siempre concedió generosamente sus favores y simpatías a los franceses... Su propósito es humillarnos y destruir una república libre y popular en que las clases privilegiadas han sido eliminadas por completo... México, el continente americano y los hombres libres de todos los países depositan en vosotros sus esperanzas, porque defenderéis su causa, la causa de la libertad, la humanidad y la civilización.

Las fortificaciones de Puebla habían sido reforzadas desde el mes de mayo anterior. Todos los fuertes alrededor de la ciudad estaban bien defendidos y se habían levantado barricadas en las calles, como preparación para los combates de calle y la defensa casa por casa.

Cuando los franceses de nuevo llegaron a Amozoc y avanzaron hacia los fuertes Guadalupe y Loreto, adoptaron tácticas muy diferentes de las que habían aplicado el cinco de mayo de 1862. Forey rodeó la ciudad y apostó a sus hombres en posiciones desde las cuales podían atacar los fuertes por todos los lados. Concretó esta operación hacia el 16 de marzo, día que, como sus hombres recordaron orgullosamente, era el cumpleaños del hijo de Napoleón III, el príncipe imperial.

Forey decidió desencadenar el primer ataque contra el fuerte San Xavier, hacia el oeste de Puebla, y su artillería comenzó a bombardear el fuerte el 23 de marzo. Después de un bombardeo de cuatro días Bazaine, que estaba al mando de las operaciones contra el fuerte, envió a la infantería. Los franceses fueron rechazados, y de nuevo se vieron contenidos en otro ataque al día siguiente; pero en el tercer asalto, el 29 de marzo, consiguieron capturar el fuerte después de un fiero combate. El segundo jefe de Bazaine fue muerto en el último y brillante ataque. Murieron veintiséis franceses más, entre oficiales y soldados, y hubo 189 heridos. El jefe de Estado Mayor del general Douay quedó gravemente herido y murió quince días más tarde. Las pérdidas mexicanas fueron más graves: 600 muertos y heridos; 200 prisioneros.

Forey había confiado en que la captura del fuerte San Xavier determinaría un rápido derrumbe de la defensa, pero los mexicanos se retiraron a las casas que se levantaban apenas a treinta y cinco metros del fuerte, y desde allí continuaron su resistencia. Los franceses pronto comprendieron que tendrían que luchar por cada casa de las que se levantaban en la calle. Finalmente consiguieron tomar varias casas, pero no lograron dominar las barracas del número 26 o la casa del número 24. Los oficiales que encabezaban los ataques caían alcanzados por las balas apenas entraban en las casas, y las unidades que conseguían capturar una casa debían soportar el contraataque de los mexicanos que las tomaban prisioneras. Después de un combate de una semana casa por casa Forey, preocupado por sus pérdidas, suspendió los ataques de infantería y ordenó que comenzaran las operaciones de colocación de minas. Pero los zapadores tropezaron con el suelo de roca dura, al que no podían penetrar, y no pudieron minar las casas.

Hacia el once de abril, habían muerto siete oficiales franceses y 56 soldados, y estaban heridos 39 oficiales y 443 soldados. Forey convocó un consejo de guerra. Algunos oficiales le aconsejaron abandonar el sitio y marchar hacia Ciudad de México, pero Forey creía que era esencial para el prestigio y la moral franceses capturar Puebla, de modo que ordenó la continuación del sitio.

La guerra de la propaganda continuó. Duante las pausas en los combates, el ejército liberal arrojaba panfletos en francés a las posiciones francesas, con citas del libro *Napoleón el Pequeño* de Victor Hugo, y apelaciones a los soldados redactadas por los liberales franceses de Ciudad de México. "Vosotros sois los soldados de un tirano. Lo mejor de Francia está de nuestro lado. Tenéis a Napoleón. Tenemos a Victor Hugo." Cuando Hugo se enteró de esta afirmación, envió un mensaje a los defensores de Puebla.

"No es Francia la que os hace la guerra, es el imperio... Valientes hombres de México, resistid... Abrigo la esperanza de que el imperio fracasará en este infame intento, y que vosotros prevaleceréis."

Mientras la lucha en las calles continuaba día tras día, los mexicanos utilizaban las iglesias y los monasterios como puntos defensivos fuertes. Los franceses comprobaron que capturar el convento de Santa Inés era especialmente difícil. El 25 de abril lanzaron un ataque al convento, y en él murieron nueve de los diez oficiales que intervinieron. En conjunto, los franceses perdieron 27 hombres y tuvieron 127 heridos y 137 prisioneros.

Uno de los oficiales más atrevidos de Bazaine fue el marqués Gastón de Galliffet, capitán del décimo regimiento de Chasseurs d'Afrique, que después alcanzó fama y oprobio internacional por su participación en la represión de la Comuna de París de 1871. Cuando era un joven subalterno había ganado una apuesta de quinientos cigarros al saltar al Sena con su yegua, Laura, provisto de su chacó y su sable, desde una elevada roca que dominaba al río en Melun. Ahora, a los treinta y dos años, ya era un veterano de la Guerra de Crimea, donde le habían herido y él había conquistado la Legión de Honor.

Encabezó a su compañía en el ataque al fuerte San Xavier, el 29 de marzo, y salió indemne de la prueba; pero tres semanas después, en el curso de otro ataque en Puebla, recibió una herida grave en el estómago. Cuando su teniente fue a ayudarle, Galliffet le ordenó que continuase el ataque. Después, sosteniéndose con las manos las entrañas, caminó vacilante hasta el puesto médico, y así salvó su vida.

En París, Napoleón III esperaba impaciente la noticia de la captura de Puebla. El público se sintió sorprendido porque pasaron las semanas sin que se anunciara la rendición de la ciudad. La elección general para el nuevo Corps Législatif debía celebrarse el 31 de mayo, y Napoleón contaba con que las buenas noticias de Puebla llegasen a tiempo para influir sobre el resultado electoral. Incluso después del contraste del cinco de mayo de 1862, en Francia o en Europa nadie preveía que la resistencia mexicana en Puebla fuese tan prolongada.

Los exasperados ministros de Napoleón atribuían la culpa de la demora a sus dos espantajos, Wyke y Prim. Si los aliados hubiesen avanzado sobre Ciudad de México después del primer desembarco en Veracruz, en enero de 1862, habrían llegado fácilmente a la ciudad y la hubiesen capturado, pero se había desaprovechado la oportunidad por la estupidez de Prim y Wyke, que habían aceptado la Convención de La Soledad.

Juárez convocó a su antiguo líder partidario, el general Comonfort, y le pidió que abandonase su retiro y condujese un ejército de 7.000 hombres para auxiliar a Puebla. Comonfort respondió a la llamada y avanzó hasta pocos kilómetros de la ciudad; pero en lugar de atacar a los franceses, se contentó con destruir los cultivos de las aldeas circundantes para impedir que los franceses adquiriesen alimentos. Los guerrilleros mexicanos estaban interceptando los carros de suministro de los franceses que viajaban de Veracruz a Puebla. De modo que Forey tenía que restar soldados de las operaciones en Puebla para proteger las líneas de abastecimiento que le comunicaban con Veracruz, pues la *contre-guérilla* no podía afrontar sola este problema.

Forey tenía entre sus tropas a los hombres de la Legión Extranjera francesa. La Legión había sido formada en 1831 para prestar servicio durante la conquista de Argelia, y después de haber intervenido en la guerra civil española de 1835, había sido destacada permanentemente en Africa del Norte. Ahora, prestaba servicio en México.

Forey envió la tercera compañía de la Legión Extranjera para escoltar a un convoy de suministros que debía pasar de Veracruz a Puebla. Estaba mandada por el capitán Danjou, que había perdido la mano izquierda unos años antes, y tenía una mano postiza. Contaba con sesenta y cuatro hombres, la mayoría, polacos, italianos, alemanes y españoles. El 30 de abril los legionarios estaban atravesando la aldea de Camerone cuando fueron atacados por varios centenares de guerrilleros mexicanos. Los legionarios se retiraron a un galpón de una explotación rural, y lo utilizaron como puesto defensivo para disparar contra los guerrilleros. Pero estos entraron en las casas próximas de la misma propiedad y desde sus ventanas dispararon sobre los legionarios.

Hacia las nueve de la mañana el tiempo era muy cálido, y los legionarios padecían los efectos de la sed; solamente podían beber el vino que llevaban en sus mochilas. Mientras el combate continuaba, llegaron más guerrilleros, hasta que hubo 1.200 hombres contra 64 legionarios. El líder mexicano invitó a rendirse al capitán Danjou, pero este se negó.

Hacia las once de la mañana Danjou fue muerto por el fuego enemigo, y su segundo, el teniente Villain, asumió el mando, hasta que tres horas después también fue muerto. En ese momento se hizo cargo el teniente segundo Mautet. Los guerrilleros incendiaron un montón de paja para quemar el galpón y obligar a los legionarios a salir, pero los legionarios consiguieron apagar las llamas y continuaron resistiendo en medio del humo. Hacia las seis de la tarde sólo estaban vivos Mautet y cuatro legionarios; y Mautet los encabezó al salir del establo en una última y suicida carga a la bayoneta. Fueron aplastados por los guerrilleros, pero el jefe guerrillero impidió que sus hombres matasen a estos cinco sobrevivientes, y los tomó prisioneros. Dos de ellos, incluso Mautet, murieron poco después a consecuencia de las heridas, de modo que sólo tres sobrevivientes quedaron en manos de los mexicanos. Un cuarto legionario, que había sufrido ocho heridas pero aún vivía, fue hallado más tarde sepultado bajo una pila de cadáveres, después que los guerrilleros se retiraron con sus tres prisioneros.

Más tarde, los franceses levantaron un monumento en el campo de batalla en honor a los héroes de Camerone; la Legión Extranjera todavía conmemora el coraje de estos hombres el 30 de abril de cada año.

Forey envió a Bazaine a dirigir un ataque por sorpresa contra el ejército auxiliar de Comonfort. Bazaine salió de Puebla a la una de la madrugada del 8 de mayo, con una fuerza que incluía a los hombres de Márquez, y marchó hacia el oeste a lo largo del camino que lleva a Ciudad de México; después, avanzó a través del campo hacia la posición de Comonfort en la colina de San Lorenzo. En cierto punto los centinelas de Comonfort les dieron la voz de alto, pero Bazaine ordenó que uno de los hombres de Márquez contestase en español y engañara a los centinelas, que creyeron que estaban frente a una fuerza de soldados de Juárez. Ascendieron por la ladera de la colina y llegaron al campamento de Comonfort, y a las cinco de la madrugada desencadenaron un inesperado ataque. Los hombres de Comonfort se dispersaron, y aunque algunos de ellos lucharon valerosamente, en definitiva huyeron en todas direcciones.

La noticia de la derrota de Comonfort deprimió a los defensores de Puebla. El 12 de mayo los franceses capturaron un fuerte que se levantaba sobre el lado sur de la ciudad, y atravesaron las defensas en ese punto. Ortega estaba escaso de alimentos. El 16 de mayo se acercó a Forey y pidió un armisticio. Cuando se rechazó su solicitud, dijo a sus hombres que aunque habían luchado valerosamente, él ahora se veía obligado a la rendición por la falta de comida y municiones. En realidad, aún tenía una proporción considerable de municiones, pero estaba muy escaso de alimentos. Ordenó que los soldados destruyesen sus cañones y los depósitos de municiones, de modo que el enemigo no pudiese utilizarlos; pero no lo hicieron con mucha eficacia, y los franceses pudieron recuperar 117 cañones utilizables y 17.000 proyectiles.

Ortega entregó Puebla a los franceses a las cuatro de la madrugada del 17 de mayo, después de un sitio de sesenta y dos días. Aunque él y sus principales oficiales se rindieron, Ortega destacó que no se entregaba en representación de sus hombres, y recomendó a sus soldados que intentasen huir a través de las líneas enemigas para continuar después la lucha. Muchos de ellos consiguieron escapar, pero la mayoría fue tomada prisionera por los franceses.

Los franceses tenían que decidir lo que harían con más de 12.000 prisioneros. Sus aliados mexicanos tenían una solución sencilla: sugirieron a Forey que fusilase a todos los oficiales capturados. Forey rechazó indignado la propuesta. Respetaba a Ortega y a sus hombres por la gallardía con que habían tratado a los prisioneros franceses capturados durante la lucha de calles. Forey ofreció liberar a los oficiales si daban su palabra de honor de que no volverían a luchar contra los franceses. Como todos se negaron, decidió enviarlos prisioneros a Francia. Se ofreció a los soldados de fila la oportunidad de presentarse voluntarios para servir en el ejército de Márquez, y 5.000 aceptaron. Otros 2.000 fueron puestos a trabajar en la restauración de las barricadas y la reparación de los daños sufridos por

Puebla. Los restantes 4.000 fueron enviados a trabajar en el ferrocarril, que avanzaba lentamente desde Veracruz en dirección a Ciudad de México.

El 19 de mayo Forey entró triunfalmente en Puebla y fue saludado por el clero en la catedral como el libertador que los había salvado de los liberales ateos. Se celebro un *Te Deum*, y las celebraciones religiosas en la ciudad continuaron durante dos días. Las banderas francesas y mexicanas fueron enarboladas sobre Puebla para conmemorar la victoria del "ejército francomexicano" de Forey y Márquez.

Los 1.508 oficiales prisioneros debían ser enviados a Veracruz y embarcados con destino a Francia. Se les pidió que diesen su palabra de que no escaparían, pero rehusaron. Después, los propagandistas franceses los acusaron de haber dado su palabra y haber faltado a ella; pero los historiadores franceses que más simpatizaban con la intervención en México y que escribieron poco tiempo después reconocieron que los oficiales prisioneros se habían negado a prometer que no huirían. Para los franceses no era fácil escatimar hombres que los vigilasen adecuadamente. Cuando llegó el momento de salir de Puebla, sólo fue posible hallar 950 oficiales. El resto, inclusos cuatro generales, había escapado. Otros 400 se fugaron en el viaje a Veracruz, y entre ellos estaba el propio Ortega, que huyó en Orizaba, y Mariano Escobedo y Porfirio Díaz, que desaparecieron en algún punto del camino. Llegó a Francia un total de 530 oficiales, incluso 13 generales.

Napoleón III esperaba con ansiedad cada vez más intensa las noticias de Puebla. Le decepcionó mucho que la comunicación no llegase el día de la elección, es decir el 31 de mayo; por otra parte, pese a toda la manipulación de los votos y la presión ejercida por los funcionarios oficiales en favor de los candidatos del gobierno, los liberales aumentaron el número de sus miembros en el Corps Législatif de cinco a 25. Tuvieron un desempeño especialmente ventajoso en París. Más tarde, Napoleón dijo a Richard von Metternich, embajador austríaco, que se había sentido casi enfermo de ansiedad durante una quincena hasta que al fin había llegado la noticia de Nueva York, el 10 de junio, seguida por el despacho oficial de Forey al mariscal Randon, ministro de Guerra: "Mariscal, Puebla está en nuestras manos." Considerando la duración y la severidad de los combates, las pérdidas francesas en toda la campaña no habían sido muy elevadas — 185 muertos y 1.039 heridos.

Napoleón escribió a Forey que la noticia "nos colma de alegría... Aunque deploro amargamente la probable pérdida de tantos hombres valerosos, tengo el consuelo de saber que su muerte no ha sido en vano, y que ha servido a los intereses o al honor de Francia o a la civilización".

13

En Ciudad de México

La noche del 30 de mayo de 1863, Sara Yorke se preparaba para dormir cuando oyó el ruido de los pies que marchaban por la calle frente a su casa, en Ciudad de México. Miró por la ventana y a la luz de la luna vio centenares de soldados que caminaban por la calle de San Francisco. La mayoría no tenía uniforme, y vestía únicamente camisas blancas y pantalones abolsados; el único equipo era el mosquete y las cajas de cartuchos colgadas al hombro. Como de costumbre en el ejército mexicano, los acompañaban sus mujeres. Eran los restos del ejército derrotado en Puebla que pasaban a través de la ciudad sin detenerse, y continuaban camino hacia el norte. Marchaban en silencio total, sin cantar ni hablar unos con otros. Sara tuvo la sensación de que estaban completamente deprimidos.

La mañana siguiente hubo mucha actividad en la calle. Los jinetes pasaban a cada momento al galope frente a la ventana de Sara, y estaban cargando muchos carros. De tanto en tanto pasaba alguien a quien ella conocía y saludaba con la mano. Sara no sabía lo que estaba sucediendo, hasta que un agregado de la legación de Estados Unidos fue a verla y le dijo que el gobierno y los funcionarios civiles abandonaban la ciudad, con el ejército y toda la fuerza policial.

Cuando Juárez se enteró de la caída de Puebla, su primera reacción fue tratar de formar otro ejército y organizar una defensa desesperada de la Ciudad de México. Pero sus generales le explicaron que contaba sólo con 6.000 hombres para resistir a los 25.000 soldados victoriosos de Forey. La opinión de estos generales se vio confirmada por Porfirio Díaz, que regresó a Ciudad de México después de escapar de los franceses. Díaz dijo a Juárez que sería imposible defender la ciudad.

La mañana del 31 de mayo Juárez habló ante una sesión del Congreso, convocado de urgencia. Anunció que sería necesario que el gobierno saliera de Ciudad de México y estableciera provisionalmente la capital de la república en la ciudad de San Luis Potosí, a unos 320 kilómetros al norte. Prometió al Congreso que continuaría la lucha y que jamás se rendiría al invasor, porque "la adversidad, ciudadanos diputados, desalienta sólo a los pueblos despreciables". El Congreso aprobó un voto de confianza en el presidente.

Juárez esperó hasta la caída de la noche, y después arrió la bandera nacional que flameaba sobre el palacio presidencial, la besó y exclamó: "¡Viva México!" Subió a su carruaje y enfiló hacia el norte a través de las sombras de la noche.

Apenas se alejó, los ciudadanos de México se alarmaron. ¿Cuál sería el destino de la ciudad sin gobierno, sin ejército y sin una fuerza policial? ¿Habría disturbios y saqueos? Se sintieron incluso más angustiados cuando recordaron que Márquez y sus soldados servían con el ejército francés. Si los hombres de Márquez entraban en la ciudad antes que sus aliados franceses, quizá masacraran a todos los habitantes a quienes sospecharan de profesar simpatías hacia los liberales.

Los cónsules extranjeros organizaron un escuadrón de vigilancia formado por 700 hombres de las respectivas nacionalidades, para mantener el orden en la ciudad; después, fueron a Puebla a decir a Forey que Juárez y el ejército liberal habían abandonado la capital, y para pedirle que enviase allí cuanto antes a su ejército con el fin de mantener la ley y el orden. En el camino vieron a Bazaine y a la vanguardia francesa, pero Bazaine los remitió a Forey. Cuando los habitantes de Puebla supieron por qué habían llegado los cónsules, se echaron a las calles gritando "¡Viva Francia! ¡Muerte a Juárez!"

Los cónsules también sugirieron a Forey que era mejor que los hombres de Márquez no fuesen los primeros en entrar en Ciudad de México. Forey adoptó una actitud un tanto dura, y explicó que él no podía modificar su plan de campaña para adaptarlo a las necesidades de los habitantes de Ciudad de México y de los extranjeros que allí vivían; pero retuvo a Márquez hasta que Bazaine y la vanguardia entraron en la ciudad. La noche del siete de junio, después de una semana de angustia, Sara Yorke oyó la música de una marcha de Wagner y fue a acostarse tranquilizada, sabiendo que los franceses habían llegado y que ella y su familia estaban a salvo.

A la mañana siguiente, Bazaine y su Estado Mayor llegaron con el resto de la vanguardia, y Sara salió a su balcón para mirarlos. Dos oficiales franceses la observaron con interés masculino. Eso no la sorprendió, pues aunque hacía poco que había cumplido dieciséis años se la había criado en la alta sociedad parisiense. Pensó que era probablemente la primera vez en muchos meses que los oficiales veían a una joven blanca, aunque en realidad debían haber visto a varias en el ambiente de la sociedad conservadora que los había acogido con tanto entusiasmo en Puebla.

Forey realizó su entrada ceremonial dos días después, cabalgando a la cabeza del ejército, con Almonte a la derecha y Saligny a la izquierda. Era un día glorioso y soleado, y millares de personas acudieron a verle. Sara Yorke recogió la impresión de que todos daban vivas a los franceses, pero el joven José Luis Blasio, que dieciocho meses después se convirtió en el secretario de Maximiliano, pensó que si bien la aristocracia y la clase media manifestaban entusiasmo, las clases bajas guardaban silencio.

Bazain había designado jefe de un gobierno provisional al general Mariano Salas, un conservador de setenta y dos años, que jamás había representado un papel destacado en la vida política o militar. Salas salió al encuentro de Forey y le entregó las llaves de la ciudad —un gesto histórico y simbólico, pues Ciudad de México ya no tenía puertas ni muros—. Después, Forey y sus oficiales asistieron a un *Te Deum* en la catedral. Forey había impartido a Bazaine órdenes expresas de que Márquez y sus hombres atravesaran la ciudad en una cabalgata triunfal, y en efecto fueron recibidos por los conservadores que formaban parte de la multitud con entusiasmo todavía mayor que los franceses.

Al comienzo de la campaña, Forey había recibido instrucciones precisas de Napoleón III acerca de su relación con los líderes conservadores mexicanos. Debía aceptar la ayuda de todos los mexicanos que ofrecieran su colaboración, y tenía que decirles que ellos decidirían la clase de gobierno que deseaban crear; pero el propio Forey ejercería el poder real. "Allí donde flamea nuestra bandera, usted debe ser el amo absoluto", le había escrito Napoleón el tres de agosto de 1862; seis meses más tarde, el emperador le dijo en términos un tanto diferentes: "Usted debe ser el amo en Ciudad de México sin parecerlo."

Forey debía designar un gobierno provisional de conservadores mexicanos y forzarlos a que obedecieran sus órdenes. Debía reprimir a los extremistas liberales *puros* y a los partidarios de Juárez, y obligar a todos a aceptar "la intervención", pero debía tratar de conquistar a los liberales moderados. Tenía que proteger la religión de los excesos de los juaristas y reconocer a la Iglesia Católica Romana como la única religión oficial, pero obligaría a los conservadores y a la Iglesia a aceptar la tolerancia religiosa y a reconocer los títulos de los que habían comprado tierras eclesiásticas. Concedería la libertad de prensa, sujeta al sistema de advertencias vigente en Francia, que permitía que el gobierno clausurara, después de tres avisos, al periódico que criticaba en exceso sus medidas. Todas las noches el editor debía enviar a la oficina del censor las pruebas del periódico que se publicaría al día siguiente.

Después que Juárez salió de Ciudad de México, el periódico conservador *El Cronista de México*, clausurado poco antes por Juárez, reapareció el tres de junio, aclamando la victoria del ejército francomexicano y el fin de la "tiranía liberal", que era "la tiranía más bárbara concebible". El 10 de junio, día de la entrada de Forey en la ciudad, comenzó a publicarse un nuevo periódico conservador, *La Sociedad*. Declaraba que el pueblo derramaba lágrimas de gratitud, agradecido porque se le había liberado de la bandera roja y del gobierno que se había apoderado de la propiedad de la Iglesia. Pero el placer de los conservadores de las clases alta y media se vio un tanto menoscabado cuando descubrieron que como propietarios de las casas más espaciosas de la ciudad debían alojar en sus residencias a oficiales y soldados franceses.

Se pidió a Sara Yorke que aceptara a dos oficiales navales. No deseaba tener extraños viviendo en la casa, y se lo dijo muy claramente a los dos oficiales cuando estos llegaron; pero "comprobó que eran perfectos caballeros, y se sintió completamente conquistada por sus modales impecables a pesar del maltrato. Antes de que pasara mucho tiempo éramos y continuamos siendo los mejores amigos". Mientras los oficiales se mostraban encantadores con Sara y su hermana, sus ordenanzas hacían el amor a las criadas indias de Sara.

Forey había ordenado a todos sus oficiales y soldados que exhibiesen su mejor comportamiento, y los hombres no necesitaron mucho tiempo para entablar relaciones cordiales con las mujeres. Los oficiales franceses acompañaban al teatro a las jóvenes de buena familia, asistían a bailes y fiestas en las casas, y fácilmente aceptaron el papel de novio, o pretendiente, que en el tradicional estilo mexicano cortejaba a la dama del modo más elegante y decoroso. Los oficiales incorporaron al idioma francés una palabra nueva, *noviotage*. Hubo buen número de matrimonios de mujeres mexicanas con militares franceses, tanto en las clases altas como en las bajas.

Forey hizo todo lo posible para fomentar estas relaciones amistosas. Tres semanas después que los franceses entraron en la ciudad, se ofreció en el Teatro Nacional un gran baile para los oficiales franceses y las clases alta y media. Varios ciudadanos destacados se negaron a asistir, pero acudieron 3.000 personas. *La Sociedad* afirmó que era "una protesta elocuente contra el pasado".

El banquero Eustacio Barrón ocupaba siempre un lugar de primer plano. Su abuelo había llegado a México siendo un inmigrante pobre originario de Inglaterra, pero don Eustacio se había convertido en uno de los hombres más ricos, y también de los más altos y más corpulentos del país; y decían que valía unos 30 millones de dólares. Era el presidente del banco Forbes and Company, que tenía filiales en varias ciudades de provincia, además de Ciudad de México, y también era uno de los principales accionistas de la English Mining Company de Pachuca, y de compañías productoras de oro de California, con intereses comerciales en San Francisco y en los buques de vapor que navegaban por el río Amur, en Vladivostok. Ofreció bailes y fiestas a los oficiales franceses en su casa de la calle de San Francisco, y en su espléndida residencia de campo de Tacubaya.

Al principio, los Chasseurs d'Afrique establecieron sus cuarteles de caballería en la Alameda, donde la aristocracia y las clases medias se reunían todos los días para realizar sus paseos matutinos. Los franceses clausuraron la Alameda a todos los civiles. Esta medida molestó mucho, pero pocos días después la caballería se retiró y la Alameda de nuevo quedó abierta al público. Forey ordenó que una banda militar tocase allí todos los días de las diez de la mañana a la una de la tarde. El propio Forey a menudo se acercaba mientras la banda tocaba, y hablaba con la gente, especialmente con los niños, que terminaron simpatizando con el anciano y alto caballero de espeso bigote blanco, que vestía el uniforme completo con los pantalones y la chaqueta azules, las enormes botas de cuero y el sombrero recamado de oro. Cuando llegaba a la Alameda los niños corrían hacia él gritando: "¡Aquí viene don Forey!" El les compraba juguetes y golosinas, y les permitía que se sentaran sobre sus rodillas y jugasen con sus medallas y su espada.

Aunque los niños simpatizaban con Forey, no era el caso de los liberales, ni siquiera de los liberales moderados cuyo apoyo Napoleón III deseaba conquistar, pues en las cuestiones políticas Forey se atenía al consejo de Saligny y Almonte. Restableció los antiguos títulos de nobleza españoles, que habían sido abolidos por la república después que México llegó a ser independiente. Permitió que la tradicional procesión religiosa que atravesaba las calles el día de Corpus Christi se celebrara tres semanas tarde, pues el día de Corpus Christi Juárez aún estaba en Ciudad de México, y él había prohibido todas las procesiones religiosas en las calles. Los liberales moderados tal vez no se hubiesen opuesto a la procesión, pero los irritó el decreto que obligó a todos los que caminaban por la calle a descubrirse o a saludar a la procesión cuando pasaba la Sagrada Hostia. Los moderados también se opusieron al decreto que confiscaba la propiedad de una serie de liberales destacados, salvo que declarasen su apoyo a la intervención y al nuevo gobierno de Ciudad de México.

Forey no perdió tiempo en organizar el gobierno provisional. Designó a treinta y cinco mexicanos destacados para que se convirtieran en miembros de una junta destinada a organizar el futuro gobierno del país. Casi todos los miembros eran conservadores, y diez habían ocupado cargos en el gobierno de Miramón. La junta designó a tres regentes destinados a dirigir momentáneamente el país: Almonte, el general Salas y el obispo Labastida. El obispo Ormeachea de Tulanciago fue designado suplente por el Consejo de Regencia hasta que Labastida, designado arzobispo de México por el Papa, regresara a Ciudad de México. Almonte fue elegido presidente del consejo.

Napoleón III estaba complacido. Ahora podía saborear la gloria de la captura de Puebla y Ciudad de México. Había llevado mucho tiempo; los franceses habían sufrido sorprendentes derrotas; y era una lástima que la noticia de la captura de Puebla no hubiese llegado a Francia antes del día de la elección. Pero Napoleón todavía contaba con una cómoda mayoría en el Corps Législatif, y el pueblo francés se mostraba menos preocupado por México. Los informes de los *procureurs* referidos a la reacción del público no eran del todo satisfactorios. Las noticias habían sido recibidas entusiastamente en Besançon, Burdeos, Colmar, Douai, Metz, Rennes y Agen; pero se había observado una decepcionante falta de interés y satisfacción en Aix y Amiens, y los habitantes de Poitiers y Riom habían saludado la victoria francesa sólo porque creían que significaba el fin de la expedición a México, y que las tropas pronto volverían a casa.

Los propagandistas oficiales se esforzaban realmente. Uno de ellos reveló que Napoleón III había dicho que la expedición a México sería "la más hermosa página de mi reino", y ahora se había comprobado que esa afirmación era cierta. El autor de *La captura de Puebla* saluda "esta nueva victoria del ejército invencible, que es el verdadero nombre del ejército francés" bajo el liderazgo de "Napoleón III, este gran hombre ante quien se inclinan incluso sus enemigos". Cuando España e Inglaterra, atentas sólo a sus propios intereses, se habían retirado de la intervención conjunta, resultó necesario demostrar al mundo "que Francia, guiada por el hombre más grande de la historia, rehusará retirarse cualquiera sea el peligro, si se trata de salvaguardar su honor y proteger a la humanidad doliente". El príncipe Henry de Valori escribió que la captura de Puebla y Ciudad de México había ampliado la lista de ocasiones en que Dios había actuado por intermedio de los franceses.

La victoria de México originó un brote de propaganda antinorteamericana en Francia. Un escritor supuso que Estados Unidos y su aliado Juárez apuntaban al dominio mundial. La victoria en la Guerra Civil y en México, y la doctrina Monroe, eran sólo la primera etapa del plan. "Cruzar el Atlántico y llevar a Europa el dominio norteamericano era la segunda." Otro autor afirmó que el pueblo de Estados Unidos siempre había odiado a los franceses, y reveló que unos pocos años antes el administrador del teatro francés de San Francisco había sido muerto a balazos en el vestíbulo a manos de un conocido delincuente. El delincuente había atravesado a caballo las calles de San Francisco un día tras otro, a lo largo de un mes, sin que las autoridades realizaran el más mínimo intento de arrestarle. Los propagandistas de Napoleón no dejaban de señalar que, si bien Francia tenía riqueza suficiente para solventar su gloria, debía recompensar ella misma sus propios esfuerzos anexando las provincias mexicanas de Sonora y Chihuahua, con sus depósitos de cobre, mercurio y plata; si Francia no se apoderaba de esos territorios, a su tiempo caerían en manos de Estados Unidos.

Las celebraciones de la victoria en México continuaron en Francia a lo largo del verano. El 20 de julio, mientras Napoleón pasaba sus vacaciones en Vichy, llegaron las banderas enemigas capturadas en Puebla, que le fueron entregadas por el marqués de Galliffet, quien aún no se había recuperado totalmente de su herida y caminaba apoyado en muletas. Napoleón atravesó el parque con Galliffet, para asistir a la misa, y los trofeos fueron llevados en triunfo a través de la ciudad. La captura de Puebla y Ciudad de México fue el tema central de las festividades del 15 de agosto, cumpleaños de Napoleón I, una fecha que durante el Segundo Imperio había remplazado al 24 de febrero (día del estallido de la Revolución de 1848) como Día Nacional de Francia. En París, que soportó el día más caluroso en noventa y ocho años, el Campo de Marte fue iluminado y adornado con una gigantesca letra N, y con referencias a Puebla y a Ciudad de México; y en cumplimiento de un decreto oficial se realizaron celebraciones análogas en 33.000 comunas de Francia.

Napoleón III se sintió bastante complacido por las reacciones extranjeras frente a sus éxitos en México. Por consejo de Bismarck, el rey de Prusia envió a Napoleón un mensaje de felicitación por la captura de Puebla. El gobierno británico, aunque se mostró cauteloso a la hora de saludar los episodios de México, pareció mostrarse un poco menos escéptico frente a los planes de Napoleón que un año antes, y varios periódicos británicos influyentes aplaudieron su éxito. En la *Blackwood's Magazine* se publicó el siguiente comentario: "Napoleón III es un monarca de genio desusado. De todos los proyectos de Napoleón III, este es el que será especialmente aplaudido por el bien que aportará al mundo en general." Por mucho que Gran Bretaña mirase con sospecha los designios de Napoleón III en Europa, debía ser felicitado por haberse negado a soportar la insolencia de "un indio de pura sangre como Juárez". *The Times* estaba complacido porque los franceses finalmente habían triunfado sobre "una de las razas más degeneradas y despreciadas de los dos hemisferios".

Napoleón se sentía menos complacido ante el sesgo de los hechos en Estados Unidos. Un mes después de la entrada de los franceses en Ciudad de México, el Norte ganó la batalla de Gettysburg y se apoderó de Vicksburg, con lo que destruyó cualquier posibilidad de que Napoleón III lograse persuadir al gobierno británico de unírsele en una posición de reconocimiento de la Confederación; y aunque los simpatizantes del Sur, incluso el *Morning Post*, continuaron creyendo en una victoria confederada, la mayoría de los observadores pensó ahora que en definitiva el Norte vencería. Pero aún era necesario afrontar muchos combates, y Lincoln y Seward continuaban decididos a evitar todo lo que pudiese molestar a Francia.

14

Bazaine contra la Iglesia y la guerrilla

Las perspectivas de Juárez en San Luis Potosí eran sombrías. No había podido convencer a ninguno de los ministros de las cuatro legaciones que aún permanecían en México —Estados Unidos, Ecuador, Perú y Venezuela— de que le acompañasen al norte. Todos, incluso sus amigos Corwin, de Estados Unidos, y Corpancho, de Perú, habían insistido en permanecer en Ciudad de México, porque de ese modo era más fácil comunicarse con los respectivos gobiernos y desde allí proteger los intereses de sus compatriotas. En el caso de Corpancho también era cierto que podía ayudar mejor a Juárez desde Ciudad de México. Varios liberales, buscados por los franceses y por los conservadores mexicanos, permanecían ocultos en la legación peruana, y Corpancho podía utilizar el maletín diplomático para enviar información útil a Juárez. Cuando Bazaine y Almonte descubrieron lo que Corpancho estaba haciendo, le expulsaron de México. Corwin no podía hacer nada parecido en favor de Juárez, en vista de la política de rigurosa neutralidad de Seward.

Los periodistas liberales se habían trasladado a San Luis Potosí, donde Zarco fundó un nuevo periódico, *La Independencia Mexicana*, que sucedió a *El Siglo XIX*. En el primer número, publicado el 15 de junio de 1863, declaró que el gobierno republicano legal de México continuaría luchando hasta el fin, y a su tiempo destruiría las esperanzas y las ilusiones de Napoleón III. Entretanto, Napoleón rayaba las alturas, y parecía que Juárez se hundía. En el Corps Législatif de París, Favre y Thiers exhortaban al gobierno a iniciar negociaciones con Juárez, ahora que la derrota del 5 de mayo había sido vengada y el honor francés restituido con la captura de Puebla y Ciudad de México; pero Eugène Rouher, que desde la muerte de Billault había sido el portavoz del emperador en la cámara, ridiculizó la idea. "¿Negociar con Juárez?" preguntó despectivamente. "¿Después que lo hemos derrotado en Puebla? ¿Después que nuestro ejército entró triunfalmente en Ciudad de México? ¿Cuando estamos persiguiendo a sus hordas en fuga que se dirigen a Querétaro, Guanajuato y San Luis Potosí?"

En este momento tan grave, los políticos liberales de San Lus Potosí estaban jugando su juego favorito, que era el de las disputas internas. Juárez deseaba formar un nuevo gobierno que incluyese a los más importantes líderes liberales, es decir Doblado tanto como Zamacona y Zarco. Doblado aceptó unirse al gobierno, pero sólo si se excluía a Zamacona y Zarco, que debían salir de San Luis Potosí. Juárez intentó reconciliarlos. Como comandante militar del distrito, Doblado firmó una orden que expulsaba de la ciudad a Zamacona y Zarco. Los dos hombres apelaron a Juárez, que rescindió la orden y creyó que había convencido a Doblado de que aceptara su decisión. Pero dos días después Zarco escribió a Juárez que Doblado le había dicho que si bien había revocado la orden de expulsión para complacer a Juárez, de todos modos enviaría soldados que expulsaran por la fuerza a Zarco, a menos que saliera de San Luis Potosí en el plazo de una semana. Juárez de nuevo convenció a Doblado de que modificase su posición, pero Doblado se negó a unirse al nuevo gobierno que se formó el 8 de septiembre.

El único rayo de esperanza provenía de Estados Unidos, donde la campaña de propaganda de Romero parecía estar produciendo cierto efecto. La situación se alivió gracias a las victorias de la Unión en la Guerra Civil durante el verano de 1863, a la impresión sufrida en Estados Unidos cuando llegó la noticia de que los franceses habían entrado en Ciudad de México, y a la publicación en París de un folleto titulado *Francia, México y los Estados Confederados* que, de acuerdo con lo que se sabía, había sido escrito por Michel Chevalier, el ex socialista saint-simoniano que se había convertido en ardiente partidario de Napoleón III, y de acuerdo con la opinión general era su portavoz oficioso. En este folleto Chevalier argüía que si bien Francia había hecho la guerra en busca de la gloria y en defensa de la civilización, la expedición a México le aportaría grandes ventajas comerciales; pero creía que para alcanzar el éxito era necesario además promover la intervención francesa en la Guerra Civil americana del lado de la Confederación.

En Nueva York se publicó, como obra de Chevalier, una traducción inglesa de *Francia, México y los Estados Confederados*. Provocó irritación y alarma, pues el *New York Times* declaró que sin duda estaba inspirada por el propio Napoleón III. El periodista Vine Wright Kingsley escribió una reseña del folleto, en que por implicación criticó la política de apaciguamiento de Seward frente a Francia y afirmó que si Napoleón III insistía en su conquista de México y reconocía a la Confederación, Estados Unidos debía estar dispuesto a hacer la guerra a Francia, "por mucho que eso duela al secretario de Relaciones Exteriores".

Los regentes de Ciudad de México pronto iniciaron sus trabajos con el fin de satisfacer los deseos de Napoleón III, y así solicitaron a Maximiliano que fuese su emperador. Eligieron a 231 personas eminentes, casi todas de orientación conservadora, para formar la Asamblea de Notables, la cual se reunió en el Palacio Nacional de la ciudad el 10 de julio de 1863, y aprobó cuatro resoluciones. De acuerdo con la primera, "la nación adopta como forma de gobierno la monarquía hereditaria limitada bajo la égida de un príncipe católico" —fue aprobada por 229 votos contra dos—. La segunda resolución, que el monarca debía exhibir el título de emperador de México, y la tercera, que ofrecía la corona al archiduque Maximiliano de Austria, fueron aprobadas por unanimidad. La cuarta declaraba que si el archiduque Maximiliano rehusaba aceptar la corona, sería necesario ofrecerla a otro príncipe católico elegido por Su Majestad, el emperador Napoleón III. Fue aprobada por 222 votos contra nueve.

Al margen de lo que creyese respecto de la monarquía o la república, el pueblo de Ciudad de México estaba convencido de que todo el asunto había sido orquestado por los franceses. Decían que los franceses habían pagado los elegantes uniformes y las levitas con que se habían vestido los notables para asistir a la reunión de la Asamblea.

Maximiliano habían sido uno de los primeros en felicitar a Napoleón III por la captura de Puebla y Ciudad de México. Escribió a Napoleón que "con la ayuda de la mano poderosa de Su Majestad" el pueblo de México se vería liberado de la anarquía, y que Inglaterra pronto abandonaría su renuencia a apoyar "los nobles esfuerzos de Su Majestad". Las noticias provenientes de México habían determinado otro cambio en la actitud de Maximiliano: todas las dudas acerca de la aceptación del plan que había sentido en mayo de 1862 ahora se habían disipado, y revivía su entusiasmo original.

El ocho de agosto Maximiliano recibió un telegrama de Napoleón que le decía que la Asamblea de Notables de Ciudad de México le había ofrecido el trono. Maximiliano se sintió complacido y escribió a Napoleón para asegurarle que ansiaba "cooperar en la obra de regeneración de México". Pero creía que, como ahora parecía probable, con una victoria norteña en la Guerra Civil americana él necesitaría, en su condición de emperador de México, un tratado de alianza con Francia y Gran Bretaña que le garantizara la defensa de México contra cualquier ataque durante un período de 15 o 20 años. Abrigaba la esperanza de que el rey Leopoldo podría persuadir a la reina Victoria de modo que ella indujese a su gobierno a facilitar esta garantía. Pero Russell se negó obstinadamente.

Napoleón aseguró confiadamente a Maximiliano que la oposición en México a la intervención francesa pronto cesaría y que "antes que termine el verano México quedará pacificado y transformado". Maximiliano coincidió con este pronóstico optimista. El 12 de septiembre escribió a Napoleón que todas las noticias provenientes de México confirmaban "que dondequiera que aparecen las fuerzas expedicionarias, se las recibe como a libertadoras", y que todo el país se vería pacificado "en pocos meses". Pero en el otoño de 1863 los franceses controlaban únicamente la región que media entre Veracruz y Ciudad de México, e incluso en partes de esa zona las guerrillas se mostraban activas.

En una aldea cercana a Cotastla, entre Veracruz y Orizaba, el señor Molina, que era el comerciante local más acaudalado, apoyaba a las guerrillas. Estaba agasajando a los guerrilleros en su casa cuando Du Pin y la *contre-guérilla* realizaron una súbita incursión sobre la aldea. Los guerrilleros se alejaron a tiempo. Habían atado sus caballos a la empalizada que estaba frente a la casa de Molina. Mientras se esforzaban por desatar las cuerdas, Molina se apoderó de un machete y las cortó, y los guerrilleros huyeron mientras los franceses descendían por la calle de la aldea.

Los franceses se apoderaron de Molina y uno de sus primos que le acompañaba. Cuando revisaron la casa, encontraron cartas de los jefes guerrilleros a Molina. Du Pin ordenó que Molina y su primo fuesen ejecutados inmediatamente. La esposa de Molina pidió a Du Pin que les perdonase la vida, pero el francés se negó, y los dos hombres fueron fusilados ante los ojos de la mujer. Ella permaneció serena e inmóvil mientras se realizaba la ejecución, pero cuando Du Pin montó su caballo, ella le dijo: "Coronel, usted morirá antes de una semana". Du Pin no contestó, y cuando el francés se alejó ella se echó a llorar.

El 29 de septiembre Du Pin fue a Veracruz para arreglar el pago de los salarios de sus hombres. Hizo saber que saldría de Veracruz el uno de octubre en el tren de las dos de la tarde que se dirigía a La Soledad. Pero en secreto salió de la ciudad por la mañana temprano. El tren de las dos, defendido por un pequeño destacamento de soldados franceses, entre ellos algunos de los negros que habían llegado de Egipto, fue descarrilado al atravesar el bosque de La Pulga, en una hondonada entre dos altas laderas. Los soldados y otros pasajeros que consiguieron salir de los vagones volcados soportaron el fuego de los guerrilleros que les tiraban desde los dos costados. Los franceses y los egipcios respondieron a los disparos, pero muchos de ellos murieron cuando los guerrilleros recibieron refuerzos de caballería. Algunos de los sobrevivientes heridos informaron después que en la culminación del ataque apareció una mujer y preguntó si Du Pin estaba entre los muertos. Creían que era la señora Molina, que había pagado a los guerrilleros una elevada suma de dinero para inducirlos a atacar el tren. Pero los guerrilleros no necesitaban que les pagasen para descarrilar un tren militar francés, hazaña que realizaron en varias ocasiones en el breve tramo de la línea ferroviaria que iba de Veracruz a Camerone.

Los franceses fusilaban y ahorcaban a los guerrilleros e imponían multas colectivas en los pueblos y las aldeas de las regiones en que las guerrillas se mostraban activas. Pero Napoleón III escribió a Forey para decirle que había oído que los mexicanos temían los apaleamientos y el exilio más que la muerte, le exhortó a usar como castigo la flagelación. Forey y sus oficiales ejecutaron las órdenes de Napoleón, y los mexicanos que se oponían a los franceses sufrían el castigo del látigo.

El capitán Henri Loizillon, que se había distinguido en Crimea, era un fiel oficial militar, pero tenía opiniones moderadamente liberales. Llegó a México en octubre de 1862 y combatió en Puebla. Escribió regularmente a sus padres, residentes en París, durante el sitio de dos meses, para decirles que Puebla sería capturada en el lapso de una semana, y que poco después los franceses llegarían a Ciudad de México. Después de entrar en la capital conoció a varios liberales mexicanos que se oponían a la política conservadora que Saligny aconsejaba a Forey, a los decretos que obligaban a la gente a descubrirse al paso de las procesiones religiosas, y a la amenaza de confiscar la propiedad de los partidarios de Juárez. A Loizillon le incomodaba que el ejército francés aplicara esas medidas en México, y escribió en ese sentido a sus padres y a una de sus amigas de París, madame Hortense Cornu.

Cuarenta años antes, madame Lacroix, madre de Hortense Cornu, había sido criada en la casa de la madre de Napoleón III, la reina Hortense, que estaba en Suiza. Cuando era una niña pequeña, Hortense Lacroix había pasado muchas horas jugando en el jardín con el hijo de la reina Hortense, el príncipe Luis Napoleón. Llegaron a ser grandes amigos, y la amistad continuó cuando crecieron y ella se casó. Napoleón cierta vez le escribió que la amistad entre ellos podía haber sido tan profunda y duradera sólo porque nunca había tenido un ingrediente sexual.

Hortense Cornu llegó a ser socialista y se sintió complacida cuando Luis Napoleón escribió libros en favor del socialismo durante su exilio en Londres y en la prisión de Ham, donde ella le visitaba regularmente. Pero se sintió ofendida cuando él ejecutó su golpe de Estado, el 2 de diciembre de 1851, y encarceló a 10.000 socialistas y radicales en los campos de internación de Argelia y Cayena. Le escribió que rompía relaciones con él y jamás volvería a hablarle. El se sintió entristecido y dijo a Hortense que le había juzgado mal. Unos años después, le escribió para decirle que lamentaba muchísimo que la amistad entre ellos hubiese terminado, y para invitarla a que le visitara en las Tullerías. Ella se negó a ir a verle, pero en marzo de 1863 él lo intentó de nuevo, y esta vez la dama accedió. Después, ella le visitó con frecuencia en las Tullerías. El la consultaba acerca de sus problemas personales con Eugenia y sus amantes, y en relación con sus dificultades políticas, y Hortense Cornu le ayudó en los trabajos de investigación relacionados con la biografía de Julio César.

Cuando Hortense Cornu recibió de México la carta del capitán Loizillon, fue directamente a las Tullerías y se la mostró a Napoleón. El le dijo que no deseaba que su ejército en México fuese el instrumento de la reacción clerical. Pocas semanas después nombró mariscal de Francia a Forey y le llamó a París, explicándole que México era un teatro bélico demasiado limitado para la actuación de un mariscal de Francia. En julio de 1863 nombró a Bazaine comandante en jefe en México, remplazando a Forey. El ejército se sintió complacido con la designación de Bazaine, pues creía que su victoria sobre Comonfort era el factor que les había permitido apoderarse de Puebla. También tenía la ventaja de que sabía español. Había aprendido el idioma y se había casado con una joven española al prestar servicio con las tropas francesas en España, del lado liberal, durante la Guerra Carlista.

Napoleón también llamó a Saligny, a quien había apoyado contra viento y marea pese a las opiniones de Wyke, Prim, Jurien y Lorencez. Saligny estaba furioso. Ni Forey ni Saligny deseaban retirarse de México. Forey señaló como motivo para permanecer en el país que no deseaba viajar por las tierras calientes en verano. Los soldados franceses compusieron una canción: "¿Quieren o no quieren irse?" Bazaine escribió al mariscal Randon y a Napoleón III para señalar que era usual en el ejército francés que las órdenes del emperador fuesen acatadas con prontitud. En definitiva, Forey y Saligny partieron. Los conservadores mexicanos se inquietaron ante la partida de Saligny; reunieron 100.000 dólares en suscripción pública para ofrecerle un regalo de despedida.

Bazaine tenía mucha capacidad, así como energía y decisión, pero mostraba muy escaso tacto. Eugenia creía que la política francesa en México debía ser la del puño de hierro revestido con un guante de terciopelo; pero Bazaine no se molestaba en disimular el puño de hierro. Sabía lo que Napoleón deseaba que él hiciera, y no veía motivo para disimular su intención de ejecutar los deseos del emperador, por mucho que eso molestase al pueblo de México. Su tarea era mantener la autoridad del ejército francés en México, obligar al pueblo a obedecerla, aplastar la resistencia de los partidarios de Juárez e impedir que la Iglesia y los conservadores mexicanos desarrollaran una política de intolerancia religiosa y reacción. Cuando recibió el mando de Forey, Napoleón le escribió: "Impida la reacción en México obligándolos a sentir que la espada de Francia es siempre la que está al mando." Bazaine obligó a los regentes a anular los decretos que habían sido objetados por los liberales moderados.

Bazaine se atenía exactamente a las leyes de guerra reconocidas al distinguir entre el ejército liberal mexicano de carácter regular, contra el cual los franceses habían combatido en Puebla, y los guerrilleros, que operaban como irregulares detrás de las líneas francesas. Cualquier acto de hostilidad contra el ejército francés debía ser juzgado por una corte marcial constituida por tres oficiales, uno de los cuales debía ostentar el rango de coronel o uno más elevado. Siempre que fuera posible, uno de los tres oficiales debía ser un mexicano al servicio de los franceses. Se otorgaría al acusado los servicios de un intérprete, y si así lo deseaba, de un oficial que fuese abogado, y que el tribunal le asignaría. No había apelación ante el fallo del tribunal, que se dictaría por veredicto de la mayoría, y todas las sentencias, incluso la de muerte, debían ser ejecutadas dentro de las veinticuatro horas. Pero Bazaine no se oponía a que en los casos urgentes sus oficiales ejecutaran a los guerrilleros sin la formalidad de una corte marcial.

También a veces los guerrilleros fusilaban a sus prisioneros. Cuando capturaban a funcionarios oficiales que habían colaborado con los franceses o aceptado un cargo en el gobierno de los regentes, le sentenciaban a muerte y le ejecutaban de acuerdo con las cláusulas del decreto dictado por Juárez el 25 de enero. En enero de 1864 el coronel Garma, líder guerrillero liberal, atacó el pueblo de Irapuato, cerca de Guanajuato, y capturó al prefecto político del lugar, que había sido designado por la regencia. Bazaine envió un mensaje a Garma, diciéndole que si se perjudicaba el prefecto, él fusilaría a una serie de prisioneros que tenía en su poder, incluso el sobrino del general juarista Barragán, que sería el primero en ser fusilado. En este caso, se procedió a un canje de prisioneros.

Cuando sus soldados sufrían un ataque o había una incursión contra la línea ferroviaria cerca de Veracruz, o cualquier otra actividad guerrillera, Bazaine imponía una multa colectiva a los habitantes del pueblo o la aldea más próxima. En los peores casos, ordenaba que quemasen el pueblo o la aldea. En marzo de 1864, después de un incidente originado en la actividad guerrillera cerca de la aldea de Tlacolulán, en el distrito de Jalapa, Bazaine ordenó a su subordinado mexicano, el general Liceaga, que quemase la aldea. Liceaga tenía escrúpulos al respecto, y pidió a Bazaine que preservase a Tlacolulán. Bazaine escribió a Liceaga que comprendía que este actuaba con las mejores intenciones, pero "quizá ha olvidado que en Ciudad de México hay un comandante en jefe del ejército francomexicano... Repito que Tlacolulán debe ser destruida... En este país se requiere un ejemplo severo. Si usted no quiere hacerlo, a pesar de mis órdenes, ordenaré que lo haga un puñado de soldados a quienes enviaré a esa región."

Bazaine se entrometía en todos los detalles del gobierno. El prefecto político de Ciudad de México, que estaba a cargo de la policía local, recibía de Bazaine más instrucciones que nadie. Se ordenó al prefecto que impidiese que retirasen subrepticiamente dinero de la ciudad para traspasarlo a los guerrilleros de la región circundante, que estaban a las órdenes de Nicolás Romero; que impidiese que la policía mexicana arrestase a los soldados franceses borrachos, los cuales siempre debían ser denunciados a la policía militar francesa, que se encargaría de arrestarlos, y que reprimiese el juego de monte y otros juegos de azar, en que los mexicanos perdían tanto tiempo en lugar de dedicarse a su trabajo. Bazaine incluso impartió órdenes a la policía acerca de las normas de tráfico de la Ciudad de México: debían impedir que los cocheros condujesen sus carruajes de tres en fondo, disputando carreras unos contra otros en las calles.

Bazaine a veces intervenía para proteger a las víctimas de la represión oficial. Cuando supo que los sospechosos políticos permanecían detenidos largos períodos sin juicio en las mismas cárceles que ocupaban los prisioneros condenados, ordenó a las autoridades que los separasen y acelerasen las investigaciones en los casos de los sospechosos. Ordenó también la liberación de un anciano a quien habían arrestado por negarse a firmar una declaración de apoyo a la intervención, y de una serie de hombres apresados a causa de la confusión de identidades. Y ordenó que la esposa de Doblado fuese mantenida sencillamente bajo vigilancia, y arrestada sólo si intentaba comunicarse con su marido en territorio de Juárez.

Se mostró completamente dispuesto a enfrentarse con el clero mexicano. Muchos sacerdotes, en concordancia con las normas emitidas por los obispos en 1857, se negaron a administrar los últimos ritos a los compradores de la propiedad confiscada de la Iglesia, a menos que aceptaran devolver esos bienes. Cuando Bazaine se enteró de la existencia de estos casos, ordenó al obispo local que obligase a los sacerdotes de su diócesis a administrar los últimos sacramentos. Si el obispo decía a Bazaine que el asunto no le concernía, el militar francés reclamaba a los regentes y al obispo Labastida que disciplinaran al obispo.

También se surgieron dificultades cuando la esposa de un oficial francés del Estado Mayor de Bazaine fue a misa exhibiendo la última moda de París. El sacerdote que oficiaba se sintió sorprendido, pues las mujeres mexicanas asistían a la iglesia vestidas de negro y protegidas por espesos velos, y generalmente se sentaban en el suelo de la iglesia. Cuando el sacerdote esbozó un gesto grosero en dirección a la esposa del oficial, el marido se quejó ante el vicario de San José, superior del sacerdote. El vicario desaprobó la conducta del sacerdote, pero dijo que el atuendo usado por las mujeres europeas era inapropiado para asistir a la iglesia en México, y que el clero mexicano tenía derecho a negarles la entrada a sus iglesias si estaban vestidas impropiamente. Bazaine se enfureció. Escribió a Labastida que en vista del hecho de que los franceses eran tan buenos católicos como los mexicanos, las mujeres francesas tenían razón para asistir a la iglesia con el atuendo europeo, y dijo a Labastida que ordenase a su clero que las aceptara.

Cierto día de octubre de 1863 Bazaine, escoltado por sus guardias zuavos, se acercó sin ser invitado a una reunión de los tres regentes de Ciudad de México, y les ordenó que emitiesen un decreto que reconocía la nacionalización juarista de las propiedades eclesiásticas y los títulos de los compradores de las tierras. Almonte firmó, y el anciano Salas, como siempre, imitó la actitud de Almonte. Labastida se negó, y Bazaine le apartó de la regencia. La Suprema Corte, que desde la creación de la regencia había estado formada por jueces conservadores, dictaminó que la acción de Bazaine y los decretos emitidos por Almonte y Salas en ausencia de Labastide eran inconstitucionales. Ante lo cual Bazaine ordenó a Almonte y a Salas que exonerasen a los jueces de la Suprema Corte.

Labastida replicó con la excomunión de todos los que habían asumido cargos bajo la regencia, la organización de una petición firmada por los funcionarios oficiales que protestaba contra la acción de Almonte y Salas, y ordenando que las puertas de la catedral fuesen cerradas el domingo si-

Maximiliano, emperador de México.
(Culver Pictures, Inc.)

Charlotte, emperatriz de México.
(Colección Granger, Nueva York)

Benito Juárez. *(Culver Pictures, Inc.)*

Derecha: Napoleón III y Eugénie.
(Brown Brothers)

La casa de Oaxaca, en donde Juárez vivió desde 1819 a 1828.
(Cortesía de Susan Adrian)

Fuerte Guadalupe en Puebla, escena del combate del 5 de mayo de 1862.
(Cortesía de Barbara Ridley)

General Leonardo Márquez.

Melchor Ocampo.
(Culver Pictures, Inc.)

Miguel Miramón. *(Index)*

General Porfirio Díaz. *(Index)*

Marshal Achille Bazaine
(Colección Granger, Nueva York)

William H. Seward.
(Archivo Bettmann)

Teniente General Ulysses S. Grant,
fotografía tomada por Matthew Brady,
durante la Guerra Civil.
(Archivo Bettmann)

Mayor General Philip H. Sheridan. *(Archivo Bettmann)*

Príncipe Félix zu Salm-Salm

Princesa Agnes Salm-Salm

Maximiliano y Charlotte. *(Culver Pictures, Inc.)*

El Convento de La Cruz
en Querétaro, cuartel de
Maximiliano durante el
sitio.
*(Cortesía de Susan
Adrian)*

Las siguientes cuatro
fotografías y pinturas
fueron enviadas a la
Reina Victoria por el
Ministro Británico en
México el 8 de Julio
de 1867

Prisión de Maximiliano
en el Convento de
Querétaro. *(Reproducida
por permiso de Su
Majestad La Reina)*

Convento de los Capuchi-
nos en Querétaro, en don-
de Maximiliano fue
encarcelado.
*(Reproducida por permiso
de Su Majestad La Reina)*

Arriba Izquierda:
La escena de la
ejecución de
Maximiliano.
Izquierda Centro:
Los soldados del
escuadrón
que dispararon a
Maximiliano.
*(Ambas fotos
reproducidas
gracias a Su
Majestad La
Reina)*

Abajo: Una
representación
imaginaria de la
ejecución de
Maximiliano,
realizada por un
artista
contemporáneo.
(UPI/Bettmann)

guiente, el día en que los soldados franceses normalmente asistían a misa. Labastida preveía que le arrestarían; salió de su palacio arzobispal y todas las noches dormía en una casa distinta. Bazaine decidió que no le convertiría en mártir arrestándole, pero prohibió la publicación de la sentencia de excomunión, exoneró del servicio oficial a todos los funcionarios que habían firmado la petición de Labastida, y dijo que dispararía con cañones a las puertas de la catedral si no las abrían para recibir a los soldados franceses que acudían a escuchar misa. Las puertas fueron abiertas como correspondía, los franceses entraron, y la resistencia de Labastida se derrumbó.

Pronto el clero conservador comenzó a afirmar que Bazaine era peor que Juárez, y que lo mismo que este era masón. Labastida escribió que la Iglesia nunca había sido perseguida con tanta fiereza, ni siquiera con Juárez, como le sucedía con Bazaine y Almonte. Gutiérrez coincidió. "Si vienen a aplicar los principios del derrotado y fugitivo Juárez", escribió, "¿para qué realizamos tantos sacrificios nosotros y nuestros protectores y aliados?"

Juárez y sus partidarios, que aún padecían las consecuencias de sus propias divisiones, por una vez pudieron sentarse tranquilamente y contemplar con regocijo la división en las filas de sus enemigos. Anunciaron que continuarían oponiéndose tanto a los reaccionarios mexicanos como a los invasores extranjeros.

Los conservadores basaban sus esperanzas en Maximiliano. Maximiliano era quien, por sugerencia de Gutiérrez, había pedido al Papa que Labastida fuese designado arzobispo de México. Sin duda Maximiliano, en su condición de emperador, apoyaría al arzobispo y los derechos de la Iglesia, y desautorizaría a Bazaine de un modo que Almonte y Salas en carácter de regentes no podían hacer.

La Asamblea de Notables de Ciudad de México envió una delegación para informar a Maximiliano que el pueblo de México le invitaba a ser su emperador. Los delegados fueron primero a París, donde se reunieron con ellos Gutiérrez e Hidalgo, que los acompañaron a Miramar. Allí fueron recibidos por Maximiliano el tres de octubre de 1863. Gutiérrez, en su carácter de portavoz de la delegación, ofreció la corona a Maximiliano, diciendo que "apenas la nación mexicana había recuperado su libertad gracias a la mano poderosa de un monarca magnánimo", había vuelto los ojos hacia Maximiliano, en su condición de príncipe católico que podía "restaurar la espléndida herencia que no pudimos preservar bajo una república democrática".

Maximiliano había dedicado un tiempo a redactar su respuesta. Había sometido el texto a la opinión de Francisco José, que indujo a Maximiliano a suprimir la frase inicial: "El Emperador, como jefe augusto de nuestra Casa, y yo nos sentimos profundamente conmovidos" por la invitación mexicana. Francisco José dijo a Maximiliano que él no se sentía en absoluto conmovido por el ofrecimiento mexicano. Insistió en que todas las referencias a su persona fuesen eliminadas del discurso, y que ningún funcionario austríaco estuviese presente cuando la delegación fuera recibida en Miramar. Todo el proyecto mexicano era una cuestión personal de Maximiliano con la cual ni el emperador austríaco ni el gobierno mantenían el más mínimo compromiso.

Maximiliano dijo en su discurso que estaba dispuesto a aceptar el trono de México; que sería necesario ofrecer garantías; que debía asegurarse de que la oferta contaba con el apoyo de la mayoría del pueblo mexicano, y que se proponía reinar como soberano constitucional. Después de la ceremonia, dijo en privado a Gutiérrez que estaba un tanto preocupado pues no tenía la certeza de que el Consejo de Regencia y los Notables de Ciudad de México representaran al pueblo mexicano. Señaló que si bien le habían mostrado resoluciones de apoyo a la invitación aprobadas por la población de sesenta y seis localidades, en todos los casos se trataba de pequeñas aldeas próximas a Ciudad de México y Veracruz. Gutiérrez le aseguró que la gran mayoría del pueblo mexicano le esperaba ansiosamente. Dijo a Maximiliano que su retrato había sido exhibido en una serie de lugares de la nación, y que dondequiera que se lo mostraba el pueblo se descubría al acercarse. Para Gutiérrez no fue difícil convencer a Maximiliano de la verdad de esta afirmación, porque el propio Maximiliano deseaba profundamente creer en esas palabras.

Francisco José no se sintió complacido cuando leyó el informe del discurso, pues la referencia de Maximiliano a las garantías no era específica, y el propio Maximiliano no enunciaba claramente la condición en la cual Francisco José le había recomendado que insistiese: la garantía de apoyo de Francia y Gran Bretaña. Napoleón III aprobó la mayor parte del discurso, pero advirtió a Maximiliano que "un país dominado por la anarquía no puede ser regenerado mediante la libertad *parlamentaria*. Lo que se necesita en México es una dictadura *libertad*, es decir un poder fuerte que proclame los grandes principios de la civilización moderna, por ejemplo la igualdad ante la ley, la libertad civil y religiosa, una administración honesta, un procedimiento judicial equitativo". No era posible conceder una constitución hasta que pasaran varios años después de la pacificación del país. Maximiliano explicó a Napoleón que él había mencionado su intención de gobernar como soberano constitucional sobre todo para satisfacer a la opinión pública de Inglaterra e incluso de Austria.

Ahora, Maximiliano estaba decidido a viajar a México, y no quería escuchar ningún consejo en contra de este deseo. En julio de 1863 Richard Holdreth, cónsul de Estados Unidos en Trieste, se atrevió a escribir a su vecino imperial de Miramar una carta en la cual le aseguraba que su única preocupación era "vuestro honor, y el de la ilustre familia a la cual pertenecéis". Advirtió muy francamente a Maximiliano de los peligros con los cuales tropezaría si aceptaba el ofrecimiento que provenía ostensiblemente del pueblo mexicano, pero en realidad partía del ejército francés de ocupación. "Debo observar en primer lugar que el pueblo mexicano ha nacido democrático, y tiene una ansiosa e innata antipatía a los reyes y los aristócratas. Debo agregar además en este sentido que los mexicanos están seguros de la existencia de una simpatía muy cálida hacia el pueblo y el gobierno de Estados Unidos. Estados Unidos jamás tolerará ni un solo día la presencia de un gobierno monárquico, o de cualquier gobierno apoyado por una potencia europea en México."

También advirtió a Maximiliano que Napoleón III, a quien se oponían Victor Hugo y tantos franceses, no reinaría eternamente en Francia. "Los Bonaparte serán expulsados, y a pesar de la idea actual de que Napoleón III posee un tacto y una prudencia superiores, el sobrino correrá la suerte del tío." Pero Holdreth exageró su argumentación cuando escribió que si Napoleón III no retiraba inmediatamente sus tropas de México, Estados Unidos enviaría un ejército de veteranos para expulsarle y bloquearía el Golfo de México. Maximiliano sabía muy bien que mientras continuara la Guerra Civil norteamericana, Lincoln y Seward no harían nada parecido, y que Holdreth seguramente escribía sin el respaldo de la autoridad de los dos hombres.

La única persona cuya advertencia habría podido producir cierto efecto en Maximiliano era su suegro, el rey Leopoldo; pero en la cuestión mexicana el Néstor europeo no se mostró tan sensato como de costumbre. No sólo no desalentó a Maximiliano de la idea de ir a México, sino que le indujo a abrigar la esperanza de que el propio Leopoldo lograría persuadir a la reina Victoria de que modificase la política del gobierno británico y otorgase a Maximiliano la garantía que él reclamaba. En septiembre de 1863 Charlotte fue a Bruselas para ver a su padre, y escribió una reseña completa de sus conversaciones con "el querido papá". El le dijo que era esencial que Maximiliano consiguiera la garantía francesa, y que si bien Inglaterra no daría su garantía porque temía a Estados Unidos, en definitiva se vería obligada a ir a la guerra contra Estados Unidos. Leopoldo dijo que en México Maximiliano debía fundar una prensa que fuese libre pero estuviese sometida a leyes represivas. "En eso no hay contradicción, porque aceptamos únicamente la libertad de hacer el bien, no de dañar."

Francisco José dudaba mucho más que Leopoldo de las perspectivas de Maximiliano. En agosto el conde Rechberg, ministro de Relaciones Exteriores, abordó de nuevo el tema con el embajador británico en Viena, lord Bloomfield, y le pidió que confirmara la impresión que él se había formado de que el gobierno británico no ofrecería a Maximiliano una garantía en México. La respuesta de Russell a Bloomfield no pudo haber sido más clara: "Debo declarar a Su Excelencia que el conde Rechberg acierta al suponer que Gran Bretaña no garantizará al Archiduque el trono de México."

A los ojos de Francisco José y Rechberg pareció evidente que Maximiliano se estaba lanzando a la aventura mexicana sin insistir en las condiciones iniciales. El siete de diciembre Rechberg escribió a

Maximiliano, exhortándole a reflexionar nuevamente, porque aún no era demasiado tarde para retirarse; si se retiraba, Napoleón III sin duda se sentiría decepcionado, pero Napoleón nada podía hacer al respecto y seguramente superaría ese estado de ánimo. Rechberg escribió que era muy seguro que Gran Bretaña jamás aportaría la garantía. ¿Maximiliano podía estar seguro de que Napoleón III realmente mantendría su ejército en México para protegerle todo el tiempo que fuese necesario, y que no llegaría a un acuerdo con Estados Unidos a expensas de Maximiliano?

Pero Maximiliano prefería las cartas que recibía de Gutiérrez, en que este le decía que todos los mexicanos "sin excepción" rogaban a Dios "que el soberano que El les ha concedido" llegase pronto. Maximiliano había decidido sin vacilar que iría cuanto antes a México.

Los sentimientos de ansiedad de Rechberg estaban bien fundados, pues por Wyke había sabido que Napoleón ya comenzaba a alimentar dudas acerca de su política mexicana. Wyke, que había regresado de México a Londres, visitó París en noviembre de 1863 y mantuvo una larga conversación con Napoleón. Fue una visita meramente privada, pero el Foreign Office británico se enteró de todos los detalles. Wyke formuló a Napoleón la misma advertencia que había ofrecido a Saligny en Orizaba, y que Russell había repetido con tanta frecuencia a Thouvenel: a la larga, sería imposible que Francia mantuviese a Maximiliano en el trono de México. Napoleón no discrepó con la idea. "Me he acostado en un lecho de púas, bien lo sé. Pero es necesario resolver el asunto." Deseaba que fuese posible representar el papel de aliado del nuevo Imperio mexicano sin ser su garantía. Temía que cuando sus hombres llegasen al río Grande se enredasen en una serie de choques con los norteamericanos, y sobre todas las cosas deseaba evitar la guerra con Estados Unidos. Pero no quería reconocer que había cometido un error, porque eso podía ser fatal para su prestigio en Francia.

Wyke informó debidamente de esta conversación a Russell y a los consejeros de Maximiliano. Quizá no advertía que cuando Napoleón hablaba de política en una conversación personal generalmente dejaba la impresión de que coincidía con el interlocutor. Sus afirmaciones ante Wyke se asemejaron mucho a las que había formulado a un amigo en 1849, cuando envió tropas para aplastar la República Romana de Mazzini y restaurar al Papa: "Tuvimos que terminar a cañonazos este lamentable asunto romano. Lo deploro, pero, ¿qué puedo hacer?" Aunque fuera de mala gana, Napoleón de nuevo estaba desplegando sus tropas, esta vez en México, para matar a cañonazos a republicanos y rojos.

El riesgo de que los soldados franceses un día pudiesen ser retirados de México hasta cierto punto se veía compensado por el reclutamiento de voluntarios de otras naciones que acudían a las filas del nuevo ejército mexicano de Maximiliano. Maximiliano creía que tanto su país natal como el de Charlotte estarían dispuestos a proporcionar voluntarios. Ya en el otoño de 1861 Francisco José había prometido que permitiría el reclutamiento de voluntarios en Austria.

Los rumores acerca de estos voluntarios austríacos llegaron a oídos del ministro de Estados Unidos en Viena. Era John Lothrop Motley, natural de Boston, abogado, diplomático, novelista, historiador y panfletista político. Después de renunciar al servicio diplomático para escribir *The Rise of the Dutch Republic*, que le dio prestigio internacional, Motley había sido convocado nuevamente a las lides diplomáticas por Lincoln, al comienzo de la Guerra Civil. Todo su historial y sus instintos como protestante de Nueva Inglaterra y liberal, con su odio al absolutismo católico español y a la guerra religiosa agresiva, expresado tan vívidamente en sus libros acerca del siglo XVI, le llevaron a comprometerse profundamente en los hechos contemporáneos de México. Expresó sus sentimientos en cartas dirigidas a Otto von Bismarck, su antiguo condiscípulo de la Universidad de Gotinga, a quien todavía escribía con sorprendente franqueza, en vista de que él era ahora el representante norteamericano en Austria y Bismarck el primer ministro de Prusia.

Pero con su amplia humanidad y su sensibilidad de novelista, de todos modos Motley podía simpatizar con el aprieto en que se encontraba el archiduque Maximiliano, a quien consideraba "un joven un tanto inquieto y ambicioso", dotado de "pretensiones literarias", según se manifiesta en las reseñas de sus viajes. En septiembre de 1863 Motley escribió a su amigo el doctor Oliver Wendell Holmes, de Boston, que el cálido verano austríaco había calcinado todo el suelo, dejando "nada verde en este lugar, salvo la persona del archiduque Maximiliano, que cree firmemente que va a México para fundar un imperio americano, y que su misión divina es destruir el dragón de la democracia y restablecer la verdadera Iglesia, el Derecho Divino y toda clase de juegos. Pobre joven."

Motley informó a Seward acerca del plan de reclutar voluntarios en Austria para luchar en México, y quiso abordar el tema con Rechberg. Seward se lo prohibió. Escribió a Motley que Francia había invadido México y que las dos naciones estaban en guerra; pero Estados Unidos se mantenía rigurosamente neutral, y no tenía el derecho ni el deseo de intervenir en México para derrocar o para defender una forma de gobierno republicana o monárquica. Motley tuvo que consolarse con la idea de que Austria, lo mismo que Estados Unidos, permanecería neutral frente a México, y que Francisco José se había comportado muy bien en todo el asunto, y que había hecho todo lo que estaba a su alcance para desalentar a Maximiliano.

Por desgracia para Maximiliano, cuando actuaba impulsado por los motivos más elevados, el resultado solía ser perjudicial. Sus escrúpulos, que le indujeron a aceptar el trono de México sólo si contaba con el apoyo popular, provocaron más combates y muertes. Mientras él dudaba, pues no sabía si las invitaciones que había recibido de la Asamblea de Notables de Ciudad de México y las aldeas alrededor de Veracruz eran un indicio suficiente de los deseos del pueblo mexicano, Napoleón III pensaba que era deseable conquistar una zona más dilatada del país e inducir a más ciudades a formular la invitación a Maximiliano. En noviembre de 1863 Bazaine desencadenó una ofensiva contra las tropas de Juárez en el norte. Dividió sus fuerzas, y un ejército al mando de Márquez fue a invadir Michoacán, y el otro a las órdenes de Mejía marchó sobre San Luis Potosí. Tanto Márquez como Mejía avanzaron de prisa, y pareció que la resistencia liberal se derrumbaba ante ellos.

Así, Márquez regresó al frente de un ejército francomexicano al estado donde había asesinado a Ocampo y a Valle, y de donde había sido expulsado por Ortega dos años antes. El teniente Laurent, enviado a Márquez con un mensaje del cuartel general francés, se sintió fascinado al ver al hombre de quien había oído hablar tanto. Márquez tenía el cuerpo muy pequeño, con los pies del tamaño de los de un niño, y una barba negra grande y espesa. Hablaba con voz tranquila, pero cuando Laurent le miró a los ojos de expresión acerada bien pudo creer en las historias que se relataban acerca de su crueldad; nadie había cuestionado jamás su honestidad y su consagración al deber. Laurente le describió como un individuo "sombrío, severo y fanático".

El general Tomás Mejía, de cincuenta y cinco años, superaba en más de diez años la edad de Márquez. Mejía era un indio puro, de cuerpo menudo, de cintura angosta y hombros anchos, y una cabeza enorme con los ojos negros penetrantes. Daba la impresión de ser una persona letárgica, incluso perezosa, pero era un infatigable perseguidor de mujeres y poseía una bravura indomable en el combate. Sus hombres le veneraban, y lo mismo podía decirse de todos los indios de su tribu, que vivían en las montañas próximas a Querétaro. Menos de tres semanas después del comienzo de la campaña, había tomado San Luis Potosí, derrotando a 4.000 soldados liberales y capturando ocho cañones. Juárez y su gobierno se apresuraron a abandonar la ciudad, y se dirigieron a Saltillo.

Diez días después Mejía entró en Guanajuato. Bazaine, que había venido de Ciudad de México para unirse al ejército, escribió el 12 de diciembre a Napoleón III: "Sire, los soldados de Vuestra Majestad se han adueñado de Guanajuato desde el día nueve. Entraron en la ciudad sin disparar un solo tiro, entre las aclamaciones de la población, y sobre todo de los habitantes indígenas."

El cinco de enero Bazaine tomó Guadalajara, y el comandante liberal, el general José María Arteaga, se retiró hacia Colima. Los soldados franceses se vanagloriaban de que estaban conquistando México con las piernas, no con las bayonetas.

En París, madame Bazaine mantenía relaciones con un actor, que había dejado a su anterior amante para unirse a la esposa española del general. La amante despechada se sentía muy celosa; escribió a Bazaine acerca de la relación de su esposa, y después alegremente le dijo al actor que le había delatado. El actor habló con madame Bazaine, que fue directamente a las Tullerías, confesó todo al emperador, y le rogó que impidiese que la carta de la amante despechada llegase a manos de Bazaine. Napoleón temió que si Bazaine se enteraba de la infidelidad de su esposa se distraería de sus obligaciones militares, de modo que ordenó a la oficina de correos que interceptara y secuestrase la carta. Era demasiado tarde; la carta ya viajaba en un barco destinado a Veracruz, y no había modo de que la orden de interceptarla llegase a tiempo a Ciudad de México.

Bazaine estaba desarrollando su campaña cerca de San Luis de Potosí cuando la carta llegó al cuartel general del ejército en Ciudad de México. En vista de la ausencia de Bazaine, su ayudante de campo abrió la carta y la leyó. Por propia iniciativa decidió quemarla, sin decir una palabra del asunto a Bazaine. Pocas semanas después, madame Bazaine falleció. La noticia fue comunicada oficialmente por la Oficina de Guerra a Bazaine, que lloró la muerte de su fiel esposa.

Bazaine anunció que el oficial o soldado liberal que se rindiese y firmara una declaración aceptando la intervención sería bien recibido y se le invitaría a intervenir en la reconstrucción del país bajo la regencia y el futuro imperio. Muchos liberales aprovecharon la oportunidad y se rindieron, y comenzó a regir la costumbre de incorporarlos al ejército francomexicano con el mismo rango que tenían a las órdenes de Juárez; aunque Bazaine, que desconfiaba de la lealtad de estos hombres, no se sentía muy complacido por esta norma.

Después de la victoria de Bazaine en Guadalajara, se rindieron tres generales liberales, incluso Uraga, de quien Juárez había sospechado durante los primeros días de la intervención, aunque se había visto obligado a emplearle a causa de la escasez de jefes. Incluso Doblado y Sebastián Lerdo de Tejada (hermano de Miguel Lerdo de Tejada) que era ministro de Relaciones Exteriores del gobierno de Juárez, se comunicaron con Bazaine a través de intermediarios, y también ellos se habrían sometido si Bazaine se hubiese mostrado más flexible. Pero cuando estos hombres hablaron de un armisticio o de negociaciones o garantías, Bazaine se negó a escucharlos. No habría otra Convención de La Soledad. Debían someterse incondicionalmente a la intervención y la regencia, y no era necesario ofrecer garantías, porque ellos podían leer las proclamas emitidas por Forey, Bazaine y Almonte, que les ofrecían la oportunidad de ayudar a la construcción de el nuevo México. Podían ver que estas promesas habían sido cumplidas en el caso de sus colegas que ya se habían rendido.

Doblado y Lerdo decidieron continuar la lucha; pero Doblado abrigaba la esperanza de que sería posible, pese a la respuesta inicial de Bazaine, negociar una paz de compromiso con los regentes. El general Ortega, que había defendido tan valerosamente a Puebla, coincidía con él. Se reunieron con José María Chávez, un anciano de setenta años, que había sido gobernador de Aguascalientes, y los tres coincidieron en que era mejor que Juárez renunciara como presidente de la república, porque para los franceses era políticamente imposible negociar con él. Atrajeron a cinco oficiales y políticos liberales, y utilizando como portavoces a estos cinco individuos pidieron a Juárez que renunciara.

Juárez acababa de llegar a Saltillo después de un viaje de más de trescientos kilómetros a través de la zona desértica y deshabitada que partía de San Luis Potosí, cuando recibió la visita de los cinco hombres. Le dijeron con mucho tacto que sabían por Ortega, Doblado y Chávez que para Juárez el cargo resultaba muy fatigoso, y que deseaba renunciar. Juárez les contestó que no se sentía en absoluto fatigado, y no tenía la más mínima intención de renunciar. Así terminó el intento de desembarazarse de él.

Pero Juárez tropezó con nuevas dificultades y molestias, tanto políticas como personales. Su hijo ilegítimo Tereso, nacido como fruto de una relación amorosa que había mantenido antes de su matrimonio, servía en el ejército liberal, y había sido tomado prisionero por los hombres de Mejía en la batalla por San Luis Potosí. Juárez amaba a Tereso tanto como a sus doce hijos legítimos. Quizá le consoló un poco el hecho de que Bazaine aún insistía en que sus comandantes tratasen a los soldados capturados de las fuerzas regulares de Juárez como prisioneros de guerra. Comonfort, ex jefe al servicio de Juárez, que otrora había traicionado la causa liberal pero poco antes había regresado y servido fielmente en Puebla, fue muerto en una escaramuza con una banda de conservadores mexicanos al servicio de los franceses. Había escasez de dinero y de armas después de la pérdida del arsenal de San Luis Potosí. Juárez escribió a Matías Romero, en Washington, y le exhortó a obtener en Filadelfia el cargamento de armas más amplio posible, y a enviárselas de contrabando en infracción a las leyes norteamericanas.

En marzo de 1864 el general italiano Ghilardi, que encabezaba un grupo guerrillero cerca de Zacatecas, fue capturado por los hombres del general L'Hériller. Ghilardi merecía el odio especial de los franceses porque había frustrado la incursión lanzada por los invasores desde el mar sobre Acapulco; porque según afirmaban había violado un armisticio en Puebla, y, sobre todo, porque había luchado contra ellos a las órdenes de Garibaldi en Roma, el año 1849, y por consiguiente le tenían identificado como rojo y ateo. Fue juzgado por una corte marcial y sentenciado a muerte. El general de Castagny, oficial superior de L'Hériller, al parecer se resistía a fusilar a Ghilardi. Ordenó a L'Hériller que no ejecutara la sentencia hasta que Bazaine la hubiese confirmado. Bazaine ordenó a Castagny que fusilara inmediatamente a Ghilardi.

Pocos días después Bazaine supo que Ghilardi aún vivía, y escribió de nuevo a Castagny ordenándole que fusilara al militar italiano. Pero Castagny no transmitió la orden a L'Hériller, quien ahora escribió directamente a Bazaine para preguntarle qué debía hacer. El 13 de marzo Bazaine escribió a L'Hériller que si sus dos cartas a Castagny se habían perdido, L'Hériller debía utilizar la carta que ahora recibía como autorización para fusilar inmediatamente a Ghilardi sin esperar órdenes de Castagny. Ghilardi fue ejecutado el 16 de marzo. Escribió una carta de despedida a su esposa en Lima, y Castagny la envió a Bazaine, que dispuso fuese entregada por el cónsul francés en Perú.

Los liberales sufrieron otra pérdida menos de tres semanas después en la misma región, en lo que habría de convertirse en uno de los incidentes más controvertidos de la ocupación francesa. De acuerdo con el teniente Laurent, su compañía de Chasseurs d'Afrique, al mando del capitán Crainviller, recibió una petición de ayuda del rancho Mal Paso, a más de treinta kilómetros al sur de Zacatecas, que estaba siendo atacado por una banda guerrillera mandada por Chávez. Los Chasseurs galoparon hasta el rancho y comenzaron a luchar contra los guerrilleros, que se apoderaron de las mujeres y los niños del rancho y los usaron como protección frente al fuego francés. Los guerrilleros consiguieron huir. Los Chasseurs encontraron los cadáveres de siete mujeres y tres niños en el campo de batalla, y eso los dejó "sedientos de la sangre de esos canallas".

Dos horas después un informante se acercó a Crainviller y le dijo que la banda de Chávez estaba celebrándolo en el pueblecito de Jerez, a trece kilómetros de Mal Paso. Los Chasseurs llegaron allí a las cuatro de la madrugada, y encontraron durmiendo a 130 guerrilleros. Los capturaron a todos, incluso a Chávez, antes de que pudieran resistir. Crainviller decidió que Chávez y todos sus oficiales y suboficiales por encima del rango de cabo serían fusilados, y el resto enviado a trabajar en obras públicas. Los treinta y cinco hombres que debían ser fusilados fueron llevados de regreso a Mal Paso, a cargo de Laurent, de modo que fueran ejecutados en la escena del crimen, de acuerdo con la orden general de Forey acerca de la ejecución de los bandidos.

Los condenados no intentaron escapar, y en cambio afrontaron la muerte con esa resignación filosófica que los guerrilleros siempre demostraban cuando los ejecutaban, y que siempre sorprendía a los franceses. Tanto Chávez como su hijo estaban entre los prisioneros, y caminaban juntos. El hijo tenía lágrimas en los ojos, pero el viejo se mostraba inmutable. "Nos habría conmovido la visión de esta escena de familia", escribió Laurent en su diario, "por esa desgarradora despedida final, por ese anciano con su mirada resignada que trataba de pasar por un mártir, si no hubiéramos estado en el lugar mismo en que este canalla había degollado a mujeres y a niños".

Crainviller y Laurent se habían anticipado a los deseos de su comandante en jefe, que al parecer había sido mal informado acerca de lo sucedido. El 10 de abril Bazaine escribió a Napoleón III que el primer batallón de Chasseurs a las órdenes del capitán Crainviller había matado a un centenar de hombres y capturado a cuarenta prisioneros en una acción librada en Jerez el 25 de marzo, y que entre los prisioneros estaba Chávez, el ex gobernador de Aguascalientes, "a quien obligaré a comparecer ante una corte marcial si no muere de sus heridas, a causa de su bárbara conducta hacia los habitantes que se sometieron a la intervención".

Los escritores liberales negaron enérgicamente las acusaciones contra Chávez. Afirmaron que Chávez y sus hombres eran una unidad totalmente disciplinada que jamás saqueaba o asesinaba, y en cambio estaba formada por soldados del ejército liberal que se había retirado a Zacatecas, y por lo tanto no podía ser confundida con un grupo de guerrilleros. Los liberales dijeron que los invasores franceses habían asesinado desvergonzadamente a sus prisioneros de guerra, entre ellos el venerable Chávez, y que después habían inventado la mentira acerca de los excesos de Mal Paso para justificar su crimen contra las leyes de la guerra. Ciertamente, la versión de los hechos suministrada por Laurent suscita graves dudas. Se muestra confuso con respecto al nombre de Chávez, e insiste erróneamente en que el anciano a quien fusiló se llamaba Chaviez, y en que no debía ser confundido con otro hombre llamado Chávez que apoyaba la intervención. Pero no cabe duda de que el hombre capturado en Jerez y fusilado se llamaba Chávez, y en que era un eminente jefe liberal. Incluso si aceptamos la versión de Laurent, parece que las mujeres y los niños no fueron degollados por Chávez, sino que se vieron atrapados en el fuego cruzado, y fueron alcanzados por las balas, aunque no intencionalmente, de los Chasseurs.

Los mismos franceses estaban utilizando los servicios de bandidos que se encontraban a ciento sesenta kilómetros de distancia, en la región de Tepic. Habían incorporado como auxiliares a una banda encabezada por Lozada, un campesino del distrito que se había convertido en bandido después de torturar hasta la muerte a uno de los soldados de Santa Ana que había flagelado a su madre. Los franceses reconocieron que Lozada había saqueado y cometido peores atrocidades en perjuicio de los habitantes locales; pero le pagaron 5.000 dólares por los servicios de sus 5.000 hombres durante la última quincena de marzo de 1864. Durante sus quince días de servicio encontró y mató a muchos guerrilleros. A su debido tiempo, se vio recompensado con el rango de general del ejército francomexicano; después, decidió aprender a leer y a escribir.

Como resultado de su campaña de invierno, los franceses habían ocupado muchos pueblos y ciudades, y pudieron organizar un referéndum para decidir si el pueblo de México deseaba tener como emperador a Maximiliano. Juárez llamó al pueblo a boicotear el referéndum; anunció que quien votase sería considerado colaborador del invasor y se le declararía culpable de acuerdo con el decreto del 25 de enero. La mayoría de los habitantes de las ciudades ocupadas por los franceses acudieron a las urnas y votaron por Maximiliano. Los propagandistas liberales afirmaron que el pueblo había votado bajo la presión de las bayonetas francesas, y esta opinión fue aceptada generalmente en Estados Unidos.

Henry M. Flint, de Filadelfia, que vivía en el Norte pero simpatizó con el Sur durante la Guerra Civil y poco después viajó a México, veía de distinto modo las cosas. Dijo que las bayonetas francesas se habían limitado a mantener abierto el camino que llevaba a las urnas y no habían influido en un solo votante mexicano. Sostuvo que las bayonetas habían protegido a los votantes de los guerrilleros, que en caso contrario los habrían asesinado por atreverse a votar. Flint creía que las tropas francesas eran menos culpables de intimidación que los soldados de la Unión en Maryland y Missouri, que habían obligado a los simpatizantes confederados de esas regiones a votar por Lincoln y los candidatos republicanos en la elección presidencial de 1864, y en otras elecciones entre 1863 y 1866.

Los resultados oficiales ciertamente fueron sospechosos. Los regentes anunciaron que de los 8.620.892 habitantes de México, 6.445.564 habían votado por Maximiliano. Esto era absurdo. Hubiera sido imposible celebrar la elección al norte de Zacatecas o al sur de Tehuacán, donde los franceses aún no habían penetrado. E incluso en las regiones centrales que ellos controlaban, los franceses ocupaban las ciudades pero no las aldeas, y la votación se realizó apenas en unos pocos centros. Se obtuvieron las cifras oficiales incluyendo en el voto por Maximiliano la población total de todos los estados en cuyas capitales estaduales se habían celebrado elecciones. De modo que indudablemente hubo fraude, y casi seguramente se apeló más o menos a la fuerza en la elección. Pero las cifras oficiales debían impresionar a Maximiliano y tranquilizar su conciencia. Confirmaban los brillantes informes que él había recibido de Gutiérrez, y le convencían de que sería recibido de forma entusiasta por el pueblo mexicano.

15

El pacto de familia

Francisco José y Rechberg habían aceptado con tristeza el hecho de que Maximiliano iría a México. A finales de enero de 1864 Maximiliano visitó Viena; y Rechberg, en el curso de una conversación con él, mencionó de pasada que antes de aceptar oficialmente el trono de México, por supuesto tendría que renunciar, por sí mismo y por sus herederos, a todos sus derechos de sucesión al trono de Austria y a sus derechos financieros como archiduque austríaco. Era la práctica usual cuando el príncipe de una casa reinante aceptaba un trono extranjero, pero al parecer Maximiliano no lo sabía. Dijo a Rechberg que no renunciaría a sus derechos en Austria.

Rechberg informó de la observación de Maximiliano a Francisco José, que no dijo nada al respecto, quizá porque deseaba postergar una desagradable riña de familia con su hermano. A principios de marzo Maximiliano y Charlotte fueron a París, donde merecieron una gran acogida. Hubo bailes y banquetes, y una recepción a la cual asistieron todos los representantes diplomáticos excepto William Dayton, ministro de Estados Unidos, que había recibido de Washington la orden de abstenerse de asistir. Como la recepción se celebró un domingo, Dayton pudo formular la excusa de que los representantes diplomáticos de Estados Unidos jamás asistían a funciones de este carácter en domingo.

Maximiliano estableció una cálida relación con Napoleón, y Charlotte llegó a tener mucha amistad con Eugenia. En discusiones privadas, Napoleón y Maximiliano coincidieron en los términos de un tratado entre Francia y México, en virtud del cual Napoleón accedía a la petición de Maximiliano de que Francia mantuviese 25.000 hombres en México durante los tres años siguientes, y a que 8.000 hombres de la Legión Extranjera francesa permanecieran allí ocho años. Maximiliano consideraba que el acuerdo era un éxito diplomático, y se felicitó por él y por las cordiales relaciones que había establecido con Napoleón; pero no apreció las obligaciones financieras que estaba asumiendo al aceptar que pagaría el coste del mantenimiento de las tropas francesas en México.

El duque Ernesto de Sajonia-Coburgo-Gotha (hermano del príncipe Alberto, finado esposo de la reina Victoria) asistió a uno de los banquetes en honor de Maximiliano. Todos parecían felices, especialmente Charlotte, pero el duque Ernesto pensó que Napoleón tenía un aire reflexivo e inquieto. Después de la cena Napoleón le llevó aparte y dijo: "Un asunto muy feo. En su lugar, yo jamás habría aceptado."

De París, Maximiliano y Charlotte pasaron a Londres, para visitar a la reina Victoria. "Van a México, y eso no puedo entenderlo", escribió la reina en su diario.

Los representantes mexicanos cruzaban el Atlántico, rumbo a Miramar, para proclamar a Maximiliano emperador de México. Cuando regresaron de Londres a Miramar, Maximiliano y Charlotte se detuvieron en Viena, donde Maximiliano recibió un documento de Francisco José. El emperador exigía que Maximiliano firmase el pacto de familia renunciando a sus derechos al trono; de lo contrario, en su condición de jefe de la Casa de Habsburgo, Francisco José no consentiría en que Maximiliano se convirtiese en emperador de México.

Maximiliano se indignó cuando leyó la carta de Francisco José. Contestó inmediatamente a su hermano que se negaba a renunciar a sus derechos en Austria; si Francisco José rehusaba permitirle que ocupase el trono de emperador de México, aquel asumiría la responsabilidad de impedirle que cumpliese su misión, que permitiría terminar con décadas de guerra civil en México. Francisco José envió a Maximiliano un memorándum redactado por el eminente historiador austríaco Alfred von Arneth, en el cual se demostraba cómo, a través de la historia, los príncipes que se convertían en reyes de países extranjeros, siempre renunciaban a sus derechos en sus países nativos, y explicaba las razones de esta regla muy saludable. Aun así, Maximiliano se negó a firmar.

Francisco José envió a Miramar a su primo, el archiduque Leopoldo, para razonar con Maximiliano y explicarle que el emperador estaba completamente decidido a impedir que fuese a México, a menos que firmase el pacto de familia. De nuevo Maximiliano se negó; sentía que su hermano le atropellaba, y no estaba dispuesto a ceder.

El 27 de marzo, dos días antes de la ocasión en que debía celebrarse en Miramar la ceremonia proclamando a Maximiliano emperador de México, el futuro monarca decidió rechazar el trono mexicano. Saldría de Austria al día siguiente en dirección a Roma para explicárselo todo al Papa, y después se retiraría a la isla de Lacroma. Habló con Hidalgo, que ya había llegado a Trieste para la ceremonia, e Hidalgo inmediatamente telegrafió la novedad a Napoleón III.

Napoleón no podía creerlo. Después que Maximiliano había aceptado el ofrecimiento en la ceremonia del 3 de octubre; después que había sido recibido en París como emperador electo; después que él había iniciaciado su tratado, como emperador de México, con Napoleón; después que había pedido a Napoleón que persuadiese a los banqueros acerca de la concesión de un préstamo a México, cotizado en la Bolsa de Valores de Londres y en la Bolsa de París ¿cómo podía retroceder? Eugenia estaba furiosa. Escribió una carta a Richard Metternich, el embajador austríaco en París —se la entregó a las dos de la madrugada el ayudante de Napoleón— pidiéndole que intercediese ante el gobierno austríaco para impedir que Maximiliano provocase ese "abrumador escándalo" en perjuicio de la Casa de Austria a causa de "una cuestión de familia desprovista de importancia comparada con la confusión que provocará en el mundo entero". Y terminaba la carta con estas palabras: "Vuestra, con un mal humor muy justificado, Eugenia."

Napoleón se apresuró a enviar un telegrama a Maximiliano. "Vuestra Alteza Imperial está obligado por el compromiso conmigo, con México, y con los suscriptores del préstamo. Las disputas de familia no pueden impedir que Vuestra Alteza Imperial atienda obligaciones más encumbradas en otros lugares. Pensad únicamente en vuestra propia reputación. Me parece que un rechazo ahora es imposible." Metternich nunca había mirado con mucha simpatía el proyecto mexicano, pero ansiaba evitar el escándalo que resultaría si la disputa entre Francisco José y Maximiliano llegaba a conocimiento del público. Escribió a Rechberg: "El asunto me parece tan indigno que siento ganas de llorar."

Napoleón completó su telegrama con una carta enviada el mismo día, en la cual incluyó una oración memorable, que nunca sería olvidada por Maximiliano, por Charlotte o por las generaciones futuras: "Su Alteza Imperial ha concertado compromisos que ya no puede quebrantar. ¿Qué pensaríais realmente de mí si, cuando Vuestra Alteza Imperial ya hubiese llegado a México, de pronto dijese que ya no puedo cumplir las condiciones al pie de las cuales estampé mi firma?"

Mientras Napoleón exhortaba a Francisco José a concertar un acuerdo con Maximiliano, Francisco José exhortaba a Napoleón a convencer a Maximiliano de que firmase el pacto de familia. Napoleón apeló al rey Leopoldo, que estaba con la reina Victoria en Windsor. Pero Leopoldo, que en realidad mostraba cierto desequilibrio en lo que se refería a Charlotte y Maximiliano, exhortó a Maximiliano a mantenerse firme. Habló del asunto con la reina Victoria, que escribió en su diario que Francisco José "no se ha comportado bien".

Pero Napoleón había tocado a Maximiliano en un punto que siempre le afectaba profundamente. Napoleón le había escrito que "el honor de la Casa de Habsburgo está en tela de juicio". La noche del 28 de marzo Maximiliano pospuso la ceremonia de aceptación que debía celebrarse al día siguiente, pero abandonó el plan de ir a Roma. Ofreció un compromiso a Francisco José: firmaría el pacto de familia si se le agregaba una cláusula secreta en virtud de la cual Francisco José prometía devolverle sus derechos en Austria si era expulsado de México.

Francisco José no quiso aceptar la cláusula secreta, pero prometió que si Maximiliano se veía obligado a abdicar como emperador de México, él adoptaría "todas las medidas necesarias para salvaguardar vuestra posición en mi imperio, mientras las considere compatibles con sus intereses", y que cuidaría de Charlotte y de los herederos que Maximiliano y ella pudiesen tener si esto llegaba a ser necesario. También convino en pagar a Maximiliano una anualidad de 100.000 gulden todos los años, y en liberarle de la deuda de 50.000 gulden en que él había incurrido al construir Miramar; además, permitiría que se reclutaran voluntarios en Austria para servir en el ejército de Maximiliano en México, si el Maximiliano llegaba a necesitarlos, y proporcionar un buque de guerra austríaco que llevara a Maximiliano a México.

Esto no le pareció suficiente a Maximiliano. Insistió en la cláusula secreta. Charlotte fue a Viena y mantuvo una larga charla con Francisco José, pero él no quiso hacer más concesiones. Rechberg escribió con cierta aspereza a Maximiliano, para decirle que el emperador no aceptaría más regateos con su hermano, y que era tiempo de que Su Alteza Imperial acatase los deseos de su augusto hermano. Ahora, incluso el rey Leopoldo exhortó a Maximiliano a ceder, y Maximiliano al fin aceptó seguir ese camino. El viernes ocho de abril, con mucho resentimiento, firmó el pacto de familia.

El nueve de abril Francisco José llegó a Miramar y pasó varias horas a solas con Maximiliano en la biblioteca, mientras los hermanos de ambos, el archiduque Karl Ludwig y el archiduque Ludwig Viktor, con Rechberg y otros ministros y los cancilleres de Hungría, Croacia y Transilvania, esperaban en otra habitación.

Cuando Francisco José y Maximiliano al fin salieron, ambos parecían agitados. Maximiliano acompañó al emperador a su tren especial, que esperaba en Grignano, una pequeña estación que estaba cerca. Se despidieron con un beso y lágrimas en los ojos. Jamás volverían a verse.

Al día siguiente, el domingo 10 de abril de 1864, Maximiliano fue proclamado emperador de México por Gutiérrez de Estrada en la habitación de Miramar; firmó su aceptación sobre la mesita recubierta de mármol que el Papa le había regalado. Sin duda, la tensión de las disputas sostenidas las últimas tres semanas y su mortificación al verse obligado a firmar el pacto de familia determinaron que se derrumbase sobre su escritorio en la biblioteca pocas horas después de la ceremonia, lo cual postergó tres días su partida en dirección a Roma y a México. Lloró mientras abordaba el buque de guerra austríaco *Novara* en Miramar, y después de las festividades en Roma, mientras cruzaba el Atlántico en el viaje de treinta y siete días de Civita Vecchia a Veracruz, aún experimentaba el más profundo resentimiento por el pacto de familia.

En el barco firmó una protesta, redactada por Charlotte y atestiguada por sus dos consejeros más cercanos, el belga Félix Eloin y el austríaco Sebastian Schertzenlechner. En la protesta declaraba que no reconocía la validez legal del pacto de familia porque no lo había leído antes de firmarlo y se había visto obligado a firmar por la injusta presión de personas eminentes de varios países; en todo caso, un príncipe Habsburgo no podía ser privado legalmente de sus derechos en Austria si no era mediante una resolución del Parlamento austríaco.

Pero a veces, durante el viaje, conseguía olvidar su dolor y su cólera, y pensaba en el futuro que le esperaba en México. Comenzó a redactar un extenso libro acerca de las reglas de etiqueta que serían observadas en su corte imperial. Sus *Normas para los servicios de honor y de ceremonial de la corte* puntualizaban cada detalle de los procedimientos que debían respetarse en las audiencias y las recepciones; el momento exacto de las ceremonias del Jueves Santo en que el emperador entregaría su sombrero al ayudante y la emperatriz su chal y su abanico a su dama de compañía, y quién debía sostener la jofaina cuando ellos se lavaban las manos.

El 29 de marzo de 1864, mientras Maximiliano contemplaba la posibilidad de abandonar el proyecto mexicano y retirarse a Lacroma, se celebró un banquete en el Delmonico's Hotel, en la esquina de la Quinta Avenida y la Calle Decimocuarta de Nueva York —a más de tres mil kilómetros de la línea del frente que corría a lo largo del Potomac, donde 110.000 soldados de la Unión al mando de su nuevo comandante en jefe, el general Ulyses S. Grant, esperaban el momento de desencadenar una ofensiva contra el ejército del general Robert E. Lee, en un episodio que como bien sabían sería prolongado y sangriento.

Cuatro de las habitaciones más espaciosas del hotel habían sido destinadas a la velada: dos para la recepción, una para la cena y una para la orquesta. Estaban adornadas con la bandera de Estados Unidos y la tricolor mexicana, y una alta pirámide de azúcar tenía las letras que formaban la palabra JUAREZ. El huésped de honor era Matías Romero, ministro de la República de México en Estados Unidos. Una nutrida banda tocó durante toda la noche, y ofreció sobre todo música mexicana —*La Jaroba* y *La Sinolita* y otras marchas, pero también *Yankee Doodle* y *Hail Columbia*.

Después que todos los invitados habían ocupado los lugares que les correspondían, señalados por tarjetas en que los nombres estaban rodeados por las armas nacionales de México grabadas en oro, se pusieron de pie en el momento en que el presidente del comité organizador, James W. Beekman, descendiente de la familia holandesa que había fundado la ciudad de Nueva York doscientos años antes, condujo a Romero al lugar de honor situado a su derecha, mientras la banda tocaba *La Tertulia*. Otros invitados sentados frente a la mesa principal incluían al poeta y periodista William Cullen Bryant, todavía activo en su apoyo a las causas liberales a la edad de setenta años; John Jacob Astor III; Hamilton Fish, ex gobernador del estado de Nueva York y senador norteamericano; el historiador George Bancroft, que había sido secretario de

Marina y ministro en Londres; Charles King, de ochenta años de edad, presidente del Columbia College; William E. Dodge, un hombre importante de la Asociación Cristiana de Jóvenes; George Folsom, ex ministro de Washington en Holanda; Washington Hunt, ex gobernador de Nueva York; los eminentes abogados David Dudley Field, Smith Clift, Henry E. Pierrepont de Brooklyn, y James T. Brady, el exitoso, candidato a la gobernación de Nueva York en la última elección; y el doctor Novarro, que había sido el cirujano general del Ejército Oriental mexicano durante el sitio de Puebla.

Se sirvieron diez entradas a las invitados; los platos estaban señalados con letras de oro en los menús de satén azul: ostras, sopa de pollo, entremeses variados, carne de caza, salmón con salsa bearnesa, carne a la andaluza, salmi, paté de foie gras, sorbete en vino del Rin, trufas con aves, alcauciles y espárragos, tarta portuguesa, bizcochos españoles y frutas y postres. En mitad de la cena, a las nueve de la noche, el presidente propuso un brindis en honor del presidente de Estados Unidos, al que Field contestó. Después, se reanudó la comida. Después del postre King, en un ambiente de gran entusiasmo, brindó por la salud de don Benito Juárez, presidente constitucional de la República mexicana, y Romero contestó. En total, hubo dieciséis discursos antes de que los invitados partieran, poco después de medianoche, envueltos en los dulces compases de la canción mexicana *Buenas Noches*.

Todos los oradores abordaron el mismo tema. El pueblo de Estados Unidos aplaudía la lucha de México por la libertad contra el despotismo monárquico europeo, y aunque esta perversa rebelión en Estados Unidos impedía que el gobierno norteamericano adoptase medidas adecuadas, la rebelión estaba a un paso de la derrota gracias a la inminente ofensiva de verano, y después el pueblo norteamericano quedaría en libertad de lidiar con los invasores de México. Se formularon ataques al partido clerical de México, al que se comparó con los opresores de siglos anteriores de quienes los fundadores de Estados Unidos habían escapado embarcándose con destino a Nueva Inglaterra. Bryant declaró que Estados Unidos había asumido el papel de "una suerte de policía de este Nuevo Mundo", para alejar "a los salteadores y los ladrones del Viejo Mundo que están apostados en sus entradas"; pero durante toda la velada hubo una sola referencia a la doctrina Monroe. Al contestar al brindis de Lincoln, Field tuvo cuidado de evitar una situación molesta para el gobierno. Aseguró al pueblo de México que Estados Unidos le ofrecería "todo el apoyo que puede ofrecer una nación neutral".

Uno de los oradores durante la cena, Charles Astor Bristed, recordó a los invitados que los sarracenos que habían intentado conquistar a España se habían visto desalojados después de ochocientos años, y dijo que estaba seguro de que los franceses serían expulsados de México "aunque se necesiten ochocientos años para lograrlo". Se oyó una interrupción de otro de los invitados: "En la actualidad hacemos más rápido las cosas. Digamos ocho años." Incluso ese cálculo más breve duplicó holgadamente el lapso necesario.

16

Llega Maximiliano

Maximiliano había llegado al fin. Había aparecido en escena en el momento en que debía representarse su tragedia, y su primera entrada sobrevenía después que había quedado atrás más de la mitad de la pieza, cuando todo estaba ya decidido y él poco podía hacer para modificar el curso desastroso que seguían los hechos. Después de la agresión francesa inicial y la ejecución de los guerrilleros, Maximiliano nunca podía suponer que conquistaría la simpatía liberal de México o Estados Unidos; no podría retener el apoyo de los conservadores mexicanos que le habían invitado a venir si Napoleón III continuaba su política de irritar a la Iglesia; y las tropas francesas no continuarían eternamente en México.

El *Novara* llegó a Veracruz el 27 de mayo de 1864, y Maximiliano y Charlotte desembarcaron a la mañana siguiente. Hubo una impresionante recepción oficial, pero ninguna reacción popular. Las calles estaban vacías, y los pocos individuos con quienes se cruzaron no gritaron vivas y al parecer ni siquiera les prestaron atención. Charlotte estaba angustiada e inquieta, pero sus caballeros la consolaron señalando que Veracruz era un baluarte liberal y que ella y Maximiliano recibirían una recepción mucho más calurosa en otros lugares. Pero las cosas empeoraron en Orizaba, donde se distribuyeron cuadraditos de papel que ostentaban las palabras "Viva la República, viva la Independencia, muerte al emperador". En Córdoba, adonde llegaron en medio de la noche durante una tormenta, llovía con tanta intensidad que sólo a la mañana siguiente una multitud de indios pudo demostrar su entusiasmo.

Ciertamente, tuvieron una buena recepción en la conservadora Puebla, y eso complació a Charlotte; y se manifestó casi el mismo entusiasmo en muchas otras ciudades y aldeas que atravesaron de camino hacia Ciudad de México. Los indios se mostraban especialmente fervorosos; de acuerdo con los portavoces conservadores y los partidarios de Maximiliano, recibían con agrado a Maximiliano, un hombre alto y rubio de ojos azules, del mismo modo que sus antepasados habían dado la bienvenida a Cortés 350 años antes, creyendo que era el Dios rubio del este, Quetzalcoatl, quien de acuerdo con un antiguo mito indio, un día llegaría para salvarlos. Los liberales mexicanos no habían favorecido mucho a los indios económicamente, aunque les hubiesen concedido la libertad política, y muchos indios se adhirieron a Maximiliano.

El 11 de junio Maximiliano y Charlotte llegaron a la aldea de Guadalupe, a pocas millas de Ciudad de México. Era un glorioso día estival con un cielo azul sin nubes. La aristocracia, las clases medias y millares de miembros del pueblo bajo habían salido de la ciudad para recibirlos, agitando banderas, arrojando flores y gritando vivas. Después de asistir a misa en la Iglesia de Nuestra Señora de Guadalupe, se los agasajó con un banquete y pasaron la noche en Guadalupe antes de entrar en la capital al día siguiente, 12 de junio. Fueron saludados por multitudes aún más densas. Desde primeras horas de la mañana, 150 carruajes ocupados por damas elegantes de las mejores familias mexicanas rodaron hacia Guadalupe, escoltadas por 500 caballeros montados.

El emperador y la emperatriz entraron en la ciudad, y Bazaine y otro general cabalgaron al lado del carruaje, precedidos por un regimiento de lanceros mexicanos al mando del coronel López, que más tarde sería, a los ojos de los partidarios de Maximiliano, el traidor que le entregó a sus enemigos. Después, venía una tropa de soldados franceses, pertenecientes al regimiento de Chasseurs d'Afrique, cantando su canción de marcha: *Escadron, marchons!* y otra tropa de húsares franceses. El carruaje imperial avanzaba seguido por sesenta carruajes en los cuales viajaban altos funcionarios del gobierno y el Estado, la Iglesia y los líderes cívicos. Maximiliano y Charlotte fueron primero a la catedral para asistir a un *Te Deum*. Después del servicio, caminaron desde la catedral hasta el palacio de gobierno, aclamados por una multitud de 100.000 personas.

Durante las primeras semanas que siguieron a la llegada de Maximiliano, hubo incluso más festividades que las que se habían visto un año antes, cuando los franceses llegaron por primera vez. Hubo bailes, recepciones, funciones de gala en la ópera y corridas de toros. El señor Barrón ofreció un baile de etiqueta particularmente lujoso en su casa de la calle de San Francisco.

El coronel francés Blanchot asistió a una corrida de toros pocos días después de la entrada de Maximiliano en la ciudad. La multitud gritaba excitada y alentaba tanto a los toreros como al toro. Cuando el toro reaccionaba y atacaba a sus torturadores, el pueblo gritaba: "¡Hurra por el toro! ¡Bien hecho, toro!" y un momento después gritaba: "¡Maten al toro! ¡Maten al toro!" Cuando Maximiliano y Charlotte llegaron, la multitud los recibió cálidamente, gritando: "¡Viva el emperador!" Blanchot se preguntó cuánto tiempo pasaría antes de que gritasen: "¡Maten al emperador!"

Maximiliano y Charlotte se instalaron en el palacio de gobierno, pero a Maximiliano no le agradó el clima de la Ciudad de México, y pronto se trasladó al palacio de Chapultepec, que en 1864 estaba a siete u ocho kilómetros allende los límites occidentales de la ciudad. El palacio se elevaba sobre una colina rodeada por un espacioso parque, y había sido construido por el virrey español en 1785 sobre las ruinas del palacio de Moctezuma, el emperador azteca del siglo XVI. El parque aún conservaba algunos árboles grandiosos, entre ellos varios que tenían una antigüedad de miles de años, aunque muchos habían sido talados por Miramón durante la Guerra de la Reforma en el curso de sus preparativos para defender a Ciudad de México del ataque de los liberales. Algunos habitantes de la ciudad creían que este acto de Miramón era un crimen más grave que su orden de fusilar a los prisioneros liberales de Tacubaya.

Maximiliano ordenó reconstruir y ampliar el palacio, y Charlotte proyectó personalmente parte del jardín. Maximiliano venía todos los días desde Chapultecpec al palacio de gobierno en la Ciudad de México, siguiendo un camino, construido por su orden, que descendía del castillo a través del parque y la campiña hasta la Plaza Carlos IV, en la ciudad. Se lo denominaba el Camino del Emperador. Por la tarde, Maximiliano regresaba a Chapultepec y cenaba con Charlotte.

Tenían otra residencia en Cuernavaca, unos cincuenta kilómetros al sur de Ciudad de México. Contaban con menos oportunidades para alojarse en su mansión de Jalapilla, a unos cinco kilómetros de Orizaba, pues ese lugar estaba muy alejado de la capital de modo que Maximiliano no podía visitarlo con frecuencia, si bien prefería el clima cálido de Orizaba a la temperatura más fría de Ciudad de México. Maximiliano detestaba el frío y amaba el calor de los trópicos.

La rutina cotidiana de Maximiliano era la misma en todas sus residencias. Se levantaba a las cuatro de la mañana y dedicaba tres horas a atender la correspondencia en su dormitorio iluminado por velas. (Veracruz era la única ciudad de México que tenía luz de gas.) Dictaba cartas a su secretario mientras se paseaba por la habitación con su bata de franela azul, bebiendo una taza de chocolate y comiendo bizcochos de Viena, mientras dos criados le ayudaban a vestirse y a peinarse los cabellos y la barba. A las siete de la mañana salía a cabalgar en su caballo Anteburro, por la Alameda cuando estaba en Ciudad de México, por el parque en Chapultepec, o por la campiña alrededor de Cuernavaca o Jalapilla, antes de desayunar con Charlotte a las nueve de la mañana. Dedicaba el resto del día a las obligaciones oficiales, las reuniones de gabinete, las ceremonias estatales y las audiencias. Maximiliano prefería acostarse poco después de las ocho cuando no había banquetes nocturnos, recepciones o bailes.

En las ocasiones formales usaba el uniforme militar de comandante en jefe de las fuerzas armadas mexicanas o el atuendo cortesano, con la Orden del Aguila Mexicana o la Orden de Guadalupe, creada por él mismo, o su Orden austríaca del Toison de Oro; pero siempre que podía prefería el uso de prendas informales, una sencilla levita gris y un sombrero de copa gris. En la temperatura más fría de Ciudad de México y en las tierras frías, casi siempre usaba un abrigo gris liviano, e incluso bajo techo y en su carruaje generalmente mantenía puesto el sombrero para protegerse del frío, pues tenía ralos los largos cabellos rubios que le cubrían la coronilla y los alrededores. Se sentía más feliz en Jalapilla, donde podía usar prendas blancas y su sombrero Panamá con el ancho cordón dorado.

El uso de prendas informales era una de las pocas costumbres desaprobadas por sus súbditos. Creían que Maximiliano no vestía ni se comportaba con la dignidad que podía esperarse de un emperador. En cambio, la gente condenaba a Charlotte porque era altanera, y se relataban muchas anécdotas acerca del comportamiento arrogante de la emperatriz y de los desaires que administraba a las personas que se atrevían a exhibir excesiva familiaridad y a prescindir de la etiqueta apropiada al acercársele. Su cara de rasgos acentuados, que revelaba un carácter decidido, a veces determinaba que ella pareciese una persona dura; pero quienes la conocían mejor sabían que se trataba de una impresión engañosa. Esas personas rechazaban las versiones acerca de la arrogancia de Charlotte, y afirmaban que en privado se mostraba encantadora con los amigos y los criados. En todo caso, no importaba lo que hicieran, ella y Maximiliano debían tender a provocar críticas de los diferentes sectores, y a convertirse en el blanco de la murmuración maliciosa.

Algunas de las dificultades se originaban en las diferencias de las costumbres nacionales. Charlotte se sintió desconcertada, y se encrespó un poco cuando le fue presentada la esposa del general Salas, que después de hacerle una reverencia abrazó a la emperatriz y le ofreció un cigarrillo. Pero Charlotte consiguió controlarse y cortésmente contestó a la señora Salas que su médico no le permitía fumar. La anécdota circuló y en general se la citó como ejemplo de la altivez de la emperatriz; pero el capitán Laurent la escuchó antes que nadie de labios de la propia Charlotte, para quien el episodio era una enorme broma.

Maximiliano podía ser muy encantador y tenía el talento de conquistar el afecto de las personas a quienes conocía, incluso de las que inicialmente habían sido sus antagonistas políticos. Su principal secretario privado, cuya obligación era levantarse antes de las cuatro de la madrugada para estar temprano y trabajar con el emperador en su correspondencia, era el joven José Luis Blasio. Conoció a Maximiliano después que su hermano de quince años de edad, fue capturado con una banda de guerrilleros al mando del líder juarista Nicolás Romero, y fue a parar a la notoria prisión de Martinica, en Ciudad de México, donde esperaba ser ejecutado. Su madre estaba acompañada por José mientras esperaba con otros peticionantes el paso de Maximiliano, para presentar una solicitud al Emperador, firmada por muchas personas, implorando que perdonase a su hijo en vista de su juventud. El muchacho fue liberado de la prisión pocos días después.

Un tiempo más tarde, José Blasio ocupó un cargo en la oficina de Eloin, asesor belga de Maximiliano, y causó tan buena impresión que Maximiliano le invitó a convertirse en su secretario privado. Después de un corto período, Maximiliano le confió sus cifras secretas. Maximiliano dijo que abrigaba la esperanza de que Blasio no revelaría sus cifras a nadie, porque si lo hacía la policía secreta llegaría a descubrirlo, y Blasio sería sentenciado a cadena perpetua. Pero no pasó mucho tiempo sin que Maximiliano comprendiese que podía confiar por completo en Blasio, pues este le profesaba una fidelidad absoluta.

El Emperador impresionó de manera análoga al doctor Bandera, director del hospital de Pachuca, que era un buen liberal y rehusó asistir a la recepción ofrecida en honor de Maximiliano cuando este visitó la ciudad. Al día siguiente Maximiliano fue al hospital, elogió el trabajo de Bandera y propuso aportarle los fondos que él necesitara. Bandera se sintió favorablemente impresionado y aceptó la invitación de Maximiliano a cenar esa noche. Charlotte también sabía conquistar a la gente. Conoció en Puebla a una dama que altivamente rehusó ser su dama de compañía. Charlotte se mostró tan encantadora, que la dama lamentó haberse negado.

Los esfuerzos de Maximiliano y Charlotte para congraciarse con sus súbditos se vieron facilitados por el hecho de que ambos eran excelentes lingüistas. Algunos visitantes ingleses fueron presentados a Maximiliano y le felicitaron por su fluidez en el manejo del inglés, y Maximiliano les dijo que hablaba diez idiomas. Además de su alemán nativo, y del francés que hablaba con la misma perfección que otros príncipes europeos, había aprendido a usar bastante bien todos los idiomas de los súbditos del Imperio austríaco, y podía conversar en húngaro, checo, polaco y croata. También había aprendido a hablar inglés y latín. Como gobernador general de Lombardía y Venecia había aprendido a hablar un italiano fluido, y apenas se mencionó la posibilidad de que llegase a ser emperador de México, aprendió el español.

La lengua nativa de Charlotte era el francés, pero a temprana edad habló el alemán, que era el idioma nativo de su padre, y también el inglés, que él había aprendido a hablar fluidamente en su juventud. Después de casarse con Maximiliano, y de acompañarle a Milán y a Venecia, Charlotte aprendió el italiano, y firmaba con el nombre de "Carlotta" cuando escribía cartas en esa lengua. Hablaba un español fluido antes de ir a México, donde era y todavía es "Carlota" para todos los mexicanos. Firmaba "Carlota" cuando escribía en español, pero continuó siendo "Charlotte" en las cartas en francés a su padre, a Eugenia y a sus amigos europeos, así como en sus cartas en alemán a Maximiliano. Ella y Maximiliano hablaban español todo lo posible en México, aunque en privado se comunicaban en alemán.

Poco después de llegar a Ciudad de México, Charlotte decidió mejorar la Alameda, y supervisó personalmente la plantación de flores en el lugar. La Alameda había sido siempre el lugar de cita de las clases altas de Ciudad de México, y los caballeros la recorrían montados y las damas lo hacían en sus carruajes. Charlotte a menudo visitaba la Alameda en el momento culminante de la reunión matutina, y su apostura, que para algunos era digna y graciosa, y para otros altiva y arrogante, provocaba comentarios favorables y hostiles. Charlotte determinaba la moda en muchas cosas. Gracias a su ejemplo, las mujeres mexicanas comenzaron a cabalgar, y a usar sombreros y crinolinas, y algunas de ellas dejaron de fumar en público.

El emperador y la emperatriz ofrecían regularmente fiestas oficiales, pese a que no les agradaban demasiado. Maximiliano consideraba que la asistencia a los bailes era una obligación penosa, porque le impedía acostarse a su hora acostumbrada; pero a los invitados esas fiestas les agradaban mucho. Asistía la elite de la sociedad de Ciudad de México y los oficiales del ejército francés, incluso el general Bazaine, que se enorgullecía de sus habilidades en el baile. La velada comenzaba con una presentación formal de los invitados al emperador y la emperatriz, que ocupaban asientos en un estrado alto. Charlotte, que durante el día generalmente usaba vestidos oscuros con cuellos altos, vestía prendas de seda amarilla en los bailes, y usaba muchas joyas y la cinta de la Orden de San Carlos cruzándole el busto. Sus cabellos negros, que le llegaban a la cintura cuando los soltaba, estaban recogidos en un peinado sencillo. Después de la presentación, comenzaba el baile. La emperatriz generalmente iniciaba el baile con Bazaine como pareja, y por su parte el emperador bailaba con Madame de Montholon, esposa del ministro francés en México.

En la sociedad todos deseaban asistir a los bailes, y sostenían una intensa competencia por conseguir las entradas. A Sara Yorke le encantaban los bailes. La orquesta y la banda militar austríaca, encabezada por el famoso director vienés Saverthal, tocaba cuadrillas, valses, polcas y habaneras mexicanas, y lo hacía con estilo y entusiasmo. Se servía la cena a las once, y la comida y los vinos eran excelentes. Maximiliano y Charlotte solían retirarse temprano, pero el baile continuaba hasta las tres de la madrugada.

Maximiliano prefería con mucho los almuerzos y las cenas informales, a los cuales invitaba a unos pocos huéspedes favoritos, recibidos en el Palacio de Ciudad de México y en Chapultepec, Cuernavaca y Jalapilla. Su chef húngaro Todos, que le había acompañado a México, supervisaba la cocina con la ayuda de la señora Grill, esposa vienesa de su criado italiano; pero surgían importantes diferencias de opinión acerca de la buena o la mala calidad de la comida. También se observaban discrepancias análogas con respecto a la calidad del Jerez, el Burdeos, el Borgoña y los vinos húngaros servidos en el almuerzo, y de los vinos y el champaña del Rin consumidos en la cena. Maximiliano se mostraba generoso con los cigarros, depositados en cajas abiertas y dispuestos sobre las mesas de casi todas las habitaciones de todos los palacios; él mismo los fumaba casi constantemente.

El único inconveniente de estas reuniones informales era el sentido del humor del emperador, que no complacía a todos. Algunos de los invitados no apreciaban sus bromas sarcásticas a expensas de los propios invitados, o el juego que los obligaba a jugar, en el que quienes perdían en las partidas de billar tenían que arrastrarse bajo la mesa de billar sobre las manos y las rodillas, aunque cuando él mismo perdía uno de sus caballeros recibía en su lugar el castigo. Tampoco agradaban a los invitados sus anécdotas levemente obscenas y sus disimuladas referencias a las relaciones amorosas que ellos mantenían o a los rumores escandalosos acerca de las infidelidades de sus respectivas esposas. A veces hacía bromas en alemán a sus amigos austríacos, aludiendo a los ministros y los dignatarios mexicanos presentes en la habitación. Cuando Charlotte y su amigo austríaco, el barón von Malortie, le sugirieron que esas bromas podían ofender, Maximiliano desechó riendo la sugerencia y dijo que los mexicanos no hablaban alemán y no entendían lo que él decía. Malortie consideró muy posible que los mexicanos en efecto comprendiesen esas bromas en alemán. En ciertas ocasiones, Maximiliano se comportaba más bien como el niño travieso que había avergonzado a sus mayores en Schönbrunn al formular comentarios groseros acerca de distinguidos visitantes extranjeros que como el joven y virtuoso príncipe que había redactado las veintisiete reglas de buena conducta que aún guardaba en uno de sus bolsillos.

A Charlotte no siempre le agradaban las bromas de Maximiliano, especialmente cuando aludían a las infidelidades conyugales de sus generales y sus ministros, porque ella se sentía profundamente ofendida por las aventuras amorosas de Maximiliano. En México no le demostraba más fidelidad que en Viena y en Brasil. Circulaban rumores acerca de sus amantes, y sobre todo acerca de la bella hija de dieciocho años de uno de los jardineros de Cuernavaca. La figura impresionante de Maximiliano, sus largos cabellos rubios y su barba, los ojos azules dulces y gentiles, la voz suave y el encanto seductor habrían cautivado a muchas jóvenes, incluso si no las hubiese estimulado y halagado el galanteo de un emperador. Charlotte estaba ofendida —Blasio aludió al "orgullo de una mujer hermosa"— y también la entristecía la imposibilidad de tener hijos, un problema que relacionó con la infidelidad de Maximiliano. Pero las aventuras transitorias de Maximiliano, incluso el episodio bastante prolongado con la hija del jardinero, no podían compararse con el amor muy auténtico y profundo que sentía por su esposa. Cuando llegó el momento de que los dos tuvieran que afrontar súbitamente la adversidad y el desastre, la locura y la muerte, se puso a prueba y se demostró el amor que cada uno sentía por el otro.

Pocos meses después de la llegada de Maximiliano a México, realizó un viaje a través del país, visitando el turbulento Estado de Michoacán y algunas de las regiones de las cuales los liberales habían sido expulsados durante el invierno anterior. Fue cálidamente acogido por lo menos por parte de la población, y especialmente por los indios; pero durante el viaje enfermó de malaria, pues siempre se mostraba propenso a contraer enfermedades infecciosas. Durante su ausencia Charlotte representó el papel de regenta, como lo hizo más tarde siempre que él recorría su imperio. Charlotte demostró mucho interés por los asuntos oficiales, y presidió muy eficazmente las reuniones del consejo del emperador. Los ministros del gabinete pensaban que ella presidía el organismo mejor que Maximiliano; era más rápida para entender el eje de una cuestión, y decidirse, y las reuniones eran más breves que cuando Maximiliano presidía las sesiones.

Charlotte solía comentar con Maximiliano los proyectos que él había concebido. Maximiliano tenía grandes ideas, pero pudo llevar a la práctica solamente algunas, porque tropezó con dificultades para superar la inercia, la corrupción y la obstrucción de la burocracia oficial. Consiguió promover el programa de extensión de las líneas telegráficas y de construcción de ferrocarriles. Se realizaron progresos considerables en el tendido de líneas telegráficas, pero la prolongación del ferrocarril más allá de Camerone fue un proceso más lento. Las guerrillas a menudo detenían el trabajo, pues volaban las vías y atacaban y mataban a los obreros. Pero el ferrocarril avanzó lentamente, lo mismo que la prolongación del otro ferrocarril que hasta ese momento se había construido en México, los cinco kilómetros de vías entre Ciudad de México y Guadalupe. Después de consultar con Bazaine, Maximiliano aceptó conceder un contrato a una compañía inglesa, la que debía construir una línea ferroviaria entre Tampico y Ciudad de México, pues Bazaine creía que en el momento en que la compañía estuviese en condiciones de empezar a trabajar, el distrito ya estaría depurado de guerrilleros.

Maximiliano dictó un decreto que introducía en México el sistema métrico, con el fin de remplazar el empleo de la legua y otras antiguas unidades españolas de medición; pero los funcionarios civiles no favorecieron este sistema, y frustraron el proyecto. No tuvo mucho más éxito en sus planes destinados a mejorar el ejército y las finanzas nacionales, pese a que Napoleón III y Bazaine deseaban muy vivamente que alcanzara éxito en ambas cuestiones. La idea de Napoleón había sido siempre que los franceses debían demostrar a los mexicanos el modo de organizar un ejército eficaz, con el fin de que Maximiliano pudiese apoyarse en sus tropas mexicanas; en ese caso, podría retirarse el ejército de ocupación francés. Pero los generales franceses no tenían buena opinión del ejército mexicano. Algunos soldados eran muy valerosos, por lo menos en presencia del fuego enemigo, aunque tendían a manifestar más temor frente a la bayoneta; y pocos de sus generales, por ejemplo Mejía y Miramón, alcanzaban un nivel destacado. Pero el nivel usual de eficacia, sobre todo en el aspecto administrativo, dejaba mucho que desear. Márquez creía que las cosas podían mejorar mucho si se lograba eliminar a las mujeres que acompañaban a los hombres en el ejército; pero reconocía que por su parte él no había podido alcanzar ese resultado.

Uno de los principales problemas del ejército era la falta de dinero para pagar a los hombres. Ningún gobierno mexicano había logrado pagar a sus hombres un salario razonable, y a menudo los soldados no recibían absolutamente ninguna retribución. Por consiguiente, era muy intensa la resistencia al alistamiento, y había que completar los cuadros mediante la leva, es decir el reclutamiento obligatorio practicado por los grupos reclutadores. Pero no habría más dinero para el ejército mientras no se ordenasen las finanzas del gobierno; y en esto, Maximiliano, lo mismo que los gobiernos mexicanos anteriores, fracasó por completo. La corrupción en todas las ramas del servicio oficial era endémica, y parecía muy difícil eliminarla.

Antes de la llegada de los franceses y de Maximiliano, México estaba gravemente endeudado. ¿Acaso este no había sido el pretexto de la intervención? Pero la deuda se duplicó holgadamente bajo el gobierno de Maximiliano, y pasó de 81.632.760 de dólares en 1861 a 201.573.640 de dólares en 1866. El costo de la casa imperial, y de todos los bailes y las recepciones aumentó. Cuando Juárez era presidente, algunos de los extremistas de su partido le acusaron de atribuirse un sueldo demasiado elevado, y de gastar mucho en banquetes y en champaña en las recepciones oficiales; pero Juárez pagaba todo con su asignación anual de 30.000 dólares. Los gastos de la casa de Maximiliano se elevaban a un millón y medio de dólares por año, exactamente cincuenta veces tanto como los gastos de Juárez.

Maximiliano continuó la política, iniciada por Bazaine, de fomentar los vínculos culturales entre México y Francia. Apoyó la obra de la Comisión Científica, Literaria y Artística, designada por Bazaine en marzo de 1864, y por supuesto prestó toda la ayuda posible a los botánicos franceses que llegaron a Veracruz para estudiar la flora de la región, pues siempre le había interesado la botánica. De Francia se importaron muchos libros, pues las clases educadas de México siempre habían aprendido a hablar francés; y en 1864 se envió de Le Havre a México un cargamento de setenta y siete pianos.

Durante muchos años, las compañías de repertorio francesas habían llegado de Martinica para recorrer en gira los teatritos de las ciudades de provincia y actuar en el teatro francés de Ciudad de México. Estas compañías vinieron con más frecuencia durante la regencia y el imperio. Siempre se representaba alguna pieza francesa en Ciudad de México, y Bazaine a menudo asistía a las representaciones. Otros teatros producían piezas en español, obras de autores españoles y mexicanos contemporáneos. El día del santo de Charlotte, el cuatro de noviembre de 1865, el Teatro de Palacio montó una representación de *Don Juan*, la pieza de José Zorrilla que Maximiliano y Charlotte habían leído en Miramar cuando estaban aprendiendo español. Para la ocasión, Zorrilla agregó un breve texto de elogio a Maximiliano.

Los mexicanos estaban desilusionados porque Maximiliano y Charlotte rara vez asistían al teatro y la ópera, espectáculos que tanto complacían a la gente. La casa de la ópera, el ex Teatro Nacional, ahora denominado Gran Teatro Imperial, era casi tan espacioso como el Covent Garden de Londres; poseía excelentes condiciones acústicas y era muy cómodo, aunque a veces por la noche parecía un poco frío. Todo el público se distribuía en palcos, que se extendían alrededor de la totalidad del auditorio, desde el nivel del escenario hasta el techo. Los palcos estaban abiertos por delante, hasta pocos centímetros del piso, de modo que todos podían ver el tocado de las damas. Los niños que dormían también eran visibles, pues los mexicanos generalmente iban a la ópera con toda la familia, y los pequeños de ocho años se veían en dificultades para permanecer despiertos durante las largas óperas, con varios entreactos, que duraban cuatro o cinco horas y concluían alrededor de medianoche. Normalmente, estaban ocupadas todas las butacas del Teatro Imperial, excepto las del palco imperial, casi siempre vacías, pues Maximiliano y Charlotte preferían acostarse temprano. La primera vez que fueron al teatro para ver *La Juive* de Halévy, Maximiliano se durmió durante la representación, y Charlotte estuvo a un paso de hacer lo mismo.

Los mexicanos nunca consiguieron convencer a los grandes cantantes de ópera europeos de la conveniencia de actuar en la Ciudad de México. Estaba muy lejos, el viaje llevaba demasiado tiempo, y los cantantes habían escuchado muchos relatos acerca de los peligros de la fiebre amarilla y de los bandidos en el camino de Veracruz a la capital. Todos conocían la historia del carruaje que transportaba a un grupo de actores franceses, y que había sido detenido por los bandidos en los bosques próximos a Orizaba. Los asaltantes habían obligado a las actrices a desnudarse y a bailar sin ropas a la luz de la luna antes de permitirles que continuasen viaje, sin sufrir el más mínimo daño. De modo que el público de Ciudad de México tenía que conformarse con los cantantes menos famosos, pero muy competentes, que venían de La Habana.

También admiraban de forma entusiasta a su prima donna nativa, Angela Peralta, la primera mexicana que se había convertido en cantante profesional. Muchos visitantes extranjeros coincidían con los orgullosos mexicanos en que si ella hubiese nacido y vivido en Europa habría conquistado la fama internacional. Siempre que "La Peralta" cantaba en el Teatro Imperial, actuando en *La Traviata, Semiramis, Maria de Rohan* o la nueva ópera *Ildegonda*, del compositor mexicano Melesio Morales, se vendían todas las localidades.

De acuerdo con varios observadores de Ciudad de México, algunos hombres de la capital no apoyaban a Maximiliano, pero todas las mujeres le amaban. Eso era una exageración, pues había mujeres que no le apoyaban; una de ellas era "La Peralta", que siempre había sido una ardiente liberal. Cuando ella se presentó en el Teatro Imperial en una función benéfica, Maximiliano y Charlotte realizaron una de sus escasas visitas a la ópera. "La Peralta" aprovechó su oportunidad. Al final de la actuación, cuando se adelantó para recibir el aplauso del público, se envolvió en la bandera nacional y cantó una canción revolucionaria liberal muy conocida que no había sido escuchada en público en Ciudad de México desde la llegada de los franceses. La siguiente vez que ella cantó en el Teatro Imperial la sala estaba medio vacía, pues los conservadores habían decidido boicotearla. Poco después, "La Peralta" abandonó el país para dirigirse a Cuba, y tuvo un éxito tan considerable en la casa de la ópera de La Habana como el que había cosechado en Ciudad de México.

17

La captura de Oaxaca

Maximiliano atribuyó mucha importancia a la obtención del reconocimiento diplomático de los gobiernos extranjeros. Por supuesto, su imperio fue reconocido inmediatamente por Francia, Austria y Bélgica, y pronto otros países comenzaron a enviar representantes diplomáticos a México. El primero fue el barón Wetterstedt, ministro sueco designado recientemente en Estados Unidos, que visitó México de camino a Washington después que Maximiliano había enviado un diplomático a realizar una visita de cortesía al rey de Suecia en Estocolmo. Después del viaje desde Veracruz, siempre incómodo y peligroso, Wetterstedt pudo consolarse con las recepciones oficiales ofrecidas por Maximiliano en la capital, así como gozar de la hospitalidad del señor Barrón en Tacubaya.

El rey de Prusia reabrió su legación en Ciudad de México, y envió nuevamente al barón Wagner, que antes había sido ministro ante Juárez. El rey Víctor Manuel de Italia, que deseaba mantener buenas relaciones con Napoleón III, envió un ministro a Maximiliano, lo cual no complació a Garibaldi ni a los liberales italianos. Portugal, España, Rusia, Holanda y Suiza reconocieron el imperio de Maximiliano, aunque no enviaron ministros. El gobierno británico se mostró más cauteloso, lo cual inquietó al rey Leopoldo. "Mi bienamada Victoria", escribió con tristeza a la reina el 13 de septiembre de 1864, "ahora Inglaterra es la única potencia europea que *no* ha reconocido a México". Pero el reconocimiento británico no se retrasó mucho. El 31 de octubre el político y autor conservador Francisco de Paula Arrangoiz fue recibido por la reina Victoria como ministro de Maximiliano en Londres, y hacia la primavera de 1865 Peter Scarlett ocupaba su puesto en la legación británica en Ciudad de México.

Estados Unidos se negó firmemente a reconocer a Maximiliano, y Maximiliano rehusó reconocer a la Confederación, pese a que el gobierno de Jefferson Davis ansiaba iniciar relaciones diplomáticas con él.

Maximiliano inicialmente había apoyado el reconocimiento de la Confederación, pero durante su estancia en París, en marzo de 1864, se había negado a un encuentro con Slidell, porque Napoleón III no deseaba que le viese. Napoleón no tuvo dificultades para lograr que Maximiliano representase su papel en el acuerdo oficioso entre Napoleón y Seward, en el sentido de que Francia no reconocería a la Confederación si Estados Unidos se mantenía neutral con respecto a México.

Pero Seward soportaba la intensa presión de la opinión pública norteamericana, que le reclamaba que hiciera más en favor de Juárez. Romero estaba obteniendo bastante éxito en sus esfuerzos por conquistar simpatías para su causa. Después de la cena ofrecida en su honor en Nueva York, publicó el texto de los discursos en inglés y en español, y distribuyó el texto español en el territorio mexicano dominado por Juárez, y el texto inglés en Estados Unidos. Romero convenció al senador McDougall, de California, de que presentara en el Senado una resolución que solicitaba al gobierno de Estados Unidos que exigiese la retirada inmediata de las tropas francesas destacadas en México.

El presidente del Comité de Relaciones Exteriores del Senado era Charles Sumner, durante muchos años uno de los líderes más eminentes de la lucha por la abolición de la esclavitud. Sumner era un hombre de Estado discreto. Simpatizaba totalmente con Juárez, pero comprendía que si Napoleón III entraba en la Guerra Civil del lado de la Confederación, ese hecho no contribuiría a la derrota de la rebelión sureña, a la abolición de la esclavitud o a preservar la libertad republicana en México; y además, no deseaba crear situaciones difíciles a Seward y Lincoln. De modo que hábilmente esquivó la resolución de McDougall.

Romero tuvo más éxito en la Cámara de Representantes. El cuatro de abril de 1864 Henry Winter Davis, de Missouri, presentó en la Cámara una resolución en el sentido de que contrariaba la política de Estados Unidos que reconociera en el continente americano una monarquía levantada sobre las ruinas de un gobierno republicano. Esta resolución, que era evidentemente más benigna que la de McDougall en el Senado, fue aprobada por amplia mayoría. Provocó mucha indignación en Francia y molestó a Seward, que temió que perjudicase su entendimiento con Napoleón III. Cuando Dayton visitó a Edouard Drouyn de Lhuys, el ministro de Relaciones Exteriores de Francia inició la conversación preguntándole si venía a traerle la paz o la guerra. Seward ordenó a Dayton que informase a Drouyn de Lhuys que el Congreso no decidía la política exterior norteamericana, que era un asunto de la incumbencia exclusiva del presidente y el secretario de Estado, y que Lincoln y él continuarían aplicando la política de neutralidad con respecto a México.

Cuando la nota de Seward al gobierno francés fue publicada en *Le Moniteur*, los liberales del Congreso y en general de Estados Unidos se encolerizaron. El *Cheshire Republican*, el *Evening Post* de Nueva York y el *New Yok Herald* declararon que Seward había arrastrado a Estados Unidos a una humillación más profunda y había traicionado sus intereses y la causa de la libertad en México.

Lincoln se presentaba para la reelección en noviembre, y aunque los Estados de la Confederación por supuesto estaban excluidos de la votación, de ningún modo podía tenerse la certeza de que ganaría la elección. El general George McClellan se le oponía como candidato demócrata. Al comienzo de la Guerra Civil McClellan había sido saludado como un genio militar que ganaría la guerra para la Unión, y aunque Lincoln le había separado del cargo después de su fracaso en varias campañas, muchos de los soldados que habían servido a sus órdenes creían que había sido exonerado injustamente, y era probable que le votasen. Los radicales del Partido Republicano presentaban al general John Frémont como candidato opuesto a Lincoln, y era muy posible que determinasen una grave división del voto republicano. Las plataformas de McClellan y Frémont incluían la promesa de ayudar a México a expulsar a los franceses. Lincoln y Seward tenían que caminar sobre la cuerda floja para evitar una provocación a Napoleón III y la pérdida de votos esenciales.

En junio de 1864, la Convención Republicana se reunió en Baltimore, eligió como candidato a Lincoln, aprobó una plataforma que prometía derrotar la rebelión y abolir la esclavitud y declaró que "aprobamos la posición adoptada por el gobierno en el sentido de que el pueblo de Estados Unidos nunca puede ver con indiferencia el intento de una potencia europea de derrocar mediante la fuerza... las instituciones de un gobierno republicano del continente occidental". Esta declaración ponía a Lincoln en una situación difícil, de la cual salió muy hábilmente. En la breve respuesta a su partido, en que aceptó la candidatura, se refirió a la cláusula de la plataforma que se refería a México —el único de los once parágrafos que él comentó—. "Aunque comparto totalmente la resolución acerca de la eliminación de un gobierno republicano en el continente occidental, podría existir cierto malentendido si no señalase que la posición del gobierno, en relación con la actitud de Francia en México, según la aprobó el Departamento de Estado, y la aprobó y respaldó la Convención... será fielmente mantenida, mientras el estado de las cosas determine que esa posición sea pertinente y aplicable."

Esta declaración cuidadosamente formulada, mientras alentaba a los liberales a suponer que la política norteamericana frente a Francia podía cambiar en cierto momento, al mismo tiempo consiguió tranquilizar a Napoleón III. El acuerdo informal de Seward con Napoleón III funcionaba muy satisfactoriamente para Estados Unidos. Por petición de Seward, Napoleón aceptó incautarse de algunos barcos de guerra que estaban siendo construidos en Francia para la Confederación, e impidió que fuesen botados. Hacia el verano de 1864 los diarios de Richmond y Charleston estaban atacando a Napoleón III y a Maximiliano, y acusándolos de haber traicionado los intereses de la Confederación en beneficio de Estados Unidos.

En la escena política, Maximiliano provocaba la oposición general. Coincidía completamente con la política de Napoleón III, que era gobernar a México mediante una dictadura liberal, aunque Napoleón a veces creía que Maximiliano no era un dictador suficientemente enérgico. Pero Napoleón aprobó el intento de Maximiliano de acercar a los liberales, y de enfrentar a los conservadores y al clero al negarse a aplicar sus políticas reaccionarias. Maximiliano pronto comprendió que era imposible conquistar a Juárez y a los *puros* del Partido Liberal. Se ha dicho con frecuencia que cuando Maximiliano se disponía a viajar a México en el *Novara*, escribió a Juárez para invitarle a ir a Ciudad de México y unirse al gobierno imperial, y que Juárez escribió respondiendo que jamás colaboraría con Maximiliano. Pero probablemente esta versión es falsa, y la carta de Juárez es una falsificación. Nada de lo que Maximiliano podía hacer lograría que los partidarios de Juárez olvidaran lo que había hecho y quién era. José María Iglesias, ministro liberal de Finanzas que acompañó a Juárez en sus viajes y dirigió su órgano, *El Periódico Oficial*, escribió en Monterrey tres semanas después de la llegada del emperador a Ciudad de México, que "Maximiliano el hombre que se levanta temprano, Maximiliano el piadoso y Maximiliano el sencillo" eran "Maximiliano el usurpador".

Maximiliano abrigaba la esperanza de persuadir a los liberales moderados de que apoyasen su gobierno, y en esto tuvo cierto éxito. El abogado liberal moderado José Fernández Ramírez, que hasta ese momento se había opuesto a la intervención, aceptó ser el ministro de Relaciones Exteriores de Maximiliano, con gran desaliento de los conservadores, que le creían un traidor y un espía juarista. Pese a este éxito con Ramírez, el principal efecto de la política de Maximiliano fue irritar a los conservadores sin conciliar a los liberales.

Los conservadores estaban desilusionados con la actitud de Maximiliano frente a la Iglesia. Maximiliano no había agregado una cruz a su corona imperial, y no se proclamaba emperador "por la gracia de Dios" en los documentos oficiales. Antes de que él llegase, habían abrigado la esperanza de que modificaría la política anticlerical de Bazaine, pero descubrieron que se mostraba tan firme como Bazaine en su defensa de la tolerancia religiosa y en la ratificación de las ventas de tierras eclesiásticas realizadas por el gobierno de Juárez, así como en la confirmación de los títulos de los compradores. El arzobispo Labastida apeló al Papa. Sus esperanzas de recibir apoyo de Pío IX no se vieron frustradas, y el pontífice envió a México como nuncio papal a monseñor Meglia.

Maximiliano ordenó que el nuncio fuese recibido con grandes honores en Veracruz y Puebla, y en cada etapa de su viaje, y que se le diese la bienvenida en la capital; pero después de los discursos, las recepciones y los banquetes los dos hombres no realizaron el más mínimo progreso en sus conversaciones privadas acerca de la política religiosa. Después de unas pocas semanas de discusión inútil, Maximiliano dictó un decreto, el 27 de diciembre de 1864, mientras el nuncio aún estaba en Ciudad de México, para declarar que la religión católica romana era la única religión oficial del Imperio mexicano, pero que todas las restantes creencias gozaban de tolerancia religiosa, y que se reconocía la validez de la confiscación y la venta de las tierras eclesiásticas por el gobierno de Juárez. El nuncio publicó una protesta y regresó a Roma.

El Papa apoyó al nuncio, pero Napoleón III apoyó a Maximiliano y otorgó su aprobación oficial a un libro del abate Testory, capellán general del ejército francés en México, en cuyas páginas se defendía la tolerancia religiosa. Testory arguyó que si el Papa podía conceder libertad de cultos a los judíos en Roma, los obispos mexicanos debían admitir la tolerancia religiosa en favor de los protestantes y de otras creencias en México. Incluso Eugenia, acusada siempre de ultramontana por los liberales, se declaró en favor de la tolerancia religiosa y coincidió con Charlotte en que era imposible que un gobernante moderno regresara a los tiempos de Felipe II de España y negase la tolerancia. No se opuso cuando Charlotte le escribió que creía que el nuncio estaba loco, y que ella había provocado la risa de Bazaine cuando le pidió que arrojase por la ventana a monseñor Meglia.

Los obispos mexicanos no estaban dispuestos a aceptar la tolerancia religiosa. "México es exclusivamente un país católico", escribieron a Maximiliano, "y la oposición del pueblo a la tolerancia religiosa siempre se ha manifestado del modo más inequívoco". El obispo Ormeachea dijo a Maximiliano que sólo el cinco por ciento del pueblo de México estaba en favor de la tolerancia, y que ese cinco por ciento estaba formado principalmente por inmigrantes de los países protestantes. El padre Miranda había sostenido que la tolerancia religiosa quizás era una política posible en Europa, pero que en México destruiría toda la base en que descansaba la Iglesia. Pero Miranda había fallecido de fiebre amarilla en Puebla, cuando regresaba de Europa a su residencia, una quincena antes del desembarco de Maximiliano en Veracruz. Miranda no se hacía ilusiones acerca de Maximiliano, y falleció temiendo las peores vicisitudes para la Iglesia de México.

Hacia la primavera de 1865 el clero mexicano estaba convencido de que Maximiliano era masón. Se difundió el rumor de que se había unido a una logia masónica en Milán, donde era gobernador general de Lombardía y Venecia.

Maximiliano decidió desembarazarse de los dos generales que estaban más cerca de los conservadores y el clero, y eran más odiados por los liberales moderados. Márquez fue enviado en misión a Jerusalén y Constantinopla, y Miramón fue a Berlín para estudiar las más recientes tácticas militares prusianas.

Maximiliano continuó su correspondencia amistosa con Napoleón III, y Charlotte y Eugenia cambiaron algunas cartas muy cálidas; pero desde el principio mismo hubo tensión entre Maximiliano y Bazaine. Antes de que Maximiliano llegase a México, Napoleón había dicho a Bazaine que debía tratar con deferencia al emperador, y respetar su autoridad. Bazaine así lo había prometido, pero estaba acostumbrado a impartir órdenes a todos en México, y eso incluía a los regentes y el arzobispo, y para él no era fácil someterse a Maximiliano. Su comportamiento ante Maximiliano en público fue impecablemente correcto, y por su parte Maximiliano ofreció a Bazaine muchas demostraciones públicas de respeto y afecto. Pero la fricción entre ellos comenzó apenas Maximiliano otorgó su nueva Orden de Guadalupe a sólo algunos de los oficiales franceses incluidos en la lista que Bazaine le había presentado.

En un aspecto, Maximiliano y Bazaine coincidían por completo: Juárez y sus partidarios debían ser expulsados de las regiones que aún controlaban en el norte y el sur. En septiembre de 1864, por orden de Napoleón, la flota francesa se apoderó de Matamoros, después que el general Santiago Vidaurri había iniciado contactos secretos con los invasores. Por la misma época, las fuerzas de Bazaine se apoderaron de Monterrey y Saltillo. Juárez se retiró otros 720 kilómetros hacia el noroeste, y estableció su nueva capital en Chihuahua.

Vidaurri había traicionado a Juárez, pero su gesto no le aportó una recompensa importante por parte de los franceses. Por el contrario, se encontró en nuevas dificultades, porque un agente británico logró recoger documentos que demostraban que Vidaurri había colaborado con los franceses. El agente envió los documentos a Palmerston, que los usó para conseguir concesiones favorables de Vidaurri en beneficio de los comerciantes británicos que traficaban con Matamoros. Vidaurri aceptó las solicitudes de Palmerston, y le pidió que a cambio concediera algunos favores a sus amigos. También pidió a Palmerston que le enviase los documentos acusadores. El 20 de abril de 1864 Palmerston contestó a Vidaurri, con una carta cortés, expresando su "gratitud" y otorgando el favor. Pero terminaba así su carta: "Usted comprende perfectamente que no puedo remitirle las cartas que le comprometen frente a su gobierno. Son la garantía que tengo de su fidelidad". Vidaurri finalmente resolvió el problema dirigiéndose a Texas, y al regresar a México se pasó francamente al bando de Maximiliano.

Otros importantes partidarios de Juárez estaban abandonándole. En julio de 1864 Zamacona, su ex ministro de Relaciones Exteriores, escribió desde Saltillo para explicar por qué renunciaba a la lucha y se pasaba del lado de Maximiliano. Acababa de ver a un oficial liberal, blandiendo un látigo, que obligaba a un conscripto renuente a quien había reclutado por la fuerza a ocupar su lugar en las filas del ejército de Juárez. Por otra parte, Zamacona creía que era inútil negar que millares de mexicanos estaban apoyando voluntariamente a Maximiliano y la intervención. Si no hubiera sido así, ¿de qué modo los franceses habrían podido mantener abiertas sus líneas de comunicación a través de territorios tan dilatados, prolongado la línea telegráfica de Querétaro a Veracruz, construido el ferrocarril de Veracruz hasta Paso Ancho, mantenido abiertos los caminos y administrado un eficaz servicio postal? De hecho, Zarco y Doblado también abandonaron a Juárez, aunque disfrazaron su decepción diciendo que salían en viaje de propaganda a través de Estados Unidos.

Después de su éxito en el norte, Bazaine planeó una operación en el sur, donde hasta ese momento los franceses habían avanzado muy poco. En Yucatán, la población era casi completamente india; se habían mantenido al margen de la lucha entre los franceses y Juárez, y los dos bandos, enfrascados totalmente en los combates librados en otros lugares, habían dejado en paz a Yucatán. Oaxaca estaba completamente dominada por Porfirio Díaz, que después de escapar de los franceses había formado un ejército de varios miles de hombres y establecido su cuartel general en su ciudad natal. Díaz controlaba la mayor parte del Estado de Oaxaca, y realizaba frecuentes incursiones en dirección a Guerrero.

La ciudad de Oaxaca se encuentra en una ancha meseta rodeada por montañas. Hasta la invención del avión no era posible llegar a Oaxaca como no fuera cruzando las altas y boscosas cadenas montañosas, y para el caso poco importaba que el viajero viniese de Orizaba, Puebla, Ciudad de México, o la costa del Pacífico. En 1864 no había buenos caminos que cruzaran las montañas, y existían únicamente huellas que uno podía recorrer a pie, a caballo o en mulas. Los carruajes y los carros podían atravesarlos sólo con bastante dificultad. La ciudad misma estaba rodeada por muros. Si Díaz retiraba sus fuerzas al interior de la ciudad, no sería fácil apoderarse de la plaza, a pesar de que muchos de los habitantes eran conservadores, a quienes los liberales sujetaban mediante la fuerza. Los muros y las defensas podían ser batidos por los cañones pesados; pero, ¿cómo podían atravesar las montañas los cañones pesados?

En julio de 1864 Bazaine decidió organizar una gran operación militar con el fin de capturar Oaxaca. Ordenó que la caballería del general Brincourt avanzara desde Puebla para atacar al ejército de Díaz, que estaba en Acatlán. Díaz se retiró, y Brincourt avanzó hasta Nochixtlán, a menos de 80 kilómetros de la ciudad de Oaxaca. Bazaine le ordenó que se detuviese allí, pues Brincourt no podría tomar Oaxaca si no disponía de artillería. Bazaine creía que Díaz tenía 7.000 hombres en Oaxaca; su servicio de inteligencia era defectuoso, y de hecho las fuerzas de Díaz no superaban los 3.000 hombres.

Bazaine decidió construir entre Puebla y la ciudad de Oaxaca un camino que soportara el peso de los cañones. Su fuerza principal de 8.000 hombres partió de Puebla y Tehuacán en octubre. Después que los ingenieros habían construido siete u ocho kilómetros de camino, el ejército avanzaba ese tramo, y después esperaba hasta que los ingenieros habían construido ocho kilómetros más. Los franceses emplearon a los indios del distrito, y consiguieron que ayudasen a construir el camino; los indios estaban muy deseosos de contribuir, pues habían tenido algunos choques con los soldados de Díaz, que los habían maltratado.

Hacia principios de enero de 1865 todo el ejército francés, incluso la artillería, estaba apostado frente a la ciudad de Oaxaca. Bazaine, que acababa de ser nombrado mariscal de Francia, llegó para asumir el mando de las operaciones. Comenzó el sitio el 11 de enero. Díaz resistió un mes, convirtiendo la ciudad en una fortaleza, volando todas las casas que estaban fuera de los muros de la ciudad, con el fin de que no entorpecieran su observación del enemigo, y practicando orificios en las paredes de otras casas, de modo que sus hombres pudieran pasar de una casa a otra durante la lucha de calles para la cual se preparaba. Pero sus dificultades aumentaban todos los días. Estaba falto de alimentos y municiones, y la escasez se agravó cuando estallaron los suministros almacenados en el monasterio de Santo Domingo, una explosión en que murió el comandante que estaba a cargo del depósito. Muchos hombres desertaban, aunque él fusilaba cuatro o cinco desertores por semana. Envió al general Trevino, el comandante de su caballería, en una salida contra el enemigo; pero Trevino desertó con todos sus hombres y se unió a los franceses. Después de tres semanas, las fuerzas de Díaz quedaron reducidas a 1.000 hombres.

El cuatro de febrero Bazaine bombardeó las defensas durante casi veinticuatro horas. El ocho decidió que al día siguiente desencadenaría un ataque de infantería. Ahora, Díaz contaba sólo con 700 hombres, y comprendía que no tenía posibilidades de retener la ciudad en el marco de una lucha de calles contra un enemigo que le superaba en la proporción de más de diez a uno. Alrededor de la medianoche cabalgó hacia el cuartel general de Bazaine y rindió incondicionalmente su ejército y la ciudad. Los franceses entraron triunfales el nueve de febrero.

Cuando Bazaine se reunió con Díaz, le dijo que si se hubiese rendido antes no le habría considerado un rebelde contra su emperador. Díaz dijo que combatía por el gobierno republicano legal de México, y nunca había aceptado a Maximiliano como emperador. Entonces, Bazaine le reprochó haber faltado a su palabra al fugarse después de la caída de Puebla; Díaz replicó que él no había dado su palabra cuando le habían apresado en Puebla. Bazaine al parecer le creyó, pues invitó a Díaz a desayunar con él antes de enviarle a Puebla con una escolta. Bazaine trató a Díaz y a todos sus hombres como prisioneros de guerra, no como guerrilleros o bandidos, aunque Forey dijo, en el curso de un debate en el Corps Législatif de París, que los franceses habrían debido fusilar como traidor a Díaz en Oaxaca.

Díaz fue encarcelado en el fuerte Guadalupe, que él mismo había ayudado a defender con éxito contra el ejército de Lorencez el cinco de mayo de 1862. Allí le vigilaban algunos voluntarios austríacos, que formaban la guarnición de Puebla en remplazo de los franceses. Los autríacos no eran muy eficientes, y Díaz se fugó, y más tarde se reunió con las fuerzas de Juárez.

Maximiliano había esperado impaciente la llegada de noticias acerca de la captura de Oaxaca, y durante los últimos tres meses Charlotte había escrito cartas quejosas a Eugenia, lamentando la tardanza y los gastos de la campaña, y acusando a Bazaine de incompetencia. Maximiliano y Charlotte ignoraban por completo las dificultades del transporte de cañones a través de las montañas y el éxito de la operación de construcción de caminos realizada por Bazaine. Pero muchos oficiales franceses también criticaban la táctica de Bazaine. Creían que Brincourt fácilmente podía haber capturado a Oaxaca en el mes de agosto precedente si Bazaine no le hubiese ordenado que se detuviese en Nochixtlán, pues Díaz aún no había fortificado la Ciudad de Oaxaca, que en ese momento podía haber sido ocupada nada más que con la caballería. Decían que Bazaine había retenido a Brincourt porque deseaba que la gloria de la captura de Oaxaca fuese exclusivamente para él. Pero si Bazaine sobrestimó las dificultades de la captura de Oaxaca, no hay motivo para creer que fuese culpable de nada peor que un error de juicio basado en la información defectuosa. El año precedente no había intentado impedir que Mejía recibiese todo el mérito por la captura de San Luis Potosí y Guanajuato.

Cuando al fin llegó la noticia de la captura de Oaxaca, Maximiliano se mostró generoso en sus elogios a Bazaine. Le condecoró con la Gran Cruz de la Orden del Aguila Mexicana, y Charlotte pidió a su padre que le concediese la Gran Cruz de la Orden Belga de Leopoldo. Napoleón III se sentía tan complacido como Maximiliano con el resultado de la campaña, y creía que ya podía devolver a Francia a parte de las tropas. Ahora, casi la totalidad de México estaba bajo el dominio de Maximiliano. Su soberanía sobre Yucatán fue reconocida claramente cuando Charlotte fue a esa región, en el otoño de 1865, y recibió la acogida entusiasta de los habitantes indios.

Pero Maximiliano estaba excesivamente irritado como para gozar de su propio éxito. Había llegado a encolerizarse de nuevo con su hermano. En noviembre de 1864 Francisco José habló ante el Parlamento austríaco, y al repasar los acontecimientos del año mencionó que Maximiliano se había convertido en emperador de México después de firmar un pacto de familia en que renunciaba a sus derechos al trono de Austria. Era la primera vez que se hacía público el pacto de familia, y Maximiliano estaba furioso porque Francisco José había adoptado esa actitud sin consultarle o por lo menos informarle. Redactó una nota de protesta denunciando el pacto de familia, y mencionó que la denuncia ya había sido realizada en el *Novara*, cuando había declarado que su renunciamiento era nulo porque lo había ejecutado bajo presión, y no tenía la ratificación del Reichsrat austríaco. Ordenó a su ministro en Viena que presentara la nota a Rechberg, y envió copias al Papa y a los gobiernos de Francia, Gran Bretaña y Bélgica. Publicó una declaración en el periódico mexicano semioficial *L'Ere Nouvelle*, y en ella decía que su renuncia a sus derechos en Austria carecía de valor. *L'Ere Nouvelle* también publicó una carta anónima en sus columnas de correspondencia, y esa misiva denunciaba el dominio tiránico del gobierno austríaco en Venecia.

Este incidente provocó una crisis diplomática. Rechberg informó oficiosamente al ministro mexicano en Viena que si le presentaban oficialmente la nota de Maximiliano, Austria rompería relaciones diplomáticas con México. Napoleón III se molestó cuando una copia de la nota fue entregada oficialmente a Drouyn de Lhuys, y dijo a Metternich que él no se entrometería en esa absurda disputa de familia. El ministro austríaco en México advirtió a Maximiliano que Francisco José estaba contemplando la posibilidad de anular su promesa a Maximiliano en el sentido de que proveería al propio Maximiliano y a Charlotte si los expulsaban de México; además, le dijo que no podía permitir que en Austria se reclutasen voluntarios para servir en México.

El ministro mexicano en Viena decidió por propia iniciativa que no presentaría oficialmente a Rechberg la nota de Maximiliano, y después de unos meses el asunto se calmó. El incidente no benefició a Maximiliano en México, pues el pueblo extrajo la conclusión de que si estaba tan preocupado por sus derechos en Austria, seguramente preveía que sería expulsado de México o que debería retornar a Austria por otra razón.

Aunque no tenía planes inmediatos para volver a Austria, Maximiliano aún añoraba Miramar. Si bien él estaba ausente, la construcción continuaba allí. Antes de salir de Miramar, Maximiliano había trazado los planes destinados a convertir el bungalow en una residencia de dos plantas, y escribía regularmente al hombre que estaba a cargo de las obras para inquirir acerca de los progresos e impartir nuevas instrucciones.

Pidió que el artista Karl Hase pintase un mural sobre tres costados del nuevo salón de recepción del segundo piso. En la primera pared había una imagen de los comienzos, las ruinas del Castillo Happisburg, en el siglo XI, a orillas del río Aar, en Suiza, donde se había originado la familia Habsburgo, y del cual había tomado el nombre. La segunda pared describiría el esplendor de la culminación, el Hofburg de Viena. El mural de la tercera pared correspondía al destino final, el palacio de Chapultepec. Hase pintó el mural exactamente como Maximiliano se lo había ordenado, pero el emperador jamás lo vio, pues su último destino no sería Chapultepec, sino Querétaro.

18

¿Victoria o derrota?

Maximiliano y Napoleón III habían vencido, o por lo menos era eso lo que parecía. A semejanza de Francia, México tenía un Segundo Imperio que seguía al Primer Imperio, creado por poco tiempo por Iturbide en 1822; los periodistas y los oradores públicos preveían que si bien el Primer Imperio mexicano había terminado con el emperador enfrentado a un pelotón de fusilamiento, el Segundo Imperio sobreviviría, gracias a la buena voluntad de Francia y Europa, para confundir a Estados Unidos y desbaratar la doctrina Monroe. Bazaine saludaba el triunfo de "todos los amigos de la intervención, todos los que ven satisfechos que el orden ha remplazado a la anarquía. Lo han conseguido".

El gobierno de Maximiliano había extendido su autoridad a todos los estados y territorios (excepto cuatro) de México, y ahora se los denominaba provincias del Imperio. Solamente Guerrero, Chihuahua, Sonora y Baja California, que juntos tenían sólo el siete por ciento de los 8.000.000 de habitantes del país, no habían sido ocupados por el ejército francomexicano. En el sur, el general liberal Alvarez aún resistía en Acapulco, y en otros lugares de Guerrero, a lo largo de la costa del Pacífico. Los ejércitos franceses e imperiales aún no habían entrado en las tres provincias del noroeste, aunque Juárez apenas tenía allí algunas fuerzas regulares.

Pero dos hombres no creían que los franceses y Maximiliano hubiesen vencido, o jamás pudiesen vencer. Uno era Juárez, y el otro Napoleón III. En presencia de una derrota tras otra, Juárez continuaba creyendo firmemente en la victoria final; Napoleón, cuyos periodistas proclamaban que la expedición a México era la gloria más grande de su reinado, durante dieciocho meses había estado diciendo en privado a sus conocidos que se había metido en un embrollo en México, y que deseaba salir de eso cuanto antes.

Casi no valía la pena invadir las provincias de Chihuahua y Baja California, pero Sonora era diferente. William M. Gwin, ex senador norteamericano por Mississippi, había intentado durante un tiempo interesar a Napoleón III por Sonora. Después de ser arrestado al principio de la Guerra Civil, bajo la sospecha de ser simpatizante confederado, Gwin quedó en libertad y se le permitió ir a Europa. Llegó a París precisamente cuando comenzaba el despacho de tropas francesas a México, y dijo a Napoleón III y a sus ministros que Sonora tenía ricas minas de plata y platino, y propuso que los franceses obtuviesen la recompensa que merecían por los servicios que habían prestado liberando a México de la tiranía liberal mediante la anexión de Sonora y la explotación de sus riquezas con la ayuda de una compañía que Gwin y sus amigos fundarían con esa finalidad.

Hacia 1864 Gwin había llegado a la lamentable conclusión de que el Norte vencería en la Guerra Civil norteamericana, y este pensamiento determinó que se mostrase más decidido que nunca a comprometer a Francia en sus planes referidos a Sonora. Abrigaba la esperanza de que los esclavistas sureños derrotados emigrasen a Sonora con sus esclavos, que aportarían la fuerza de trabajo necesaria para explotar las minas. Advirtió a Napoleón que si Francia no se anexaba Sonora, lo haría Estados Unidos cuando concluyese la guerra, pues el ejército mexicano de Maximiliano no podría impedirlo. Pero Estados Unidos no se atrevería a invadir a Sonora si esta era una colonia de Francia y allí estaba apostado el ejército francés.

Napoleón se mostró interesado en las propuestas de Gwin, pero había dificultades. Cuando Maximiliano fue proclamado emperador de México en Miramar, juró que no cedería ninguna parte del territorio nacional, y en efecto se mostró decidido a cumplir su juramento y rehusó ceder Sonora a Francia. Asimismo, Napoleón creía que la anexión de Sonora podía llevarle a una guerra con Estados Unidos, una situación que ciertamente deseaba evitar. Le habían dicho que había escasez de agua en Sonora, y que sería difícil mantener allí un ejército, y la ocupación de Sonora en todo caso implicaría mantener a muchos hombres en México, y él sabía que la opinión pública francesa deseaba que las tropas volvieran cuanto antes a casa.

Decidió que enviaría un ejército a Sonora aunque fuera únicamente para capturar el puerto de Guaymas, sobre el Golfo de California. Este paso impediría que Juárez, que estaba en Chihuahua, utilizara el puerto para recibir armas contrabandeadas que provenían de San Francisco, o para comunicarse con sus partidarios en Acapulco; asimismo, la captura del puerto permitiría que Napoleón afirmase que otra provincia había pasado al control de Maximiliano. Los expertos franceses podían llegar detrás del ejército, y estudiar lo que se necesitaba para explotar la provincia. A su debido tiempo, un ejército invadió Sonora y capturó Guaymas, sin tropezar con una resistencia importante.

Ciertamente, de este modo se alcanzó el efecto deseado, que era interrumpir las comunicaciones de Juárez. Ahora, los despachos ilegales de armas provenientes de San Francisco debían desembarcar en playas desiertas, y las comunicaciones postales llegaron a ser mucho más difíciles. Cuando Juárez, en Chihuaha, escribía a Romero, en Washington, las cartas debían ser llevadas por los difíciles caminos que atravesaban los arenales del desierto septentrional, hasta el pequeño poblado de El Paso del Norte (hoy el centro denominado Ciudad Juárez); después, tenían que atravesar el Río Grande hasta la aldea de Franklin (que ahora es la ciudad de El Paso) en Texas, y de allí, pasando por el occidente del territorio confederado, llegaba a Santa Fe, y por la ciudad de Kansas, a Washington. Las cartas generalmente llegaban en el lapso de seis semanas, pero a veces necesitaban casi tres meses. Después que los franceses capturaron Guaymas, Juárez tuvo que usar esta ruta para comunicarse con Almonte en Guerrero y con Porfirio Díaz en Oaxaca; de Washington, las cartas viajaban por mar a Colón, y después de cruzar el istmo hasta Panamá por mar hasta Acapulco. Cuando Juárez supo que Díaz había escapado de Puebla y encabezaba a los guerrilleros de Oaxaca, le escribió desde Chihuaha el 12 de noviembre de 1865, y volvió a nombrarle comandante en jefe de los ejércitos de la república en la región; Díaz no recibió la carta hasta el 2 de febrero de 1866.

Las difíciles comunicaciones de Chihuahua no impidieron que Juárez contase con su provisión de champaña o con los excelentes cigarros que él y Lerdo recibían de Nueva York. El Día Nacional, es decir el 16 de septiembre, en el aniversario de la victoria de Puebla el cinco de mayo, y en su cumpleaños, el 21 de marzo, Juárez asistía a banquetes en los cuales se abrían muchas botellas de champaña y se las bebía antes de que los invitados escuchasen los discursos patrióticos de su líder. Los radicales de su partido y los pequeños grupos de socialistas mexicanos le criticaban por entonces, pues festejaba de ese modo mientras sus guerrilleros arriesgaban la vida y soportaban grandes privaciones en Tamaulipas y Michoacán; en el siglo XX los escritores marxistas repitieron estas críticas. También afirmaron que Juárez fue un representante de la clase media burguesa en su lucha contra la Iglesia Católica, los terratenientes feudales y la dictadura de Napoleón III. Señalan que no llegó a abolir la leva del reclutamiento forzoso y el sistema del peonaje, que obligaba a los campesinos a ejecutar trabajos forzados hasta que hubieran saldado lo que debían a sus terratenientes, lo cual en la práctica significaba la servidumbre permanente. En vida de Juárez, Marx y Engels adoptaron frente a él una actitud menos crítica.

El informe de los expertos acerca de Sonora convenció a Napoleón de que no valía la pena anexarla. El 31 de marzo de 1865 escribió a Bazaine que enviaba a Gwin de París a Ciudad de México con el propósito de que formulase a Maximiliano sus propuestas acerca de Sonora. Napoleón dejaría a cargo de Maximiliano la adopción de las posibles medidas acerca de la explotación de Sonora.

Pero los propagandistas de Napoleón podían utilizar la invasión de Sonora como una nueva prueba de que el invencible ejército francés era el mejor del mundo. En abril de 1865 Favre y la oposición de nuevo abordaron el tema de México en el Corps Législatif. En su condición de ministro de Estado, Rouher defendió la política oficial en México con tanto entusiasmo y tanta elocuencia que nadie hubiera podido imaginarse jamás que siempre la había rechazado en el secreto de las reuniones de gabinete. Mereció la aclamación de la mayoría de los diputados, a quienes explicó cómo los valerosos soldados, denigrados por la oposición, habían avanzado victoriosamente recorriendo inmensas distancias en México. "Hemos ido a Acapulco, a Tepic, a San Blas, a Michoacán; quizá ya vamos camino de Guaymas", para clavar allí la victoriosa bandera francesa, y la bandera del Imperio mexicano enarbolada por nuestros hombres. Rouher no mencionó que después habían salido de Acapulco a causa de su clima insalubre, y que los liberales habían recapturado la ciudad y el puerto.

Favre preguntó por qué, si se había alcanzado la victoria en México, las tropas no volvían a casa. Era la pregunta que todos se formulaban en Francia. Los informes de los *procureurs* de Caen, Lyons, Ruán y Colmar decían todos lo mismo: la guerra en México era impopular, y la gente deseaba que sus hijos volviesen pronto a casa. Rouher decía que volverían muy pronto al país, pero el momento exacto no sería fijado por Juárez ni por la oposición desleal que actuaba en la propia Francia, sino por el emperador Napoleón III. ¡Que nuestra bandera flamee en México unos pocos meses más, con el fin de aplastar la última resistencia y los restos de la resaca revolucionaria! Rouher obtuvo para el gobierno una mayoría de 225 votos contra 16.

Los restos de la resaca revolucionaria no estaban destruidos, ni mucho menos. La situación parecía haber mejorado en las cercanías de Veracruz y Orizaba, donde en julio de 1863 hubo menos incidentes que en cualquier otro momento de los dos años anteriores. Los franceses comenzaban a felicitarse porque la fuerza de Du Pin había liquidado a todos los guerrilleros, cuando de pronto la actividad de las guerrillas en la vecina provincia de Tamaulipas aumentó, y entonces comprendieron que los "disidentes" y los "bandidos" de Veracruz sencillamente se habían desplazado hacia el norte. De modo que en marzo de 1864 Du Pin y la *contre-guérilla* recibieron la orden de abandonar su base de Camerone y marchar hacia Victoria, en Tamaulipas.

Los franceses retuvieron los puertos de Tuxpan y Tampico, y después de capturar Matamoros se convirtieron en los dueños de todos los puertos de Tamaulipas; pero los guerrilleros pululaban alrededor, impedían que los suministros de alimentos llegasen a la guarnición, emboscaban a los pequeños grupos de soldados franceses que se aventuraban en la zona rural, y a veces se incursionaban en los puertos y atacaban la guarnición, o enviaban agentes para matar a los soldados franceses en las calles.

La guarnición francesa de Tampico, que había sufrido muertes a causa del *vómito*, fue retirada provisionalmente y evacuada por mar a Veracruz. Entonces, los guerrilleros capturaron Tampico y la mantuvieron unas pocas semanas, hasta que los franceses volvieron y reocuparon la ciudad. Los guerrilleros permanecieron en Tampico el tiempo necesario para arrestar a los funcionarios del gobierno local, que habían desempeñado cargos al amparo de los franceses; los juzgó una corte marcial de acuerdo con los términos del decreto del 25 de enero y se los ahorcó en la plaza de la ciudad.

Las guerrillas de Tamaulipas dieron una serie de jefes formidables —José María Carbajal, Servando Canales y Pedro Méndez. Carbajal, de raza india, ya era un viejo en 1864. No siempre había sido un liberal principista. De acuerdo con algunos informes, en su juventud, antes de la Guerra Civil norteamericana, había sido empleado por los esclavistas de Texas para capturar a los esclavos fugados que escapaban atravesando el río Grande e internándose en México. Carbajal y sus hombres desafiaban la ley mexicana, perseguían a los esclavos en Tamaulipas y los devolvían a sus amos norteamericanos, que los flagelaban y los sometían a otros castigos. Pero al margen de lo que Carbajal podía haber hecho en 1855, fue un auxiliar muy valioso para Juárez en 1864. Los intelectuales liberales como Zarco e Iglesias podían escribir impresionantes artículos de propaganda, y Romero era el hombre que realizaba las complicadas negociaciones diplomáticas en Washington; pero Carbajal era el jefe guerrillero que los liberales necesitaban en Tamaulipas. Juárez le concedía mano libre, y Carbajal era leal a Juárez.

En abril de 1864 Du Pin llegó con la *contre-guérilla* desde Tampico, en un ataque por sorpresa a Carbajal, y se libró un combate en San Antonio, cerca de la aldea de Soto la Marina. De acuerdo con la versión de Kératry, la *contre-guérilla* tenía sólo 285 hombres contra los 1.200 de Carbajal; pero derrotaron a los guerrilleros después de un áspero combate en que la *contre-guérilla* perdió 11 hombres y tuvo 32 heridos. Seis de sus diez oficiales sufrieron heridas graves, y eso incluyó al segundo de Du Pin, herido por el propio Carbajal. Quince guerrilleros fueron muertos, incluso tres ciudadanos norteamericanos que se habían incorporado a las fuerzas liberales en México y se desempeñaban como capitanes a las órdenes de Carbajal, y un desertor francés que había recibido el grado de mayor de manos de Juárez.

A Carbajal le mataron dos caballos que montaba, y él mismo recibió una herida dolorosa, pero logró huir y esconderse toda la noche en un pantano, sin que nadie pudiese curarle la herida. Al día siguiente, cuando la *contre-guérilla* se había alejado, salió del pantano y cabalgó hasta Soto la Marina.

Pocos días después la *contre-guérilla* entró en Soto la Marina, donde fue recibida por un destacado caballero mexicano, don Martín de León, que era el cónsul de Estados Unidos en el lugar. León invitó a Du Pin y a sus oficiales a una excelente cena servida en su casa. Les dijo que era primo de Carbajal, pero que no simpatizaba con sus opiniones políticas. Afirmó que había visto a Carbajal la víspera en Soto la Marina, que Carbajal le había explicado cómo había logrado huir después de la batalla de San Antonio, escondiéndose en el pantano, y que Carbajal, después de recibir atención médica por su herida, se había alejado en dirección a Monterrey. Esta era una mentira por partida doble, pues mientras León explicaba todo esto a Du Pin durante la cena, Carbajal se ocultaba en una choza de su propio rancho, a pocos kilómetros de distancia. El cónsul se despidió de sus invitados y fue a la choza en medio de la noche, informó a Carbajal que la *contre-guérilla* se había alejado, y le entregó un caballo. Carbajal huyó para reunirse con sus hombres en la campiña.

La *contre-guérilla* tuvo más éxito unos meses después, más al norte, en San Fernando. Después que los franceses capturaron Matamoros y privaron a los liberales de su último puerto en el Golfo de México, los traficantes de armas provenientes de Estados Unidos tenían que desembarcar sus cargamentos en las playas desiertas que estaban cerca de Soto la Marina y San Fernando. Cuando la *contre-guérilla* entró en San Fernando, tropezó con la hostilidad silenciosa de casi todos los habitantes, pero uno de estos se mostró dispuesto a hablar cuando tuvo la certeza de que ninguno de sus vecinos le observaba. Dijo a la *contre-guérilla* que Carbajal había estado en San Fernando dos días antes, y que había visto a los hombres de Carbajal entrar y salir de un galpón que estaba en la cima de un risco, dominando el mar, no lejos de la ciudad. La *contre-guérilla* fue al lugar y descubrió 400 toneladas de pólvora y 4.000 balas y granadas, todo el material con marcas que demostraba que había sido fabricado en Estados Unidos. La *contre-guérilla* no podía trasladar estos suministros, de modo que los empujó hacia el borde del risco y los arrojó al mar.

Se luchaba a lo largo de toda la costa, desde San Fernando en el norte a Papantla en las montañas del sur, y en el interior alrededor de Victoria. Los franceses habían designado un Consejo de Notables en Victoria, con el fin de ayudar al alcalde a gobernar la población. Las guerrillas enviaron un aviso desde Soto la Marina, en el sentido de que si cualquiera de los notables asistía a la reunión inaugural del consejo, sería ejecutado, de acuerdo con los términos del decreto del 25 de enero; pero Du Pin obligó a los notables a asistir a la reunión, bajo la protección de sus hombres. En Victoria, dos soldados franceses fueron atraídos a una casa por tres habitantes locales, que los mataron con revólveres y machetes. Du Pin ordenó que los mexicanos fuesen fusilados en la plaza después de detenerlos, lo mismo que a sus parientes, que se vieron obligados a mirar, y de incendiar totalmente la casa.

Mientras Du Pin volvía con sus hombres a Soto la Marina, atravesó la antigua ciudad española de Croy, que como sabía era un centro de la actividad guerrillera al mando de un jefe local, Ingenio Abalos. Los guerrilleros se habían retirado antes de la llegada de la *contre-guérilla*, pero el alcalde le dijo a Du Pin que una belleza local llamada Pepita era la amante de Abalos, y que él creía que Abalos planeaba emboscar a la *contre-guérilla* cuando salieran de Soto la Marina. Du Pin fue a la casa de Pepita y le pidió que revelase lo que sabía acerca de la emboscada. Ella se negó a responder a sus preguntas.

Du Pin sacó su reloj y lo dejó sobre la mesa, al lado de una gruesa cuerda. Le dijo a Pepita que si no le decía todo lo que sabía en el plazo de cinco minutos la colgaría de la viga de la habitación. Ella no contestó. Los minutos pasaron lentamente, y Du Pin vio que ella miraba hacia la puerta, y supuso que se proponía abalanzarse sobre ella y escapar. Desenfundó su revólver y dijo a sus oficiales que hicieran lo mismo, y todos apuntaron sus revólveres a Pepita. Por primera vez una expresión de temor se manifestó en los ojos de la mujer, pero tampoco habló. Después, Du Pin anunció que los cinco minutos habían terminado, y ordenó a sus hombres que le pusieran la cuerda al cuello, y la colgaran de la viga. Cuando ella sintió la cuerda se derrumbó y confesó todo. Se había planeado una emboscada, y ella le dijo dónde era.

La *contre-guérilla* se la llevó. La obligaron a caminar un metro o dos delante, con dos hombres inmediatamente detrás, apuntándole a la espalda con los revólveres. Cuando llegaron al lugar en que los hombres de Abalos esperaban, los guerrilleros vieron a la amante de su jefe y no se atrevieron a disparar. La *contre-guérilla* llegó sin problemas a Soto la Marina, y dejó en libertad a Pepita.

Pedro Méndez era un enemigo tan formidable como Carbajal. Era muy particular en el conjunto de jefes guerrilleros liberales, porque usaba anteojos. Era alto por tratarse de un mexicano, y tenía los pies muy pequeños, que eran admirados por sus compatriotas. En la marcha y en el combate siempre usaba un chaleco negro, pantalones blancos, botas con espuelas muy trabajadas, un revólver a la cintura, un ancho sombrero y anteojos verdes. De acuerdo con los franceses, era el más cruel de todos los jefes guerrilleros; ningún mexicano se mostraba dispuesto a ser el guía de los franceses en un distrito en que sabían que operaba Méndez. Redactaba ardientes panfletos de propaganda que denunciaban a los franceses y amenazaban a los colaboradores, y siempre terminaban con el lema liberal "¡Libertad e independencia!" Distribuía esos panfletos en el camino de la *contre-guérilla*.

A finales de noviembre de 1864, Méndez estaba operando cerca de Victoria, y Du Pin se propuso encontrarle y destruirle. La *contre-guérilla* descubría dónde se encontraba, pero siempre llegaba demasiado tarde para atraparle. Una vez le vieron sentado en su caballo, en la cumbre de una colina, pero estaba fuera del alcance de las armas, y cuando la *contre-guérilla* llegó allí, había desaparecido. Cuando la *contre-guérilla* avanzó, encontró los cadáveres de varios colaboradores y algunos soldados franceses colgados de los árboles. En determinado momento encontraron una tumba cavada poco antes en medio del camino. Sobre ella había una cruz a la que se había agregado una leyenda: "¡Muerte a los asesinos franceses!" Uno de los miembros de la *contre-guérilla* destrozó indignado la cruz y el letrero. Cuando lo tocó, estalló una bomba y le mató, y mientras sus asustados camaradas corrían a protegerse, los hombres de Méndez abrieron fuego sobre ellos desde sus escondrijos a los lados del camino.

Los habitantes de Tampico simpatizaban con la guerrilla o le temían, pues no habían olvidado a los colaboradores ahorcados en la plaza de la ciudad. Du Pin consideró que debía restablecer la moral de los partidarios de Maximiliano y atemorizar a los de Juárez, demostrándoles que era capaz de emular a las guerrillas. Arriesgando el peligro de contraer el *vómito*, que había intimidado a otros regimientos franceses, estableció en Tampico el cuartel general de la *contre-guérilla*, y realizó incursiones contra los guerrilleros de las aldeas próximas. Cuando capturaba guerrilleros, no los ahorcaba en el lugar, sino que los llevaba de regreso a Tampico, con las manos atadas y la cuerda al cuello. Los transportaba a la plaza de la ciudad al final de la tarde, cuando el lugar solía estar atestado de gente, y los ahorcaba colgándolos de los árboles de la plaza. Dejaba los cuerpos allí toda la noche, de cara al mar, y los retiraba al día siguiente.

Después de la ejecución, la gente se retiraba de prisa de la plaza, y todos los ocupantes de las casas alrededor de la plaza mantenían cerradas las ventanas, a pesar de que era una noche estival muy cálida. El café de la casa permanecía abierto. El propietario decía que confiaba en que la visión de los cadáveres de los bandidos no impediría que sus clientes acudieran como de costumbre a su café, y pasaran una velada agradable comiendo y bebiendo en la acera, frente al local. Más tarde, Kératry descubrió que el propietario del café era un agente de los guerrilleros que les suministraba información acerca de los movimientos de la *contre-guérilla*.

Algunos de los ciudadanos respetables de Tampico, y sobre todo los liberales moderados cuyo apoyo Maximiliano trataba de conseguir, se sintieron sorprendidos por los métodos de Du Pin. Se quejaron al gobierno de Ciudad de México, y Maximiliano habló con Bazaine, que coincidió en que los métodos de Du Pin eran irregulares. Bazaine ordenó a Du Pin que acatase las normas y juzgase a los sospechosos ante una corte marcial; pero eso no satisfizo a Maximiliano (Charlotte profesaba mucha antipatía a Du Pin). Maximiliano insistió en que Du Pin fuese apartado de su mando y devuelto a Francia. Al principio, Bazaine dio largas al asunto, pero cuando Maximiliano insistió de mala gana despachó a Du Pin.

Los oficiales y los soldados de la *contre-guérilla* estaban irritados.

Eran individuos consagrados a su jefe, y su exoneración debilitó la moral de la tropa, pues creyeron que significaba que en adelante Maximiliano y Bazaine mostrarían una actitud blanda frente a la guerrilla, precisamente cuando parecía que los métodos de Du Pin estaban obteniendo buenos resultados. Napoleón III les envió un buen sustituto, el coronel Galliffet, a quien se encomendó la dirección de la *contre-guérilla*. Galliffet había llegado a ser ayudante de campo de Napoleón, y le agradaba la vida de la corte e intervenía en las funciones teatrales de aficionados en Compiègne, perseguía a las damas de compañía de Eugenia, y se casó con la más hermosa de ellas, mademoiselle Lafitte. Pero deseaba regresar a México; dijo a Napoleón que tenía que saldar algunas cuentas con los mexicanos que le habían herido en Puebla.

La *contre-guérilla* pronto descubrió que Galliffet era tan duro como Du Pin, y los mexicanos, al ver el salvajismo de los miembros uniformados de azul de la *contre-guérilla* los denominaron los "carniceros azules". Muchos años después, se reprochó a Galliffet su implacable represión, en 1871, de los comunardos de París, a quienes fusiló con el mismo placer con que había liquidado a los rebeldes árabes en Argelia. Contestó que se arrepentía menos de matar a los comunardos, porque los árabes por lo menos creían en un dios, aunque no era el verdadero Dios cristiano, y en cambio los comunardos eran ateos sin dios. Demostró tanto celo en destruir a los guerrilleros liberales sin dios de México como el que demostró después en París.

En el otoño de 1865 Du Pin fue a Biarriz y habló con Napoleón III, que se sintió tan impresionado por los modales francos de Du Pin y por sus logros con la *contre-guérilla* que le envió de regreso a México. Pero no le devolvió su antiguo mando. Du Pin desempeñó un cargo administrativo en Veracruz. Siempre negó las acusaciones de crueldad que le habían formulado. Dijo que se había mostrado muy compasivo con los guerrilleros, pues siempre los colgaba del cuello hasta que morían; en cambio los guerrilleros, cuando capturaban a uno de los hombres de Du Pin, generalmente le colgaban de un árbol por los pies, de cara al sol, y le dejaban allí hasta que moría de sed.

19

La persecución de Romero

Maximiliano no podía entender por qué la guerrilla no había sido aplastada. Charlotte explicó su ansiedad a Eugenia, y esta le recomendó que no se inquietase. Eugenia creía que nunca podrían eliminarse los últimos restos de la guerrilla existente en México, y pensaba que los disidentes no representaban una amenaza para la estabilidad del imperio. Pero Maximiliano se exasperaba porque los guerrilleros se mostraban tan activos, no sólo en la lejana Tamaulipas sino en Michoacán, a menos de ciento sesenta kilómetros de la capital. Michoacán era un escenario ideal para las operaciones guerrilleras. Los bosques umbríos cubrían las altas laderas de las montañas en casi todo el recorrido hasta los valles; las cimas de las montañas a menudo estaban cubiertas de espesa bruma; y durante la estación lluviosa del verano los aguaceros torrenciales todas las tardes y los ríos crecidos a veces determinaban que los caminos accidentados de los valles fuesen infranqueables para los soldados que se desplazaban. Para los guerrilleros liberales de Michoacán era fácil sostenerse contra el gobierno de Maximiliano, del mismo modo que para Márquez y sus guerrilleros conservadores había sido fácil evitar la captura intentada por los ejércitos de Juárez en 1861.

El líder de los guerrilleros de Michoacán era Nicolás Romero, un personaje casi legendario. Los franceses y los partidarios de Maximiliano afirmaban que todos los jefes guerrilleros eran "bandidos", pero no estaban muy lejos de la verdad en el caso de Romero. A diferencia de Chávez, Ghilardi y Díaz, Romero nunca había sido un político destacado o general del ejército regular de Juárez. Había surgido en 1863 como jefe de una banda que atacaba y robaba a los franceses y los colaboradores mexicanos en un radio de ciento sesenta kilómetros alrededor de la ciudad de México, en Michoacán hacia el noroeste, en Guerrero por el suroeste y cerca de Texcoco y Tlaxcala hacia el noreste. Podía justificar sus robos como actos patrióticos y fruto del celo revolucionario contra el invasor extranjero, los opresores reaccionarios y las clases acomodadas. Muchos miembros del pueblo le consideraban una figura heroica en el estilo de Robin Hood, un defensor de los pobres contra los ricos.

Romero era especialmente popular en las clases inferiores de Ciudad de México, y también con los liberales de la clase media. El pueblo organizaba colectas secretas para él. Robaban armas de los almacenes oficiales y se las enviaban; en abril de 1864, 30.000 proyectiles para armas de puño salieron subrepticiamente de la ciudad, atravesaron el Lago Texcoco, y siguiendo un camino semicircular se alejaron por el sur en dirección a Zumpango, donde Romero los recibió. Los jóvenes abandonaban sus hogares de Ciudad de México para unirse a su grupo, y aunque las madres se entristecían al ver que sus hijos corrían tales peligros, muchas mujeres estaban fascinadas por Romero, y esperaban y deseaban que tuviese éxito.

Bazaine envió un ejército de unidades francesas, mexicanas y belgas al mando del general mexicano Lamadrid, con la misión de atrapar a Romero. Los voluntarios belgas y austríacos, en quienes Maximiliano y Napoleón III confiaban como sustitutos del ejército francés, ya comenzaban a llegar. Cuatrocientos belgas llegaron a Ciudad de México el 14 de diciembre de 1864, y otros lo hicieron durante los seis meses siguientes. En total, sumaron 1.543 oficiales y soldados al mando del barón van der Smissen. El primero de los 7.000 austríacos mandados por el conde Thun desembarcaron en Veracruz el 22 de enero de 1865. Provenían de todas las regiones del Imperio austrohúngaro, e incluían a italianos, polacos y croatas, además de austríacos.

Algunos de los austríacos formaron su propias unidades de *contre-guérilla*, independientes de la *contre-guérilla* francesa. En abril de 1865 una compañía de la *contre-guérilla* austríaca al mando del capitán Czapek fue atacada por una nutrida fuerza guerrillera en Tetela, unos ciento diez kilómetros al norte de Puebla. "Nuestros enemigos nos combatieron como si no hubiéramos sido hombres, sino bestias salvajes", escribió el capitán. Al ver que estaban rodeados y superados en número, Czapek se rindió después de una prolongada lucha. Los guerrilleros llevaron a los prisioneros a una iglesia próxima y comenzaron a matarlos, pero algunos de los guerrilleros deseaban perdonarles la vida, y pronto llegó el comandante y detuvo la masacre. "Los austríacos nunca matan a sus prisioneros", dijo, "y tampoco lo haré yo, pues creo que los austríacos pagarán rescate por los prisioneros". Czapek fue canjeado pocos meses después por algunos guerrilleros capturados por los austríacos.

Otro oficial austríaco, el conde Kurtzroch, tuvo menos suerte. Su compañía fue atacada cerca de Guadalajara por el grupo guerrillero de Antonio Pérez. Los austríacos fueron empujados hacia una iglesia, donde se defendieron hasta que los guerrilleros incendiaron el recinto, lo cual obligó a los soldados a rendirse. Kurtzroch estaba gravemente herido en las piernas, y no podía caminar, de modo que sus camaradas le retiraron de la iglesia en una camilla. Pérez esperaba frente a la iglesia. Cuando los hombres transportando la camilla en que estaba Kurtzroch pasaron al lado, desenfundó el revólver, lo apoyó en la frente del herido y le mató.

Los voluntarios belgas habían llegado por devoción a su princesa Charlotte, después que Maximiliano había pedido al rey Leopoldo que los enviase "en vista de la protección especial de la emperatriz, que para ellos es una compatriota". Se autodenominaban los Chasseurs de l'Impératrice y entraban en acción gritando "¡Viva la emperatriz!"

Los liberales belgas se oponían al envío de voluntarios a México. Un prominente abogado y político liberal, L. van der Kerkhove, presentó una petición ante la Corte de Apelaciones de Bruselas en enero de 1865, y en ella sostuvo que los voluntarios violaban la ley belga que prohibía el alistamiento en un ejército extranjero, así como el principio constitucional de la neutralidad belga. Un abogado conservador, J.B. Bonnevie, polemizó con Kerkhove, y afirmó que era perfectamente legal que los belgas sirviesen como voluntarios en un ejército extranjero, con la condición de que tuviesen la autorización del rey de los belgas y que no combatiesen a un gobierno legítimo. Era ilegal que los belgas se presentasen voluntarios a luchar con Garibaldi contra el rey de Nápoles o el Papa, o sirvieran en cualquiera de los bandos de la Guerra Civil norteamericana; pero era legal que combatiesen por Maximiliano en México, con el consentimiento del rey Leopoldo, contra una banda de rebeldes a quienes no podía considerarse un gobierno, aunque contasen con el reconocimiento de Estados Unidos, porque carecían de un ejército regular disciplinado.

Además de esta lógica fría y legalista, Bonnevie formuló una llamada de carácter emotivo, y pidió a Kerkhove y a los jueces que no insultaran a los hombres valerosos que estaban dispuestos a arriesgar la vida en defensa de una princesa belga. El tribunal aceptó los argumentos de Bonnevie, y el rey, la legislatura y los jueces apoyaron el alistamiento de los voluntarios. De modo que las Leyes de Neutralidad fueron aplicadas en Estados Unidos contra Juárez y suspendidas en Bélgica en favor de Maximiliano.

Después de ir a Ciudad de México para saludar al emperador y la emperatriz, que agasajaron a los oficiales superiores con varias cenas y recepciones, las legiones belga y austríaca fueron a unirse al ejército de Bazaine en el sitio de Oaxaca; pero antes de llegar allí se enteraron de que Oaxaca se había rendido. De modo que los enviaron a Michoacán, para colaborar en la persecución de Romero.

Cuando las legiones austríaca y belga operaban por cuenta propia, generalmente demostraban más moderación y humanidad que sus colegas franceses y mexicanos. Cuando servían a las órdenes de Lamadrid, a menudo se sentían sorprendidos por la crueldad de sus aliados. Los hombres de Lamadrid a veces fusilaban a sus prisioneros y otras los ahorcaban. Preferían ahorcarlos, porque creían que para los mexicanos el fusilamiento era una forma honorable de muerte, de modo que no constituía un disuasor; en cambio, creían que los mexicanos temían la ignominia de la horca, aunque continuaban sintiéndose sorprendidos por el silencio estoico y la resignación en presencia de la muerte. Un hombre a quien esperaba la horca generalmente no formulaba comentarios, excepto para pedir el último cigarrillo. Si le perdonaban y liberaban en el último momento, mantenía el mismo silencio, y se alejaba sin decir palabra.

A veces se flagelaba a los prisioneros, de acuerdo con la orden de Napoleón III. Un hombre a quien se acusaba de ladrón recibió sesenta latigazos con el gato de nueve colas en la espalda desnuda, y después le dejaron libre. También él se alejó en silencio. A algunos prisioneros no se los castigaba y se los invitaba a incorporarse al ejército francomexicano y a luchar contra sus ex camaradas. Muchos lo hacían de buena gana.

Charles Mismer, un oficial de Alsacia que servía en el ejército francés, presenció la corte marcial de dos mexicanos acusados de entrar en la casa de un matrimonio, vestidos con los uniformes de soldado que habían robado, para despojar a los esposos. Se cumplieron las normas; tres oficiales fueron los jueces, hubo un intérprete y un oficial que era abogado y que fue el defensor; pero él mismo consideró que el abogado defensor había atendido bastante mal el caso, y que el intérprete a veces traducía erróneamente las declaraciones. No estaba en absoluto seguro de que todos los acusados comprendiesen realmente lo que sucedía. Cuando el presidente del tribunal les dijo que los habían hallado culpables y que se los condenaba a muerte, y que serían ejecutados dentro de las veinticuatro horas, contestaron: "Está bien, señor."

La víspera de la ejecución Mismer fue a ver al oficial que presidió el tribunal, y le dijo que tenía dudas acerca de la equidad del proceso. El oficial se echó a reír y le dijo que no se preocupase. "Todos los mexicanos", dijo, "son guerrilleros o lo fueron o lo serán, de modo que a nadie perjudicamos si fusilamos a los que conseguimos atrapar".

Pero, ¿dónde estaba Romero? Un día aparecía en Zumpango, Guerrero, pero poco después atacaba el pueblo de Ixmiquilpan, al norte de Ciudad de México. Después, se le mencionaba en Michoacán, incursionando en Uruapan, Pátzcuaro, Zitácuaro, Maravatío o Morelia. Cierto día, un informante se acercó a Lamadrid y le dijo que un grupo de guerrilleros estaba acampando alrededor de una casa de campo, en un bosque cercano a Zitácuaro. Lamadrid envió tropas de caballería para destruirlos. Ni el informante ni Lamadrid comprendieron que el propio Romero estaba con los guerrilleros en el bosque, pero el clarín de la tropa de caballería era un mexicano que cierta vez había sido guerrillero en una de las bandas de Romero, y que le conocía de vista. La caballería se desplazó con rapidez y en silencio, y atacó a los guerrilleros antes de que estos pudiesen resistir. Algunos guerrilleros fueron muertos, veinte cayeron prisioneros, y el resto, entre ellos Romero, logró escapar. Romero no pudo encontrar un caballo, y sabiendo que el enemigo le pisaba los talones, trepó a un árbol que crecía cerca de la casa, y se ocultó entre las ramas.

Los hombres de Lamadrid ahorcaron a los guerrilleros capturados, y después se instalaron a saborear un almuerzo en el jardín, muy cerca del árbol en que se ocultaba Romero. Después de un rato, el clarín vio un gallo que se paseaba por el jardín. Trató de atraparlo, pero el gallo voló hacia el árbol en que se ocultaba Romero. El soldado, decidido a apoderarse del gallo para su cena, trepó al árbol. Vio a Romero y descendió del árbol con una recompensa mucho más importante que el gallo.

Probablemente habrían ahorcado enseguida al nuevo prisionero si el soldado no informa de su identidad al comandante de la tropa. El comandante no estaba dispuesto a ahorcar a Romero en un lugar discreto y en el bosque; deseaba llevarlo vivo a Ciudad de México para mostrar lo que había capturado a sus oficiales superiores, a sus camaradas, sus amigos y los periodistas. Descubrieron la mula de Romero, le montaron con los pies atados bajo la panza del animal, y le enviaron a Ciudad de México con una escolta al mando del capitán Altwies, de la Legión Belga. Cuando llegaron, Lamadrid se apoderó de la mula y encarceló a Romero en la prisión de Martinica, donde estaban todos los prisioneros políticos.

Inmediatamente se difundió en la ciudad la noticia de que habían capturado a Romero, y su corte marcial se convirtió en un espectáculo. El presidente del tribunal era el oficial francés que había dicho a Mismer que todos los mexicanos eran, habían sido o serían guerrilleros. Se asignó a Romero como defensor a un oficial competente, pero los amigos de Romero descubrieron que un brillante y joven abogado belga llamado Leroux, que ya tenía una reputación en el foro de Bruselas, servía como cabo en la Legión belga; de modo que le ofrecieron unos honorarios de 1.000 dólares si defendía a Romero.

Leroux aceptó la misión y visitó a Romero en su celda. Le impresionó mucho el valor, la serenidad y la inteligencia de Romero. Este le dijo a Leroux que alegaría que el tribunal carecía de jurisdicción para juzgarle, porque no había sido designado por el presidente Juárez, que era la única autoridad legal de la República mexicana. Leroux sabía que el presidente del tribunal no permitiría que los abogados defensores pronunciaran un discurso político. Si Romero insistía en desarrollar su defensa con este criterio, Leroux no podía aceptar la misión ni los honorarios. Si Romero quería desafiar a la corte sobre una base política, podía hacerlo mucho mejor por cuenta propia. De modo que Romero se defendió en el juicio, cuestionó la jurisdicción del tribunal, y denunció la intervención, al imperio y a los traidores mexicanos que le ayudaban. Por supuesto, le hallaron culpable y le condenaron a muerte. Millares de personas en Ciudad de México firmaron una petición a Maximiliano para que perdonase a Romero; pero Maximiliano se negó.

Romero y dos de sus oficiales fueron ejecutados públicamente en la Plazuela de Mizcalco, en la capital, el 20 de marzo de 1865. Las autoridades habían oído rumores en el sentido de que la multitud intentaría salvarle, de modo que pusieron en estado de alerta a toda la guarnición de la ciudad, y cubrieron la plaza con soldados. Los disparos del pelotón de fusilamiento no mataron inmediatamente a Romero, de modo que se acercó un sargento y le remató con su revólver. Los soldados del pelotón de fusilamiento depositaron en un ataúd el cadáver de Romero y se lo llevaron. Cuando se alejaban, el endeble ataúd se rompió. Los liberales consideraron que este incidente era simbólico; parecía que el cadáver de Romero se había movido y destruido el ataúd en un último gesto de protesta. Los espectadores se dispersaron en un silencio irritado.

Cinco periodistas liberales publicaron artículos en oscuros periódicos de Ciudad de México, denunciando la ejecución de Romero y criticando el desempeño de los oficiales franceses en su corte marcial. Uno de los periodistas era un estudiante universitario de diecisiete años, que escribió que las cortes marciales francesas eran "espectros siniestros" en México; las autoridades descubrieron que otro había escrito bajo seudónimo, y era en realidad un funcionario oficial.

Bazaine ordenó que los cinco periodistas fuesen juzgados por una corte marcial francesa bajo la acusación de insultar al ejército francés. Escribió al mariscal Randon, ministro de Guerra en París, que cuando inicialmente había informado a Maximiliano acerca de la acusación, el emperador se había inquietado; pero después que Bazaine le explicó las razones de su actitud había comprendido que la medida era necesaria. El empleado oficial fue sentenciado a un año de cárcel y a una multa de 2.000 francos; otro de los periodistas recibió una condena de seis meses; dos fueron condenados a tres meses, y el estudiante a un mes.

Favre y sus colegas llevaron el tema a un debate en el Corps Législatif en junio. Rouher defendió enérgicamente tanto la ejecución de Romero como el encarcelamiento de los periodistas. "El honorable monsieur Jules Favre se ha referido a un juicio celebrado en México y al comportamiento del ejército francés, y sobre todo a la conducta de un valeroso general, aunque yo no vacilo en proclamarle uno de los jefes más nobles de este ejército." Los hechos eran que un hombre llamado Romero, a quien la prensa amarilla de Ciudad de México había presentado como un mártir de su país y de la causa de la libertad, había sido sentenciado a muerte y ejecutado por asesinato y robo. Un diputado favorable al gobierno le interrumpió: "¡De modo que este es el hombre por quien la oposición muestra tanta solicitud!"

Rouher afirmó que en una carta a Porfirio Díaz que había sido interceptada, Juárez había escrito que los bandidos como Romero deshonraban la causa por la cual los liberales combatían. "¡En ese caso Juárez es un hombre decente!" exclamó un diputado opositor. Rouher ignoró esa interrupción. ¿Juárez escribió realmente esa carta? Si la respuesta es afirmativa, no es sorprendente que después no fuese publicada por sus partidarios. Pero al margen de lo que

Juárez pueda haber opinado de Romero, es inverosímil que le repudiase precisamente cuando millares de mexicanos le consideraban un héroe y un mártir.

Después, Rouher reveló algo que provocó mucha indignación en las bancas oficiales. Citó, basándose en los informes de los diarios norteamericanos, los discursos pronunciados en uno de los banquetes organizados en Nueva York para apoyar a los liberales mexicanos. El general Doblado había asistido al banquete. Alguien había propuesto un brindis: "Por la muerte de Maximiliano, tirano de México; por la muerte del Papa, tirano de las conciencias; por la muerte de Napoleón III, tirano del mundo entero." Había seguido un brindis a los diputados de la oposición en el Corps Législatif de París, "que se oponen a la tiranía del emperador".

Pero había cosas peores. Rouher explicó a los diputados que los liberales de México habían distribuidos en el ejército francés panfletos que, bajo el encabezamiento "Juárez y su amigo Jules Favre a los soldados franceses", los exhortaba a "desertar de la bandera de ese tirano llamado Napoleón III". Rouher concluyó su discurso pidiendo a su audiencia que repudiase a la oposición que podía comportarse de ese modo y que apresurase, con sus votos, la llegada del día en que "los soldados franceses, no humillados —¿cómo podrían llegar a eso?—, sino habiendo alcanzado triunfalmente su objetivo, volviesen entre los aplausos de Francia entera, para recibir la corona de laureles que su coraje ha merecido". Cuando Rouher se sentó, el aplauso se prolongó muchos minutos.

Rouher tenía razón al inquietarse por la visita de Doblado a Estados Unidos, en octubre de 1864. Además de asistir al banquete en Nueva York, había ido a Washington, y allí manifestó el deseo de conocer al general Grant, a quien admiraba profundamente. Como Doblado no hablaba inglés, Matías Romero le acompañó en calidad de intérprete. Grant estaba en el cuartel general del ejército del Potomac, en City Point, a orillas del Río James, a sólo sesenta y cinco kilómetros de la capital confederada de Richmond. Había librado una guerra de desgaste contra Robert E. Lee durante el terrible mes de mayo de 1864; superando en número a Lee en la proporción de dos a uno, había avanzado lentamente, a pesar de las graves pérdidas, y Lee finalmente se había retirado a Richmond y Petersburg. Grant esperó tranquilamente en City Point hasta que su viejo camarada Sherman terminó de atravesar Georgia y Carolina del Sur y se unió a Grant para asestar el golpe definitivo a las fuerzas confederadas que estaban rodeadas.

Seward entregó un salvoconducto a Doblado y a Romero, y partieron de Washington en dirección a City Point, y allí encontraron a Grant, el 24 de octubre. El los instaló en una tienda muy cercana a la suya, que según vio Romero era tan sencilla como las tiendas de los soldados rasos. La señora Grant también estaba en el campamento, y era evidente que proporcionaba apoyo moral a su marido en los momentos difíciles.

Grant dijo a Romero y a Doblado que había combatido en la guerra contra México, y que lamentaba profundamente haberse visto obligado a actuar en esa guerra injusta y agresiva. Les dijo que había simpatizado mucho con México y los mexicanos cuando estuvo destacado allí, después de la guerra, y que simpatizaba intensamente con la lucha contra la opresión tiránica de Napoleón III y Maximiliano. Dijo que de no haber sido por la rebelión en Estados Unidos él habría organizado personalmente un cuerpo de voluntarios para ir a México a combatir por Juárez. Creía que apenas los confederados fuesen derrotados, el gobierno de Estados Unidos exigiría que Napoleón III retirase en el acto sus ejércitos. Romero se sintió muy animado por la actitud de Grant, pues si el comandante en jefe victorioso volcaba su influencia del lado de la intervención en México, Seward tendría problemas para continuar después de la guerra su política de apaciguamiento de Napoleón III.

Grant abordó varias veces el tema de México en conversaciones con Lincoln y Seward, pero estos hombres no reaccionaron. Lincoln no tenía mucho interés por los asuntos exteriores; jamás había salido de Estados Unidos, no hablaba otros idiomas y se sentía bastante incómodo cuando asistía a las recepciones de extranjeros eminentes que llegaban de visita a Washington. Su único pensamiento era ganar la Guerra Civil y abordar los problemas de la reconstrucción; dejaba la política exterior, incluso el tema de México, a cargo de Seward, que parecía tan indiferente como siempre a las dificultades que soportaban los liberales en México.

En diciembre, después de haber sido reelegido por un segundo período, Lincoln no mencionó en absoluto a México en su mensaje al Congreso. Pocas semanas después inició negociaciones con el gobierno de Jefferson Davis para considerar la posibilidad de terminar la Guerra Civil; pero cuando los confederados propusieron acordar una paz negociada y unirse para expulsar de México a los franceses, Lincoln insistió en la rendición incondicional del Sur y la abolición de la esclavitud. Mientras el mundo esperaba que Grant y Sherman asestasen el golpe definitivo a la Confederación, Moustier, ministro francés en Washington, preguntaba a Seward de tanto en tanto si la política de Estados Unidos con respecto a México continuaba siendo la misma. El 17 de marzo de 1865 Seward aseguró al francés que no había existido y no existiría ningún cambio en la política norteamericana de rigurosa neutralidad en México. El barón Wydenbruck, ministro austríaco en Washington, había oído decir que una vez que alguien había preguntado a Lincoln acerca de México en el curso de una conversación privada, el presidente había contestado: "Mientras yo sea presidente no habrá más guerra."

Entretanto, el representante oficioso francés en Richmond trataba de convencer al gobierno confederado de que concediera una licencia de exportación a un comerciante francés, para permitirle despachar un importante cargamento de tabaco de su depósito en la ciudad a Europa, pues

Seward, deseoso como siempre de complacer a Napoleón III, había otorgado el permiso que autorizaba el paso del tabaco a través del bloqueo de la Unión. El agente francés aún estaba negociando con los confederados cuando Grant irrumpió a través de las defensas de Petersburg. Aquí, los confederados decidieron incendiar su capital para impedir que las municiones y los suministros depositados en la ciudad cayesen en manos del ejército de la Unión. El fuego también destruyó el depósito del comerciante francés y el tabaco que él había pensado exportar. El gobierno confederado no se molestó en ofrecer disculpas. No le importaba en absoluto la destrucción de la propiedad francesa, pues creía que Francia los había traicionado para conquistar la neutralidad norteamericana en México.

Maximiliano y los franceses controlaban casi la totalidad del territorio en México. Habían capturado y ejecutado a Nicolás Romero en Michoacán y matado a Pedro Méndez en Tamaulipas. Pero dos meses después que Porfirio Díaz capituló ante Bazaine en Oaxaca, Lee capituló ante Grant en Appomattox. La noticia provocó consternación en Ciudad de México y en París.

20

¿Invadirán los norteamericanos?

Siempre que Sara Yorke asistía a un baile o a una fiesta en Ciudad de México, o se encontraba con sus amigos en el vestíbulo de un teatro o en la ópera, en mayo de 1865 había un tema supremo de conversación. ¿El ejército norteamericano ha cruzado el Río Grande? ¿Avanza sobre Ciudad de México? ¿Los franceses podrán detenerlo? ¿Cuándo llegará? ¿Qué nos sucederá a todos si vienen y traen con ellos a Juárez?

Las mismas preguntas se formulaban en París. Lord Malmesbury, después de abandonar el Foreign Office y servir únicamente como portavoz de la oposición en la Cámara de los Lores, disponía de más tiempo para viajar. Fue a París en mayo de 1865 para ver los preparativos de la Gran Exposición, que se celebraría dos años después. Napoleón III estaba visitando Argelia, y Eugenia era la regente en su ausencia, una situación que acentuaba la sensación general de inquietud. El 12 de mayo Malmesbury escribió en su diario: "Las noticias de México son alarmantes para los franceses, y provocan grave consternación en París, donde se espera ansiosamente que el emperador retorne de Argelia." La gente creía que una vez terminada la Guerra Civil norteamericana, muchos soldados dados de baja del ejército de Estados Unidos se unirían "a Juárez, que así será un rival más temible para Maximiliano con sus aliados franceses y belgas".

La noticia de la rendición de Lee el 9 de abril había llegado a París el 24 de abril. Tres días después llegó la noticia del asesinato de Lincoln, acaecido el 14 de abril. Un pequeño grupo de simpatizantes confederados que estaban en Washington, habían planeado matar a Lincoln y a Grant cuando estos asistieran a una función de gala para celebrar la victoria en el Teatro Ford. En el último momento, Grant había rogado que se le disculpase; deseaba volver a su casa en Illinois por primera vez desde el fin de la guerra. Pocos días antes Seward había sido arrojado de su carruaje al desbocarse los caballos; había sufrido contusión y la fractura de un brazo y la mandíbula, y estaba confinado a su lecho.

A las diez de la noche John Wilkes Booth entró en el palco que Lincoln ocupaba en el teatro y le disparó. Exactamente a la misma hora un ex soldado confederado llamado Lewis Paine fue a la casa de Seward, obligó a un empleado negro a que le llevase al dormitorio del dueño de casa, y apuñaló en su cama al herido, antes de lesionar gravemente a dos de los hijos de Seward y a tres de sus ayudantes, y huir de la casa.

El asesinato del presidente provocó gran indignación en todo el mundo. En ausencia de Napoleón, Eugenia envió un mensaje de condolencias a la señora Lincoln y al gobierno norteamericano. Maximiliano aprovechó la oportunidad para escribir al nuevo presidente, Andrew Johnson, expresándole su simpatía y su deseo de mantener relaciones cordiales con Estados Unidos. Johnson no contestó, de modo que Maximiliano probó de nuevo, explicando que el orgullo personal no debía impedirle actuar en beneficio de su imperio, y tomar la iniciativa de mejorar las relaciones entre México y Estados Unidos. Tampoco Johnson contestó esta vez, y asimismo no hizo caso de una tercera carta de Maximiliano, dirigida a "mi grande y buen amigo", el presidente de Estados Unidos.

La muerte de Lincoln fue una causa más de inquietud para Napoleón III. Seward le había asegurado que la política de neutralidad de Lincoln en México continuaría, pero nadie podía tener la certeza de lo que haría su sucesor. Johnson era un orador político de Tennessee a quien Lincoln había elegido como compañero de fórmula con el fin de conquistar los votos de los propietarios de esclavos de Tennessee que se habían mantenido fieles a la Unión. Durante la campaña por la elección de presidente Johnson se había permitido algunas frases acerca de México, con el propósito de excitar a la muchedumbre. "No está permitido instalar una monarquía en este continente", había dicho a la multitud que le vitoreaba. "Una expedición a México sería una especie de entretenimiento para los valerosos soldados de la Unión, y el problema francés se resolverá francamente." Seward abrigaba la esperanza de que los discursos de Johnson no llegarían a conocimiento de la prensa francesa, ni atraerían la atención del ministro francés en Washington.

La gente decía que Johnson bebía demasiado. John Slidell creía que después de la rendición de Lee la única esperanza del Sur era que en uno de sus momentos de embriaguez Andy Johnson insultara a Grant, y que entonces Grant y sus partidarios desencadenaran otra guerra civil en el Norte.

Pero los franceses pronto descubrieron que no había nada que temer del nuevo presidente de Estados Unidos. Johnson era un individuo poco diplomático, y hasta cierto punto se trataba de un imperialista yanqui de la etapa del Destino Manifiesto; pero en todo caso no era un extremista y no profesaba por México más simpatía que por los negros, los abolicionistas o los radicales del Congreso y el Partido Republicano, que pronto chocaron con él.

Seward se recuperó rápidamente de sus heridas, y regresó a su puesto en el Departamento de Estado no mucho después que su atacante, lo mismo que varios de los conspiradores sobrevivientes, fue sentenciado a muerte por un tribunal militar. El tres de junio de 1865 envió otra nota al gobierno francés, y en ella le aseguró que no habría cambios en la política de Estados Unidos con respecto a México.

Los partidarios de Maximiliano en Ciudad de México y en París se sintieron un poco más reconfortados. El pánico de abril y mayo se calmó un poco. Pensaron de nuevo que Napoleón III había vencido y que Juárez al fin estaba derrotado. Esta posición finalmente estaba ganando terreno en Inglaterra. El 17 de julio Palmerston escribió a Maximiliano refiriéndose "al interés que todos los habitantes de este país tienen por el éxito de la gran tarea que Vuestra Majestad ha emprendido, un éxito que será provechoso para Europa entera y asegurará la felicidad de México". Agregaba que creía que Estados Unidos tendría mucho que hacer para recuperarse de su propia Guerra Civil, de modo que no molestaría a Maximiliano antes de que este hubiese consolidado firmemente su imperio.

The Times de Londres, que siempre había apoyado la intervención francesa en México, olvidó la batalla del cinco de mayo y la prolongada defensa de Puebla, y volvió a su opinión original acerca del degenerado ejército mexicano. Creía que "la facilidad con que pequeños grupos de franceses derrotan a tropas mexicanas diez o veinte veces más numerosas revela qué completa es la desmoralización de los partidarios de Juárez".

La luz que iluminaba el camino de Juárez, la gran Constitución republicana de 1857, obra del Partido Liberal, estaba convirtiéndose en un obstáculo. Establecía que el presidente de la República debía ser elegido por el pueblo (mediante un complicado proceso de elección indirecta por un colegio electoral) cada cuatro años, y debía comenzar el ejercicio de su función el 1º de diciembre siguiente a la elección. El presidente de la Suprema Corte debía ser elegido en el mismo momento; si en determinado momento de su período el presidente no estaba en condiciones de cumplir sus obligaciones, le remplazaría el presidente de la Suprema Corte; y si al fin del período presidencial era imposible, por la razón que fuere, celebrar una elección para presidente, el jefe de la Suprema Corte se actuaría como presidente del país hasta que pudiese celebrarse una elección.

De acuerdo con estas previsiones constitucionales, debía celebrarse una elección de presidente a finales de 1860, y el nuevo mandatario debía ocupar el cargo el 1º de diciembre de 1860; pero en esa fecha continuaba librándose la Guerra de la Reforma. Juárez, que había sido elegido presidente de la Suprema Corte en 1857, estaba ocupando el cargo de primer mandatario y en ese carácter permaneció hasta que en julio de 1861 se celebró la elección. En ese momento Juárez fue elegido presidente y el general Ortega presidente de la Suprema Corte. Juárez asumió el cargo el 15 de junio de 1861.

El 30 de noviembre de 1864, Ortega escribió a Lerdo, ministro de Relaciones Exteriores y le preguntó cuándo concluiría el período de Juárez en la presidencia: ¿el 1° de diciembre de 1864 o el 1° de diciembre de 1865? Juárez y Lerdo comprendieron inmediatamente el significado de la pregunta. Ortega afirmaría que al término del período presidencial de Juárez sería imposible celebrar una elección para presidente en vista de que el invasor extranjero ocupaba la mayor parte de la república, y que Ortega, en su carácter de presidente de la Suprema Corte, debía desempeñar el cargo hasta que fuese posible celebrar la elección.

Juárez sabía que Ortega representaba un desafío peligroso; no sólo tenía una posición casi inobjetable en el terreno legal, sino que además era el general victorioso que había capturado Ciudad de México y ganado la Guerra de la Reforma, que había dispersado las guerrillas de Márquez en Michoacán, después que otros dos comandantes habían sido derrotados y muertos en esa región, y que había defendido heroicamente Puebla durante dos meses frente al enemigo más poderoso del mundo. Pero Juárez no estaba dispuesto a ceder el lugar a Ortega. Además del instinto esencial de cualquier líder enérgico, que es el que le lleva a aferrarse al poder, tenía buenos motivos para creer que era el mejor líder de la resistencia nacional al invasor y a su emperador títere. Ortega había demostrado por lo menos una leve disposición a negociar con Forey; y aunque algunas personas podían despreciar a Juárez porque era indio o mal jinete, porque carecía de entrenamiento militar, y porque llevaba la prudencia hasta un extremo que a veces podía sugerir que era cobarde, en todo caso estaba absolutamente decidido a continuar a toda costa la lucha y a no someterse jamás a Napoleón o a Maximiliano. Sabía mantener unido a su equipo de políticos liberales ambiciosos, periodistas discutidores, generales celosos y jefes guerrilleros que operaban en la profundidad de las zonas rurales.

Juárez y Lerdo resolvieron fácilmente el problema inmediato. Lerdo informó fríamente a Ortega de que la Constitución establecía que el período presidencial debía terminar el 1° de diciembre del cuarto año siguiente a su elección, lo que en este caso significaba el 1° de diciembre de 1865. Pero sabían que esa respuesta a lo sumo postergaba el choque con Ortega, y Juárez escribió amargado a su yerno Pedro Santacilia, que se encontraba en Estados Unidos, que Ortega sin duda estaba decidido a causar dificultades, y que él —Juárez— también estaba decidido a impedir que lo consiguiese.

Ortega aceptó la interpretación de la Constitución hecha por Lerdo, y por el momento no intentó cuestionar la posición de Juárez como presidente. Pero entendió que no estaba haciendo nada provechoso en Chihuahua, y el 28 de diciembre de 1864 pidió a Juárez que le autorizara a viajar a Estados Unidos para organizar una fuerza de voluntarios norteamericanos que lucharían contra los franceses. Juárez vio la oportunidad de desembarazarse de Ortega. Aceptó el requerimiento de este, y en enero de 1865 Ortega viajó a Estados Unidos, y llegó a Nueva York hacia finales de mayo.

Ortega descubrió que debía realizar su campaña de reclutamiento en

Estados Unidos sin la más mínima ayuda económica de Romero, que por orden de Juárez se negó a darle dinero o asignarle la autoridad de actuar en nombre de la República de México. Juárez había dicho a Romero que no confiaba en que Ortega utilizara las fuerzas o el dinero que pudiera recaudar en beneficio de la causa de la independencia mexicana. Mientras Ortega estaba en Nueva York, el coronel Allen, del ejército norteamericano, le acusó de recolectar dinero con falsas afirmaciones. Ortega creía que la acusación había sido instigada por Romero, que actuaba respondiendo a las órdenes de Juárez.

Ortega fue absuelto de la acusación, y se disponía a regresar a México al frente de una fuerza de voluntarios para luchar contra los franceses en Matamoros, cuando se enteró de un decreto dictado por Juárez el 28 de octubre de 1865. Quien hubiera salido de México con autorización del gobierno y permanecido en el exterior más de cuatro meses sin renovar su autorización, renunciaba a cualquier cargo que ocupaba y debía ser arrestado y juzgado si regresaba a México. Por supuesto, esta norma se aplicaba al caso de Ortega.

El 8 de noviembre Juárez dictó otro decreto que prolongaba su propio período en el cargo como presidente, hasta el momento que fuese posible celebrar una elección presidencial en toda la república. En Estados Unidos, Ortega publicó una proclama en la cual denunciaba por ilegal e inconstitucional el decreto de Juárez, y afirmaba que él y no Juárez era ahora el presidente legal de la República.

Juárez y Lerdo justificaron el decreto que prolongaba el período del presidente en el cargo mediante un argumento ingenioso pero desprovisto de fundamento: la cláusula de la Constitución según la cual el jefe de la Suprema Corte debía ocupar la presidencia se aplicaba sólo si la elección de presidente era imposible por causas usuales y provisionales; no era aplicable a un episodio tan prolongado y extraordinario como la ocupación protagonizada por un invasor extranjero. La Constitución no contemplaba en absoluto dicha eventualidad, y, por consiguiente, el presidente estaba en libertad de adoptar las medidas que considerase más apropiadas para defender a la República. Juárez no utilizó esa argumentación en 1858, cuando como jefe de la Suprema Corte había utilizado las cláusulas de la Constitución para asumir el cargo presidencial en momentos en que la elección de presidente era imposible a causa de la Guerra Civil. Ortega rechazó el argumento de Juárez porque la Constitución afirmaba que el presidente de la Suprema Corte debía asumir el cargo si la elección de presidente no podía celebrarse "por cualquier motivo".

Algunos liberales mexicanos se sentían incómodos ante la prolongación del período presidencial de Juárez, pero existía el sentimiento profundo de que tenían que acompañar a Juárez, y evitar una división en sus propias filas. Dos destacados liberales que se encontraban en Estados Unidos apoyaron a Ortega; pero todos los comandantes de Juárez en acción, incluso Díaz, Escobedo, Carbajal, Regules, Méndez y Corona, firmaron declaraciones aprobando la prolongación.

Los periodistas y propagandistas de Maximiliano y los franceses aprovecharon a fondo la situación. Incluso juzgada sobre la base de las cláusulas de su propia Constitución republicana, la presidencia de Juárez ahora era ilegal; por lo tanto, ¿cómo era posible que los disidentes y los bandidos que luchaban por él afirmaran que eran el ejército de un gobierno legal y que tenían derecho a ser tratados como prisioneros de guerra?

Maximiliano y Charlotte se sentían decepcionados porque a pesar de los éxitos obtenidos en la lucha contra las guerrillas aún no había sido posible destruirlas. "Es necesario decirlo francamente: nuestra situación militar es muy mala", escribió Maximiliano el 29 de junio de 1865. El coronel Loizillon, que continuaba escribiendo regularmente a sus padres, había confiado, después de la captura de Oaxaca en febrero de 1865, que pronto volvería a su casa, pero hacia el mes de abril les advertía que aún no debían esperar su regreso, pues estaba muy ocupado persiguiendo a los guerrilleros de Michoacán, "y las cosas no están mejor en el norte".

La Barreyrie, director del periódico francés de Orizaba, en un escrito redactado dos años después afirmó que 1865 había sido el momento del cambio de la marea. Después de los éxitos cosechados en la primera mitad del año, el ejército francés parecía ejercer el control total de México, "pero entonces se ensombreció el horizonte. Las bandas que ya habían desaparecido reaparecieron a lo lejos. Pronto llegaron a ser más numerosas, y, en definitiva, cesaron de ser bandas y se convirtieron en un verdadero cuerpo de ejército".

El capitán Timmerhans, de la Legión belga, no podía entender la situación. "No hay una sola región de México", escribió en el verano de 1865, "en que la insurrección no haya sufrido una derrota que habría sido decisiva en Europa; pero aquí... el contraste es nada más que un golpe asestado por el destino, y la buena suerte corregía la situación al día siguiente".

Esas preocupaciones se vieron olvidadas provisionalmente ese verano, en medio de las festividades de la boda del mariscal Bazaine en Ciudad de México, donde se unió a una bella joven mexicana, la señorita De la Peña, perteneciente a una de las familias más aristocráticas del país. Ella tenía diecisiete años y Bazaine cincuenta y cuatro, y la había conocido en un baile celebrado en Ciudad de México pocos meses antes. La petición de Bazaine a Napoleón III, solicitándole que autorizara su matrimonio con la joven, fue otorgado con los mejores deseos del emperador y Eugenia, que aprobaban enérgicamente este nuevo vínculo en el nivel social más elevado entre Francia y México. Maximiliano y Charlotte asistieron a la boda, y Maximiliano ofreció a Bazaine como regalo de bodas una casa de campo y una propiedad por valor de 100.000 dólares en las afueras de la ciudad.

Pero apenas habían concluido las festividades cuando de Tamaulipas llegó la noticia de que toda la provincia se había alzado en armas, con una magnitud que no se había visto antes y desde el comienzo de la intervención. Los hombres de Carbajal atacaban a lo largo de toda la costa, en Nautla, Papantla,

Tuxpan, Tampico, Soto la Marina y San Fernando, y hasta los suburbios de Matamoros, donde el general Mejía había asumido el mando. La *contre-guérilla* fue enviada contra los atacantes, pero no logró mucho éxito.

Alexander W. Terrell, de Virginia, había combatido en el Ejército Confederado durante la Guerra Civil norteamericana. Cuando supo que Lee se había rendido en Appomattox, se dirigió hacia México y se incorporó a la *contre-guérilla*. Había presenciado algunas escenas terribles en Virginia durante la Guerra Civil, pero le abrumó el salvajismo de los combates en Tamaulipas. Vio cómo los guerrilleros de Carbajal se lanzaban inesperadamente de las pequeñas unidades de soldados franceses, y se apoderaban de sus guías mexicanos, "a quienes a veces torturaban y sacrificaban de un modo indescriptible... La represalia de la *contre-guérilla* era terrible, y a menudo recaía sobre los no combatientes a quienes se consideraba simpatizantes de los guerrilleros".

En Michoacán, las guerrillas estaban mandadas por Arteaga y Salazar, dos generales del ejército regular de Juárez que habían combatido en Puebla y se habían fugado para reincorporarse al ejército liberal del norte. El 18 de junio de 1865 los guerrilleros descendieron de las montañas y atacaron la ciudad de Uruapan, en un valle que estaba al costado de un río de aguas mansas, rodeado por aguacateros. Los guerrilleros capturaron el pueblo después de un combate de treinta y cuatro horas y arrestaron al alcalde, el señor De León, y a todos los restantes funcionarios locales que habían sido designados por el gobierno de Maximiliano. Perdonaron a los funcionarios inferiores, pero una corte marcial juzgó a De León, así como a uno de sus principales funcionarios y al comandante de la guarnición local. Los acusados fueron condenados a muerte por haber violado el decreto del 25 de enero y fueron ejecutados por un pelotón de fusilamiento.

Maximiliano y los franceses ya no podían suponer que la gran mayoría del pueblo mexicano estaba de su lado. El abate Domenech, que era el secretario de prensa de Maximiliano, no se hacía ilusiones al respecto. "He visto a terratenientes, periodistas y estudiosos llorar desesperados porque se los obligaba a festejar el éxito de nuestras fuerzas y la muerte de los compatriotas que habían caído bajo nuestras balas." En marzo de 1865 alguien fijó un aviso en el vestíbulo del lujoso Hotel Iturbide, de Ciudad de México: "¡Despertad, mexicanos, y eliminad de un golpe a este austríaco, a este estúpido Maximiliano!" Fue retirado de prisa, pero dos días después apareció otro aviso en el mismo lugar: "¡Muerte a Francia! ¡Vergüenza eterna a ese títere llamado Napoleón III!"

Algunos oficiales franceses creían que muchos de los ex oficiales y soldados de Juárez, que se habían sometido a la regencia o el imperio al amparo de la amnistía, y habían sido incorporados al nuevo ejército mexicano imperial, en el fondo todavía eran liberales y estaban traicionando, o se preparaban para traicionar a Maximiliano y a los franceses. A veces era evidente que los guerrilleros habían recogido información conocida únicamente por miembros del ejército francomexicano; y los guerrilleros capturados siempre podían escapar por la benignidad de los soldados que los vigilaban. Los oficiales se preguntaban si la rendición de tantos oficiales y soldados liberales era un ardid, una medida meditada por Juárez para infiltrar de traidores el ejército imperial.

Las nuevas líneas telegráficas que los franceses habían instalado tan orgullosamente parecían provocar más mal que bien. El telégrafo hubiera debido posibilitar el rápido despacho de las órdenes del cuartel general a los comandantes en el campo; pero el ingeniero principal escribió a Napoleón III en agosto de 1865 que los mensajes enviados desde su oficina al palacio de Maximiliano, en Ciudad de México, tardaban mucho tiempo en llegar a destino porque los empleados mexicanos del telégrafo retenían los mensajes todo lo posible, con el fin de ayudar a los guerrilleros. Los empleados también revelaban a los guerrilleros el texto de los mensajes franceses, de modo que aquellos a menudo conocían los planes del enemigo antes de que estos llegasen al oficial que era su destinatario. Los agentes de Juárez aparecían por doquier.

A veces el pueblo se atrevía a formular manifestaciones públicas contra los franceses. Cuando la *contre-guérilla* entró en Tlacotalpán, que había sido tan eficazmente intimidada por Du Pin dos años antes, la gente la abucheó y gritó: "¿Por qué han venido aquí?"

Un incidente en Ciudad de México irritó especialmente a los franceses. En mayo de 1865 estalló un incendio en una casa, y algunos soldados franceses del tercer Regimiento Zuavo entraron en la casa con el fin de salvar algunas cosas, y quedaron atrapados en el segundo piso. El comandante de estos hombres insistió en subir al piso alto para salvar a sus soldados; cuando llegó al final de la escalera el piso se desplomó bajo sus pies, y él y dos soldados más cayeron en el fuego que llameaba abajo y murieron. Fue aclamado como un héroe por la prensa y millares de soldados franceses y mexicanos asistieron a su funeral. Mientras el cortejo fúnebre pasaba por la calle, un espectador insultó al féretro y maldijo a los franceses. Fue arrestado y juzgado por una corte marcial, que le sentenció a cinco años de prisión con trabajos forzados. Maximiliano le indultó y ordenó que le liberasen después que cumplió seis semanas de la sentencia.

Todos los oficiales y soldados franceses se encolerizaron ante el gesto de Maximiliano. A sus ojos, era el peor de muchos casos en que había perdonado insensatamente a criminales que merecían un castigo severo. Tanto Bazaine como Napoleón III estaban irritados ante la actitud de Maximiliano, que conmutaba las sentencias de muerte de los guerrilleros condenados. Años después, algunos admiradores de Maximiliano llegaron al extremo de afirmar que él nunca se había negado a perdonar a un guerrillero cuando se le había pedido clemencia. Eso no era cierto; Maximiliano se había negado a perdonar a Nicolás Romero, pese a que mucha gente le había implorado el indulto, y también se había negado a perdonar a otros guerrilleros.

El caso del coronel Cano, líder guerrillero, afectó a Blasio, secretario de Maximiliano. De acuerdo con Blasio, cuando Cano fue capturado por la *contreguérilla*, le encontraron encima papeles que demostraban que estaba planeando asesinar a Maximiliano; pero el asesinato de jefes importantes al parecer no fue un método utilizado por los liberales mexicanos. Cano fue sentenciado a muerte por una corte marcial. Su bella y joven esposa, que tenía un niño pequeño, acudió al palacio para rogar a Maximiliano que preservase la vida de su esposo; pero Maximiliano dijo que el destino de Cano estaba en manos de la corte marcial, no del emperador. La mujer volvió al palacio, pero Maximiliano se negó a recibirla y dijo a Blasio que la expulsara. Blasio, conmovido por la desesperación de la mujer, le aconsejó que esperase a un lado del camino por donde debía pasar Maximiliano en la ruta de Chapultepec a Ciudad de México, y que le presentara allí su petición; pero los lacayos la vieron esperando e informaron a Maximiliano, que ordenó al cochero que siguiese una ruta distinta. Cano fue ejecutado dos días después.

Pero en efecto Maximiliano perdonó a más guerrilleros que lo que habría deseado Bazaine. Los oficiales franceses se quejaban de la debilidad y la benignidad del emperador. En cierta ocasión, durante un baile, Sara Yorke escuchó a Bazaine, en conversación con un amigo, decir que estaba fatigado de ordenar a sus hombres que arriesgasen la vida persiguiendo y capturando a los guerrilleros sólo para ofrecer a Maximiliano la oportunidad de demostrar al mundo qué compasivo era.

Napoleón III deseaba salir de México. Estaba dispuesto a reconocer ante sí mismo y ante sus amigos, en privado, que había cometido tres errores de cálculo en relación con México. No había previsto que la resistencia de los guerrilleros sería tan obstinada, pues no sabía que a los mexicanos no les importaba que los fusilaran o incluso los ahorcasen; cuando descubrió este hecho sorprendente, abrigó la esperanza de que la perspectiva de una flagelación los disuadiría; pero ni siquiera el gato de nueve colas obtuvo resultados. Su segundo error de cálculo se había relacionado con Maximiliano, que como ahora veía no era el candidato apropiado. Napoleón aprobaba las intenciones liberales moderadas de Maximiliano y su política hacia la Iglesia; pero no le satisfacía su falta de decisión, su incapacidad absoluta para imponer cierto orden a las finanzas de México, y sus quejosas protestas contra Bazaine, así como su costumbre de disputar en privado y en público con Francisco José.

El tercer error de cálculo de Napoleón, y el más grave, había tenido que ver con Estados Unidos. Había creído que el Sur se impondría en la Guerra Civil y que Maximiliano tendría como vecino septentrional, no a unos poderosos Estados Unidos de América, sino a la debilitada Confederación de América. Había abrigado la esperanza de que por lo menos Maximiliano se hubiese afirmado bien en México antes del final de la Guerra Civil, y que una vez que las tropas francesas se hubiesen retirado de México, Estados Unidos aceptaría y reconocería a Maximiliano. También había subestimado las posibilidades de éxito de Romero y los liberales en su movilización de la opinión pública en Estados Unidos, para llevarla a una actitud de solidaridad republicana con Juárez.

Nunca había sido parte de su *grande pensée* que las tropas francesas permanecieran indefinidamente en México. Después de conquistar México y destruir las fuerzas de Juárez, había abrigado la esperanza de que Maximiliano podría mantenerse en el poder con la ayuda del ejército imperial mexicano adiestrado por los franceses y reforzado por voluntarios austríacos y belgas. En ese momento, las tropas francesas podrían regresar a casa. Sabía, por los informes secretos de los *procureurs* que el pueblo de Francia esperaba que Napoleón III trajese a los muchachos de regreso cuanto antes, y por otra parte era muy costoso mantenerlos en México. También podían ser útiles si la guerra estallaba en Europa. Como muchas otras personas en Francia, Napoleón comenzaba a temer a Bismarck y el creciente poder de Prusia. Los 40.000 soldados en México no eran una proporción muy elevada de la fuerza militar total de los franceses, 400.000 hombres en cuatro continentes; pero si las ambiciones prusianas desencadenaban una guerra en Europa, esos 40.000 hombres serían mucho más útiles a lo largo del Rin que en México.

Por el Tratado de Miramar había prometido mantener a 8.000 hombres en México durante seis años. Pero en ese tratado Maximiliano había aceptado pagar todos los costes de la conquista francesa de México, que representaba unos 270 millones de francos al tres por ciento de interés anual, más 1.000 francos anuales por cada soldado francés destacado en México, y 400.000 francos cada vez que un transporte francés llevaba tropas a México. Además, había aceptado pagar todas las deudas que México tenía con los acreedores franceses, incluso la que correspondía a los bonos Jecker. En marzo de 1864, cuando estaba negociando el tratado, Maximiliano concentraba excesivamente la atención en las disputas con su hermano con respecto a sus derechos en Austria, y no advirtió que estaba asumiendo obligaciones financieras que no podría cumplir.

Sobre todo, Napoleón deseaba evitar la guerra con Estados Unidos. No creía que Estados Unidos deseara ir a la guerra contra Francia cuando apenas acababa de terminar una prolongada y costosa Guerra Civil; pero mientras las tropas francesas permanecieran en México existía el riesgo de que Francia y Estados Unidos se enredaran en una contienda que ninguno de los dos países deseaba. Pero aunque desde todos los puntos de vista Napoleón deseaba retirar las tropas, no quería que Maximiliano fuese derrocado y Juárez se impusiera. En este caso, sería imposible, incluso para Rouher y sus entusiastas propagandistas, ocultar a los ojos del pueblo francés el hecho de que Napoleón III había sufrido una humillante derrota en México.

Aún creía que Maximiliano podría sostenerse en México después de retiradas las tropas francesas, con la condición de que Estados Unidos reconociese a su gobierno. El reconocimiento norteamericano eliminaría cualquier perspectiva de que Juárez recibiese ayuda militar o financiera de Estados Unidos, y los liberales mexicanos al fin tendrían que renunciar a la lucha.

Pero Seward no estaba dispuesto a dar ese paso. Había delineado claramente la política que Estados Unidos debía adoptar frente a México. No creía que fuese provechoso para Estados Unidos anexar más territorios mexicanos, pues la inversión norteamericana en México a su debido tiempo determinaría que el país cayese bajo la influencia económica de su vecino norteño. Deseaba tanto evitar la guerra con Francia como Napoleón deseaba evitar la guerra con Estados Unidos. Quería que los franceses retirasen sus tropas, de modo que Maximiliano y Juárez fuesen los protagonistas exclusivos de la contienda; no haría nada para fortalecer la posición de Maximiliano contra Juárez otorgándole el reconocimiento diplomático. Estaba seguro de que incluso si Estados Unidos se negaba a reconocer a Maximiliano, Napoleón retiraría sus tropas antes de que pasara mucho tiempo, porque tenía muchas razones para proceder así. Lo único que podía impedir ese retiro era el miedo de Napoleón a perder cara. Cuanto más presión ejerciera Seward sobre Francia para impulsar la retirada, más creerían Napoleón y el pueblo francés que era humillante someterse a esa presión. De modo que Seward aplicó una política de magistral inactividad, sin intervenir en México ni reconocer a Maximiliano, esperando paciente hasta que los franceses se retirasen, después de lo cual dejaría en manos de Juárez la tarea de derrotar a Maximiliano.

Esto no era suficiente para los liberales de Estados Unidos. Deseaban expulsar de México a los franceses con la mayor rapidez y con la máxima energía posible, y, humillando a Napoleón III, contribuir a la causa del liberalismo no sólo en México sino también en Francia y en toda Europa. Los liberales no creían que Napoleón se atreviera a declarar la guerra a Estados Unidos, pues no podría derrotar a ese país en una guerra en el continente norteamericano. Al margen de lo que Seward podía decir, no había signos de que Napoleón estuviese contemplando la posibilidad de retirar sus soldados de México en un futuro próximo; lo único que le induciría a dar ese paso era la presión ejercida por Estados Unidos.

21

Alice Iturbide

Muchos miembros de las tropas confederadas vencidas estaban cruzando el Río Grande y entrando en México. Algunos de los hombres más jóvenes que habían servido hasta cuatro años en el ejército, nunca habían desempeñado tareas civiles, y no deseaban hacerlo. Preferían ir a México para intervenir allí en la lucha. Un grupo encabezado por el general Shelby, que se desplazaba desde Luisiana hacia el sur, en realidad no le preocupaba saber a cuál de los bandos apoyaría en México, aunque la mayoría simpatizaba con Maximiliano más que con Juárez y los liberales, y muchos profesaban una adhesión romántica a Charlotte. Al salir de Shreveport supieron que Lincoln había sido asesinado; vitorearon y dispararon salvas de cañonazos para celebrarlo, hasta que Shelby ordenó que terminasen con eso. Shelby escribió que había suspendido las salvas de artillería, pero "no podía contener la gran alegría".

Después de cruzar el Río Grande se encontraron con algunos guerrilleros liberales, a quienes vendieron sus cañones y la mayoría de sus rifles. No les complació mucho que les pagasen con "papeles de Juárez", que según creyeron eran inútiles fuera del vecindario inmediato. Mientras marchaban hacia el sur, en dirección a Monterrey, oyeron decir que el general Jeanningros, comandante francés local, había afirmado que si atrapaba a Shelby y sus hombres los fusilaría por haber vendido armas a los guerrilleros. Shelby se separó de sus hombres, y fue a Monterrey y pidió ver a Jeanningros, a quien explicó que había vendido armas a los guerrilleros porque no disponía de otro medio para conseguir dinero y comprar alimentos para su gente. Jeanningros se sintió impresionado e invitó a Shelby y sus partidarios a alistarse en el ejército francés. Shelby contestó que lo haría de muy buena gana, y su grupo sirvió con la *contre-guérilla* en Tamaulipas.

William M. Anderson, abogado de Kentucky, también fue a México en 1865. Su hermano, el mayor Robert Anderson, se había convertido en un héroe en el norte por su actuación como comandante de la guarnición del fuerte Sumter, cuando este soportó el fuego de las baterías confederadas, al comienzo de la Guerra Civil; pero William Anderson odiaba a Lincoln y apoyaba la esclavitud, si bien creía que el Sur cometió un error al separarse de la Unión. Después de la guerra, quiso explorar las posibilidades de que los ex estados confederados alimentasen una emigración a gran escala en dirección a México.

Maximiliano reaccionó tibiamente ante los planes orientados a fomentar la inmigración proveniente de la Confederación. El comandante Matthew F. Maury, que había pertenecido a la armada de la Confederación, y había llegado a Ciudad de México, le exhortaba enérgicamente a fomentar dicha inmigración; pero Maximiliano vacilaba ante la perspectiva de aceptar a refugiados confederados, fuese como soldados o como colonos, para cultivar la tierra en Coahuila y Sonora. Pensaba que podían ser útiles y sabía que Charlotte se sentiría complacida al recibirlos, pues siempre había simpatizado con los estados de la Confederación. Pero él aún abrigaba la esperanza de mantener relaciones cordiales con Estados Unidos, y no quería irritar al gobierno de Washington apoyando a sus enemigos derrotados.

Aceptó permitir que cierto número de sureños se instalaran en Sonora, y muchos de estos trajeron a sus esclavos. Maximiliano no podía permitir que se reintrodujese la esclavitud en México cuarenta años después de ser abolida, sobre todo porque se proponía conquistar el apoyo de los indios a su imperio aboliendo la servidumbre. Ningún gobierno mexicano, conservador o liberal, hasta ese momento había hecho nada contra la servidumbre; pero a finales de agosto de 1865, cuando Maximiliano estaba lejos de la capital, Charlotte presidió una reunión de gabinete y aprobó un decreto que la abolía, y que fue ratificado por Maximiliano por decreto del 1º de noviembre. Los terratenientes elevaron protestas contra el decreto, y también adoptaron esa actitud algunos que eran partidarios de Juárez; y en efecto consiguieron impedir que se aplicase inmediatamente el decreto. La servidumbre se mantuvo en México hasta las nuevas revoluciones del siglo XX.

Por consiguiente, resultó particularmente irónico que apenas una semana después que Charlotte dictó este decreto, Maximiliano firmó otro, el cinco de septiembre, para instaurar el trabajo forzado de los ex esclavos en las tierras colonizadas de Coahuila y Sonora por los inmigrantes de la Confederación. El decreto sostuvo que la esclavitud no existía en México, pero después pasaba a declarar que los hombres y las mujeres de color podían ser contratados como peones en esas tierras por un período de cinco a diez años, en cuyo lapso se verían obligados a ejecutar los trabajos ordenados por sus amos. No se les permitía abandonar el empleo; quienes lo hicieran serían enviados a las cuadrillas de trabajos forzados empleadas en las obras públicas. El trabajador que considerase que estaba siendo tratado injustamente por su amo podía quejarse a la policía, la cual entonces investigaría la queja y garantizaría que no se oprimiese al individuo.

Juárez y Romero y sus partidarios en Estados Unidos inmediatamente aprovecharon la oportunidad para desencadenar una campaña de propaganda en la que acusaron a Maximiliano de restablecer la esclavitud en México. En una nota dirigida al gobierno francés, Seward afirmó que estaba seguro de que Napoleón III no aprobaría la actitud de Maximiliano. Drouyn de Lhuys y Maximiliano afirmaron que era injusto sostener que el decreto restablecía la esclavitud; trataron de desviar la atención del público aludiendo al decreto de Maximiliano que se refería a la servidumbre; pero el trabajo forzado en Sonora fue una victoria de propaganda para Juárez.

Ahora, Maximiliano parecía haber llegado a esa etapa de la carrera de un líder político en que comete un error tras otro. Su idea acerca de la adopción del nieto de Iturbide como heredero tuvo consecuencias muy lamentables. Maximiliano y Charlotte no tenían hijos después de ocho años de casados, y eso originaba muchos rumores. En sus palacios, como era previsible que sucediera, tenían sus propias habitaciones individuales y sus propios dormitorios; pero Blasio advirtió que cuando viajaban juntos si se instalaban en una habitación provista de una cama de matrimonio, Maximiliano siempre dormía en un catre desplegado en otro cuarto. Reaparecieron las antiguas versiones acerca de la sífilis de Maximiliano y la indignación de Charlotte acerca de sus aventuras amorosas. Grill, criado de Maximiliano, dijo a Blasio, bajo promesa de la reserva más rigurosa, que en el dormitorio de Maximiliano en Cuernavaca había una puerta secreta. Algunas de las damas más bellas de la corte a veces entraban subrepticiamente pasando por esa puerta secreta, para pasar la noche con el emperador. Fuera cual fuese la razón, no cabe duda de que hacia 1865 Maximiliano y Charlotte habían aceptado el hecho de que no tendrían hijos.

Si se quería que el Segundo Imperio mexicano perdurase, Maximiliano debía tener un heredero; así, decidió adoptar al nieto de Iturbide, es decir Agustín I, el primer emperador mexicano. Cuando Iturbide fue fusilado, sus tres hijos y una hija fueron llevados a Nueva York para protegerlos. Uno de los hijos contrajo matrimonio con Alice Green, que era norteamericana. En 1865 ella tenía veintitrés o veinticuatro años, y de acuerdo con la versión de John Bigelow, ministro norteamericano en París, poseía "más que la proporción usual de encantos personales". Tenía un hijo de dos años, llamado Agustín, por su abuelo el emperador. Después de la muerte de su marido, Alice se casó con su cuñado, Angel de Iturbide.

Maximiliano creía que el mejor modo de garantizar la sucesión era que esta recayese sobre un niño mexicano de tan ilustre familia; pero como en tantos otros aspectos, Maximiliano solamente consiguió irritar a todos los interesados. Los liberales, que habían considerado un tirano a Iturbide, y en definitiva le habían fusilado, entendían que el hecho de que Maximiliano adoptase a su nieto era una afrenta intencional; la aristocracia conservadora sentía desagrado porque el niño provenía de una familia que no había vivido en México durante cuarenta años, y no de una familia de la aristocracia residente, conocida y respetada.

El plan de Maximiliano fue entusiastamente recibido por la tía del niño, doña Josefa de Iturbide, que también vivía en Nueva York. En septiembre de 1865 Josefa, Angel, Alice y otros miembros de la familia fueron a Ciudad de México, y llevaron con ellos a Agustín. Todos firmaron con Maximiliano un contrato en el que aceptaban entregarle en adopción a Agustín, a cambio de una considerable pensión anual para cada uno de ellos. Además, Maximiliano concedió a Josefa el título de princesa de México. Fue la única de los miembros de la familia a quien se permitió vivir en México; se le asignó una serie de habitaciones en el palacio de Maximiliano, y a veces, cuando Charlotte se ausentaba, representaba el papel de anfitriona. Los demás, aceptaron abandonar el país y no volver jamás a México. El niño fue entregado a la princesa Josefa y a sus niñeras de palacio. Maximiliano, Charlotte y Josefa prometieron todos que escribirían regularmente a Alice para informarle de los progresos de Agustín.

Nueve días después, cuando Alice se disponía a salir de México, de acuerdo con lo que había prometido hacer, decidió que no podía soportar la perspectiva de separarse de su hijo. El 27 de septiembre escribió a Maximiliano para explicarle que había cambiado de idea y deseaba anular el acuerdo; y le pedía que le devolviese al niño. Agradecía a Maximiliano todo lo que había hecho por su hijo, "pero he llorado tanto a causa de esta separación, he sufrido tanta amargura durante estos nueve días, que no tengo palabras para explicar a Su Majestad la magnitud de mis dificultades. Llegué a pensar que si no veía a mi hijo perdería el juicio". Más avanzado el mismo día, un mensajero de palacio llegó al alojamiento de Alice, y le dijo que recibiría una respuesta del emperador en pocos días.

Dos días después, a las diez de la mañana, un carruaje se detuvo frente a la puerta de Alice, y un oficial de la guardia de Maximiliano entró en la casa. Le dijo a Alice que el emperador la recibiría en el palacio y que el carruaje esperaba para llevarla allí. Ella se apresuró a ponerse su mejor mantilla y se preparó para acompañarle, pero algo en la actitud del oficial despertó sus sospechas. Alice dijo que podía dirigirse al palacio en un carruaje de la dueña de la casa, pero el oficial replicó que seguramente ella no sería tan descortés que rehusara el honor que le hacía el emperador al enviarle su propio carruaje para mayor seguridad. Con cierta renuencia, Alice ascendió al carruaje, y partieron. En lugar de dirigirse al palacio imperial, Alice vio sorprendida que marchaban hacia las afueras de la ciudad. Alice dijo que suponía que el emperador debía estar en Chapultepec, y que seguramente iban en esa dirección, y el oficial asintió. Pero ella pronto comprendió que se dirigían hacia el este, no hacia el oeste, y preguntó adónde la llevaban. El oficial no contestó.

En las afueras de la ciudad, el carruaje se detuvo en el lugar en que esperaba otro vehículo. El oficial pidió a Alice que descendiera y entrara en el otro carruaje. Alice descendió y de nuevo quiso saber adónde la llevaban, pero tampoco ahora obtuvo respuesta. Se sentó en una piedra al lado del camino y se negó a ascender al segundo carruaje. Entonces, el oficial ordenó a los lacayos que la alzaran en vilo y la llevasen por la fuerza al segundo vehículo, que se alejó en dirección al este. Un rato después el oficial le dijo que la llevaban a Puebla, donde su marido la esperaba, y que los dos serían deportados de México. Cuando llegó a Puebla, le entregaron un telegrama de Maximiliano donde le decía que Agustín había dormido bien y se sentía feliz. Fue la única comunicación que recibió de Maximiliano, Charlotte o Josefa, aunque todos habían prometido escribirle regularmente con noticias del niño. En Puebla ella y su esposo Angel recibieron la orden de abandonar el país en el primer barco que saliera de Veracruz.

Partieron al día siguiente para Veracruz, pero se detuvieron brevemente en Orizaba, donde Angel escribió una carta a Maximiliano:

> Sire, es mi deber protestar ante Vuestra Majestad contra el apresamiento de mi sobrino el príncipe don Agustín, contrariando los deseos de doña Alicia G. de Iturbide, madre de Su Alteza... Espero, sire, que usted adoptará las medidas necesarias para devolver al mencionado príncipe a los brazos de su afligida madre. Quedo, Sire, con profundo respeto, el muy obediente servidor de Vuestra Majestad, A. de Iturbide.

Cuando la pareja llegó a Nueva York, Alice escribió a Bazaine para quejarse de que Maximiliano había secuestrado a su hijo. Recibió de Bazaine una respuesta muy amable y simpática, lo cual no es sorprendente en vista del intenso desagrado que a esas alturas de las cosas Bazaine había llegado a sentir por Maximiliano. Después, Alice fue a Washington, y mantuvo una entrevista con Seward.

Sólo un gobernante tan incapaz y desafortunado como Maximiliano pudo haber dado a Juárez semejante regalo de propaganda. Seward le dijo a Alice que viese a Bigelow, en París, y ordenó a Bigelow que pidiese a Drouyn de Lhuys que utilizara su influencia ante Maximiliano para ayudar a la madre a recobrar a su hijo. Seward, que se mostraba tan deseoso como siempre de preservar las buenas relaciones con Napoleón III, evitó trasmitir la noticia a la prensa; pero Alice se mostró menos discreta, y el asunto pronto llegó a conocimiento del público, aunque todos los detalles fueron conocidos sólo cuando Bigelow los reveló, dieciocho años después, en un artículo publicado en la *Harper's Magazine*. El nueve de enero de 1866, el *New York Times* publicó el esbozo de la historia bajo el título "Maximiliano acusado de secuestrar a un niño norteamericano"; otros periódicos norteamericanos expresaron su irritación ante el vergonzoso trato que el títere austríaco de Napoleón III en México había dispensado a una dolorida madre norteamericana.

Cuando Bigelow presentó el asunto a Drouyn de Lhuys, el ministro de Relaciones Exteriores al principio adoptó la actitud de que el gobierno francés no podía intervenir en una disputa personal entre Alice Iturbide y Maximiliano; pero después que Bigelow destacó que él sólo pedía a Drouyn que actuase oficiosamente, por razones humanitarias, Drouyn prometió que escribiría al ministro francés en Ciudad de México, y le ordenaría que exhortara a Maximiliano para que devolviera a Agustín a su madre. Pero Maximiliano no se dejó persuadir; probablemente estaba influido por la princesa Josefa de Iturbide, que al parecer tenía mala opinión de Alice. Se negó firmemente a entregar al niño. No estaba dispuesto a que nadie le intimidase, y los franceses y Bazaine menos que nadie. ¿Acaso no estaban denigrándole siempre porque era débil e indeciso? Pues en esta ocasión había demostrado que era capaz de adoptar medidas rápidas e implacables, incluso si eso provocaba el sufrimiento de una madre, cuando se trataba de asegurar la sucesión al trono del cual dependía la estabilidad del imperio.

22

Grant, Sherman y Sheridan

En Estados Unidos, el teniente general Ulysses S. Grant era el héroe del momento. Su fotografía aparecía por doquier, y su nombre era usado, a veces en un juego de palabras, en los lemas y los anuncios. En Washington, el banco de Jay Cooke and Company colgó un estandarte de los balcones de su oficina, frente al Departamento del Tesoro, con las palabras "Glory to God, who hath to U.S. Grant-d the Victory" ("Gloria a Dios que ha dado [Grant-d] la victoria a Estados Unidos"). La central de la Asociación Cristiana de Jóvenes en la calle Séptima estaba adornada con el lema: "Dios, Grant, Nuestra Patria, Paz". El héroe mismo era un hombre modesto y discreto, a quien desagradaba tanto escándalo, y que en la medida de lo posible trataba de evitar la publicidad; pero se proponía utilizar su cargo en el Estado y su prestigio público para ayudar a México.

El mayor general William T. Sherman apenas era menos importante que Grant en el ejército de Estados Unidos y en el aprecio del público. Los dos hombres eran íntimos amigos y tenían muchas cosas en común. Habían pasado juntos por West Point, pues pertenecían al mismo grupo de edad; en 1865, Grant tenía cuarenta y tres años y Sherman cuarenta y cinco. Ambos habían combatido en la Guerra de México, y después durante un tiempo estuvieron destacados en San Francisco y Oregón, para después abandonar el ejército en circunstancias un tanto equívocas —Grant porque bebía demasiado, y Sherman porque expresaba con demasiada fuerza sus opiniones frente a los oficiales superiores. Ambos se habían reincorporado al ejército de la Unión al comienzo de la Guerra Civil. Los dos bebían whisky y fumaban cigarros en cadena.

El comportamiento de Sherman frente a sus superiores de nuevo le había acarreado problemas al comienzo de la guerra, y muchos miembros de la jerarquía militar creían que este brillante oficial pelirrojo y neurótico estaba un poco loco. Por consiguiente, habían ascendido a Grant pasando por encima de Sherman y le habían nombrado comandante supremo del Oeste, donde Sherman era el segundo al mando. Sherman aceptó la situación y siempre prestó su apoyo fiel a Grant. Grant se lo agradeció, y los dos hombres, después de cooperar durante el baño de sangre de Shiloh, el largo sitio de Vicksburg y el golpe de suerte que les aportó la victoria en Chattanooga, llegaron a estrechar mucho sus relaciones.

Había una diferencia entre ellos. Grant era liberal en política, y Sherman no. Sherman se oponía a la abolición de la esclavitud, y durante las etapas ulteriores de la Guerra Civil al enrolamiento de soldados negros en el ejército de la Unión; después de la guerra, se opuso a conceder a los negros el derecho de voto. Grant estaba firmemente en favor de abolir la esclavitud, de utilizar a los negros en el ejército y concederles el voto, así como de proteger enérgicamente sus intereses durante la reconstrucción.

Por consiguiente, no es sorprendente que Sherman y Grant discrepasen acerca de México. Cuando las tropas francesas entraron en Ciudad de México, en el verano de 1863, Sherman escribió a Henry Halleck, general en jefe de los ejércitos de la Unión, exhortándole a utilizar su influencia para evitar que Estados Unidos adoptase medidas que contuviesen a los franceses. Creía que como Estados Unidos se había adueñado de las mejores partes del continente norteamericano, no necesitaba incorporar a México, y que los intereses norteamericanos no sufrirían con la presencia francesa en ese país. "Los mexicanos han fracasado en su esfuerzo de gobierno propio, y de lo que se trataba era de saber en poder de qué nación caerían. Eso ahora está resuelto, y no veo que el resultado nos perjudique."

Después de Sherman, el tercer héroe más popular del Norte en 1865 era el mayor general Philip H. Sheridan, que había sido demasiado joven para combatir en la Guerra de México; en 1865 tenía solamente treinta y cuatro años. Casi había sido expulsado de West Point por pelear con otro cadete, pero por la época en que estalló la Guerra Civil había conseguido dominar su fiero carácter. Durante la lucha en Virginia había demostrado que era un brillante jefe de caballería, y había derrotado al general Jubal A. Early, el mejor comandante de caballería del Sur. Sheridan era en política un liberal tan convencido como Grant, y apoyaba las mismas causas. También él ansiaba ayudar a los liberales mexicanos a desembarazarse de Maximiliano y los franceses.

Grant creía que Napoleón III se convencería de la necesidad de retirar sus tropas de México sólo gracias a una manifestación clara de que Estados Unidos estaba dispuesto a ayudar a Juárez incluso si eso le llevaba a la guerra contra Francia. Analizó la situación con Seward y comprobó que este estaba decidido a mantener su actitud blanda con Francia. Cuando Grant habló con Johnson, comprendió que el presidente se atendría al consejo de su secretario de Estado con respecto a la relación con Francia y México. Entonces, Grant decidió que actuaría por su cuenta y les forzaría la mano.

El desfile de la victoria en Washington debía realizarse el 23 de mayo. Johnson y Grant ocuparían el estrado para recibir el saludo, mientras Sherman, Sheridan y los restantes generales encabezarían el desfile del ejército. Seis días antes de la Gran Revista, Grant escribió a Sheridan que una fuerza de rebeldes confederados se mantenía en Texas y parte de Luisiana. Le ordenó que acudiese inmediatamente al lugar y rodeara a los rebeldes, pero que primero destacase una nutrida fuerza a lo largo del Río Grande.

Sheridan se sintió decepcionado, pues si partía inmediatamente para Texas y Luisiana tendría que faltar a la Gran Revista. Fue inmediatamente a ver a Grant y le preguntó si podía postergar la partida. Entonces, Grant le dijo que en su carta no le había revelado la verdadera razón por la cual le enviaba con el ejército al Río Grande, pues no deseaba poner por escrito el asunto. Deseaba que los franceses creyesen que Estados Unidos se disponían a invadir México para ayudar a los liberales mexicanos. Como había comprobado que Sheridan simpatizaba con la causa de Juárez tanto como el propio Grant, este le explicó que no había revelado al presidente la verdadera razón de la misión de Sheridan. Lamentaba que Sheridan faltase a la Gran Revista, pero era esencial que partiese enseguida para el Río Grande, antes de que Seward descubriese lo que estaba sucediendo y persuadiera a Johnson de que anulase la orden. Cuando Sheridan comprendió cuál era el propósito de Grant, se manifestó decidido a cumplir la orden.

Sheridan estableció su cuartel general en Nueva Orléans, y allí comprobó que Grant le había enviado 42.000 hombres. Destacó en San Antonio una fuerza de caballería al mando del general Merritt, y otra con el general Custer en Houston, pero concentró la parte principal de sus tropas, al mando del general Steele, en Brownsville, donde estaban frente a los hombres de Mejía apostados en Matamoros, del otro lado del Río Grande. Esta maniobra tuvo el efecto buscado por Grant y Sheridan. Provocó renovada alarma en Ciudad de México y en París, en el momento mismo en que el pánico comenzaba a atenuarse en vista de las seguridades ofrecidas por Seward.

El capitán Loizillon escribió a sus padres en Francia que lamentaba decirles que aún no volvería a casa, pues habría guerra entre Francia y Estados Unidos. En México, todos esperaban que los norteamericanos cruzaran el Río Grande e invadiesen. Loizillon no podía entender por qué todos se inquietaban tanto en vista de esta perspectiva, y le disgustaba que el principal ejército del mundo temiese a los norteamericanos. Personalmente abrigaba la esperanza de que Estados Unidos *en efecto* invadiese; en ese caso, los franceses podrían aplicar un buen castigo a Estados Unidos, y eso determinaría que los norteamericanos lo pensaran dos veces antes de intentar una nueva invasión a México, y de permitir que los filibusteros cruzaran la frontera para ayudar a Juárez. Estados Unidos se vería obligado a reconocer a Maximiliano, y a dejarle en paz.

Los superiores de Loizillon no se sentían tan complacidos con la perspectiva de una guerra con Estados Unidos, y su emperador en París estaba más alarmado que nadie. Napoleón III trazó su plan de campaña ante la posibilidad de que Estados Unidos invadiesen. Los franceses se retirarían a unos quinientos kilómetros del Río Grande y establecerían una línea defensiva en las proximidades de San Luis Potosí. Napoleón abrigaba la esperanza de que los norteamericanos, agotados por la larga marcha a través de una región en que abundaban las enfermedades peligrosas, se verían forzados a capitular, como les había sucedido a los rusos cuando habían extendido demasiado sus líneas de comunicaciones durante la Guerra de Crimea. Pero Napoleón de ningún modo estaba seguro de que este plan tuviera éxito, y abrigaba la firme esperanza de que podría evitarse la guerra con Estados Unidos. Ordenó a Bazaine que se retirase enseguida de la proximidad inmediata del Río Grande para evitar el riesgo de incidentes entre las tropas francesas y norteamericanas, lo cual podía llevar a la guerra.

Napoleón III estaba desconcertado. Los informes enviados por Bazaine acerca de la situación en Matamoros llegaron a París más o menos por la época en que se recibió la nota enviada por Seward el tres de junio, en la cual le aseguraba que Estados Unidos no había modificado su política de rigurosa neutralidad en México y de amistad hacia Francia. Esto confirmaba su creencia de que se había puesto en una posición difícil en México, y que cuanto antes saliera del "nido de avispas mexicano", tanto mejor.

El 16 de abril Grant asistió personalmente a una reunión de gabinete en la Casa Blanca, y propuso se enviase una nota a Francia para exigir la retirada inmediata de las tropas francesas destacadas en México. Seward se opuso enérgicamente. Dijo que Napoleón III ya había decidido retirarse de México, que Maximiliano saldría del país en el plazo de seis meses, quizá de sesenta días, y que un ultimátum o las amenazas reafirmarían la resistencia de Napoleón y retrasarían la partida de las tropas francesas y Maximiliano.

El asunto fue discutido varias veces durante las cinco semanas siguientes. El gabinete estaba dividido: Hugh McCulloch, secretario del Tesoro, y James Harlan, secretario del Interior, coincidían con Seward; pero Edwin M. Stanton, secretario de Guerra, y William Dennison, director general de Correos, apoyaron la posición de Grant. Gideon Welles, secretario de Marina, no sabía muy bien a quién apoyar. Creía que Seward se había mostrado "débil e ineficaz, pero que Stanton y Grant en cambio se muestran excesivamente belicoso".

Romero y sus amigos decidieron acentuar la presión sobre Seward y Johnson, organizando una serie de reuniones públicas de apoyo a México. En una asamblea celebrada en el Instituto Cooper de Nueva York hablaron Zarco y otros líderes liberales mexicanos y norteamericanos. Vincularon la lucha contra la esclavitud en Estados Unidos con la lucha contra el absolutismo en México y Europa, y exigieron que "las antorchas de la guerra civil en Estados Unidos fuesen apagadas con la sangre de los esbirros de Napoleón III".

Mientras Bazaine retiraba sus tropas de la frontera para evitar un choque con Sheridan, Maximiliano deseaba saber por qué Bazaine permitía que Juárez permaneciera en Chihuahua. Juárez contaba sólo con un puñado de soldados, y unos pocos hombres de caballería eran todo lo que se necesitaba para expulsarle más al norte, y obligarle a salir por completo de México. Si Juárez podía ser obligado a pasar la frontera, la resistencia guerrillera en México se derrumbaría antes de que Estados Unidos tuviese tiempo de ayudarle.

Bazaine aceptó la propuesta de Maximiliano. A principios de agosto el peligro de intervención norteamericana había disminuido. Los 40.000 hombres de Sheridan continuaban a orillas del Río Grande, pero Seward continuaba diciendo a los franceses que Estados Unidos no declararía la guerra, y parecía que después de todo conseguiría impedir que Grant enviase tropas norteamericanas para ayudar a Juárez. De modo que Bazaine ordenó al general Aymard que se apoderase de Chihuahua. Antes de su llegada, el cinco de agosto Juárez partió para el norte, acompañado como de costumbre por sus ministros y por Iglesias y los periodistas. El último día de cada mes Iglesias publicaba un número de *El Periódico Oficial*, donde reproducía el texto de los decretos oficiales del gobierno de Juárez, escribía conmovedores llamamientos al pueblo exhortándole a continuar la lucha por la libertad, se burlaba de Maximiliano, y le aportaba información acerca de las luchas heroicas de los camaradas liberales en Polonia, Hungría e Italia, y en la Guerra Civil norteamericana. De tanto en tanto el periódico no aparecía el último día del mes. En el número siguiente Iglesias explicaba que el número del mes precedente no había sido publicado a causa del traslado del gobierno a una nueva capital.

Juárez viajó durante nueve días en su pequeño carruaje, recorriendo los trescientos setenta kilómetros de accidentados caminos desde Chihuahua hasta el Paso del Norte, entre altas montañas y cactus, atravesando los anchos valles que se extendían entre las lejanas cumbres y la arena del desierto norteño. El y su personal, y los periodistas, viajaban acompañados por 500 jinetes con cinco piezas de artillería. Aunque se había retirado mil seiscientos kilómetros desde Ciudad de México y había llegado al límite más lejano de la República, Juárez conseguía que su viaje pareciese una visita triunfal a su pueblo. Cuando entró en El Paso, dos jinetes cabalgaban a la vanguardia gritando: "¡Llega Juárez!" y todos los habitantes salían para mirarle.

Durante su estancia en El Paso, a menudo fue visitado y entrevistado por J. S. Bartlett, un joven periodista del *Boston Journal*, quien también desempeñaba la función de recaudador de aduanas de Estados Unidos en la frontera. Bartlett dirigió un diario mientras estuvo allí, y cincuenta años después publicó un artículo en el *Bulletin of the Pan-American Union*, donde relató sus recuerdos de Juárez en El Paso. Bartlett amaba a ese pueblecito mexicano con sus casas bajas de adobe rodeadas de viñedos y jardines, los mexicanos acostados bajo el cálido sol, el zumbido constante de los insectos y los rebaños de cabras en las colinas lejanas. Juárez ocupaba la mejor residencia del pueblo, sobre el costado este de la plaza. Siempre que Bartlett le visitaba, después de la charla le invitaban a beber champaña, y él asistía a las fiestas, los bailes y las recepciones celebrados con frecuencia en El Paso.

Del lado opuesto de la frontera, en Texas, una guarnición norteamericana ocupaba el fuerte Bliss. Los oficiales de la guarnición a menudo visitaban a Juárez en El Paso, y asistían a los bailes y las recepciones; pero cuando estos oficiales invitaban a Juárez a aceptar su hospitalidad en Fort Bliss, el mexicano se negaba, y decía que no abandonaría el suelo de México mientras el invasor extranjero permaneciera en el país. De modo que los oficiales norteamericanos decidieron organizarle una cena en El Paso, y entonces Juárez aceptó la invitación. Sabía que Maximiliano y los franceses abrigaban la esperanza de expulsarle del país, y que una visita al territorio que se extendía al otro lado de la frontera les proporcionaría un eficaz material de propaganda. En El Paso se le unieron 300 soldados más, y Juárez obtuvo diez cañones más en Estados Unidos. Fueron distribuidos en la plaza, y se levantaron defensas alrededor del pueblo, como preparación ante la inminencia de un ataque francés.

El ataque jamás llegó, y los partidarios de Maximiliano se preguntaron entonces y también durante los años siguientes por qué los franceses, que habían obligado a Juárez a alejarse tanto, no le expulsaban definitivamente de México. El propio Juárez no creía que los franceses se acercaran a El Paso. El 17 de agosto de 1865, tres días después de llegar al pueblo, escribió a su amigo Jesús Terán, a quien había enviado en misión a Europa: "Para el enemigo es difícil acercarse a un lugar tan lejano como este, y si lo hiciera, su situación empeoraría, porque no destruiría al gobierno, y nuestro pueblo aprovecharía su ausencia, como lo hicieron cuando organizaron la expedición a Chihuahua." Esa era en efecto la táctica de los guerrilleros liberales; cuando las tropas francesas marchaban a un lugar, los guerrilleros atacaban el sitio de donde venían.

De acuerdo con la versión de Kératry, quien siempre escribía con el propósito de justificar al ejército francés ante las acusaciones que se le formulaban, no tenía objeto obligar a Juárez a cruzar el Río Grande, pues los franceses no habrían podido vigilar todo el recorrido del río, y Juárez fácilmente habría podido regresar a México. Es más probable que cuando los franceses llegaran a El Paso, Juárez se hubiese trasladado a otro lugar del territorio mexicano que no estuviera ocupado por los franceses.

Pero otra razón por la cual los franceses no se acercaban a El Paso fue sin duda la decisión de Bazaine de evitar el contacto con el ejército de Sheridan. Para los franceses y los partidarios de Maximiliano era más sencillo y más seguro afirmar la falsedad de que Juárez había salido de México. En septiembre de 1865 se publicó en Ciudad de México la noticia de que Juárez había cruzado el Río Grande y se había refugiado en Estados Unidos. Un escritor informó que habían visto a Juárez en Santa Fe, donde tenía su cuartel general.

Sheridan culpó a Seward por el ataque francés que había obligado a Juárez a refugiarse en El Paso. Creía que la política blanda de Seward hacia Francia había alentado a Maximiliano y a Bazaine a desencadenar la ofensiva contra Chihuahua en agosto, mientras que en mayo tendían a apartarse de la frontera, pues aguardaban la invasión norteamericana a México. "A medida que pasó el verano", escribió Sheridan, "Maximiliano, gracias a la política del señor Seward, se fortaleció... La República, encabezada por el presidente Juárez, casi sucumbió." Sheridan consideró que era hora de atemorizar nuevamente a los franceses y a Maximiliano. "Establecí una comunicación con el presidente Juárez", escribió, "evitando hacerlo subrepticiamente, y la noticia, al extenderse como reguero de pólvora", convenció a todos de que Sheridan solamente esperaba la llegada de refuerzos de San Antonio para cruzar el Río Grande.

23

El Decreto Negro

El tres de octubre era una fecha fatídica para Maximiliano. El tres de octubre de 1863 aceptó en Miramar el ofrecimiento de la corona de México. El tres de octubre de 1864 un terremoto sacudió a su nuevo imperio mexicano y provocó grandes daños en algunas ciudades de provincia. El tres de octubre de 1865 dictó el decreto que le condenó definitivamente a los ojos de los liberales. Por tercera vez en cuatro semanas Maximiliano se convirtió en el blanco de enérgicas críticas. El cinco de septiembre había dictado el decreto que imponía el trabajo forzado en Sonora; el 29 de septiembre ordenó el secuestro de Alice Iturbide; y el tres de octubre llegó el Decreto Negro.

El decreto establecía que a la persona a quien se descubriese portando armas o fuese condenada como miembro de una banda armada, incluso si afirmaba haber procedido defendiendo motivos patrióticos o políticos, sería ejecutada dentro de las veinticuatro horas, sin que se le permitiese enviar una solicitud de perdón al emperador o a otra autoridad cualquiera. Cuando se capturaran prisioneros en una acción militar, el comandante de la unidad que los capturaba podía ejecutarlos por su propia autoridad, sin esperar a una corte marcial. El decreto entraría en vigencia el 15 de noviembre; las personas a quienes se les aplicara se beneficiarían con una amnistía si se rendían antes de esa fecha, que luego se extendió hasta el 1º de diciembre.

Los conservadores y los oficiales militares franceses se irritaron ante la frase de la proclama que aludía al "gran valor y constancia" de Juárez. La *contre-guérilla* había estado fusilando y ahorcando guerrilleros los últimos tres años. Ahora, Maximiliano afirmaba que estos bandidos eran hombres valerosos y constantes, y sugería que aunque se justificaba ejecutarlos en el futuro, ese proceder no había sido justificado anteriormente. Al mismo tiempo, los liberales estaban irritados por las disposiciones del decreto y por la justificación que hacía Maximiliano del mismo apelando a la mentira de que Juárez había salido de México.

Pero los conservadores se sentían complacidos porque al fin Maximiliano adoptaba una actitud firme contra las guerrillas, y aunque no les agradó la proclama dieron la bienvenida al Decreto Negro. *La Nación* declaró que había "terminado con los sentimientos de ansiedad que durante más de un año habían alarmado a los amigos de la paz y el orden. En la actualidad todos los amantes de la tranquilidad pública, de la moral y la justicia, aplauden sin vacilar la actitud enérgica y severa que anima al gobierno de Su Majestad". Sólo los perturbadores profesionales que prosperan en momento de anarquía podían condenarle.

Hubo enérgicas protestas en Estados Unidos contra el Decreto Negro, y Seward formuló su protesta en una nota oficial al gobierno francés. Drouyn de Lhuys aprovechó hábilmente en su beneficio la protesta de Seward, pues dijo que se la formulase a Maximiliano, lo cual hubiese significado que Estados Unidos reconocía al archiduque como emperador de México.

Los apologistas de Maximiliano siempre pensaron que de todos sus actos el Decreto Negro fue el de justificación más difícil. Sostuvieron que Maximiliano emitió el decreto sólo porque consideró que Juárez había abandonado el territorio mexicano, y porque Bazaine le había presionado en ese sentido. Blasio, quien sostuvo que el Decreto Negro era menos feroz que el decreto de Juárez del 25 de junio, derivó la responsabilidad a Bazaine. Pero eso fue negado por Kératry, que siempre trataba de disculpar a Bazaine y al ejército francés, y atribuía toda la culpa a Napoleón III y a Maximiliano; y también por Paul Gaulot, albacea literario de Bazaine. Kératry y Gaulot sostuvieron que Bazaine no tenía ninguna responsabilidad por el Decreto Negro, y que Maximiliano era quien lo había concebido y dictado.

Desde cierto punto de vista, se ha asignado excesiva importancia al Decreto Negro. De acuerdo con los propagandistas liberales, el ejército francés y Maximiliano fusilaron o ahorcaron a 40.000 personas durante la intervención, aunque otros afirman que el número de víctimas se elevó sólo a 11.000. Sea cual fuere la cifra válida, la abrumadora mayoría fue ejecutada antes de la vigencia del Decreto Negro, porque el ejército francomexicano y la *contre-guérilla* no consiguieron atrapar a muchos guerrilleros después del 1° de diciembre de 1865. Por esta época, el sesgo de la guerra había cambiado en favor de los guerrilleros, que estaban capturando y a menudo ejecutando a los partidarios de Maximiliano.

Es imposible eximir a Maximiliano o a Bazaine de la responsabilidad por el Decreto Negro. Bazaine durante mucho tiempo había exhortado a Maximiliano a que le permitiera fusilar o ahorcar a los guerrilleros sin que mediase la intervención del emperador; pero Bazaine no fue el responsable del decreto. Lo redactó un empleado del Departamento de Guerra de

Maximiliano, y fue aprobado por Maximiliano y los miembros de su gabinete, siete de los cuales asistieron a la reunión del dos de octubre. Todos se declararon en favor de la proclama y el decreto, y después que Maximiliano lo firmó en presencia de estos ministros, todos refrendaron el decreto, entre ellos el ministro de Relaciones Exteriores, Fernando Ramírez, que era un liberal moderado.

A estas alturas de las cosas Bazaine no estaba enterado de la existencia del decreto, pero ese mismo día visitó a Maximiliano para discutir otros asuntos, y Maximiliano le mostró el borrador del decreto y le preguntó si lo aprobaba. Bazaine dijo que lo aprobaba calurosamente y propuso una pequeña modificación, aceptada por Maximiliano. Bazaine se sentía especialmente complacido porque el decreto permitía que los comandantes de la primera línea ejecutaran inmediatamente a los guerrilleros, sin darles tiempo para apelar a Maximiliano.

La otra excusa formulada por los partidarios de Maximiliano, a saber, que Maximiliano creía que Juárez había salido del país, y que la resistencia liberal estaba a un paso del derrumbarse, es igualmente especiosa. Incluso si Maximiliano creía que Juárez había salido de México, ciertamente no pensaba que la resistencia guerrillera había concluido. Su afirmación, contenida en la proclama, en el sentido de que los guerrilleros que aún luchaban representaban la última resaca de la soldadesca dejada por la guerra civil, era completamente falsa. Todos los comandantes franceses sabían que la actividad guerrillera nunca había sido más intensa que durante el verano y el otoño de 1865; Maximiliano había escrito en repetidas ocasiones a Bazaine y a Napoleón III, para manifestar su alarma ante la fuerza cada vez más considerable de los guerrilleros, y ante la incapacidad de Bazaine para destruirlos. Maximiliano dictó el Decreto Negro, no porque creyese que las guerrillas estaban casi derrotadas, sino porque temía que estuvieran fortaleciéndose y abrigaba la esperanza de que, al apelar a los métodos más drásticos, podría destruirlas antes de que Estados Unidos tuviese tiempo de intervenir para apoyarlas.

Cuatro días después de emitido el Decreto Negro los guerrilleros, por primera vez en varios meses, atacaron un tren del ferrocarril de Veracruz a Camerone. El tren estaba defendido por un destacamento de soldados franceses y egipcios, pero los guerrilleros los mataron a todos. Muchos fueron muertos a machetazos, y quizá a causa de las feroces heridas provocadas por los machetes los franceses creyeron que los guerrilleros habían mutilado intencionalmente los cadáveres de los soldados. Este episodio provocó mucha indignación en el ejército francés.

El 11 de octubre Bazaine envió una circular a sus oficiales, y en ella se refirió al fusilamiento de funcionarios oficiales por Arteaga en Uruapan, al asesinato del capitán Kurtzroch por Antonio Pérez, y a la reciente matanza de soldados en el tren y la mutilación de sus cadáveres. "Le ordeno informar a los hombres que están a su mando que no permitiré que tomen prisioneros. Los individuos, quienesquiera que sean, apresados con las armas en la mano, serán ejecutados. En el futuro no habrá intercambio de prisioneros. Nuestros soldados deben comprender que no deben rendir las armas ante adversarios de esta clase. Lo que ahora está desarrollándose es una guerra a muerte, una lucha de exterminio entre la barbarie y la civilización. Por ambos lados es necesario matar y morir."

Al día siguiente Bazaine envió a cada uno de sus comandantes ocho copias del Decreto Negro con el fin de que las distribuyesen entre los oficiales bajo su mando. "No necesito decirles qué importante es para nosotros que se aplique rigurosamente esta ley. Su Majestad varias veces antes decretó medidas represivas, pero casi todas conservaron el carácter de letra muerta, a causa de la apatía de las autoridades y de la clemencia de la cual el propio emperador es un ejemplo. He obtenido de Su Majestad la promesa de que esta vez será diferente." Bazaine ordenó que siempre que fuese posible quedase a cargo de los oficiales mexicanos la aplicación del Decreto Negro, y que los comandantes franceses debían intervenir únicamente cuando se viese amenazada la seguridad de sus unidades.

El 13 de octubre los soldados mexicanos de Maximiliano, al mando del general Méndez, desencadenaron un ataque por sorpresa sobre las fuerzas de los generales Arteaga y Salazar, en Santa Ana Anatlan, en Michoacán; y los dos generales, y treinta y cinco de sus oficiales y hombres fueron apresados. Méndez perdonó a la mayoría, y les ofreció la posibilidad de incorporarse al ejército de Maximiliano, pero Arteaga, Salazar y tres oficiales fueron juzgados por una corte marcial, bajo la acusación de asesinar a los tres funcionarios oficiales en Uruapan, el mes de junio. Se los sentenció a muerte, y en concordancia con el decreto dictado por Forey el tres de junio de 1863, el tribunal ordenó que se los ejecutara en la escena de su delito. Méndez aún no había recibido una copia del Decreto Negro, o la carta de Bazaine fechada el 11 de octubre, pero decidió ejecutar inmediatamente la sentencia del tribunal, sin dar a Maximiliano la oportunidad para perdonar a los cinco hombres. Tenía razones personales para desear que se ejecutara la sentencia de muerte, porque uno de los funcionarios fusilados en Uruapan por Arteaga y Salazar era pariente suyo.

Los condenados fueron llevados de Santa Ana Anatlan a Uruapan. Excepto Arteaga, todos debieron caminar durante todo el trayecto, que llevó seis días. Arteaga, que tenía sólo cuarenta años y parecía más joven, era muy obeso y había sido herido durante la lucha en Santa Ana Anatlan. De modo que se le permitió montar, pero no su propio caballo, un animal robusto, que había pasado a manos de uno de sus aprehensores. El caballo que le entregaron era débil y a menudo tropezaba en los senderos de montaña casi infranqueables; y como la montura no se adaptaba bien, Arteaga sufría mucho por los movimientos, que le reabrieron las heridas.

Llegaron a Uruapan el 20 de octubre, y los cinco hombres fueron fusilados a la mañana siguiente. El pelotón de fusilamiento estaba formado totalmente por mexicanos al servicio de Maximiliano. Cuando Salazar los enfrentó, señaló su corazón y gritó: "¡Apunten aquí, traidores!" Así lo hicieron, y Salazar murió en el acto. Los liberales se indignaron ante la ejecución de Arteaga y Salazar, y la aprovecharon a fondo en su propaganda, sobre todo en Estados Unidos. Publicaron las cartas que los dos hombres habían escrito a sus respectivas madres la víspera de la ejecución; esos mensajes de despedida despertaron muchas simpatías por las víctimas y reavivaron la cólera contra Maximiliano.

Arteaga y Salazar habían sido generales en el ejército regular de Juárez y habían combatido en Puebla, y sin duda era completamente erróneos denominarlos bandidos. En general, se consideró que constituían el primer caso de aplicación del Decreto Negro, si bien la norma entró en vigencia a partir del 1º de diciembre, seis semanas después del fusilamiento de Arteaga y Salazar. Los ejecutaron por el asesinato de los funcionarios oficiales de Uruapan, un hecho que los liberales en Estados Unidos no solían mencionar. Parte de la propaganda afirmó que Arteaga y Salazar habían sido responsables de la muerte de un pariente de Méndez, y acusó a este de haberlos fusilado movido por el deseo personal de venganza.

La Legión belga había estado operando en Michoacán contra la banda guerrillera dirigida por el general Regules, un inmigrante español que se había unido a los liberales. Cuando los belgas entraron en Tacámbaro, les dijeron que la esposa de Regules vivía en una casa del pueblo. Fueron allí y encontraron a la señora Regules atendiendo a dos guerrilleros que habían sido heridos en un combate contra los belgas varios días antes. El médico a quien ella había llamado informó al mayor belga que, a su juicio, la dama había estado enviando a su marido información acerca de los movimientos de tropas. El mayor dijo a la señora Regules que la arrestaría, lo mismo que a sus hijos, y los mantendría como rehenes para garantizar el buen comportamiento de su marido; pero que ella, sus hijos y la propiedad no sufrirían daño. Ella dijo que estaba segura de que podía confiar en que el mayor se comportaría como un oficial y un caballero. El mayor le ofreció el brazo y la llevó al cuartel general belga, mientras el doctor Lejeune, oficial médico de la unidad belga, tomó de la mano a los niños. La visión de la señora Regules y sus hijos llevados bajo escolta al cuartel general belga provocó mucho resentimiento en los habitantes de Tacámbaro.

El arresto de su esposa y sus hijos no disuadió a Regules de la intención de atacar a los 251 belgas con una fuerza de 3.500 hombres; y después de una áspera batalla, en que ambas partes perdieron más de 100 hombres, los belgas se rindieron. El doctor Lejeune estaba atendiendo a algunos soldados heridos cuando el oficial guerrillero Jesús Gómez se acercó y le mató de un tiro. Los guerrilleros dijeron a los belgas que el doctor Lejeune había sido muerto en venganza por el arresto de la señora Regules y sus hijos, pero otros afirmaron que Gómez estaba borracho. Cuando Regules supo lo que había sucedido, ordenó arrestar a Gómez y dijo que le sometería a una corte marcial por asesinar a Lejeune; pero al parecer Gómez no fue castigado seriamente, pues pocos meses después estaba combatiendo en las filas de la guerrilla.

Los prisioneros belgas no fueron maltratados, y se les dijo que se los canjearía por los guerrilleros a quienes los franceses habían capturado. Pero las negociaciones del canje se arrastraron a través del verano, y aún estaban en curso durante el mes de octubre, cuando Bazaine impartió su orden prohibiendo nuevos intercambios de prisioneros y estipulando que todos los guerrilleros capturados debían ser fusilados. Pocos días después llegó la noticia de la ejecución de Arteaga y Salazar.

Un oficial guerrillero dijo a los prisioneros belgas que todos serían fusilados por el asesinato de Arteaga y Salazar; pero propuso salvar la vida de los que aceptaran firmar una protesta contra la muerte de Arteaga y Salazar. Todos los belgas se negaron a firmar y decidieron inmediatamente intentar la fuga. El intento fracasó, pero los belgas comprobaron que uno de los guerrilleros les mostraba simpatía. Prometió informar de la situación en que estaban al general Riva Palacio, jefe liberal, pues sabía que este era un individuo de carácter humano a quien no agradaba matar prisioneros.

Riva Palacio ordenó que los guerrilleros locales postergasen la ejecución de los belgas, y se comunicó con Bazaine, que a pesar de la orden del 11 de octubre aceptó liberar a algunos guerrilleros capturados a cambio de los belgas; y el canje se realizó dos meses más tarde. A diferencia de otros jefes guerrilleros, Riva Palacio siempre había tratado bien a los prisioneros. El 16 de noviembre el jefe del gabinete militar de Maximiliano escribió a Bazaine para informarle que si se capturaba a Riva Palacio, Maximiliano deseaba que le enviasen a Ciudad de México y no le mataran. "Es la única excepción que por razones especiales el emperador se propone realizar en relación con el decreto del tres de octubre."

En El Paso del Norte, de tanto en tanto Juárez recibía cartas de Jesús Terán, a quien había enviado a Europa en octubre de 1863. No impartía instrucciones precisas a Terán acerca de lo que debía hacer en Europa, fuera de decirle que se relacionara con los estadistas europeos y tratara de influir entre ellos en favor de los liberales mexicanos y contra Maximiliano. Terán fue a Cádiz, Londres, Florencia, Roma y París, y desde esos lugares enviaba informes que a veces llegaban a Juárez en El Paso. Permaneció en Europa hasta su muerte, sobrevenida en París en abril de 1866; pero al parecer no tuvo mucho éxito, y apenas se justificaron los gastos de manutención y viajes en que incurrió, y que eran pagados desde Washington por Romero, utilizando los servicios de un banco londinense.

El 17 de septiembre de 1865 Terán escribió desde Berna al barón De Pont, que había sido un confidente cercano a Maximiliano en Miramar, y había sido intermediario con Gutiérrez Estrada en 1861 y 1862, cuando se habló por primera vez que Maximiliano fuese emperador de México. Terán destacó las pretensiones de Juárez y los liberales, en el sentido de que representaban al pueblo de México. De Pont entregó la carta a Maximiliano, que la contestó el 8 de diciembre. Sin duda, Maximiliano sabía que De Pont pasaría la carta a Terán, que a su vez la enviaría a Juárez; como la historia de la carta de Maximiliano a Juárez y de la respuesta de Juárez es una invención, esta carta de De Pont es la que más se acercó en el curso del tiempo a una comunicación entre Maximiliano y Juárez.

Maximiliano escribió que estaba convencido de que "Terán es un verdadero patriota, como su jefe" (Juárez); pero él se proponía proseguir la tarea de regenerar a México sin repetir los errores cometidos por Juárez cuando era presidente, porque Juárez "deseaba destruirlo todo y reformarlo todo". Terán había escrito que Maximiliano era muy impopular en México, y Maximiliano reconocía que eso podía ser cierto, porque él estaba aplicando un régimen nuevo que al principio no podía ser apreciado por todos. "Me sentiré feliz si, en el vigésimo quinto aniversario de mi acceso al trono, se me ama y aprecia." Escribió que deseaba firmemente llegar a un entendimiento con Juárez, pero que Juárez debía aceptar primero la decisión de la mayoría de los mexicanos, que anhelaban la tranquilidad, la paz y la prosperidad. Si, como Maximiliano creía, Juárez deseaba el bienestar de México, debía acercarse y representar un papel en la obra que estaba ejecutando Maximiliano; sería recibido con los brazos abiertos, como todos los buenos mexicanos. Pero no podía hablarse de que Maximiliano llegase a ningún tipo de armisticio con los disidentes, "porque en ese sentido ya no hay un enemigo leal, sino sólo bandoleros bárbaros".

De Berna, Terán pasó a París, donde a principios de octubre de 1865 recibió una inesperada carta de un amigo de Miramón. Con el fin de apartar de México a Miramón, Maximiliano le había enviado a Berlín con la misión de estudiar la táctica militar prusiana. La carta afirmaba que Miramón, que estaba en París y se dirigía a Berlín, deseaba reunirse con Terán y comentar con él ciertos asuntos. Terán aceptó el encuentro. Miramón ofreció regresar a México y luchar por Juárez si este le designaba comandante en jefe de los ejércitos liberales de la región central, que incluía a Jalisco, Guanajuato, Querétaro y Ciudad de México. Miramón decía que creía ser capaz de convencer a todos los generales de Maximiliano de que imitasen su ejemplo y se uniesen a Juárez —con excepción de Mejía, que se mantendría fiel a Maximiliano—. Afirmó que Márquez, que había sido enviado por Maximiliano a Jerusalén y a Constantinopla, pronto regresaría a París, y Miramón confiaba en que conseguiría persuadirle de que también él se uniese a Juárez.

La policía secreta de Napoleón III descubrió que Miramón había estado en relación con algunos liberales franceses, entre ellos un hombre que era amigo de Jules Favre, y la Oficina de Guerra francesa escribió a Bazaine en México en relación con este asunto; pero en la nota se agregaba que no había motivos para creer que Miramón se hubiese reunido con Favre o que fuese infiel a Maximiliano y a la intervención. Ni Maximiliano ni los franceses parecen haber sospechado que Miramón, el apuesto, atrevido y joven general, el acérrrimo enemigo de los liberales, hubiese realizado ofertas secretas en el sentido de su adhesión a Juárez.

Terán escribió a Lerdo en El Paso del Norte, para informarle del ofrecimiento de Miramón, y Lerdo remitió el asunto a Juárez. El 22 de enero de 1866 Lerdo contestó a Terán en una extensa carta que evitaba dar una respuesta clara a Miramón. Aunque Juárez siempre recibiría de buena gana a todos los mexicanos que se unían a la causa patriótica constitucional, preveía que para Miramón sería difícil llegar al territorio ocupado por las fuerzas liberales, y que más valía postergar hasta su llegada la designación en un mando cualquiera. Era evidente que Juárez no deseaba comprometerse. No podía confiar en Miramón ni en Márquez, y en vista de la ayuda que ahora estaba recibiendo de las fuerzas de Sheridan en el Río Grande, quizá pronto se encontrase en condiciones tales que ni siquiera necesitara el auxilio de Miramón.

Charles de Cazotte, cónsul francés en San Francisco, era un hombre enérgico y emprendedor, dispuesto a actuar por propia iniciativa. En San Francisco podía recogerse mucha información útil simplemente curioseando cerca de los depósitos del puerto o conversando con los marineros o los viajeros que llegaban de Acapulco, el lugar que Cazotte denominaba "el último bulevar de Juárez en la costa del Pacífico". Los agentes de Cazotte descubrieron en mayo de 1865 que un hombre llamado Henry Kastan, de origen alemán, había llegado a San Francisco desde Acapulco con la intención de comprar veintidós cajas de armas que serían enviadas a Acapulco con destino a los guerrilleros de Juárez. Las armas serían enviadas en varias naves pequeñas, para disminuir la posibilidad de que se perdiese todo el cargamento si los barcos franceses lo capturaban durante el viaje.

El cónsul escribió inmediatamente al almirante Macères, que estaba al mando de la flota francesa frente a la costa de México sobre el Pacífico, y le advirtió que estuviese atento a la posibilidad de que los barcos llevasen las armas hasta Acapulco o hasta otro lugar cualquiera de la costa de Guerrero. Cazotte también supo que dos veces por semana un indio viajaba de Ciudad de México a Guerrero y entregaba al jefe guerrillero, el general Alvarez, un informe de las discusiones mantenidas en el gabinete de Maximiliano. Varios ex generales de Juárez, que vivían en Ciudad de México después de someterse a Maximiliano, también enviaban información a Juárez.

En octubre de 1865 Cazotte descubrió que los agentes de Juárez habían comprado una provisión de armas, que debían ser despachadas desde San Pedro y San Diego, en California meridional, para ser entregadas a Juárez. Cazotte fue inmediatamente a ver al mayor general MacDowell, comandante del distrito militar de San Francisco, y le pidió que impidiese el envío de las armas a México. MacDowell escribió al general Mason, comandante del distrito militar de California meridional, y Mason impartió la orden de impedir el embarque.

El decreto que prohibía la exportación de armas de California a México preocupaba a Romero. Le dijo a Seward que el embargo norteamericano de armas había reducido de manera tan drástica la provisión de rifles a Juárez que era sorprendente que los liberales mexicanos hubieran podido continuar su resistencia frente a los invasores franceses. Ahora que la Guerra Civil había terminado, abrigaba la esperanza de que la política norteamericana cambiaría. Compró 21.000 rifles, dos baterías de ametralladoras y tres millones de cartuchos en Nueva York, con destino a Juárez. Cuando se enteró de esta compra, el ministro francés en Washington protestó ante Seward, quien convenció al presidente de que prohibiese la exportación de las armas. El corresponsal en Filadelfia de *The Times* de Londres, que era un firme partidario de Maximiliano, se mostró muy complacido. "Esta medida de hecho termina la contienda en México", escribió en un informe publicado en *The Times* el 27 de noviembre de 1865. "Juárez depende por completo de la ayuda proveniente de Estados Unidos, y la aplicación de las leyes de neutralidad destruye incluso sus esperanzas de éxito."

Romero se sintió sorprendido; ¿Juárez se vería privado de la posibilidad de adquirir armas incluso ahora, después del final de la Guerra Civil, cuando nada justificaba continuar apaciguando a Napoleón III? Fue a ver a Grant, y le pidió que interviniese ante el presidente Johnson. ¿Sería útil que Grant arreglase una visita de Romero al presidente sin que el mexicano tuviese que pasar por Seward?

Grant no creía que Johnson aportase la más mínima ayuda, sobre todo si se trataba de desautorizar una decisión de Seward. Concibió un modo mejor de ayudar a Juárez. Envió a Sheridan la orden secreta de suministrar a Juárez las armas que necesitaba retirándolas de los depósitos norteamericanos establecidos a lo largo del Río Grande. Pronto los guerrilleros liberales estaban bien equipados alrededor de matamoros. Sheridan escribió después que había enviado a Juárez 30.000 mosquetes solamente del arsenal norteamericano de Baton Rouge.

El general Mejía, en Matamoros, comprobó que las guerrillas de Tamaulipas habían llegado a Matamoros con una fuerza considerable, y de hecho estaban sitiando la ciudad. De tanto en tanto bombardeaban Matamoros con cañones. Eso era novedad, pues Mejía no sabía que los guerrilleros tuvieran cañones. Estaba seguro de que los había recibido de Sheridan o del subordinado de este, el general Weitzel, de Brownsville. Durante los últimos meses de la Guerra Civil, Weitzel había mandado un cuerpo de soldados negros, y había entrado con ellos en Richmond, para gran indignación de los habitantes blancos, cuando cayó la capital confederada. Weitzel y sus soldados negros estuvieron entre las tropas que Grant y Sheridan habían enviado a Brownsville en junio de 1865.

Un escuadrón naval francés al mando del almirante Cloué fue enviado a Matamoros para ayudar a Mejía. El 2 de noviembre el comandante del *Paisano*, buque de guerra de Maximiliano, vio una barcaza que cruzaba desde la costa texana. La interceptó, y descubrió que estaba cargada con municiones enviadas desde Estados Unidos a las guerrilas de Tamaulipas. El *Paisano* capturó la barcaza y la llevó a la costa mexicana. Poco después, un barco cargado de soldados negros del ejército norteamericano cruzó el río para recapturar la barcaza, pero el *Paisano* abrió fuego sobre ellos y los rechazó.

El siete de noviembre Cloué despachó el buque de guerra *Antonia* por el Río Grande, para colaborar en las operaciones contra la guerrilla. Había impartido al comandante órdenes rigurosas de abrir fuego sólo sobre las guerrillas que estaban en México, es decir sobre la orilla derecha del Río Grande, y de ningún modo disparar contra Texas, que se extendía sobre la margen izquierda, aunque viese allí a grupos de guerrilleros mexicanos. De pronto, las baterías del lado de Texas comenzaron a disparar sobre el *Antonia* cuyo comandante, en cumplimiento de las órdenes recibidas, no contestó al fuego. Los hombres de Mejía en Matamoros, al escuchar los disparos, comprendieron lo que había sucedido, y se acercaron al muelle de Matamoros para vitorear al *Antonia* cuando este llegó. Dos miembros de la tripulación estaban heridos, y el costado del barco que miraba hacia Texas aparecía acribillado a balazos.

Cloué y Mejía enviaron una protesta a Weitzel, que afirmó desconocer por completo el incidente. Dijo que había tantos recodos en el Río Grande que la posición de los orificios de bala en el *Antonia* no significaba necesariamente que le hubiesen disparado desde la costa de Texas.

Los hombres de Mejía capturaron a diecisiete guerrilleros que estaban asediando Matamoros. Se los sometió a una corte marcial y fueron sentenciados a muerte, de acuerdo con las cláusulas del Decreto Negro. El dos de enero de 1866 Weitzel escribió a Mejía para pedirle que perdonase a los guerrilleros. Mejía replicó el mismo día con una seca negativa. "Me veo obligado a rechazar altivamente su interferencia en los asuntos internos de este país." Insistía en que no era posible interferir en la sentencia de los tribunales mexicanos, y que no perdonaría a esos diecisiete hombres, que habían robado trece carruajes y treinta y seis mulas. "General, sería realmente extraño que a mediados del siglo XIX los bandidos y los ladrones recibiesen la ayuda y la protección del mundo civilizado." Agregaba que si en el futuro llegaba a recibir una solicitud análoga de Weitzel, no contestaría.

Weitzel conservó la carta de Mejía. Dieciocho meses después la envió a los diarios, que la publicaron precisamente cuando Mejía afrontaba en Querétaro el juicio en que se jugaba la vida.

A las cuatro de la madrugada del cinco de enero, una fuerza de soldados norteamericanos negros a las órdenes del general Crawford cruzó el Río Grande y atacó a la guarnición de Mejía en el pueblecito de Bagdad, sobre la desembocadura del río. Cinco hombres de Mejía fueron muertos y los restantes encarcelados y detenidos en el municipio, mientras los soldados negros, según la versión de los habitantes de Bagdad, recorrían el pueblo, saqueando las casas de todos los que no les entregaban dinero, violando a varias mujeres, y matando a dos de ellas. Unos momentos después, Weitzel envió al coronel Hudson con 150 soldados negros para restablecer el orden y contener la inconducta de sus camaradas en Bagdad; pero no consiguieron nada, y algunos de los soldados recién llegados se unieron al saqueo. Las tropas norteamericanas partieron de Bagdad dos días después.

Seward se irritó mucho al enterarse de la incursión. Su amigo y partidario Henry J. Raymond, propietario y director del *New York Times*, denunció los saqueos en Río Grande y a "los ladrones y asesinos que se apoderaron de Bagdad" bajo la protección de la bandera norteamericana. Seward ordenó al presidente Johnson que era necesario ordenar a Sheridan que arrestase a Crawford y separase a Weitzel de su mando en Brownsville. Sheridad se disgustó. Escribió: "Se necesitaba la paciencia de Job para soportar los métodos lentos y tortuosos de nuestro Departamento de Estado."

Pero Napoleón III ya tenía suficiente. A principios de noviembre de 1865 James Watson Webb, ministro de Estados Unidos en Brasil, que había sido llamado a Washington, fue a París en el viaje de regreso a casa, para ver a su viejo amigo Napoleón, a quien había conocido en 1837, cuando el emperador era un refugiado en Nueva York. El 10 de noviembre desayunó con Napoleón, que le dijo que deseaba retirar sus tropas de México pero no sabía cómo hacerlo sin perder cara, a menos que Estados Unidos aceptara reconocer el gobierno de Maximiliano. Webb dijo que el presidente Johnson de ningún modo podía otorgar ese reconocimiento, en vista del sesgo de la opinión pública en Estados Unidos. Creía que si Maximiliano permanecía mucho más tiempo en México, millares de norteamericanos irían a ese país a luchar en favor de Juárez. Webb sugirió que Napoleón podía considerar la retirada de las tropas francesas destacadas en México aplicando un sistema de etapas, a lo largo de dieciocho meses, pues eso demostraría al mundo que actuaba de acuerdo con sus propios plazos, y no por obra de la presión. "¡Una inspiración!" dijo Napoleón.

Napoleón comprendió que Estados Unidos no le ayudaría a salir de la situación en México mediante el reconocimiento de Maximiliano. Pero debía devolver las tropas a Francia para evitar los costos cada vez más elevados de su estancia en México, a fin de apaciguar el descontento existente en Francia en relación con la expedición a México, y para evitar el riesgo cada vez más grave de un choque con Estados Unidos a orillas del Río Grande. Si el único modo de hacerlo era sacrificar a Maximiliano, pues habría que dar ese paso. El 29 de noviembre escribió a Bazaine: "No podemos permanecer indefinidamente en México, y en lugar de construir teatros y palacios es esencial ordenar las finanzas y asegurar los caminos. Que él sepa que será mucho más fácil abandonar a un gobierno que no ha hecho nada para facilitar su propia supervivencia, que apoyarlo a pesar de él mismo."

El 15 de enero de 1866 Napoleón escribió a Maximiliano que había decidido retirar sus tropas de México, y el 22 de enero lo anunció al mundo, en su mensaje al Corps Législatif. Francia ya había cumplido su deber con la civilización en México, y comenzaría a retirar sus tropas, pues el emperador Maximiliano ahora disponía de fuerza suficiente para mantenerse solo. Nueve mil soldados franceses partirían en octubre de 1866, otros 9.000 en marzo de 1867 y los 11.300 restantes serían retirados en octubre de 1867.

Maximiliano se sintió abrumado ante la decisión de Napoleón, y le envió una protesta; pero era imposible que Napoleón cambiase de idea. Estaba decidido a reducir sus pérdidas en México, y nadie le apoyaba con más firmeza que Eugenia. Muchos años después, cuando ella reconoció ante Paléologue que había sido la principal responsable de la decisión de intervenir en México, dijo que solamente lamentaba el fracaso del proyecto. Hacia finales de 1865 sabía que en efecto había fracasado, y apoyó enérgicamente la decisión de retirarse. De acuerdo con el general Du Barail, al principio siempre ansiaba conocer a los soldados que habían servido en México; después de 1865 no demostró deseos de conocerlos, y en la medida de lo posible intentó esquivarlos.

En noviembre de 1865 Bazaine desarrolló su estrategia consistente en retirarse de la frontera y concentrar sus fuerzas para afrontar una posible invasión norteamericana, y en vista de este esquema ordenó al general Brincourt que evacuase Chihuahua. En cuanto Juárez supo que las fuerzas de Brincourt habían partido, avanzó hacia el sur con su escolta de 800 hombres y entró en Chihuahua. Brincourt se inquietó ante esta situación, sobre todo porque temía que los liberales mataran a los funcionarios oficiales y a los civiles que habían colaborado con los franceses durante la ocupación de la ciudad. Apeló a Maximiliano, que pidió a Bazaine que enviase una fuerza con el objetivo de recapturar Chihuahua. Bazaine aceptó la misión.

Cuando las tropas francesas avanzaron sobre Chihuahua, Juárez se retiró hacia El Paso. El Año Nuevo le encontró otra vez arrinconado en el último kilómetro de territorio mexicano; pero la decisión de Napoleón de retirarse de México significaba que Juárez había vencido. Si las tropas francesas se retiraban y Estados Unidos no intervenía directamente, el campo quedaría libre y Juárez y Maximiliano podrían luchar uno contra el otro sin intervención extranjera de ninguno de los dos lados. Si se trataba solamente de combatir contra Maximiliano, Juárez tenía la certeza del resultado definitivo. Se había retirado de nuevo a El Paso, pero tenía sobrados motivos para celebrarlo abriendo otra botella de champaña.

24

Charlotte viaja a Europa

Los liberales estaban venciendo por doquier. A principios de 1865 *The Times* había escrito que veinte mexicanos se rendían a un soldado francés; pero a principios de 1866 los ejércitos de Maximiliano estaban rindiéndose a los guerrilleros. Los liberales habían aprendido el modo de luchar, y su moral era elevada; pero la moral del ejército de Maximiliano se veía quebrantada por la conciencia de que los franceses se disponían a abandonarlos. Bazaine y sus oficiales no veían qué sentido tenía arriesgar la vida para mantener posiciones que tendrían que abandonar un año más tarde. Por consiguiente, el ejército francés se mantuvo a la defensiva, retirándose a puntos de reagrupamiento apropiados y evitando combatir salvo el caso de que se los atacara; los guerrilleros generalmente evitaban atacar a los franceses, pues sabían que pronto se marcharían.

Los liberales mostraban menos respeto por las legiones austríaca y belga, que se proponían permanecer indefinidamente en México para luchar por Maximiliano. Los guerrilleros atacaban a los austríacos y a los belgas y a menudo los derrotaban y capturaban. También atacaban a los soldados mexicanos de Maximiliano, a quienes consideraban traidores, y los mataban, lo mismo que a los civiles que habían colaborado con los franceses y el gobierno de Maximiliano contra el decreto dictado por Juárez de enero de 1865.

La causa de Maximiliano no se había visto favorecida por la muerte de tres personas en Europa durante 1865. En marzo, el duque de Morny falleció en París; había sido uno de los principales partidarios de la iniciativa mexicana cuando le fue sugerida por primera vez en 1861. En octubre lord Palmerston murió en Inglaterra; tendía más que su sucesor, lord Russell, a apoyar a Francia en una guerra contra Estados Unidos para impedir la aplicación de la doctrina Monroe. El diciembre, el rey Leopoldo falleció en su palacio de Laeken, Bélgica. Si hubiese vivido siete semanas más, habría tenido mucho que decir cuando Napoleón III anunció su decisión de retirar sus tropas de México.

Muchos voluntarios norteamericanos se dirigían a México, y la mayoría estaba formada por soldados que habían sido dados de baja del ejército de la Unión después de la Guerra Civil. Algunos, como los californianos de la Legión de Honor, fueron a luchar por Juárez movidos por el entusiasmo que despertaba en ellos la causa liberal; pero Romero los alentaba ofreciendo buenos sueldos, con pagas considerables a los oficiales de jerarquía más elevada. Hacia 1866 Seward ya no podía aplicar las Leyes de Neutralidad para impedir el reclutamiento, pues la opinión pública norteamericana no lo habría tolerado.

Dos importantes generales norteamericanos deseaban ir a México a luchar por Juárez. El general John Schofield, por sugerencia de Grant, habría ido si Seward no le envía en una misión sin sentido a París, con el único propósito de impedir que viajase a México. El general Lew Wallace se había distinguido en la batalla de Shiloh, y había sido miembro del tribunal militar que sentenció a los asesinos de Lincoln, y del tribunal de crímenes de guerra que sentenció a muerte a Henry Wirz por sus brutalidades como comandante del campo confederado de prisioneros de Andersonville (más tarde, Wallace conquistó una gran fama póstuma como autor de *Ben Hur*). En la primavera de 1865 Wallace cruzó el Río Grande y se encontró con Carbajal en Tamaulipas, y juntos lograron atravesar las líneas francesas y llegar a Nueva York, donde Carbajal hizo una pausa en sus peligrosas actividades como jefe guerrillero para pasar algunos meses en la condición de propagandista y oficial reclutador de Juárez. Wallace creía firmemente en la doctrina Monroe y en la causa liberal, pero el dinero también representó un papel. Cuando Carbajal invitó a Wallace a asumir el mando de un cuerpo de voluntarios norteamericanos y le ofreció 25.000 dólares si los liberales perdían en México y 100.000 si ganaban, Wallace rechazó la oferta; aceptó asumir el mando sólo si Carbajal ofrecía 100.000 dólares, ganara o perdiese.

Algunos de los soldados dados de baja del ejército de la Unión fueron a luchar, no por Juárez, sino por Maximiliano, cuyos agentes abrieron una oficina de reclutamiento en la Décima Avenida de Nueva York. Uno de ellos fue el príncipe Felix zu Salm-Salm, hijo menor del gobernante de un pequeño principado alemán, que había luchado por la Unión durante la Guerra Civil. Había alcanzado el grado de mayor general, y fue designado por Sherman gobernador militar de Atlanta después de la captura de la ciudad.

El príncipe Salm-Salm se había casado con Agnes Le Clercq en Washington durante la guerra. Agnes era una hermosa joven de misterioso pasado. Algunos decían que sus padres eran inmigrantes franceses, y otros afirmaban que ella era canadiense por su cuna; la mayoría de los comentaristas coincidían en que antes de conocer y desposar al príncipe Salm-Salm ella había sido amazona circense en Nueva York.

Gracias en parte al encanto y la energía de Agnes, el príncipe y la princesa Salm-Salm habían llegado a ser bien conocidos en la sociedad de Washington en los tiempos de guerra, y conocían a la mayoría de los principales personajes de la política y el ejército. Antes de que Agnes viajase a México, fue a ver al presidente Johnson y le dijo que su marido iría a combatir por Maximiliano. Johnson le dijo que temía que Estados Unidos tendría que intervenir en México del lado de Juárez, pero que él personalmente simpatizaba con Maximiliano; deseaba la mejor de la suerte en México a Salm-Salm.

Durante el período deprimente en Chihuahua, el año 1864, Juárez, lo mismo que otros miembros de su gobierno, había enviado a su esposa y sus hijos a Estados Unidos, para preservar su seguridad. Doña Margarita Juárez vivía muy sencillamente en Nueva York, pues como todos los diplomáticos y refugiados mexicanos en Estados Unidos tenía poco dinero. En marzo de 1866 supo que la madre de Romero, que había sido su amiga cuando ambas eran jóvenes en Oaxaca, estaba enferma en la Legación mexicana en Washington, y entonces fue a esta ciudad para ayudarla.

Doña Margarita comprobó sorprendida que el gobierno norteamericano dispensaba a su visita el trato que correspondía a un hecho diplomático importante; era la visita oficial de la esposa del presidente de la República mexicana, el fiel aliado de Estados Unidos. Le ofrecieron una recepción en la Casa Blanca, la primera que se organizó allí después del período de duelo oficial que siguió al asesinato de Lincoln. Pocos días después, Seward le ofreció lo que recibió la denominación de cena oficiosa en honor de la dama; fue servida en la casa del propio Seward, y asistieron muchos personajes importantes. En un discurso pronunciado después de la cena, Seward dijo que estaba seguro de que las tropas francesas saldrían de México antes de que terminase el año.

El último episodio de la visita de doña Margarita fue un baile ofrecido por el general y la señora Grant en su residencia. Para sorpresa de todos asistió el presidente Johnson, pese a que era desusado que aceptase invitaciones a fiestas. Fue incluso más sorprendente ver que estaba allí el ministro francés en Washington. Doña Margarita, alta, apuesta y digna, estaba en su elemento, y el significado político y diplomático de la recepción que se le había ofrecido en Washington era evidente. Pero escribió a Juárez que los artículos periodísticos acerca de su vestido elegante y sus muchos diamantes eran falsos. Ella había usado el sencillo vestido que Juárez le había comprado en Saltillo, y sus únicas joyas eran un par de pendientes.

La campaña de Estados Unidos contra Maximiliano y los franceses en México continuó. El anuncio de Napoleón en el sentido de que retiraría por etapas a sus soldados no satisfizo a los radicales, pues no confiaban en que cumpliese su promesa. En otra gran asamblea celebrada en el Instituto Cooper de Nueva York, el seis de enero de 1866, asistieron muchos liberales bien conocidos, que exigieron que los franceses salieran inmediatamente de México. En la prensa se libraba una batalla entre el *New York Times* de Raymond y el *Evening Post*, de William C. Bryant, que criticaba la política de Seward consistente en apaciguar a Napoleón III. El *New York Times* afirmó que la brillante diplomacia de Seward estaba rindiendo sus frutos, y persuadiendo a los franceses de que debían retirarse de México. En cambio, la actitud belicosa del *Evening Post* llevaría a Estados Unidos a la guerra contra el ejército más poderoso del mundo. El *Evening Post* replicó que no deseaba la guerra con Francia, pero creía que Napoleón saldría de México sólo si Estados Unidos desarrollaba una política enérgica y fortalecía los efectivos del ejército de Sheridan a orillas del Río Grande.

En julio de 1866 se distribuyó en Washington un panfleto titulado "La traición de William H. Seward a la causa de la libertad". Preguntaba por qué Seward permitía que los soldados de Napoleón III, "los más siniestros enemigos de la libertad democrática en Europa, aún mantengan sometido en México a un pueblo grande y cordial". Seward quería decir a Napoleón que saliese de México en el plazo de noventa días, pues de lo contrario 500.000 soldados norteamericanos se encargarían de obligarle a partir; si Napoleón intentaba comenzar una guerra con Estados Unidos, provocaría una revolución en Francia, "la cual apartaría del trono mal habido a la sanguinaria camarilla que ahora la gobierna... Señor secretario, por el bien del país, por su propia reputación, no *hable* más de la doctrina Monroe, sino en nombre de la justicia, la libertad y el sagrado nombre de Dios, *ejecute* esa doctrina y detenga el mar de sangre que se derrama en México".

Bajo la presión de la opinión pública norteamericana, Seward adoptó una actitud más firme, especialmente cuando se convenció de que Napoleón III estaba decidido a salir de México y no haría la guerra a Estados Unidos con el propósito de permanecer en ese país. Napoleón abrigaba la esperanza de que Maximiliano reuniese otras tropas, diferentes del ejército francés, para librar sus batallas en México, y alentó a Maximiliano a incorporar más voluntarios extranjeros; pero Estados Unidos usó su influencia para impedir que esos voluntarios fuesen a combatir por Maximiliano.

Ahora, Estados Unidos podía adoptar una actitud mucho más firme que en 1863 en relación con el reclutamiento de soldados negros en Egipto. En agosto de 1865 el cónsul norteamericano en Alejandría, Charles Hale, fue informado de que el jedive se proponía enviar a México otros 900 soldados sudaneses.

Hale protestó enérgicamente ante el ministro de Relaciones Exteriores del jedive contra el plan de enviar 900 hombres a invadir el territorio de la República de México, aliada de Estados Unidos. Dijo al ministro de Relaciones Exteriores que Estados Unidos también tenía soldados negros en sus ejércitos, y que su número alcanzaba a 100.000, y que si Egipto enviaba soldados negros a invadir a México, Estados Unidos podía enviar a soldados negros a invadir Egipto. El gobierno del jedive se alarmó y pidió a Francia que retirase su solicitud en favor del envío de los soldados. Cuando Bigelow habló del tema con Drouyn de Lhuys, este insistió en que Francia tenía derecho a reclutar soldados egipcios, con el consentimiento del jedive, sin consultar a Estados Unidos. Pero aceptó abandonar momentáneamente el plan.

Maximiliano esperaba que, sobre todo, Austria proporcionara los voluntarios que su ejército necesitaba. En marzo de 1866 sus agentes reclutaron 4.000 voluntarios más en Austria, y se anunció que el primer destacamento, de 1.000 hombres partiría de Trieste el 15 de mayo. Seward ordenó a Motley que presentase una enérgica protesta ante Rechberg, y le informase de que si se permitía la partida de los voluntarios, Estados Unidos consideraría que se trataba de un acto hostil y rompería la relaciones diplomáticas con Austria. Cuando Seward leyó el borrador de su nota a Austria, durante una reunión de gabinete en Washington, el 17 de abril, sus colegas se sorprendieron ante la firmeza del tono, que contrastaba considerablemente con el lenguaje blando que siempre había usado en las notas dirigidas a Francia. McCulloch y el fiscal general James Speed consideraron que el fraseo de la nota era excesivamente enérgico, y como de costumbre McCulloch arguyó que Estados Unidos no podía permitirse afrontar el costo de una nueva guerra; pero Dennison, Harlan y Stanton apoyaron la postura firme de Seward. Welles sugirió que si se trataba de adoptar una posición dura, más valía hacerlo con Francia que con Austria; debían apoderarse de la cabeza francesa más que de la cola austríaca. Seward dijo que si Napoleón III no cumplía su promesa de apartar las tropas en la fecha indicada, él adoptaría una actitud tan dura con Francia como con Austria.

El borrador de la nota de Seward fue aprobado y enviado a Motley en Viena. Cuando Motley se lo leyó a Rechberg, el gobierno austríaco aceptó prohibir la partida de los voluntarios en dirección a Veracruz, e impedir el reclutamiento en Austria de los voluntarios destinados a servir en México. Maximiliano lamentó amargamente la decisión austríaca, y consideró que Francisco José de nuevo le había traicionado.

Hacia el verano de 1866 la situación de Maximiliano parecía muy grave. En junio, Bazaine de nuevo ordenó a sus tropas que evacuasen Chihuahua, y cuando Juárez lo supo, otra vez abandonó El Paso y se movió hacia el sur. Cuando llegó a Chihuahua, el 17 de junio, le ofrecieron una gran recepción. La noche siguiente se organizó un gran baile en honor de Juárez.

Maximiliano se irritó porque sus fuerzas de nuevo se habían retirado de Chihuahua y se había permitido que Juárez regresara a la ciudad. Pidió a Bazaine que enviase un ejército con el fin de recapturar Chihuahua y expulsar a Juárez. Bazaine se negó. Dos veces había ocupado Chihuahua en favor de Maximiliano, y no deseaba perder la vida de más hombres capturándola por tercera vez; de todos modos se vería obligado a evacuarla de nuevo cuando sus tropas se retirasen de México. Hacia septiembre había decidido retirarse del norte y el oeste del país, y no ocupar lugares más allá de una línea que iba de Tampico a Guadalajara. Al principio abrigó la esperanza de retener Tampico, pero después que la capturaron las guerrillas, la reocuparon los franceses, y de nuevo la perdieron en favor de las guerrillas, Bazaine no intentó retomarla nuevamente. También evacuó a Tuxpán. Para sorpresa de los comerciantes y los extranjeros del lugar, los liberales no saquearon ni cometieron actos impropios en el pueblo recapturado, y en muy poco tiempo el comercio y la prosperidad de Tuxpán se desarrollaban como no lo habían hecho durante muchos años.

Muchos soldados de Maximiliano desertaban en favor de los liberales, y otro tanto hacían algunos soldados franceses y miembros de la Legión Extranjera. Los generales liberales distribuían panfletos destinados a los soldados franceses, belgas y austríacos, ofreciéndoles tierras de cultivo en México si desertaban y se unían a los liberales; también, si lo preferían, se les otorgaría un pasaporte para atravesar el Río Grande.

> Soldados, hace cuatro años que os indujeron a venir aquí a luchar contra nosotros, que sólo deseamos vivir al amparo de las instituciones republicanas. Os indujeron a creer que el ridículo trono de Maximiliano podía consolidarse en nuestro país. Soldados, habéis sido engañados. En lugar de un paseo militar que, según habéis creído, sería vuestra actuación en nuestro país, ahora comprobáis que todos y cada uno de nuestros pasos en la montaña originan fuerzas liberales que siempre están dispuestas a combatir contra vosotros.

Los liberales hicieron muchos prisioneros belgas y austríacos, y unos pocos franceses. Fuera de algunos actos de brutalidad que no fueron autorizados y que corrieron por cuenta de ciertos guardias, los prisioneros recibieron buen trato. El ejército francomexicano ya no aplicaba el Decreto Negro o la orden de Bazaine del 11 de octubre de 1865. Los guerrilleros capturados ahora recibían buen trato, con la esperanza de canjearlos por los prisioneros franceses, austríacos y belgas que estaban en manos de los liberales. Bazaine negoció varios acuerdos de intercambio de prisioneros con Díaz en el sur, con Escobedo en Tamaulipas y con Riva Palacio en el oeste.

Al ver que Napoleón III y Eugenia se volvían contra él, Maximiliano se preguntó si Hidalgo, su representante en París, había actuado mal. Llamó a Hidalgo y designó a Almonte en su lugar. Esta designación pareció conveniente a Almonte, pues significaba que estaría fuera de México antes de que Juárez ocupase todo el país. Hidalgo no se sintió complacido con la medida; renunció al servicio oficial, despachó de prisa sus asuntos comerciales en México, y regresó a tiempo a París. En cuanto al hombre que antes que nadie había concebido la idea de enviar a Maximiliano a México, es decir Gutiérrez de Estrada, había permanecido en Europa durante los años del imperio y ciertamente no deseaba regresar ahora a México.

Charlotte decidió ir a París. Se sentía conmovida por la perspectiva de que se retiraran los soldados franceses, pues había escrito a Eugenia que aunque las legiones austríaca y belga prestaban servicios útiles en tiempos de crisis, no podían remplazar a los soldados franceses con sus "pantalones rojos". Abrigaba la esperanza de que si ella misma hablaba con Napoleón podía persuadirle de que cambiase de actitud y no evacuase a los *pantalons rouges*. El 9 de julio salió de Ciudad de México y comenzó su trágico y extraordinario viaje, que concluyó tres meses después, cuando se hundió en una locura incurable. La acompañaban Castillo, ministro de Relaciones Exteriores, una serie de funcionarios con sus damas de compañía, caballeros y servidores. En conjunto, el séquito contaba con unas cincuenta personas. A causa del peligro representado por los guerrilleros y los salteadores, los acompañaban varios centenares de soldados de caballería. Maximiliano acompañó a Charlotte hasta Ayutla, a unos cincuenta kilómetros de Ciudad de México, donde se despidieron. Jamás volverían a verse.

Ella permaneció la primera noche en Puebla, donde su comportamiento fue un tanto extraño; más tarde, en una visión retrospectiva, los miembros de su escolta pensaron que había mostrado los primeros síntomas de desequilibrio en Puebla. Acababa de acostarse cuando de pronto, a medianoche, dijo que deseaba visitar la casa del señor Esteva, que unos meses antes, cuando era el prefecto político de Puebla, la había agasajado allí con un banquete. Como Charlotte insistió, sus damas y sus caballeros la acompañaron a la casa. Esteva ahora había sido trasladado a un cargo en Veracruz, pero sus criados abrieron la puerta y mostraron la casa vacía a la emperatriz. Ella se mostró muy exuberante, y cuando el grupo llegó al comedor dijo a sus acompañantes que era la habitación donde habían servido el banquete.

El viaje a Veracruz duró cuatro días, porque los caminos estaban en malas condiciones después de las intensas lluvias que habían caído poco antes. Charlotte se mostró muy preocupada ante la posibilidad de perder el buque en Veracruz, aunque sus caballeros le aseguraron que se había ordenado al capitán de la nave que no partiera antes de la llegada de la emperatriz.

En Veracruz la recibió el almirante Cloué, que la escoltó hasta la lancha que debía llevarla hasta el *Impératrice Eugénie*, que la esperaba a la entrada del puerto. Cuando vio que la lancha enarbolaba la bandera francesa, Charlotte se indignó mucho. Rehusó abordar la lancha si no encontraban una bandera mexicana para enarbolarla. En el viaje a través del Atlántico, se mostró más silenciosa que de costumbre, y a veces pareció muy deprimida.

Llegó a Saint-Nazaire el 8 de agosto y fue en tren a París. Hubo un lamentable error cuando Charlotte llegó a París, pues Drouyn de Lhuys, Almonte y los restantes ministros y dignatarios que habían ido a recibirla se dieron cita en la estación ferroviaria equivocada. Sus caballeros debieron contratar un coche para llevarla al Grand Hotel, donde le habían reservado unas habitaciones. Los dignatarios que hubieran debido recibirla en la estación llegaron poco después, y formularon sus disculpas.

Había abrigado la esperanza de ver enseguida a Napoleón III, pero le dijeron que el emperador estaba en Saint-Cloud, y que se sentía demasiado enfermo para recibirla. Ella probablemente pensó que era una excusa, aunque no se trataba de eso; Napoleón ya había comenzado a sufrir a causa de los cálculos que habrían de afectar su salud y quizá su capacidad de juicio, y de los que moriría siete años después. Eugenia llegó al Grand Hotel, y Charlotte analizó la situación en México con Eugenia y con Drouyn de Lhuys, el mariscal Randon, el ministro de Guerra y el embajador austríaco Richard Metternich.

Después de varios días Napoleón se recuperó lo suficiente para recibir a Charlotte en Saint-Cloud, pero ella no pudo convencerle de que cambiase de actitud. Eloin le dijo a Maximiliano que ella había defendido muy hábilmente su posición, y que si alguien hubiera podido persuadir a Napoleón de que mantuviera las tropas en México, era Charlotte. Pero Napoleón se mantuvo inflexible: la primera tanda de soldados regresaría a Francia en octubre, la segunda en marzo de 1867 y el resto en octubre de 1867.

Charlotte tuvo otra experiencia desagradable en París. Alice Iturbide acudió al Grand Hotel, y Charlotte aceptó de mala gana recibirla. Cuando la hicieron entrar, Charlotte estaba sentada en un sofá. No ofreció asiento a Alice, y esta se sentó sin ser invitada, en el sofá al lado de Charlotte. Después que Alice rogó que le devolvieran a su hijo, Charlotte le dijo que escribiese al respecto a Maximiliano. Alice dijo que había escrito muchas veces, pero sin obtener respuesta. "Escriba de nuevo", dijo Charlotte, "y escriba cortésmente".

Charlotte fue a Miramar, desde donde escribió a Napoleón y a Eugenia, agradeciéndoles su hospitalidad en París; fue desde todo punto de vista una carta de agradecimiento correcta y convencional. También escribió extensamente a Maximiliano, para decirle que sus esfuerzos habían fracasado. En estas cartas criticó agriamente a Napoleón. "Para mí es el demonio en persona", escribió, y agregó que cuando la despidió, demostró ser "un cordial Mefistófeles", y le besó la mano. Se han citado estas frases como signo del avance de su desequilibrio; pero si ella no hubiese enloquecido poco después, nadie habría pensado que había algo extraño en estas cartas, que habrían podido provenir de la pluma de cualquier persona normal que usara expresiones fuertes, dichas medio en serio, referidas a una persona que no le inspiraba simpatía. Nadie cuestionó jamás el equilibrio mental de John Motley, pero en una carta escrita por esta época afirmó de Napoleón III que era "el príncipe de las sombras, que por el momento ha considerado oportuno adoptar la apariencia de un soberano de Francia y habitar las Tullerías".

Charlotte permaneció tres semanas en Miramar, y residió, no en el castillo, donde estaba realizándose la construcción, sino en la pequeña casa del jardín. Después, fue a Roma para ver al papa Pío IX, y allí exhibió por primera vez signos inequívocos de desequilibrio. El 30 de septiembre, en una de sus audiencias privadas con el Papa, preguntó si podía pasar la noche en el Vaticano en lugar de regresar a su hotel. Pío IX dijo que eso sería imposible, porque ninguna mujer había pasado jamás la noche en el Vaticano; Charlotte afirmó que el Vaticano era el único lugar donde podía estar a salvo de los agentes de Napoleón III, que intentaban envenenarla. El Papa no dudó de que la mente de Charlotte estaba desequilibrada. Ella rogó con tanta insistencia que el Papa accedió, y le permitió pasar una noche en el Vaticano. A la mañana siguiente la devolvió escoltada a su hotel.

Más avanzado el día Charlotte pudo escribir su última carta a Maximiliano: "Querido y bien amado tesoro mío, me despido de ti. Dios me llama a El. Te agradezco la felicidad que siempre me diste. Que Dios te bendiga y te ayude a alcanzar la bienaventuranza eterna. Tu fiel Charlotte."

En el hotel se negó a tocar los alimentos o las bebidas preparados por el personal de la casa. Enviaba a su criada a comprar algunos pollos vivos, y los mantenía atados en la habitación del hotel. La criada tenía que matar y cocinar personalmente los pollos, para asegurarse de que nadie los había envenenado. Charlotte comía únicamente los pollos y los huevos que los animales ponían mientras ella miraba. Iba en su carruaje con la dama de compañía hasta la Fontana de Trevi, y llenaba una jarra de cristal con agua de la fuente y la bebía en el hotel.

Maximiliano había enviado a Blasio a Europa para que cumpliese la función de secretario de Charlotte, y él la acompañó a Miramar y a Roma. Charlotte le dictaba cartas dirigidas a los funcionarios de la corte de Ciudad de México, y en esas misivas acusaba al ministro de Relaciones Exteriores Castillo y a otros funcionarios que estaban con ella en Roma de intentar asesinarla por orden de Napoleón III. Los caballeros que formaban parte del séquito no despacharon estas cartas, y en cambio escribieron a su hermano el rey Leopoldo II de los belgas, que a su vez envió a Roma al conde de Flandes, hermano de ambos, con la misión de llevarla de regreso a Miramar, donde la trató el doctor Jilek, ex médico de Maximiliano. Jilek dispuso que el profesor Riedel, el principal especialista vienés en enfermedades mentales, fuese a Miramar a tratarla. Leopoldo llegó a la conclusión de que el tratamiento médico y el aislamiento en Miramar la perjudicaban más de lo que la beneficiaban, y ordenó que la devolviesen a Bélgica, donde vivió en el castillo de Tervuren, cerca de Bruselas. Sus parientes a veces informaban que parecía que Charlotte estaba mejorando, pero a esto seguía siempre una recaída, pocos meses después.

Los caballeros de Charlotte habían escrito a Maximiliano que la emperatriz estaba enferma. No especificaron la naturaleza de su enfermedad, pero mencionaron que estaba al cuidado del doctor Riedel. Cuando Maximiliano supo que Riedel era el director del asilo de lunáticos de Viena, comprendió inmediatamente lo que había sucedido con Charlotte.

Napoleón III comprendió ahora que su plan de evacuación por etapas de las tropas de México tenía un inconveniente. Después que el grueso de los soldados se hubiesen retirado, ¿los que quedasen tendrían fuerza suficiente para resistir un ataque de las fuerza liberales? Por consiguiente, decidió que en lugar de repatriar en tres etapas a las tropas, las retiraría a todas en marzo de 1867. Este programa implicó postergar por cinco meses la partida de las primeras tropas francesas, pero todos estarían fuera de México siete meses antes de lo prometido. Informó debidamente de su cambio de plan al gobierno de Estados Unidos.

La situación era embarazosa para Seward. Había sido enérgicamente criticado por aceptar las seguridades de Napoleón acerca de la retirada de las tropas, y si Napoleón ahora faltaba a su promesa de iniciar la retirada en octubre de 1866, Seward sería denunciado en Estados Unidos como títere de Napoleón. Redactó una protesta muy enérgica a Francia, y la leyó a sus colegas en la reunión de gabinete del 22 de noviembre, donde propuso enviar un telegrama por el cable trasatlántico que había sido instalado dos meses antes.

Los miembros del gabinete se sorprendieron mucho. Un año antes Seward había parecido ansioso de apaciguar a Napoleón III y poco dispuesto a correr el más mínimo riesgo de provocar un conflicto para expulsar de México a los franceses; ahora estaba dispuesto a blandir el garrote y a correr el peligro de ir a la guerra porque la partida de los franceses se retrasaba cinco meses. Era evidente que la presión permanente de la opinión pública había afectado a Seward, que ahora creía que debía verse en una postura más fuerte; es posible también que calculara que si Napoleón no estaba dispuesto a ir a la guerra para mantener a Maximiliano en México, ahora no se lanzaría a un conflicto sólo porque recibiese una nota áspera de Estados Unidos. Sólo Seward y Alexander Randall, director general de correos, se manifestaron en favor de enviar la nota. El presidente Johnson la aprobó, pero los restantes ministros consideraron que era excesivamente amenazadora.

En vista de la oposición del gabinete, Seward aceptó regresar al día siguiente con un nuevo borrador que no era tan amenazador. Por sugerencia de Seward, el presidente invitó a Grant a asistir a la reunión de gabinete, y Grant elogió la firmeza que ahora demostraba Seward, y aprobó sin reservas la nota. Stanton, que había considerado que el primer borrador era un tanto excesivo, también aprobó el nuevo fraseo, y se convino en que Seward enviaría la nota al gobierno francés. No condujo a la guerra ni atrasó los planes para la retirada total de las tropas francesas en marzo de 1867.

Napoleón creía que el mejor curso para Maximiliano era abdicar y regresar a Europa, pero esto significaría que México caería en manos de Juárez. Prevalecería la anarquía, y cobrarían realidad todos los horrores que Napoleón había intentado impedir. El prefería que Estados Unidos se adueñase de México. Ordenó a su ministro en Washington que sugiriese a Seward que cuando las tropas francesas y Maximiliano se retirasen, Estados Unidos interviniese para mantener la ley y el orden en México. Bazaine estuvo de acuerdo, y a través de un intermediario envió un mensaje al presidente Johnson: "La influencia moral de Estados Unidos ha destruido el Imperio, y por lo tanto corresponde a Estados Unidos la obligación de evitar que México caiga en la anarquía, y de proteger a los miles de extranjeros que allí residen." La idea fue analizada en la prensa norteamericana. La intervención norteamericana en México para contener a Juárez tenía el apoyo de los enemigos del liberalismo, que se habían opuesto a la intervención norteamericana para ayudar a Juárez contra los franceses.

El coronel Gagern, un inmigrante alemán que era oficial del ejército liberal, fue a Estados Unidos por esta época. Se reunió con Grant, Sherman y Sheridan y le impresionó la diferencia en la personalidad de estos hombres. Advirtió que los tres altos generales norteamericanos eran todos fumadores de cigarros, pero todos fumaban de distinto modo. Grant, que fumaba cincuenta cigarros diarios, casi nunca se quitaba el cigarro de la boca, de modo que a veces era difícil entender lo que decía. Sherman encendía nerviosamente un cigarro, lo aplastaba después de aspirar unas pocas bocanadas, y luego encendía otro, de modo que su habitación estaba sembrada de cigarros a medio fumar. Sheridan fumaba lenta y afectuosamente, como un conocedor, y se abstenía mientras hablaba, de modo que siempre estaba encendiendo de nuevo el cigarro.

Gagern analizó la situación de México con Sherman en el cuartel general del ejército en San Luis. Sherman le interrumpió: "¿Qué diría, coronel", preguntó, "si acudiese en su ayuda con 50.000 de mis muchachos de azul?" Gagern dijo que no estaba seguro de que a los mexicanos eso les agradase. Se sentirían complacidos si los muchachos de azul llegaban y expulsaban a los franceses; pero si los muchachos de azul llegaban a México, ¿los mexicanos conseguirían que se marchasen después que los franceses se hubieran retirado? Sherman se echó a reír. "Quizás usted esté en lo cierto", dijo, "probablemente causaría dificultades. En todo caso sería mejor que ustedes se ocupasen personalmente de su propia liberación".

Seward se oponía tanto como Sherman al envío de un ejército a México. El único paso que estaba dispuesto a dar era enviar a Lewis Campbell, funcionario del Departamento de Estado, y destacado general de ejército, a México para analizar con Juárez la posibilidad de que las tropas norteamericanas ayudasen a mantener el orden en México. Preguntó a Grant, en vista de su interés por México, si estaba dispuesto a ir; pero Grant sospechó que eso era un ardid para apartarle de Washington y del centro del poder, y rechazó la invitación. Sugirió que Sherman debía cumplir esa misión. Sherman no deseaba en absoluto afrontar la misión, pero aceptó ir para complacer a su amigo Grant. En noviembre de 1866 Campbell y Sherman partieron de Nueva York en dirección a Veracruz, pero no desembarcaron, pues las instrucciones de Seward indicaban que no debían intervenir en México hasta que Maximiliano hubiese abdicado.

Los rumores acerca de la abdicación de Maximiliano habían estado circulando en Europa y Estados Unidos. Pero Maximiliano no se decidía. Comprendió que Napoleón III abrigaba la esperanza de que él abdicase; nadie podía reprochar a Napoleón la retirada de sus tropas y el aprieto en que quedaba Maximiliano si ya había abdicado y salido del país antes que los soldados franceses. Pero Maximiliano no estaba dispuesto a abdicar para complacer a Napoleón. Sabía que Charlotte no deseaba que él abdicase. Poco antes de salir de México ella le dijo que la abdicación, sobre todo si se trataba de un joven emperador de treinta y cuatro años, era un acto de cobardía indigno de un príncipe de la casa de Habsburgo.

En noviembre Maximiliano se dirigió a su residencia favorita, en Jalapilla, cerca de Orizaba. Se difundió inmediatamente la noticia de que iba camino a Veracruz con el propósito de embarcarse para Europa, y que abdicaría antes de zarpar. Los informes periodísticos acerca de su abdicación llegaron a Austria, y su madre, la archiduquesa Sophie, envió un telegrama a Francisco José en Schönbrunn para decirle que Max llegaría en poco tiempo a Europa. Pero Maximiliano permaneció en Orizaba, preguntándose si convenía o no que abdicase. Mientras sus consejeros franceses y algunos de los mexicanos, que eran liberales moderados y formaban parte de su gobierno, le incitaban a irse, los ministros conservadores le presionaban para que continuase en su puesto, pues comprendían que esa era la última y desesperada posibilidad de impedir una victoria liberal y todo lo que eso significaría para ellos. Eloin le escribió desde Bruselas, e insistió en que no debía abdicar; y otro tanto hizo su madre, Sophie, y su hermano el archiduque Karl Ludwig desde Viena. Gutiérrez, desde la seguridad de París, también le exhortó a cumplir con su deber y permanecer en su puesto.

Maximiliano convocó a sus ministros invitándolos a ir a Orizaba, y el 25 de noviembre celebró una reunión de gabinete a las diez de la mañana. Inició la reunión afirmando que deseaba recibir el consejo de los presentes acerca de la conveniencia de abdicar; después, los dejó solos para que discutiesen el tema, mientras él se paseaba por el bosque con el doctor Basch, su médico judío de Praga, y recogía plantas. Los ministros mantuvieron una larga discusión. De acuerdo con Blasio, que acompañaba a Maximiliano en Orizaba, cuando finalmente se votó, hubo diez votos contra la abdicación y ocho a favor; pero el doctor Basch afirmó que la votación fue de diez a dos contra la abdicación, y que sólo los dos liberales moderados votaron favorablemente. Es posible que la confusión responda en parte al complicado procedimiento de votación, en virtud del cual algunos ministros del gabinete tenían dos votos y otros solamente uno.

Cuando los ministros comunicaron su decisión a Maximiliano, él dijo que continuaría como Emperador hasta que pudiese convocar a una Asamblea de Notables, cuya decisión respetaría. También emitió un decreto anulando el Decreto Negro del tres de octubre de 1865. Sus ministros ratificaron la lealtad que profesaban al emperador. No les agradó la propuesta de remitir el tema de la abdicación a un Congreso de Notables, pero se consolaron con la idea de que sería imposible, en las circunstancias del momento, convocar a un congreso.

Cuando Campbell y Sherman, en Veracruz, supieron que Maximiliano no se proponía abdicar, acataron sus instrucciones y regresaron a Nueva Orléans. Campbell esperó allí mientras intentaba descubrir dónde estaba Juárez, para ir a verle; pero Sherman continuó viaje a Nueva York. Escribió a su hermano que a su juicio Juárez estaba "allá en Chihuahua, respondiendo simplemente a la intención de encontrarse en un lugar donde ni el demonio mismo podría encontrarle. No tengo la más mínima intención de recorrer en mula mil seiscientos kilómetros de territorio mexicano para encontrar a su primer magistrado".

Maximiliano regresó a Ciudad de México y se preparó a luchar contra los liberales con el apoyo de sus fieles mexicanos. Ahora dependía del apoyo de los conservadores, entre ellos Miramón y Márquez, que habían regresado a México. Los liberales estaban imponiéndose en todo el imperio de Maximiliano. Hacia finales de septiembre habían capturado Matamoros, Tampico, Tuxpán, Saltillo, Monterrey, Durango, Guaymas, Alvarado y Tlacotalpán. En octubre, Díaz capturó la ciudad de Oaxaca, y en noviembre Mazatlán y Jalapa cayeron en manos de los liberales. Hacia fines del año estaban en Zacatecas, Guadalajara, Guanajuato y San Luis

Potosí. Maximiliano y los franceses retenían únicamente Veracruz, Orizaba, Puebla, Ciudad de México y Querétaro.

Pero precisamente donde los liberales parecían imponerse por doquier, Juárez se vio enfrentado a una situación que amenazaba perjudicar mucho a la causa liberal. En octubre de 1866 Ortega anunció que regresaba a México a la cabeza de un grupo de voluntarios, a quienes dirigiría contra los franceses y las fuerzas de Maximiliano; emitió su proclama como presidente de México. De acuerdo con la ley, Ortega sin duda tenía razón, pero la necesidad política exigía que se le impidiese dividir a las fuerzas liberales de México.

Apenas Romero supo que Ortega se dirigía a México, se comunicó con Grant, que decidió cerrar el paso a Ortega. Grant envió instrucciones a Sheridan, en Nueva Orléans, quien advirtió al oficial que estaba en Brazos de Santiago, cerca de Brownsville, que Ortega y sus hombres llegarían allí por mar, y que debían arrestarlos y mantenerlos detenidos hasta nuevo aviso. Las órdenes fueron ejecutadas, y pese a su protesta Ortega fue encarcelado en Brazos. Entretanto, Matamoros había sido ocupada por el general Canales, que apoyaba a Ortega; de modo que Sheridan envió a Matamoros al coronel Sedgwick con algunos soldados norteamericanos, ostensiblemente con el fin de proteger la seguridad de varios ciudadanos norteamericanos que estaban allí, pero en realidad para impedir que Ortega capturase la ciudad y la retuviese contra Juárez. Romero presentó una protesta formal a Estados Unidos contra la presencia de Sedgwick en Matamoros, y los soldados fueron retirados a través del Río Grande, hacia Brownsville. Pero los partidarios de Ortega estaban seguros de que todo esto era una farsa, y de que Sedgwick había actuado de acuerdo con Escobedo, que mandaba las fuerzas juaristas de Matamoros. Un comandante liberal de Saltillo se declaró en favor de Ortega, pero fue arrestado y fusilado por los soldados liberales fieles a Juárez.

Después que Ortega estuvo detenido un mes en Brazos, Sheridan, después de consultar con Escobedo, ordenó que se le liberase. Cabe presumir que Escobedo y Juárez consideraron que como los partidarios de Ortega habían sido vencidos en Matamoros y Saltillo, ahora no había peligro si se le permitía entrar en México, donde los partidarios de Juárez podrían arrestarle. Ortega fue a Zacatecas y le dijo al comandante liberal de la ciudad que él era el presidente de México; pero el comandante, que apoyaba a Juárez, arrestó a Ortega y le llevó detenido a Saltillo. Ortega protestó que él era legalmente el presidente, pero había fracasado, y Juárez, que había recibido declaraciones de apoyo de casi todos los generales en acción, había vencido.

Juárez se desplazaba hacia el sur un poco a retaguardia de sus ejércitos. El 10 de diciembre salió de Chihuahua y se desplazó hacia Durango, y hacia el 22 de enero había llegado a Zacatecas. Cuando Miramón supo que estaba allí, concibió un plan audaz. Zacatecas, muy alejada de la línea del frente, estaba defendida sólo por una pequeña guarnición liberal. Miramón encabezaría un contingente de caballería destinado a penetrar profundamente en territorio liberal; entraría en Zacatecas y capturaría a Juárez. Maximiliano aprobó el plan. Ordenó a Miramón que, si capturaba a Juárez o a Lerdo, los sometiese al juicio de una corte marcial y los condenase a muerte, pero que no ejecutase la sentencia antes de consultarle.

El plan de Miramón casi tuvo éxito; pero desgraciadamente para él no era cierto, como creían sus partidarios, que Juárez no sabía montar a caballo. El y sus ministros salieron de prisa de la casa de gobierno de Zacatecas, montaron a caballo y se alejaron hacia la zona rural. Los hombres de Miramón entraron en la casa de gobierno un cuarto de hora después de la partida de Juárez, pero no le persiguieron, pues no sabían en qué dirección se había alejado. ¿Qué habría hecho Miramón si capturaba a Juárez? ¿Habría obedecido las órdenes de Maximiliano? ¿O, como alguna gente creía, le habría asesinado en el mismo lugar y pensado después en una justificación que explicara su desobediencia a Maximiliano? ¿O habría hecho lo que nadie preveía, y repetido el ofrecimiento formulado en París de unirse a Juárez si este le asignaba un comando importante en sus ejércitos?

La audaz incursión de Miramón sorprendió a los liberales, pero Escobedo rápidamente reagrupó sus fuerzas y contragolpeó a Miramón. Una semana después derrotó a Miramón en San Jacinto, un poco al sur de Zacatecas. En el combate los liberales capturaron más de un centenar de prisioneros, incluso algunos soldados franceses y austríacos y a Joaquín, hermano de Miramón. Llevaron a todos los prisioneros a un espacio abierto rodeado por soldados liberales, y después los dividieron en pequeños grupos de prisioneros, y los mataron disparándoles dos tiros a la cabeza. Los restantes prisioneros, al escuchar los disparos, comprendieron lo que estaba sucediéndoles a sus camaradas; gritaron en actitud de desafío, y se mostraron dispuestos a afrontar la muerte cuando les llegó el turno. Algunos preguntaron a sus guardias por qué los mataban, y les dijeron que por represalia en vista de todos los guerrilleros capturados que habían sido asesinados por los franceses y la *contre-guérilla*. Más tarde, Lerdo justificó las muertes afirmando que todos los prisioneros ejecutados en San Francisco eran criminales que habían cometido atrocidades durante la breve ocupación de Zacatecas.

Los franceses se disponían a partir. Los residentes extranjeros en Ciudad de México y todos los que habían representado un papel destacado en la administración de Maximiliano esperaban lo peor cuando Juárez volviera a la ciudad. Pensaban que era hora de marcharse, y esperaban únicamente la posibilidad de conseguir transporte para llegar a Veracruz. Sara Yorke y su familia decidieron partir porque habían mantenido relaciones muy estrechas con los franceses. La vida social en la ciudad se había deteriorado mucho después de la partida de la emperatriz en dirección a Europa, y ahora casi había cesado; pero todos intentaban olvidar sus preocupaciones, y pasarlo bien con los amigos durante los últimos días. Sabían que jamás volverían a ver sus casas, y que ciertamente no recibirían por ellas la más mínima indemnización. Pero por lo menos salvarían la vida si el carruaje que se dirigía a Veracruz evitaba a los guerrilleros que infestaban los caminos.

Los franceses salieron de Ciudad de México el cinco de febrero de 1867, tres años y ocho meses después de entrar. La gente acudió a ver la partida, y permaneció en silencio, sin que nadie vitoreara o abuchease o realizara ningún tipo de demostración. Maximiliano no salió al balcón del palacio para contemplar el momento de la partida. Antes de retirarse, Bazaine había invitado a Maximiliano a acompañarle y le había recordado que, si así lo deseaba, podía embarcarse en una nave francesa que le llevaría a Europa. Bazaine permaneció unos días en Puebla. Envió a Maximiliano un mensaje para decirle que si cambiaba de idea acerca de su retirada del país, le esperaría en Puebla y le acompañaría a Veracruz. Pero Maximiliano había decidido permanecer en México y llevar a su ejército a la batalla contra los liberales.

Antes de iniciar su campaña, arregló la devolución de Agustín Iturbide a su madre. Escribió a Alice diciéndole que ya no podía cuidar de su hijo, y, por consiguiente, se lo devolvía o lo entregaría a quien ella designase. Pidió al arzobispo Labastida que realizara los arreglos con Alice. Agustín fue llevado a La Habana, y de allí pasó a Nueva York, donde se reunió con su madre después de una separación de casi dos años.

25

Querétaro

Maximiliano salió de Ciudad de México el 13 de febrero, no en dirección a Veracruz y Europa sino al norte, con Márquez y una fuerza de 2.000 soldados de caballería. Vestía su prenda favorita, la levita gris, y usaba un sombrero blanco. Cabalgaba en su amado caballo, llamado Anteburro. Había decidido establecer en Querétaro el cuartel general de la campaña inminente. El príncipe Salm-Salm acompañó a Maximiliano, pero a su bella y atrevida esposa no se le permitió ir con ellos. Eso la irritó mucho, pues generalmente había acompañado a su marido en las campañas de la Guerra Civil norteamericana.

Maximiliano estaba escaso de hombres, escaso de municiones y de dinero. A causa de su absoluta incapacidad para organizar una eficiente administración militar y financiera, se encontraba en una posición mucho más débil que Juárez, que ahora estaba recibiendo de Estados Unidos todas las armas que necesitaba. Maximiliano no se sentía desalentado, pues Mejía le había dicho que podían ganarse las guerras sin dinero, simplemente mediante el coraje y la decisión; y estaba seguro de que podía confiar en el coraje y la decisión de generales como Mejía, Miramón, Márquez y Méndez, y sus abnegados partidarios. Algunos súbditos estaban respondiendo a sus peticiones de dinero; el banquero Barrón le entregó 100.000 dólares. Pero su ejército era muy inferior en número al de los liberales. Tenía 21.700 hombres frente a los 69.700 soldados liberales.

El 19 de febrero llegó a la cumbre de Cuesta China, a dos kilómetros y medio de Querétaro, y desde lo alto contempló la ciudad. Dejó el atuendo civil y se puso el uniforme de general del ejército mexicano, con la Gran Cruz del Aguila mexicana en el pecho, y desmontó de su amable Anteburro para pasar a otro caballo, Orisgelo, que era más brioso. Cuando entró en Querétaro fue saludado por Miramón y Mejía, que ya habían llegado con 3.000 hombres. La población civil salió a vitorearlo, y las hermosas damas de las clases sociales altas mostraron especial entusiasmo. La salud de Maximiliano falló, como le sucedía a menudo en los momentos críticos, y el emperador se sintió demasiado fatigado para asistir al banquete ofrecido esa noche en su honor.

Al día siguiente Méndez llegó desde Michoacán con 4.000 hombres más, de modo que el total de las fuerzas de Maximiliano en la ciudad se elevó a 9.000 soldados. Maximiliano sabía que dos ejércitos liberales avanzaban sobre Querétaro; uno al mando de Escobedo, que llegaba de San Luis Potosí con 17.000 hombres, y el otro al mando de Corona, proveniente de Acámbaro con 18.000 hombres. Los dos ejércitos liberales estaban separados por unos 240 kilómetros. Miramón propuso a Maximiliano atacar sucesivamente a los dos ejércitos antes de que pudieran unirse. Creía que si podía derrotar primero a Escobedo mediante un enérgico ataque por sorpresa, que tendría un demoledor efecto moral sobre el ejército de Corona, podría marchar después contra Corona para derrotarle. Márquez dijo que el plan era demasiado arriesgado, pero Blasio creía que la verdadera razón por la cual Márquez se oponía era que la idea se había originado en Miramón, pues en efecto los dos generales no sentían mucho afecto el uno por el otro.

Después de discutir el asunto en un consejo de guerra, Maximiliano se opuso a la propuesta de Miramón y apoyó a Márquez. Blasio estaba sorprendido ante el nivel de la influencia de Márquez sobre Maximiliano; y es extraño que Maximiliano, con sus ideas liberales, hubiese lanzado por entonces una proclama en la cual elogiaba cálidamente "al valeroso general Márquez". ¿Quizá Maximiliano estaba fascinado por el cruel y brillante jefe militar en quien desaprobaba las tácticas y los actos, del mismo modo que se había sentido fascinado por el marinero albanés que le había relatado cómo torturaba a los soldados turcos, y por el brutal esclavista de Brasil que infligía a sus esclavos los sufrimientos del chicote y la palmatoria?

Los ejércitos de Escobedo y Corona confluyeron en Querétaro, y el 6 de marzo comenzaron el asedio con 35.000 hombres y artillería de sitio que bombardeó la ciudad casi todos los días. Los 9.000 hombres de Maximiliano resistieron valerosamente y a menudo realizaron salidas fructíferas para conseguir provisiones e infligir golpes a la moral de los liberales derrotando a sus tropas en algunos encuentros locales. El cuartel general de Maximiliano estaba en el Convento de La Cruz, sobre una colina, dentro de la ciudad. El convento quedó bajo el fuego enemigo, pero Maximiliano se comportaba con mucha calma, y alarmaba a sus oficiales al insistir en pasearse lentamente atravesando el patio, donde nada le protegía de las granadas y las balas de los liberales. También se paseaba por las calles de la ciudad, fumando su cigarro, hablando a los transeúntes y pidiéndoles fuego u ofreciéndolo con su propio cigarro encendido. Las mujeres de Querétaro estaban tan fascinadas como las de Ciudad de México por la figura alta, los cabellos y la barba rubiorrojizos, los bondadosos ojos azules, y el gentil encanto del joven emperador.

Maximiliano y sus oficiales comprendieron que no podían mantenerse indefinidamente en Querétaro; su única esperanza era que otro ejército viniese a auxiliarlos y obligase a Escobedo a levantar el sitio. Maximiliano decidió enviar a Márquez a Ciudad de México para formar un nuevo ejército que marcharía al rescate en Querétaro. Por si él perdía la vida en Querétaro, designó a Márquez y a dos de los ministros conservadores como regentes, hasta que un Congreso pudiese reunirse para decidir acerca del futuro gobierno de México.

Al alba del 22 de marzo, Miramón encabezó una salida y atacó a los liberales en una maniobra de diversión, mientras Márquez con una pequeña escolta se alejaba discretamente de Querétaro. La maniobra tuvo éxito. Márquez llegó a Ciudad de México, y apelando a la leva, prohibida por Maximiliano, mediante la acción de sus pelotones de reclutamiento, obligó a muchos jóvenes a incorporarse al ejército. También recaudó parte del dinero que Maximiliano necesitaba apelando a los préstamos forzosos.

Mientras los liberales asediaban a Maximiliano en Querétaro, las tropas francesas de México se concentraban en Veracruz. Antes de evacuar una ciudad, los franceses en la mayoría de los casos destruían sus armamentos. Tanto entonces como después, Maximiliano y sus partidarios les reprocharon amargamente esta actitud. ¿Por qué, si se sentían obligados a abandonar a Maximiliano, por lo menos no les traspasaban sus cañones, los rifles y las municiones? Los partidarios de Maximiliano atribuían esta actitud exclusivamente a la malicia de Bazaine, y a su odio a Maximiliano y al partido católico de México.

Kératry, Gaulot y los partidarios de Bazaine refutaron esta acusación. Afirmaron que el ejército mexicano de Maximiliano era tan ineficaz que no podía disponer la recuperación de las municiones si los franceses las dejaban detrás. Siempre que los franceses evacuaban un poblado, los liberales lo ocupaban inmediatamente, mucho antes de que llegase el ejército de Maximiliano; y si los franceses no habían destruido sus municiones al retirarse, en todos los casos caían en manos de los ejércitos liberales. Pero de acuerdo con Porfirio Díaz, Bazaine ofreció venderles sus existencias de municiones, y las destruyó sólo porque Díaz rechazó la oferta.

El número de soldados franceses que se concentraban en Veracruz crecía mientras los buques de transporte llegaban al puerto. Esta situación determinó una aguda escasez de alojamientos, y los alquileres y los precios se elevaron. En esas condiciones de sobrepoblación, la fiebre amarilla y el vómito reclamaron más víctimas que de costumbre, tanto entre los soldados franceses como en la población civil.

En Veracruz también había refugiados civiles. Los residentes extranjeros que habían vivido en México, en algunos casos durante toda su vida, como miembros de la alta sociedad de la capital o como propietarios de minas en Guanajuato, San Luis Potosí o Zacatecas, o como prósperos terratenientes en sus haciendas rurales, partían con toda la prisa posible, antes de que los liberales victoriosos los masacraran. Sara Yorke y su grupo esperaron con toda la paciencia posible un barco que los llevase a Francia. Sara encontró en Veracruz al coronel Du Pin. Ya no se dedicaba a ahorcar y aterrorizar a las guerrillas y sus simpatizantes, y en cambio mostraba la solicitud propia de un tío bueno ante Sara y otras jóvenes, y les advertía que no debían salir del hotel por el peligro de insolación.

A principios de marzo los habitantes de Veracruz supieron que Díaz había capturado Orizaba y Córdoba, y que de ese modo había cortado todos los vínculos entre Ciudad de México y Veracruz. Sólo las tropas francesas que atravesaban la zona rural ahora podían llegar al puerto.

La evacuación se realizó con eficiencia. El propio Bazaine embarcó en el *Souverain*. Antes de partir, entregó el gobierno de Veracruz a Bureau, prefecto político de Maximiliano, y al general Taboada, comandante de las fuerzas de Maximiliano. Como Bureau y Taboada quedaron a cargo del puerto, y no había peligro de que los liberales llegasen primero, Bazaine no destruyó las municiones francesas, y en cambio las traspasó a Taboada, con el fin de que fueran utilizadas por las fuerzas de Maximiliano.

Cuando Bazaine desembarcó en Tolón, seis semanas después, comprobó sorprendido que no se le había preparado una recepción oficial. Ese hecho respondía a las órdenes de Napoleón III, que deseaba que se olvidase todo el episodio mexicano.

Los últimos soldados franceses partieron el 16 de marzo, cuando el *Magellan* zarpó de Veracruz, a las cuatro de la tarde, llevando a bordo al almirante Cloué. La noche anterior se había desencadenado una tormenta, y el mar continuaba un tanto agitado. El cielo estaba nublado. Después de dejar atrás la isla de Sacrificios, con el edificio que había sido el hospital militar francés, aún pudieron ver los muros blancos de Veracruz que desaparecían a lo lejos, bañados por la luz del crepúsculo. "¡Al fin nos íbamos!", escribió el capitán de marina Rivière.

Puebla fue retenida por el ejército de Maximiliano al mando del general Noriega, un celoso conservador y amigo de Márquez. Díaz sitió Puebla, y el dos de abril la ocupó por asalto. Después que los hombres de Díaz se apoderaron de los fuertes y quebraron las defensas, Noriega consideró que la resistencia interior era inútil, y se rindió incondicionalmente. Díaz dejó en libertad a los soldados y aceptó en su ejército a todos los que quisieron unírsele; pero ordenó que Noriega y la totalidad de sus 74 oficiales fueran fusilados como traidores, de acuerdo con el decreto del 25 de enero. Díaz habló a los oficiales antes de la ejecución; dijo que aunque no habían vivido como hombres, por lo menos podían morir como hombres.

Después afirmó que esperaba que su severidad en Puebla enseñara al enemigo una lección que él no tendría que repetir en otros lugares.

El 7 de abril Díaz impartió a sus tropas una orden del día, y en ella las elogió por la captura de Puebla. Con los rifles arrebatados al enemigo, ellos se habían apoderado en el primer intento de una ciudad que "los mejores soldados del mundo" no habían podido ocupar por asalto. Kératry se asombró ante esta comparación entre la facilidad con que Díaz había capturado Puebla en 1867 y el tiempo que el ejército francés había necesitado para ocupar la ciudad en 1863. Atribuyó el éxito de Díaz a la traición de Noriega.

Después de capturar Puebla, Díaz avanzó hacia Ciudad de México. Márquez se proponía conducir al ejército que había formado para rescatar a Maximiliano en Querétaro. Pero sabía que si marchaba sobre Querétaro, Ciudad de México caería inmediatamente en manos de Díaz, lo cual sería un golpe terrible para la moral de los partidarios de Maximiliano. Por consiguiente, decidió desobedecer las órdenes de Maximiliano y dirigir al nuevo ejército contra Díaz, salvando a la Ciudad de México al derrotar a Díaz en combate.

Las fuerzas de Márquez y Díaz chocaron en San Lorenzo el 10 de abril. Díaz dispersó a los hombres de Márquez, que huyeron en todas direcciones, aunque el propio Márquez pudo retirarse ordenadamente hacia Ciudad de México con 400 austríacos que se habían alistado en el ejército mexicano de Maximiliano cuando las legiones austríaca y belga partieron para Europa, en enero. Ahora, Márquez no tenía un ejército para llevarle a Querétaro, de modo que decidió organizar las defensas de Ciudad de México y mantener la ciudad a toda costa contra el ataque de Díaz. Pocas jornadas más tarde, Díaz había sitiado Ciudad de México. Capturó Chapultepec e instaló su cuartel general en el palacio de Maximiliano.

Los defensores de Querétaro esperaban impacientes la llegada del ejército auxiliar de Márquez, y se preguntaban por qué no venía. Maximiliano envió exploradores a quienes se ordenó infiltrarse a través de las líneas liberales y traer noticias de Márquez, desde Ciudad de México. La mayoría de los exploradores no regresó. Los pocos que pudieron pasar, informaron que habían encontrado los cadáveres de los demás colgados de árboles, a lo largo del camino que llevaba a Ciudad de México, a veces mutilados y con notas que decían que ese era el destino de los traidores que llevaban mensajes para Maximiliano.

Miramón a veces volvía de sus audaces salidas con algunos soldados liberales prisioneros. Propuso que los ejecutaran y que se mostrasen sus cadáveres a sus camaradas del ejército sitiador, en represalia por el ahorcamiento de los mensajeros de Maximiliano por los liberales, y por el fusilamiento de su hermano menor a manos de los liberales en Zacatecas. Maximiliano prohibió las represalias. Insistió en que se tratase bien a los prisioneros liberales, y que los heridos recibiesen en los hospitales la misma atención médica que se dispensaba a los soldados del mismo Maximiliano. La naturaleza bondadosa del emperador jamás habría permitido que ante sus propios ojos se ejecutasen actos crueles; pero los liberales no se sentían impresionados al ver que el emperador que había dictado el Decreto Negro demostraba compasión, en el último momento, a los soldados de un ejército que era mucho más numeroso, y que sin duda triunfaría en muy poco tiempo.

Hacia mediados de mayo la situación comenzaba a agravarse mucho para Maximiliano. Sus suministros disminuían, y aunque aún conservaba la lealtad de muchos de los habitantes de Querétaro, algunos de sus soldados desertaban para pasarse a los liberales. Sus fuerzas se habían visto reducidas por las pérdidas y las deserciones hasta quedar en la cifra de 7.000 hombres, y en cambio la llegada de refuerzos había elevado el número de los liberales a 41.000. Maximiliano y sus generales decidieron que su única esperanza era tratar de atravesar las líneas enemigas con la caballería, y cruzar de ese modo el país en dirección a Veracruz. Bureau continuaba reteniendo la plaza en nombre de Maximiliano, y los sitiados creían posible que en Veracruz hubiese barcos que los llevasen a Europa. Decidieron realizar el intento la noche del 14 de mayo, pero después postergaron la irrupción veinticuatro horas.

Durante la noche del 14 de mayo las fuerzas liberales entraron en Querétaro, y el 15 de mayo a las cuatro de la madrugada despertaron a Maximiliano para decirle que el enemigo estaba en su cuartel general del Convento de La Cruz. Después, los partidarios de Maximiliano dijeron que le había traicionado el coronel López, comandante de la caballería de la casa de Maximiliano. El emperador había sido advertido contra López, que en cierta ocasión había asesinado a un indio, pero se había negado a creer en esas afirmaciones, y había confiado por completo en él. Había sido padrino de su hijo, y este había recibido de los franceses la Legión de Honor. López negó que hubiese traicionado a Maximiliano; dijo que Maximiliano le había enviado al cuartel general de Escobedo a discutir los términos de la rendición, y que los liberales le habían seguido al regresar a Querétaro y habían encontrado el modo de atravesar las defensas.

Maximiliano, con Blasio y unos pocos oficiales, salió al patio del convento y lo encontró atestado de soldados liberales con sus altos sombreros, que aparentemente no le identificaron. Montó en su caballo Anteburro, y fue hacia la colina del Cerro de Las Campanas. Quería morir luchando, pero sus generales le convencieron de que se rindiese, pues la resistencia era inútil. El y sus oficiales descendieron a caballo la colina, hasta que se encontraron con un oficial liberal; era un ciudadano norteamericano que había ido a México a luchar por Juárez. Maximiliano le dijo al oficial quién era él y que deseaba rendirse. El oficial aceptó la espada de

Maximiliano y le condujo a la presencia de Escobedo, que ordenó que le encarcelaran en su antiguo cuartel general del convento. Maximiliano pidió que le llevasen al convento pasando por las afueras de la ciudad, y no a través de las calles principales, y Escobedo concedió la petición.

Al día siguiente Escobedo visitó a Maximiliano y le preguntó si deseaba que algunos de sus oficiales y criados le acompañasen en la prisión. Maximiliano solicitó la compañía del doctor Basch, de Blasio, del príncipe Salm-Salm y tres personas más. Se le otorgó el deseo. Estaba enfermo de disentería, y Basch se sentía preocupado. Basch pidió que se le permitiese consultar con el doctor Rivadeneira, cirujano principal del ejército liberal. Rivadeneira examinó a Maximiliano, y aconsejó que se le trasladase a un lugar más saludable, el Convento de Teresita, y pocos días más tarde al Convento de los Capuchinos. Cuando el barón Lago, ministro de Austria en México, visitó a Maximiliano el cuatro de junio, le encontró encerrado en un calabozo que tenía unos diez pasos de largo por tres de ancho. Tenía un catre de campaña, un armario, dos mesas, un sillón y cuatro sillas. Una ventana daba al corredor. Por la noche, un general y tres coroneles montaban guardia en el corredor, empuñando revólveres. Miramón y Mejía, que ocupaban celdas próximas, podían hablar libremente con Maximiliano.

En Querétaro el ejército liberal se comportó mucho mejor de lo que habían supuesto los ciudadanos conservadores. En la prensa norteamericana y europea se publicaron historias impresionantes acerca de las atrocidades cometidas por los soldados de Escobedo, de quienes se decía que saqueaban, violaban y asesinaban a todos los extranjeros. Hubo unos pocos casos de saqueo, pero parece que fueron actos aislados de inconducta. Los guardias liberales trataron a Maximiliano con consideración e incluso con respeto. Al principio todos le llamaban "el emperador", pero después se les ordenó que se le llamase "archiduque Fernando Maximiliano".

Méndez y otros generales de Maximiliano se habían ocultado en Querétaro. El 16 de mayo Escobedo impartió la orden de que quienes habían servido como generales en el ejército de Maximiliano serían fusilados si se les capturaba, salvo que se entregasen a las autoridades liberales en el lapso de veinticuatro horas. Por consiguiente, la mayoría de los oficiales de Maximiliano se entregaron y fueron encarcelados con el resto. Méndez no se rindió. Sabía que incluso si se entregaba dentro de las veinticuatro horas, los liberales no mostrarían compasión por el asesino de Arteaga y Salazar.

Pocos días antes del fin del sitio de Querétaro, Méndez había reñido con un sastre jorobado de la ciudad. El sastre insultó a Méndez, que entonces le cruzó la cara con un látigo. Después que los liberales entraron en Querétaro, el sastre vio a Méndez en la calle. Le siguió hasta la casa donde se ocultaba e informó a las autoridades liberales. Estas enviaron a una compañía de soldados que fue a registrar la casa; pero Méndez se ocultó en un hueco bajo el suelo. Como los soldados no pudieron encontrarle, creyeron que el sastre les había informado mal. Se disponían a salir, cuando uno de los soldados sintió que el suelo cedía bajo sus pies, y de pronto lo atravesó y cayó en la habitación secreta donde se ocultaba Méndez.

Méndez fue ejecutado el 19 de mayo. Le obligaron a arrodillarse en el suelo, mientras se disponían a dispararle por la espalda, un método de ejecución que a veces se utilizaba con los desertores militares. Tanto los conservadores mexicanos como los franceses a veces habían ejecutado de este modo a los guerrilleros liberales; pero los partidarios de Méndez se indignaron y señalaron que él, por lo menos, había permitido que Arteaga y Salazar mirasen a sus pelotones de fusilamiento.

Cuando los soldados se disponían a disparar, Méndez medio se incorporó y se volvió para mirarlos, apoyado en una rodilla. Abrieron fuego, y algunas balas le alcanzaron, pero aún estaba vivo. Alzó una mano, y señaló un lugar detrás de la oreja. El oficial a cargo del pelotón de fusilamiento le complació; se acercó, apoyó el revólver en el lugar indicado por Méndez, y le mató de un tiro.

Los prisioneros ignoraban cuál sería el destino de Maximiliano. Oyeron rumores en el sentido de que sería juzgado por una corte marcial y ejecutado; pero el propio Maximiliano confiaba en que se le dejaría en libertad si aceptaba regresar a Austria. De tanto en tanto Escobedo visitaba a Maximiliano. Los prisioneros creían que venía a informar de su destino a Maximiliano; pero Escobedo se limitaba a preguntarle, formal y fríamente, si tenía quejas o deseaba algo, y se retiraba después de pocos minutos, cuando Maximiliano le decía que no tenía quejas ni deseaba pedir nada.

A fines de mayo Maximiliano fue informado de que le juzgaría una corte marcial, bajo la acusación de traición a la República mexicana, de acuerdo con las cláusulas del decreto del 25 de enero de 1862. Había ayudado a un ejército extranjero invasor a hacer la guerra a la República; había asumido el título de emperador de México, y, por lo tanto, había intentado derrocar al gobierno legítimo de la República; después que el ejército francés se había retirado de México había comenzado una guerra civil, en febrero de 1867, contra el gobierno legal de la República; y al nombrar regentes, en marzo de 1867, a Márquez y sus colegas, de nuevo había desafiado a la legítima autoridad de la República.

Miramón y Mejía fueron también informados de que serían juzgados con Maximiliano ante la misma corte marcial, bajo la acusación de traición, de acuerdo con los términos del decreto del 25 de enero. Además, se acusaba a Miramón de haber hecho la guerra al gobierno legal de la República durante la Guerra de la Reforma, de 1858 a 1860, y de asesinar a prisioneros y personal médico, por las órdenes que había impartido a Márquez en Tacubaya el año 1859.

De acuerdo con el procedimiento usual establecido por la ley mexicana, el fiscal examinó a los acusados antes del proceso. Este funcionario era el teniente coronel Manuel Aspiroz, un joven de veintiocho años que era un abogado eficaz. Cuando Aspiroz le interrogó en su celda, Maximiliano afirmó que el tribunal no tenía jurisdicción para juzgarle, tanto si le consideraban su emperador como si creían que era un archiduque austríaco. Se negó a contestar otras preguntas. Más tarde dijo a sus amigos que cuando escuchó las acusaciones se vio en dificultades para evitar la risa. Pero Aspiroz afirmó que en la República de México los archiduques, como todo el mundo, estaban sometidos a la ley.

Mejía y Miramón negaron que hubiesen combatido en favor de los franceses hasta después de la creación de la regencia, en 1863, y afirmaron que durante la Guerra de la Reforma y bajo la regencia y el imperio ellos habían servido al gobierno establecido en Ciudad de México. Miramón negó que él hubiese asesinado a los prisioneros y al personal médico en Tacubaya, el año 1859, y dijo que Márquez los había matado por propia iniciativa.

Se informó a Maximiliano que podía elegir abogados que le defendiesen en el juicio. Eligió a Mariano Riva Palacio, Martínez de la Torre, Jesús María Vásquez, Eulalio Ortega y Frederic Hall. Riva Palacio y De la Torre eran importantes abogados de Ciudad de México, y Riva Palacio era el padre del general de Juárez del mismo apellido. Vásquez era un abogado local de Querétaro. Hall era un abogado originario de Estados Unidos que había llegado a México pocos años antes y había conocido a Maximiliano en Ciudad de México. Ahora había ido a Querétaro y había ofrecido su ayuda en la defensa de Maximiliano.

También llegó la princesa Salm-Salm. Había sufrido el sitio de Ciudad de México, pero consiguió llegar al cuartel general de Díaz, para conseguir el permiso de visitar a su marido encarcelado en Querétaro. No le dijo a Díaz que también deseaba ir allí para hacer todo lo posible con el propósito de salvar a Maximiliano. Se le permitió visitar a Maximiliano y a Salm-Salm siempre que lo deseara. A menudo la llevaba a la presencia de Maximiliano uno de los oficiales que le vigilaban, el coronel Villanueva, con quien al parecer ella mantenía relaciones muy cordiales.

Agnes Salm-Salm ofreció a Villanueva un soborno de 100.000 dólares si permitía la fuga de Maximiliano. Villanueva dijo que la fuga sería imposible, a menos que su colega el coronel Palacios también conspirase en el asunto. Agnes abrigaba la esperanza de sobornar también a Palacios. Como no disponía de 100.000 dólares en efectivo en Querétaro, tendría que convencer a Villanueva y a Palacios de que aceptaran un pagaré. Villanueva decidió aceptar el pagaré si lo firmaba Maximiliano y lo avalaban los miembros del cuerpo diplomático.

Díaz otorgó un salvoconducto al barón Lago y al barón Magnus, ministros de Austria y Prusia, para atravesar las líneas y llegar a Querétaro.

Maximiliano les pidió que avalasen el pagaré. Lago aceptó de mala gana, pero Magnus dijo que no podía complicarse en el ofrecimiento de un soborno a un oficial del ejército mexicano sin la autoridad de su gobierno. Sus argumentos impresionaron a Lago, que cambió de idea acerca del aval del pagaré, y arrancó su firma del documento.

La princesa Salm-Salm comenzó a convencer al coronel Palacios, con la esperanza de tener con él tanto éxito como con Villanueva. Pidió a Palacios que la acompañase a su alojamiento, y le invitó a entrar. Le obligó a prometer, bajo palabra de honor, que no revelaría a nadie lo que ella pensaba decirle. Después que él dio su palabra, la princesa le ofreció 100.000 dólares si se unía a Villanueva y permitía la fuga de Maximiliano. El se mostró desconcertado, pero como pareció vacilar, la princesa Salm-Salm le presionó y dijo que no dudaba de que él era pobre, como la mayoría de los mexicanos, y que 100.000 dólares le permitirían vivir con su familia, quizás en Estados Unidos, con un lujo que jamás había imaginado. Palacios fingió que coincidía, y comentó con ella los detalles del modo en que debían pagarle el dinero; pero cuando se separó de la dama fue inmediatamente a Escobedo y le reveló todo. Es evidente, a juzgar por los relatos del incidente que dejaron Agnes Salm-Salm, Blasio y Basch que ninguno de ellos pensó jamás que un oficial mexicano liberal podía ser incorruptible, y que podía negarse a traicionar a su general, a su presidente y a su causa por una elevada suma de dinero.

Al día siguiente Escobedo impartió la orden de expulsión que obligaba a salir de Querétaro a la princesa Salm-Salm y a todos los extranjeros. No quiso permitir ni siquiera a los diplomáticos Lagos y Magnus que permanecieran en la ciudad. También se ordenó a Hall que saliera. Hall pidió a Escobedo que le permitiese permanecer en Querétaro, pues Maximiliano le había elegido como uno de sus abogados en el juicio; pero Escobedo rehusó, y dijo que, de acuerdo con la ley mexicana, los extranjeros no podían ejercer en el foro mexicano. Magnus, Lago y Agnes Salm-Salm fueron a San Luis Potosí a interceder ante Juárez por la vida de Maximiliano. Magnus estaba muy irritado con Agnes, pues creía que su actitud bienintencionada, pero absurda, había determinado que la situación fuese mucho más difícil para Maximiliano.

En el ambiente de los oficiales austríacos detenidos en Querétaro circuló una anécdota acerca de Agnes Salm-Salm y Palacios. Según decían, cuando Palacios rechazó el ofrecimiento de Agnes, es decir los 100.000 dólares para ayudar a la fuga de Maximiliano, ella le dijo: "¿Qué? ¿Cien mil no es suficiente? Bien, coronel, aquí estoy yo", y comenzó a desvestirse. Palacios se sobresaltó de tal modo que corrió hacia la puerta. Pero ella la había cerrado con llave, de modo que el militar corrió hacia la ventana y amenazó saltar a menos que ella abriese la puerta. La anécdota, publicada por primera vez en 1924 por el conde Corti, ha sido aceptada y repetida desde entonces por todos los biógrafos de Maximiliano. Corti escribió que había escuchado la historia de labios del coronel conde zu Khevenhüller, que era un oficial austríaco que servía bajo Maximiliano en México, y que si bien Khevenhüller no garantizaba la verdad de la versión, Corti no dudaba de que era cierta, pues se había visto prácticamente confirmada por el relato de la propia Agnes acerca de su conversación con Palacios; pero ella no escribió nada que pudiese verse como confirmación de la versión de Khevenhüller, un relato que parece más bien la chismografía del comedor de oficiales.

Riva Palacio y De la Torre pidieron autorización a Díaz para salir de Ciudad de México e ir a Querétaro, con el propósito de defender a Maximiliano en su juicio. Díaz les otorgó un salvoconducto para atravesar sus líneas, y concertó con Márquez un cese del fuego de dos horas, de modo que ellos pudieran salir; pero a causa de un malentendido con respecto a la hora del cese del fuego, la partida de estos hombres se retrasó varios días, y llegaron a Querétaro el cinco de junio. Allí se les informó que el proceso de Maximiliano comenzaría el siete de junio. Protestaron porque esta fecha les daba menos de dos días para preparar la defensa, y Escobedo aceptó postergar el comienzo del juicio veinticuatro horas, pero no más. Los abogados enviaron un telegrama a Juárez y a los ministros de Justicia y de Guerra en San Luis Potosí, solicitando una postergación más amplia. Se les otorgaron cinco días más, pero se les dijo que el juicio debía comenzar el 13 de junio.

Riva Palacio y De la Torre partieron para San Luis Potosí, con la esperanza de utilizar su influencia con Lerdo y Juárez, que eran viejos amigos. Tanto Lerdo como Juárez los recibieron muy cordialmente; Juárez dijo que se sentía muy complacido de verlos nuevamente después de un intervalo de varios años. Pidieron a Juárez y a Lerdo que postergaran el juicio por lo menos un mes, de modo que dispusieran de más tiempo para preparar la defensa, y que no actuasen contra Maximiliano de acuerdo con los términos del decreto del 25 de enero, al que calificaron de "cruel", y de ser inadecuado para este caso. También pidieron a Juárez que perdonase a Maximiliano y conmutase la sentencia de muerte si el tribunal le condenaba.

Lerdo y Juárez dijeron que no odiaban a Maximiliano ni deseaban venganza, pero el proceso legal debía seguir su curso. Juárez más tarde aceptó remitir la decisión a una reunión de su gabinete; después de la reunión informó a Riva Palacio y a De la Torre que el gabinete había decidido que el juicio debía comenzar el 13 de junio y que debían formularse los cargos originados en el decreto del 25 de enero. Con respecto a la petición de perdonar a Maximiliano y conmutar su sentencia de muerte, Juárez dijo que sería impropio que él se pronunciase acerca de un perdón hasta después del juicio.

Riva Palacio y De la Torre regresaron a Querétaro con la mayor rapidez posible, y viajando en medio de la noche pudieron llegar antes del comienzo del proceso. Comenzó a las ocho de la mañana del 13 de junio, en el Teatro Iturbide de Querétaro. Los jueces, los abogados y los detenidos estaban sentados en el escenario del teatro, y el auditorio estaba totalmente ocupado por el público, entre ellos los periodistas de un órgano liberal, *La Sombra de Arteaga* —un nombre ominoso desde el punto de vista de Maximiliano.

Miramón y Mejía estaban presentes en la audiencia, pero Maximiliano consiguió un certificado médico que decía que estaba demasiado enfermo para asistir. La corte estaba formada por siete oficiales: un teniente coronel, que era el presidente, y dos mayores y cuatro capitanes. Todos eran jóvenes.

Los abogados de la defensa sostuvieron que el decreto del 25 de enero chocaba con la Constitución de 1857, que establecía que los decretos presidenciales dictados en ejercicio de las atribuciones de emergencia no debían imponer la pena de muerte. Tampoco era aplicable a Maximiliano, que había llegado a México después que la República había cesado de existir *de facto*. Pero Aspiroz tenía preparadas sus respuestas. La restricción aplicada a las atribuciones presidenciales por la Constitución podía ser ignorada en tiempo de guerra; y Maximiliano estaba sujeto al decreto del 25 de enero, porque un principio claramente reconocido del derecho internacional decía que un extranjero que reside en un país que no es su patria está sujeto a las leyes de esa nación. Y un extranjero residente en México estaba sujeto a las leyes de la República de México, las cuales nunca habían dejado de existir.

Los abogados que defendieron a Miramón y Mejía arguyeron que los dos generales se habían limitado a cumplir las órdenes del gobierno *de facto* establecido, al que habían servido fielmente, creyendo de buena fe que era el gobierno legal de México. El abogado de Miramón destacó que su defendido había permanecido en el exterior de 1861 a 1863, y, por lo tanto, no había representado ningún papel en la conquista de México por los franceses; reveló que Miramón habían ofrecido combatir por Juárez, y dijo falsamente que Juárez había aceptado la insinuación realizada por Miramón a través de Terán. En los últimos alegatos por sus clientes, los abogados defensores pidieron al tribunal un fallo compasivo, que cicatrizara y no reabriera las heridas de la Guerra Civil.

Vásquez realizó un apasionado alegato en favor de Maximiliano. Dijo que la historia había condenado el juicio y la ejecución de Carlos I en Inglaterra y de Luis XVI en Francia. Los revolucionarios franceses de 1830 y 1848 se habían comportado más noblemente al preservar la vida de Carlos X y Luis Felipe, y lo mismo había hecho el gobierno de Estados Unidos cuando no ejecutó a Jefferson Davis después de la Guerra Civil. Apeló a los jueces, como oficiales del valeroso ejército que había combatido tan bravamente por la noble causa del liberalismo, y les pidió que no manchasen esa causa mediante una sentencia vengativa en la hora de la victoria.

Los siete oficiales no necesitaron mucho tiempo para dictar su fallo. En Querétaro corrió el rumor de que estaban divididos, y que llegaron al fallo gracias al voto del oficial que presidía; pero esto es muy improbable, y los siete miembros coincidieron públicamente en el fallo. La noche del 14 de junio, segundo día del juicio, anunciaron que habían encontrado culpables a los tres acusados, y los sentenciaron a ser fusilados por un pelotón. La ejecución sería realizada a las tres de la tarde del domingo 16 de junio.

26

El diecinueve de junio

Los abogados de la defensa disponían de sólo cuarenta y dos horas para obtener el indulto de Juárez. Partieron inmediatamente para San Luis Potosí, viajaron durante la noche y llegaron a esa ciudad la mañana del 15 de junio. El barón Magnus también había ido a San Luis Potosí, y otro tanto había hecho la princesa Salm-Salm. Riva Palacio y De la Torre fueron inmediatamente a ver a Lerdo, y le repitieron todos los argumentos que habían utilizado en sus alegatos finales ante el tribunal.

Lerdo se mostró muy cortés y escuchó pacientemente todo lo que ellos tuvieron que decirle, pero fue inflexible en su negativa a recomendar el perdón. Dijo que si se perdonaba a Maximiliano, sería ilógico e injusto castigar a cualquier de sus subordinados por las ejecuciones realizadas al amparo del Decreto Negro; el pueblo de México, y sobre todo el ejército, jamás toleraría que todos los crímenes y todas las crueldades que se habían cometido contra los liberales durante los últimos seis años quedaran sin castigo. También afirmó que si se permitía que Maximiliano regresara a Europa, fuera lo que fuese lo que ahora prometiera, inevitablemente volvería a convertirse en el centro de nuevas conspiraciones contra México, maquinadas por los exiliados mexicanos conservadores y los gobiernos europeos, todos los cuales interpretarían el otorgamiento del perdón a Maximiliano como signo de la debilidad del gobierno liberal. Lerdo utilizó los mismos argumentos con Magnus, cuando este pidió clemencia en nombre del gobierno prusiano.

Después, Riva Palacio y De la Torre fueron a ver a Juárez, que se mostró tan cortés y firme como Lerdo y formuló las mismas razones para rechazar el perdón. Pero cuando le presionaron y protestaron en vista de la brevedad del tiempo que mediaba entre la sentencia y su ejecución, aceptó postergar tres días la ejecución. La orden de postergación fue telegrafiada a Querétaro.

Maximiliano, Miramón y Mejía pasaron los últimos días en devociones y lecturas religiosas. A menudo los visitaba un sacerdote local. Miramón leía su libro favorito, la *Imitación de Cristo* de Thomas de Kempis, que prestó a Maximiliano y a Mejía. Maximiliano leía *La historia de Italia*, del historiador italiano contemporáneo Cesare Cantú. Escribió una carta de despedida a su madre y a la princesa Josefa Iturbide, así como a varios de sus ministros. No escribió a Charlotte, pues habían llegado a México informes en el sentido de que estaba muerta, y aunque algunos de los prisioneros dudaban de la noticia, Maximiliano estaba convencido de que era cierto. Dijo que deseaba que le enterraran al lado de Charlotte.

Miramón fue el que más se resignó con su destino. "Toda mi inquietud ha cesado", escribió en su diario. "Dios ha decidido que debo partir para el otro mundo, e iré allí con la mayor tranquilidad." Su ex amante, Concha Lombardo, con quien ahora estaba casado, fue a verle en la prisión de Querétaro, llevando al hijo de ambos, que aún no tenía un año. Dijo a Miramón que partía para San Luis Potosí, con el propósito de interceder por su vida ante Juárez. Miramón habría preferido que ella no realizara el intento, pues sabía que fracasaría; pero no trató de disuadirla.

A los ojos de los restantes prisioneros, Mejía parecía menos resignado que Miramón y Maximiliano con lo que el destino les deparaba. Sus amigos estaban muy indignados porque le habían sentenciado a muerte, y acusaron de grave ingratitud a Escobedo porque permitía ese desenlace, pues Mejía cierta vez había tomado prisionero a Escobedo y le había permitido recuperar la libertad en vez de fusilarle. Pero este argumento era un tanto engañoso. Mejía había capturado a Escobedo y a otros generales liberales en el otoño de 1863, cuando Bazaine aún no había decidido fusilar como guerrilleros a los miembros del ejército regular, y aún los trataba como prisioneros de guerra; y aunque Mejía no había fusilado a Escobedo en 1863, ciertamente había liquidado a los diecisiete guerrilleros de Matamoros en 1865, y había rechazado altivamente el alegato de Weitzel en defensa de sus hombres.

Maximiliano al fin había aceptado que sería fusilado. Dijo a Miramón que cuando afrontasen juntos el pelotón de fusilamiento, aquel debía estar a la derecha, pues había merecido ese lugar en vista de su valor durante la última campaña. Se convino en que Maximiliano ocuparía el centro, con Miramón a la derecha y Mejía a la izquierda. Maximiliano, siempre fascinado por los asuntos de protocolo, se interesaba en ellos incluso en vísperas de su propia muerte.

La actitud de Maximiliano frente a Miramón era típica de su carácter confiado. Sin duda, no tenía idea de que dos años antes Miramón había propuesto desertar y unirse a Juárez, pese a que el abogado de Miramón había mencionado el hecho durante el juicio. Por otra parte, Maximiliano había cambiado de actitud con respecto a Márquez, pues ahora creía que este le había traicionado cuando no había acudido desde Ciudad de México con refuerzos destinados a levantar el sitio de Querétaro. Tres semanas antes de su muerte dijo a Basch que estaba dispuesto a perdonar a López, que le había traicionado por cobardía, pero que le habría agradado ahorcar a Márquez, que le había traicionado a sangre fría.

Márquez siempre cumplía una finalidad doble para Maximiliano y sus partidarios, en cuanto era un aliado útil y una víctima propiciatoria. En 1859 y 1860 todos le habían condenado porque era el Tigre de Tacubaya, con quien no querían tener nada que ver. En 1862 y 1863 él y sus 2.000 guerrilleros fueron elogiados como aliados valiosos en la guerra contra los liberales, que había dado a Maximiliano la corona de México. De 1864 a 1866 Maximiliano le mantuvo en Palestina y Turquía, en una misión sin importancia destinada a complacer a los liberales moderados. En febrero de 1867 se convirtió en la mano derecha de Maximiliano, elogiado por el emperador en una proclama como "el valeroso general Márquez", y el siete de marzo fue uno de los tres regentes a quienes Maximiliano confió el imperio. Después del 31 de mayo fue el traidor responsable de la captura y la muerte de Maximiliano.

La noche del 15 de junio Maximiliano, Miramón y Mejía recibieron la absolución, y se prepararon para morir la tarde siguiente. Entonces, llegó un telegrama de San Luis Potosí, y les informaron que se había postergado la ejecución para la mañana del 19 de junio. Las víctimas y sus amigos pensaron que se trataba de un acto de bondad cruel de Juárez, que estaba jugando el juego del gato y el ratón con ellos.

En Europa y Estados Unidos el destino de Maximiliano inquietó mucho. Los gobiernos extranjeros que deseaban interceder por la vida de Maximiliano no mantenían relaciones diplomáticas con el gobierno de Juárez; sus representantes en Ciudad de México, acreditados ante Maximiliano, no estaban en una posición de fuerza como para interceder ante Juárez, incluso si hubiesen logrado llegar a Querétaro. De modo que dirigían sus ruegos al gobierno de Estados Unidos. Todas las potencias europeas creían que en vista de la relación entre Estados Unidos y Juárez, se salvaría la vida de Maximiliano si Seward pedía a Juárez el perdón. Los ministros austríaco y prusiano en Washington solicitaron la intervención de Seward. Prusia había derrotado poco antes a Austria en la Guerra de las Siete Semanas, y Bismarck ansiaba reconciliarse con Austria haciendo todo lo que podía para complacer al gobierno austríaco. Le pareció que una oportunidad propicia en este sentido consistía en interceder por Maximiliano.

Juárez recibió peticiones de clemencia de dos de sus ardientes partidarios en Europa. El cinco de junio Garibaldi le escribió desde Europa, y el 20 de junio Victor Hugo lo hizo desde Guernsey, en las Islas del Canal. Tanto Garibaldi como Hugo habían apoyado enérgicamente la lucha de los liberales mexicanos, pero ambos se oponían a la pena capital (aunque eso no impidió que a veces Garibaldi ordenase el fusilamiento inmediato de soldados sorprendidos en actos de saqueo). Garibaldi exhortó a los liberales mexicanos, en nombre de su camarada mártir, el general Ghilardi, a demostrar al mundo que eran moralmente superiores a los reaccionarios, para lo cual debían preservar la vida de Maximiliano, el hermano de Francisco José, que había ejecutado a tantos patriotas italianos.

Hugo dijo a Juárez que el dos de diciembre de 1859 había escrito a las autoridades de Estados Unidos para pedirles que preservasen la vida del abolicionista John Brown, condenado a muerte por su incursión sobre el arsenal de Harpers Ferry; ahora pedía a Juárez que preservase la vida de Maximiliano. Su ruego en favor de John Brown había fracasado, pero Juárez, que era mucho más noble que los esclavistas de Estados Unidos, no debía permitir que la petición en favor de Maximiliano fracasara. "Maximiliano deberá su vida a Juárez."

En Estados Unidos, la mayor parte de la prensa esperaba que se otorgase un perdón. El *New York Times* se mostró especialmente estridente en la denuncia de las atrocidades supuestamente cometidas por los liberales de México, y en reclamar que los Estados Unidos impidiese el asesinato de Maximiliano. Algunos elementos derechistas llegaron al extremo de reclamar que Estados Unidos enviase un ejército a México para salvar a Maximiliano.

Seward aseguró a los ministros austríaco y prusiano que Estados Unidos pediría a Juárez el perdón para Maximiliano, pero Estados Unidos carecía de ministro en San Luis Potosí. Campbell, enviado por Seward a México con Sherman siete meses antes, continuaba en Nueva Orleans, al parecer porque ignoraba dónde estaba Juárez, o cómo relacionarse con él. El seis de abril Seward envió un telegrama a Campbell para decirle que "la captura del príncipe Maximiliano en Querétaro por los ejércitos republicanos de México parece probable", y que la severidad de los liberales frente a sus prisioneros en San Jacinto suscitaba el temor de que Maximiliano y sus tropas extranjeras padecieran la misma suerte. Eso "sería perjudicial para la causa nacional de México y el sistema republicano en todo el mundo", de modo que el gobierno norteamericano abrigaba la esperanza de que Maximiliano y sus hombres fuesen tratados como prisioneros de guerra. Seward ordenó a Campbell que fuese a México, encontrase a Juárez y le dijese precisamente esto.

Pero Campbell no fue a México, y muchos estadistas y otros observadores europeos entendieron que su inacción era una conspiración siniestra orquestada por Seward. Temían que Seward, que no deseaba ofender a las potencias europeas con su negativa a intervenir en favor de Maximiliano y que no quería ofender a Juárez interviniendo en favor de Maximiliano, intencionadamente mantenía a Campbell en Nueva Orléans, de modo que llegase demasiado tarde a Juárez para salvar a Maximiliano.

Un comandante naval norteamericano mostró más iniciativa. Cuando los informes acerca de las condiciones de Veracruz llegaron a Washington, en febrero, el gobierno norteamericano envió al buque de guerra *Tacony*, al mando del comandante F. A. Roe, a Veracruz, para defender a los ciudadanos norteamericanos que podían verse allí en dificultades. El *Tacony* llegó a Veracruz pocos días después de la partida de los últimos soldados franceses. Sólo Querétaro, Veracruz y Ciudad de México estaban todavía en poder de Maximiliano, y Veracruz fue asediada casi inmediatamente por un ejército liberal a las órdenes del general Barranda. Fue defendido, en nombre de Maximiliano, por el general Taborada y por Bureau. Consciente de que Veracruz había sido siempre una ciudad liberal, y de que muchos de sus habitantes debían simpatizar con el ejército sitiador, Bureau aplicó una rígida dictadura, encarcelando a todos los que mostraban el más mínimo indicio de oposición, de modo que las cárceles estaban atestadas.

Roe se puso en contacto con los comandantes de los dos bandos, liberal e imperial, en Veracruz, y no es sorprendente que mantuviera mejores relaciones con Barranda que con Bureau. Cuando supo que Bureau imponía un elevado gravamen de emergencia a todos los residentes, incluidos los ciudadanos norteamericanos, protestó ante él, que a su vez criticó los contactos de Roe con Barranda y los liberales.

El 16 de mayo Barranda informó a Roe que el ejército liberal había capturado a Querétaro y que Maximiliano había sido apresado. Roe creía que si Estados Unidos podía preservar la vida de Jefferson Davis, Juárez podía hacer lo mismo con la de Maximiliano; pero no se mostraba optimista con respecto a la posibilidad de que Juárez siguiera ese camino. Roe sabía lo que los soldados liberales sentían con respecto a Maximiliano. Descubrió que en el campamento de Barranda colgaba del asta de la bandera una cuerda blanca con un hilo dorado, y le dijeron que una cuerda análoga colgaba en la mayoría de los campamentos militares liberales, y que sería utilizada para ahorcar a Maximiliano cuando le atrapasen.

Roe decidió, sin consultar a su gobierno en Washington, dar un paso que a su juicio podía salvar la vida de Maximiliano y al mismo tiempo evitar muchos sufrimientos en Veracruz. Frente a Veracruz estaban ancladas una nave británica, el *Jason*, y una fragata austríaca, la *Elisabeth*. Roe propuso al capitán Apsley, del *Jason*, que exhortasen a Bureau a ofrecer la rendición de Veracruz a los liberales a cambio de un indulto para Maximiliano. Roe y Apsley coincidieron en que la propuesta era más conveniente si provenía del capitán austríaco, y por sugerencia de Apsley el capitán Gröller se acercó a Bureau. Gröller arguyó y exhortó a Bureau la mitad de la noche, pero Bureau se negó a aceptar, quizá porque temía la reacción del general Taboada. Roe lamentó que su intento de salvar a Maximiliano hubiese fracasado, porque cuando mencionó el asunto a

Barranda el general liberal pareció simpatizar bastante con la idea, aunque no estaba del todo seguro de que Juárez la aceptara.

En San Luis Potosí, el barón Magnus, Riva Palacio y De la Torre, Agnes Salm-Salm y Concha Miramón renovaron sus esfuerzos para conseguir que se perdonase a Maximiliano y a los generales. Juárez recibió a Concha Miramón y le dijo que el otorgamiento de un indulto a su marido no dependía de él. "Entonces, ¿de quién depende?" preguntó la esposa de Miramón.

"Del país, si lo desea", replicó Juárez. "Yo no puedo hacer nada." Ella se fue llorando. Pocos días después ella pidió otra entrevista, pero Juárez se negó a verla de nuevo, y dijo a Riva Palacio y a De la Torre que el encuentro a lo sumo aumentaría el dolor de la mujer, pues él se vería obligado a negarse nuevamente.

Aceptó recibir a la princesa Salm-Salm en el cuartito que había frente al dormitorio que compartía con su esposa en la casa de gobierno. Ella se arrodilló ante Juárez y le imploró que perdonase a Maximiliano. El la incorporó suavemente y le dijo que lamentaba tener que rechazar su petición. La princesa rompió a llorar y sollozó histéricamente. El estaba muy angustiado, pero no quiso cambiar de actitud. De acuerdo con la versión de Agnes, le dijo: "Si todos los reyes y las reinas estuvieran en el lugar que usted ocupa ahora, yo no podría salvar esa vida. No soy yo quien la toma, sino el pueblo y la ley, y si yo no cumplo su voluntad el pueblo tomará esa vida y también la mía."

El 18 de junio a la una y media de la tarde, diecisiete horas antes del momento fijado para la ejecución, Maximiliano envió un telegrama a Juárez pidiéndole que perdonase a Miramón y a Mejía, que ya habían soportado el sufrimiento de prepararse para la muerte antes de la ejecución postergada el 16 de junio. Confiaba en que su propia muerte bastaría para expiar las ofensas que los dos generales podían haber cometido. Juárez no contestó, pero esa tarde celebró una última reunión en San Luis Potosí con Riva Palacio y De la Torre. Les dijo que comprendía que para ellos debía ser muy doloroso haber fracasado en sus enérgicos intentos de salvar la vida de su cliente. "Hoy ustedes no pueden comprender la necesidad de esta severidad", dijo, "o los motivos justicieros en los cuales se basa. Sólo el tiempo les permitirá apreciar esta medida. La ley y la sentencia son inexorables ahora porque la seguridad pública lo exige, y este episodio nos permitirá después preservar la sangre de los que se han visto llevados por mal camino; y eso será para mí la mayor felicidad de mi vida."

Al margen de las cuestiones relacionadas con el derecho y la justicia, Juárez y sus ministros tenían buenos motivos políticos para negarse a perdonar a Maximiliano. Romero los formuló en una carta personal a su amigo Hiram Barney, de Estados Unidos, el 31 de mayo. Si se permitía que Maximiliano regresara a Europa, continuaría denominándose emperador de México, organizaría una corte y un gobierno en el exilio de Miramar, y todos los políticos mexicanos conservadores que se sintieran insatisfechos acudirían a él y le propondrían regresar a México; un día realizaría otro intento de ocupar el trono imperial, como le había sucedido a Iturbide. Si permitían que Maximiliano retornase a Austria, "estoy seguro de que en Europa nadie reconocería que habíamos actuado obedeciendo a un impulso magnánimo, pues nunca se atribuye generosidad a las naciones débiles; por el contrario, dirán que hemos actuado por temor a la opinión pública europea, y porque no nos atrevíamos a tratar severamente a un príncipe europeo, *nuestro soberano*." Pero Romero no excluía la posibilidad de que si se condenaba a muerte a Maximiliano, se conmutase la sentencia por la de prisión perpetua.

Los comentarios privados y públicos de la Europa oficial demuestran que Romero tenía razón. El general Grey, secretario privado de la reina Victoria, escribió a lord Stanley, secretario de Relaciones Exteriores, que "pese a la ilegalidad de estos mexicanos", él confiaba en que "incluso ellos se detendrán antes de ultrajar el sentimiento europeo con el asesinato del emperador". El "corresponsal norteamericano" en Filadelfia de *The Times* de Londres, que regularmente escribía artículos antiliberales pero a menudo estaba mal informado de los hechos en México, escribió que "por crueles que sean, los mexicanos mal pueden permitirse matar a Maximiliano"; en un artículo publicado en *The Times* seis días después de la ejecución de Maximiliano, escribió que se le había preservado la vida porque "Juárez teme fusilarle".

Juárez sabía también que el perdón concedido a Maximiliano habría provocado gran indignación en el ejército. El general Corona le había escrito que en el ejército prevalecía el sentimiento general de que la seguridad de la república dependía de que el gobierno demostrase la firmeza necesaria. Juárez sabía que sus soldados portaban cuerdas que, según decían, utilizarían para ahorcar a Maximiliano. Los había irritado al postergar tres días la ejecución de Maximiliano. Cuando llegó a Querétaro la noticia de que Maximiliano no sería fusilado el 16 de junio el coronel Palacios, que había sido juzgado tan erróneamente por la princesa Salm-Salm, fue inmediatamente a ver a Escobedo para protestar. Ofreció entregar su espada a Escobedo, y dijo que no podía usarla para nada provechoso si se concedían indultos a los que habían atacado la soberanía de la nación. "Confío", replicó Escobedo, "en que usted tendrá confianza en el patriotismo, la rectitud y la justicia del gobierno".

La ejecución se realizó temprano la mañana del 19 de junio, en las afueras de Querétaro, en el Cerro de las Campanas, la colina donde Maximiliano se había rendido el 15 de mayo. Maximiliano despertó antes del amanecer, y rezó a la luz de las velas frente a un pequeño altar que había sido levantado en su calabozo. Se puso una levita negra y el sombrero blanco. Poco antes de las seis de la mañana fue llevado al Cerro de las Campanas, y se trasladó en un carruaje con un sacerdote. Su criado Grill y su cocinero húngaro Todos, ninguno de los cuales estaba arrestado, le siguieron en un segundo carruaje que marchó inmediatamente detrás. Fueron los únicos conocidos próximos que asistieron a la ejecución, pues el doctor Basch no soportó la idea de asistir al fusilamiento; pero Magnus estaba presente, y su informe a Bismarck es el único de las muchas versiones antagónicas de la ejecución que fue escrito por un testigo ocular.

Cuando llegaron al Cerro de las Campanas, descubrieron que allí había más de 3.000 soldados distribuidos alrededor de la plaza. Además de los soldados, había menos de cincuenta espectadores. Era una hermosa mañana, con un cielo azul despejado. Cuando Maximiliano descendió del carruaje, dijo a Grill que siempre había abrigado la esperanza de morir en un día hermoso y soleado. Maximiliano, Miramón y Mejía caminaron todos con paso firme. Maximiliano entregó su pañuelo y su sombrero blanco a Todos, y le habló en húngaro, pidiéndole que arreglara la entrega a su madre del pañuelo y el sombrero.

Cuando los tres hombres afrontaron el pelotón de fusilamiento, ocuparon posiciones distintas de las que habían acordado previamente. El supersticioso Mejía no quiso estar a la izquierda, porque recordó que el ladrón que se encontraba a la izquierda de Cristo en la crucifixión no se había arrepentido. De modo que Maximiliano quedó a la izquierda, Miramón en el centro y Mejía a la derecha de Miramón. Estaba de pie, de espaldas a los restos de un muro que había sobrevivido al bombardeo durante el asedio, y pasearon la mirada sobre Querétaro.

Maximiliano pronunció un breve discurso en español. "¡Mexicanos! Los hombres de mi clase y mi raza han sido creados por Dios para representar la felicidad de las naciones o ser sus mártires." Y agregó: "Perdono a todos. Ruego que todos también puedan perdonarme, y deseo que mi sangre, la que ahora se derrama, sea para bien del país. ¡Viva México! ¡Viva la independencia!" Un oficial joven estaba al mando del pelotón de fusilamiento, y los seis soldados del pelotón eran todavía más jóvenes. El oficial impartió la orden de fuego. Seis balas alcanzaron a Maximiliano, y tres le infligieron heridas fatales. Murió instantáneamente, lo mismo que Miramón y Mejía. A las siete menos veinte de la mañana todo había terminado.

El *Boletín Republicano*, periódico liberal, publicó el descarnado anuncio: "A las siete de la mañana del día 19, cesó de existir el archiduque Fernando Maximiliano de Austria."

Más avanzado el mismo día Bureau rindió Veracruz al ejército liberal.

La Ciudad de México no cayó tan fácilmente como Veracruz. Díaz comenzó el sitio a principios de abril, pero Márquez estaba a cargo de la defensa de la capital, y había decidido resistir hasta el final. Sabía lo que le esperaba si caía en manos de los liberales. Los generales Vidaurri y O'Horan le acompañaban. Tenía un ejército de 4.000 hombres, muchos de los cuales habían sido reclutados mediante la fuerza. Márquez emitió una proclama dirigida al pueblo. "He asumido el mando de esta hermosa ciudad, y como ustedes me conocen creo innecesario decir más. Estoy dispuesto a sacrificarme, y prefiero morir antes que tolerar el más mínimo desorden."

Hacia fines de mayo el sitio se había prolongado durante siete semanas, y los alimentos escaseaban. Márquez se incautaba de todos los alimentos y los distribuía diariamente al pueblo en unos pocos centros. Las mujeres iban a buscar la comida; los hombres en edad militar permanecían encerrados en la casa, por si se pretendía incorporarlos a la leva mediante la fuerza.

Pronto la escasez de alimentos se agudizó, y la gente comenzó a provocar disturbios. El capitán Kendall, un oficial que había renunciado al ejército británico para servir a Maximiliano, vio a una mujer hambrienta que intentó abrirse paso hacia el interior de un depósito de alimentos vigilado por soldados. Uno de los soldados obligó a retroceder a la mujer y la golpeó en la cara. La multitud se arrojó sobre el soldado y le mató. Kendall vio un incidente similar en otro depósito de alimentos, cuando una mujer que sostenía en brazos a un niño intentó apoderarse de un poco de comida. Un soldado descargó sobre ella su sable, abriéndole la cara y matando al niño. Un momento después el soldado cayó muerto, apuñalado por los cuchillos de la multitud.

A principios de junio se difundió el rumor de que Díaz permitía la partida de la población civil, y por eso 3.000 personas comenzaron a alejarse por el camino que llevaba a Chapultepec. Pero Díaz, lo mismo que otros comandantes militares de todos los períodos de la historia, no estaba dispuesto a permitir que los defensores de una ciudad asediada, se desprendiesen de las bocas inútiles. Mediante la amenaza de las armas de fuego obligó a la gente a regresar a la ciudad. A estas alturas de las cosas, diariamente unas 50 personas morían de hambre, y muchas más estaban pereciendo a causa de las enfermedades.

Un padre cuya esposa había muerto de hambre vivía en su casa con tres niños pequeños. Cuando se les acabó el alimento, no tuvo más remedio que salir a buscar comida; cerró con llave la puerta de su casa para asegurar que nadie entrara allí y dañase a los niños. Mientras caminaba por las calles buscando comida, fue capturado por la leva y obligado a marchar hacia los cuarteles del ejército. Pidió que le permitieran realizar algunos arreglos para asegurar el bienestar de sus hijos, pero nadie le prestó atención. Después de tres días le pusieron en libertad; cuando regresó a la casa comprobó que los tres niños habían muerto de hambre.

Los hombres de Márquez estaban indignados con Díaz. A través de las trincheras sus centinelas gritaban a los hombres de Díaz, acusándolos de cobardía porque no se atrevían a desencadenar un ataque sobre la ciudad y no intentaban capturarla por asalto; en cambio, dependían del bombardeo y del hambre para obligar a rendirse a los defensores. Los soldados liberales colgaron frente a los centinelas de Márquez el cuerpo de una mula muerta, con un letrero que decía: "Carne para los traidores". Los hombres de Márquez contestaron colgando el cadáver de una anciana que había perecido de hambre, con un cartel que decía: "Carne para los cobardes". Díaz no deseaba arriesgar innecesariamente la vida de sus hombres, y respondió a las burlas renovando el bombardeo y continuando el asedio.

A principios de junio llegó a Ciudad de México la noticia de que Querétaro había caído y Maximiliano era prisionero de los liberales. Un enviado fue a hablar con Díaz en Chapultepec, y ofreció rendir la ciudad si Díaz garantizaba que la vida de Maximiliano y sus oficiales sería preservada, y que se permitiría que salieran del país las tropas extranjeras. Díaz prometió que las tropas extranjeras podían alejarse y garantizó la vida de todos excepto Maximiliano, Márquez y Vidaurri, cuya suerte según dijo no dependía de él. Estas condiciones eran inaceptables para los defensores, y el sitio continuó.

El 10 de junio Márquez encabezó una salida de su caballería, en un intento de obtener comida, pero los hombres de Díaz le obligaron a reingresar en la ciudad. Algunos oficiales de Márquez comenzaron a hablar de rendición, pero el propio Márquez amenazó con matar a quien formulase comentarios derrotistas. Impuso préstamos forzosos a los habitantes más acaudalados. Arrestó a los que se negaron a pagar, y los encarceló en los pisos altos de los edificios, donde no sólo soportarían el calor estival, sino que muy probablemente serían alcanzados por las granadas durante los bombardeos del ejército liberal. Y de pronto, la tarde del 19 de junio, los hombres de Díaz gritaron a los centinelas de Márquez que esa mañana habían ejecutado a Maximiliano. Los austríacos que estaban en la ciudad anunciaron inmediatamente que no continuarían luchando ahora que el emperador había muerto.

Las autoridades cívicas convocaron a una reunión de los jefes militares y civiles. Varias personas reclamaron que se iniciaran negociaciones con Díaz para considerar las condiciones de la rendición. Con gran sorpresa de todos, Márquez aceptó esa posición y renunció a su cargo como teniente del imperio, designación que le había otorgado Maximiliano. Entregó el comando de las fuerzas de la ciudad al general Ramón Tabera, que inmediatamente envió un mensaje a Díaz para decirle que deseaba discutir los términos de la rendición. Díaz insistió en la rendición incondicional, pero prometió proteger a la población civil y garantizar que no fuese dañada. Concedió a Tabera hasta las cinco de la tarde de plazo para aceptar su ofrecimiento.

Tabera y sus oficiales aún continuaban discutiendo si aceptarían las condiciones de Díaz cuando expirase el plazo. Inmediatamente los cañones liberales iniciaron un tremendo bombardeo, más intenso que todo lo que la ciudad había soportado hasta ese momento. Después que el bombardeo continuó varias horas, Tabera y sus oficiales coincidieron en rendirse incondicionalmente, y se lo comunicaron a Díaz al amparo de una bandera de tregua. Durante la noche del 20 de junio firmaron las condiciones de la rendición el enviado de Tabera y Díaz, en el palacio de Maximiliano en Chapultepec.

Díaz entró en la ciudad a las seis de la mañana del 21 de junio, a la cabeza de 6.000 hombres. Sus tropas marcharon ordenadamente, y no hicieron daño a los civiles. Díaz emitió una proclama invitando a todos los oficiales y soldados del ejército de Márquez a rendirse a las nuevas autoridades, y afirmando que quienes no lo hicieran serían fusilados después que se los capturase. La mayoría de los oficiales y soldados de Márquez se rindió, y se los dejó en libertad. Pero Márquez, Vidaurri y O'Horan se ocultaron en la ciudad. Díaz ordenó a sus soldados una búsqueda casa por casa, y ofreció una recompensa de 10.000 dólares por la captura de Márquez.

Vidaurri se ocultó en la casa de su amigo el señor Wright, que era ciudadano norteamericano. La historia de que Wright aceptó ocultar a Vidaurri a cambio de dinero, y después le denunció a las autoridades cuando se agotaron los fondos de Vidaurri parece falsa. Pero cuando los soldados liberales entraron a medianoche en la casa de Wright, encontraron en su cama a Vidaurri. Castigaron a culatazos al anciano de cabellos blancos. La hija de Wright lloró horrorizada y les rogó que cesaran, pero los soldados no le prestaron atención. Ataron a la espalda las manos de Vidaurri, utilizando un lazo tan tenso que la sangre manó de sus muñecas, y le arrastraron hasta el cuartel más próximo, y le encerraron en la sala de guardia, herido y sangrando.

Fueron a buscarle pocas horas después, y a las cuatro de la mañana le llevaron a un terreno baldío en las afueras de la Ciudad de México, donde depositaban todos los residuos de la ciudad. Le vendaron los ojos y le obligaron a arrodillarse en el suelo. Se disponían a dispararle en la nuca cuando uno de los soldados dijo que el suelo en que Vidaurri estaba arrodillado era un lugar demasiado limpio para que muriese. De modo que le llevaron a un sitio donde el terreno estaba cubierto de estiércol de caballo, le obligaron a arrodillarse en la suciedad y allí le mataron.

Márquez retiró un millón de dólares del Tesoro y se ocultó, con el general O'Horan, en un molino de las afueras de la ciudad. Un rato después Márquez dijo a O'Horan que intuía que los soldados liberales poco después entrarían en el molino, y que era mejor que saliesen de allí. O'Horan pensó que estaban más seguros en ese lugar, de modo que convinieron en separarse y se despidieron. Tres horas después de la salida de Márquez, llegaron los soldados y arrestaron a O'Horan.

Díaz habría deseado salvar a O'Horan, pero el gobierno decidió que fuera sometido a una corte marcial de acuerdo con el decreto del 25 de enero. O'Horan fue sentenciado a muerte y ejecutado.

Márquez, siempre ansioso de sobrevivir, prefería matar antes que morir. Se dirigió al cementerio de Ciudad de México, y durante dos días se ocultó en una tumba recién cavada. Después, consiguió dirigirse a Veracruz, donde se embarcó con destino a Cuba. Durante muchos años vivió en La Habana sin ser identificado.

Juárez entró en Ciudad de México el 15 de julio, viniendo de San Luis Potosí por Querétaro, donde se detuvo para contemplar el cadáver de Maximiliano. Se dice que no ofreció a Porfirio Díaz un lugar en su carruaje cuando entró en Ciudad de México. Varios observadores creyeron que se recibía a Juárez con menos entusiasmo que cuando había llegado en enero de 1861, después de su victoria en la Guerra de la Reforma. El coronel Gagern, que coincidió en que la acogida ofrecida a Juárez fue tibia, profesaba mucha simpatía a Ortega, y creía que el pueblo no había vitoreado a Juárez porque desaprobaba el decreto que extendía su propio período presidencial, y en vista de su manipulación de la Constitución. Y quizás estaban más afectados por los sufrimientos que habían soportado poco antes durante el sitio sostenido por el ejército juarista.

27

"Dios no lo quería"

La noticia de la muerte de Maximiliano fue publicada en los periódicos neoyorquinos el 30 de junio, y llegó a París hacia el 1 de julio. Napoleón III fue informado en el momento en que salía de las Tullerías para pronunciar un discurso en la ceremonia de distribución de premios de su Gran Exposición. En su discurso no aludió a la muerte de Maximiliano, y no mencionó a nadie el asunto; pero hacia el 3 de julio el asunto había sido publicado en la mayoría de los periódicos europeos. *Le Moniteur* informó el 5 de julio que Maximiliano había sido asesinado "por los canallas en cuyas manos cayó", y afirmó que su asesinato provocaría horror universal. El mismo día, el presidente del Senado francés informó oficialmente a los senadores que se ha cometido "un crimen horrible en contra de las leyes de la guerra, de las naciones y la humanidad".

Favre y los diputados opositores consideraron que era mejor abstenerse de formular comentarios en esta etapa, pero el 10 de julio abordaron en el Corps Législatif el tema de la política del gobierno en México. Después que Thiers afirmó que la expedición a México había sido un terrible fracaso, Rouher replicó. Dijo que las impresionantes noticias de la muerte de Maximiliano demostraban cuánta razón el gobierno había tenido al declarar en 1862 y 1863 que uno no podía negociar con Juárez. La expedición a México había sido una gran idea, pero no se la había entendido y apoyado debidamente en Francia, y el emperador, siempre sensible a los deseos del pueblo francés, se había sentido obligado a inclinar la cabeza ante la opinión pública y reconvocar a las tropas. El ejército francés de ningún modo se había desacreditado en México, donde había marchado victoriosamente salvando grandes distancias, y había conquistado notables victorias. Era lamentable que el gran proyecto de Napoleón III hubiese fracasado, pero "Dios no lo quería; respetemos Sus decretos."

Varios autores han comparado a Maximiliano con Luis XVI, y se trata de una comparación muy válida, pues no cabe duda de que uno de los motivos principales que llevaron a los liberales mexicanos a juzgar y fusilar a Maximiliano fue el mismo que había animado a los revolucionarios franceses de 1793 —a saber, demostrar que los reyes, como todos los hombres, serían juzgados y castigados si cometían crímenes contra su pueblo—. El periodista francés Adrien Marx consideró que podía decirse de Maximiliano, como se había dicho de Luis XVI, que "debía la pérdida de su cetro a sus concesiones". Muchos otros coincidieron con él en que Maximiliano había fracasado porque no había repudiado firmemente a los liberales moderados, para depositar toda su confianza en los conservadores y los ultramontanos de la Iglesia Católica, hasta que ya fue demasiado tarde. El barón von Malortie consideró que Maximiliano hubiera debido comportarse como el duque de Alba de Felipe II, no como el don Carlos de Schiller.

El coronel Blanchot, que había regresado a Francia después de prestar servicio varios años en México, creía que Juárez, "este indio viejo, renacido gracias a un instinto primitivo de sus antepasados pieles rojas", estaba decidido a cobrarse el cuero cabelludo de Maximiliano. Dupanloup, obispo de Orléans, denunció el proyecto de erigir una estatua a Voltaire, y señaló que Voltaire había sido liberal, lo mismo que Garibaldi y Juárez.

Los periodistas conservadores reclamaron que se enviase a México una fuerza expedicionaria europea destinada a castigar a Juárez, exactamente como Gran Bretaña estaba enviando un ejército a Abisinia para castigar al emperador Theodore por las ofensas infligidas a los súbditos británicos. Pero Abisinia no tenía a Estados Unidos como vecino cordial, y el general Gustave Paul Cluseret, un revolucionario francés que había combatido en la mayoría de las guerras y las revoluciones de Europa y América durante los últimos veinte años, podía desafiar sin temor a los gobiernos europeos: "La monarquía jamás volverá a instaurarse en América. Si Europa no está convencida de eso, que lo intente otra vez. Estamos listos."

Para los propagandistas franceses, lo peor del asunto era que Francia había sido derrotada por Estados Unidos. "En nombre de Europa fuimos a debilitar a Estados Unidos", escribió Charles d'Héricault, pero "los yanquis obligaron a retroceder a Europa". La Barreyrie, que había regresado de Orizaba con los soldados franceses, temía que la victoria de Estados Unidos en México fuese sólo el primer paso del proceso, y que Europa estuviese "en vísperas de convertirse en tributario y vasallo de Estados Unidos".

Las cortes austríaca, francesa e italiana decretaron duelo oficial por Maximiliano; pero Francisco José no ofreció una demostración muy evidente de su pesar. El barón Goltz, embajador prusiano en la corte de Napoleón, consideró que el destino de Maximiliano había provocado más pesar en París que en Viena. La prensa vienesa rindió el debido tributo a Maximiliano y lamentó su muerte. El *Wiener Abendpost* habló de él como un mártir y como un hombre de temperamento artístico y sensible, que había vivido como un poeta y muerto como un soldado. Creían que de hecho había sido prisionero, no de Juárez, sino del presidente Johnson, que el gobierno norteamericano era responsable de la suerte que había corrido.

La prensa prusiana, atenta a la política de Bismarck, que era buscar la reconciliación con Austria, expresó pesar e indignación. En Berlín un escritor declaró que la corte y el pueblo de Prusia se sentían profundamente angustiados, y una publicación hamburguesa destacó que todos los hijos de Alemania lamentarían la suerte corrida por Maximiliano.

La reina Victoria se irritó mucho con Juárez, y lamentó que su gobierno no protestase con más energía. Estaba dispuesta a creer lo peor acerca de los liberales mexicanos, y por supuesto escuchó algunas anécdotas groseramente exageradas de labios de Eloin, cuando este la visitó en Osborne, en la isla de Wight, durante la Navidad de 1867. Eloin le explicó que "los mexicanos eran personas terribles desprovistas completamente de principios y honestidad, y que los sacerdotes eran muy perversos e inmorales". Esa "gente horrorosa" había traficado con el cadáver del pobre Max, "¡y habían vendido fragmentos de su cráneo, su piel y los cabellos! ¡¡Muy repugnante y vergonzoso!!"

En Estados Unidos, la opinión estaba muy dividida. El 4 de julio, el *New York Times* publicó un editorial bajo el titular "Los salvajes mexicanos y su crimen", que denunciaba "la sangrienta tragedia de Querétaro", representada por las hordas que se autodenominaban liberales pero que habían ocupado un lugar que las separaba de la civilización. El diario volvió al mismo tema día tras día a lo largo del mes de julio, atacando a los liberales mexicanos y concentrando la atención en Escobedo, considerado el peor de los villanos; los redactores inventaban historias acerca de la masacre que él había ordenado de millares de personas en Querétaro, y de su invocación al exterminio de los extranjeros. En Bufalo, un grupo de voluntarios de un regimiento local desfiló por las calles ostentando insignias con la inscripción: "Pobre Charlotte. Vengaremos a Maximiliano. A México."

Pero en la Cámara de Representantes, el señor Shanks, de Illinois, presentó un proyecto de resolución que felicitaba a Juárez por su victoria sobre Maximiliano y por todos su actos recientes, que eran "sin duda justos y propios"; y el anciano líder radical Thaddeus Stevens denunció "el clamor que se había levantado contra el gobierno mexicano por la heroica ejecución de los asesinos y los piratas". El senador Howard, de Illinois, otro radical destacado, dijo que Maximiliano era "el más pérfido felón contemporáneo", que había recibido "un castigo justo". El *Evening Post* comparó el clamor de la prensa ante la ejecución de Maximiliano con su silencio cuando fusilaban a los generales liberales por mandato del Decreto Negro de Maximiliano, y creía que "la ejecución de Maximiliano era necesaria para advertir a los aventureros regios... que sus actividades no debían extenderse a América, y que aquí nada tenían que hacer".

El joven periodista francés Georges Clemencea, que vivía en Nueva York como corresponsal extranjero del diario parisiense *Le Temps*, compartía estas opiniones. En una carta personal, escribió, con respecto a la ejecución de Maximiliano, en un tono que no podría haber usado en *Le Temps*. Como republicano y demócrata odiaba a todos esos emperadores, reyes, archiduques y príncipes. "Entre nosotros y esta gente se libra una guerra a muerte. Han torturado hasta la muerte a millones de los nuestros, y apuesto a que nosotros no liquidamos ni siquiera a dos docenas de ellos."

Francisco José y su familia abrigaban la esperanza de que Juárez les permitiría llevar de regreso a Austria el cadáver de Maximiliano para sepultarlo, junto a los restantes Habsburgo reales, en la cripta de la Iglesia de los Capuchinos en Viena. El gobierno de Juárez consintió, pero dijo que entregaría el cuerpo sólo a una persona que estuviese debidamente autorizado a recibirlo por la familia de Maximiliano. Los partidarios de Maximiliano acusaron a Juárez de utilizar esta excusa para provocar interminables postergaciones; relataron historias terribles acerca del modo en que, mientras embalsamaban el cadáver de Maximiliano, los liberales lo insultaban y maltrataban.

Francisco José ordenó al almirante Tegetthoff, que había conocido y respetado a Maximiliano cuando ambos eran oficiales en la armada austríaca, que fuese a México para recoger el cadáver de Maximiliano. Tegetthoff habló con Lerdo y Juárez, que se mostraron corteses pero pusieron muchas dificultades, y Tegetthoff tuvo que permanecer en Ciudad de México durante dos meses antes de partir finalmente para Veracruz con el cuerpo de Maximiliano. Partió con él en el *Novara*, el barco en que Maximiliano y Charlotte habían llegado a México en 1864. Desembarcó en Trieste y llevó el cuerpo a Viena, donde lo sepultaron en la bóveda de la familia, situada en la iglesia de los Capuchinos, un día nevado de enero de 1868, en presencia de la familia real austríaca y los representantes diplomáticos de la mayoría de las cortes europeas; Charlotte no estaba en condiciones de asistir al funeral.

Los pronósticos de la prensa europea, y de muchos periódicos de Estados Unidos, en el sentido de que los liberales de México iniciarían una masacre a gran escala de sus enemigos resultaron erróneos. Después de las ejecuciones de Díaz en Puebla, sólo se ejecutó a seis personas: Maximiliano, Miramón, Mejía y Méndez en Querétaro, y Vidaurri y O'Horan en Ciudad de México. Todos los prisioneros capturados en Querétaro y en Ciudad de México pronto fueron liberados. En septiembre de 1870 se declaró una amnistía general, en virtud de la cual se indultó a todos los que habían apoyado a los franceses y a Maximiliano. Uno de los últimos prisioneros que recobró la libertad fue el infortunado Ortega, a quien se mantuvo arres-

que recobró la libertad fue el infortunado Ortega, a quien se mantuvo arrestado durante dieciocho meses en Monterrey, pero en agosto de 1868 se le dejó en libertad, después de formular una declaración en el sentido de que, si bien creía que había tenido razón y que había sido tratado injustamente, ahora aceptaría que Juárez era el presidente legal de la República.

Durante un tiempo México se vio aislada de Europa en el área diplomática. Durante la oleada de indignación que siguió a la noticia de la muerte de Maximiliano, los gobiernos europeos declararon que jamás establecerían relaciones diplomáticas con el sanguinario asesino Juárez; por su lado, Juárez estaba decidido a abstenerse de realizar el primer intento de aproximación a los gobiernos europeos que habían reconocido al imperio de Maximiliano. El primer paso fue dado por Prusia, que en 1869 sugirió al gobierno de Juárez el restablecimiento de relaciones comerciales. Juárez aceptó, y otros gobiernos europeos pronto siguieron el ejemplo.

Las relaciones de Juárez con Estados Unidos eran excelentes. En 1868 Grant fue elegido presidente, y cuando asumió el cargo, en marzo de 1869, desplazó a Seward de la Secretaría de Estado. Más avanzado el mismo año, Seward visitó México. Fue cálidamente recibido en todas partes con banquetes y discursos. Hubo una recepción especialmente lujosa en la casa del señor Barrón en Ciudad de México; Barrón había ocupado el cargo de presidente del banco cuando su padre, don Eustasio, falleció pocos meses después de la victoria liberal. Agasajó a Seward y a Juárez con la misma intensidad con que su padre había recibido a Forey y a Maximiliano.

Seward y Juárez se elogiaron mutuamente en sus discursos, y nadie aludió a las anteriores discrepancias, la épocas en que Seward embargaba los embarques de armas para México. Juárez dijo que el pueblo de México se sentía agradecido por la ayuda que Estados Unidos le había prestado durante su lucha por la libertad y la independencia; Seward afirmó que Juárez era el estadista más grandes que él había conocido en el curso de su carrera. Esta declaración intrigó a los periodistas, pues sabían que Seward había conocido a muchos grandes estadistas durante su carrera, y entre ellos a Abraham Lincoln. Le preguntaron si en efecto eso significaba que Juárez era el estadista más notable que él había conocido. Seward respondió afirmativamente, y repitió su declaración en el sentido de que Juárez era el más grande de todos.

Juárez demostró su capacidad de estadista precisamente porque no manifestó resentimiento ante la política que Seward había seguido con México. Romero se mostró especialmente generoso con Seward. Dijo en 1887 que, si bien él y Grant habían apoyado un método más rápido y directo para obligar a los franceses a salir de México, Seward había preferido el método más lento, con el fin de evitar el riesgo de una guerra entre Francia y Estados Unidos. Romero dijo que ahora se alegraba de que se hubiese seguido con éxito el camino delineado por Seward.

Los historiadores se han mostrado benignos con Seward, y en general han afirmado que su diplomacia sutil y experimentada tuvo éxito donde el enfoque impetuoso de los generales habría fracasado; pero Sheridan tuvo razón cuando consideró que la presencia de su ejército a orillas del Río Grande fue el factor que indujo a los franceses a salir de México. La reacción de los franceses durante los nueve meses decisivos que mediaron de abril de 1865 a enero de 1866 demuestran que siempre que Sheridan realizaba una exhibición militar en apoyo de Juárez los franceses se retiraban, y siempre que Seward les enviaba una nota tranquilizadora los franceses avanzaban. Sin duda, otros factores influyeron en la decisión francesa de retirarse de México. La impaciencia de Napoleón con Maximiliano, el elevado costo financiero de la intervención, la opinión pública francesa y la desconfianza que Bismarck inspiraba fueron todos factores que representaron un papel; pero la razón de lejos más importante fue el temor a la guerra con Estados Unidos. El mérito principal de la retirada de los franceses corresponde a Grant y a Sheridan, a quienes *L'Estafette*, el periódico conservador de Ciudad de México, denominó "la espada de Damocles" que siempre estaba suspendida sobre la cabeza del imperio de Maximiliano.

En septiembre de 1870 Juárez supo que Napoleón III había sido derrotado y apresado por los alemanes en Sedán, y que su Segundo Imperio había sido derrocado por una revolución en París. Se proclamó la Tercera República, y se formó un gobierno en que Jules Favre ocupó el cargo de ministro de Relaciones Exteriores. Juárez envió un mensaje de buena voluntad a la Francia republicana, y un liberal francés envió a Juárez algunos de los vinos de Napoleón III, que habían sido hallados en las Tullerías después de la Revolución del 4 de septiembre. La rendición de París a los alemanes fue seguida por la Comuna, cuando los comunardos, en represalia por la ejecución sumaria de sus soldados por Galliffet, fusilaron a rehenes elegidos en las clases acomodadas de París. Uno de los fusilados fue Jecker, que por lo tanto perdió su vida y sus bonos a manos de los "rojos" y los "anarquistas".

Durante la Guerra Francoprusiana, Bazaine estuvo al mando del ejército que defendía a Metz. Creyendo que su situación era desesperada, entregó la ciudad a los alemanes. Después de la guerra, el gobierno republicano le sometió a una corte marcial, acusado de abandonar su puesto frente al enemigo cuando hubiera podido continuar la resistencia. Se le condenó y sentenció a muerte, pero la sentencia fue conmutada por la de veinte años de cárcel. Su esposa mexicana organizó la fuga de Bazaine, que estaba recluido en la fortaleza de la Ile Sainte Marguerite, y él se refugió en España, donde falleció en 1888. •

Ahora, la única amenaza que se cernía sobre Juárez provenía de Porfirio Díaz, que se enfrentó a él en la elección presidencial de 1871. Cuando Juárez fue elegido, Díaz declaró que el resultado había sido falsificado por los funcionarios de Juárez, y encabezó una revolución contra él. La revolución fracasó, y Díaz se ocultaba en las montañas de Oaxaca cuando Juárez murió de un ataque cardíaco, en junio de 1872. Díaz continuó su movimiento revolucionario contra Lerdo, que sucedió a Juárez en el cargo de presidente.

En 1876 Díaz marchó sobre Ciudad de México, y Lerdo huyó a Nueva York. Díaz fue elegido presidente de la República, y después de ocupar el cargo cuatro años, y gobernar cuatro años más a través de un representante, de nuevo fue elegido presidente en 1884. Permaneció en su puesto hasta 1911, y fue reelegido para un séptimo período a la edad de ochenta años. Díaz modernizó y desarrolló a México con la ayuda de los inversores extranjeros, y estableció buenas relaciones con las potencias europeas y con Estados Unidos. Los gobiernos extranjeros y los periodistas le admiraban profundamente. Al fin había llegado el gobernante enérgico que México necesitaba desde hacía mucho tiempo, el gobernante capaz de imponer la ley y el orden, extender los ferrocarriles y convertir a México en un lugar seguro y provechoso para los capitalistas extranjeros. Todos coincidieron en que Díaz había tenido éxito donde Maximiliano había fracasado. En 1867 la reina Victoria escribió que "sería una vergüenza eterna para nosotros mantener relaciones diplomáticas con un gobierno tan sanguinario como el de ese monstruo Juárez y sus partidarios". Pero treinta y nueve años más tarde, su hijo el rey Eduardo VII otorgó a Porfirio Díaz el título de caballero comandante de la Orden del Baño.

Un día de 1895 un anciano de setenta y cinco años llegó a Ciudad de México. Reveló que era Leonardo Márquez, el Tigre de Tacubaya. Se había cansado de vivir en la pobreza y el anonimato de La Habana; la vida ya no le daba felicidad, y creía que nada podía perder si regresaba a México después de veintiocho años y se ponía a merced de sus enemigos. El presidente Díaz estaba muy atareado lidiando con el creciente descontento del pueblo y no adoptó medidas contra su antiguo enemigo; y Márquez no fue acusado ni molestado.

Márquez escribió un libro en el cual trató de justificarse de las acusaciones que se habían formulado contra su persona. Dijo que Miramón había mentido durante el juicio en Querétaro, cuando dijo que Márquez había liquidado a los prisioneros y el personal médico de Tacubaya en 1859 adoptando una actitud de desafío frente a las órdenes del propio Miramón. Márquez dijo que se había limitado a cumplir las órdenes de Miramón. También negó la responsabilidad en el asesinato de Ocampo en 1861, y dijo que su gobernante subordinado, el capitán Cajiga, había secuestrado y matado a Ocampo sin consultarle ni informarle. Dijo que habría sido imposible que él condujese un ejército desde Ciudad de México para auxiliar a Maximiliano, que estaba en Querétaro. Márquez continuó viviendo sin atraer la atención en los suburbios de Ciudad de México, hasta su muerte en 1905. Escobedo había fallecido tres años antes.

El fracaso de Díaz en sus intentos de resolver el problema de la servidumbre llevó al estallido de la revolución de 1911. Díaz huyó a París, donde falleció en 1915. Dos años después, un mexicano llamado Sedano fue ejecutado en París por un pelotón de fusilamiento, bajo la acusación de que era un espía alemán en el marco de la Primera Guerra Mundial. Sedano era el hijo de Maximiliano y la hija del jardinero de Cuernavaca. Clemenceau fue el principal instigador de la actividad destinada a atrapar y ejecutar a los espías alemanes en París; el mismo Clemenceau que se había regocijado ante la ejecución del padre de Sedano en Querétaro, cincuenta años antes.

Eugenia huyó de París durante la revolución de 1870, y fue a Inglaterra. Sobrevivió cuarenta y siete años a Napoleón III. Cuando en su ancianidad le preguntaron qué opinaba de la expedición a México, reconoció que ella había sido la principal responsable de la iniciativa, y agregó que aún creía que había tenido razón; sólo lamentaba el fracaso. Tenía noventa y cuatro años cuando falleció, durante una visita a Madrid realizada en 1920.

Charlotte aún vivía; residía en Bélgica y continuaba loca. Nadie ha explicado satisfactoriamente por qué una joven inteligente, muy decidida y encantadora, y con un buen caudal de sentido común, que jamás había demostrado signos de locura (y no había antecedentes al respecto en su familia) de pronto había enloquecido a la edad de veintiséis años. Varios autores contemporáneos creyeron que le habían suministrado una droga conocida sólo por las tribus indias de México, y que este producto enloquecía a la gente; creían que esa droga le había sido administrada por un agente de Juárez en Puebla, o en otro lugar entre la Ciudad de México y Veracruz, durante el viaje a París realizado en junio de 1866. La reina Victoria culpaba a Napoleón III que, "se ha comportado muy mal con el pobre Max, y me temo que su conducta con la pobre Charlotte ha contribuido a que ella pierda la razón".

Otros sugirieron que el dolor provocado por la falta de hijos y por las aventuras amorosas de Maximiliano, y la ansiedad que sintió en vista de la situación amenazadora en México, afectaron su equilibrio mental, aunque no todas las mujeres que afrontan esos sufrimientos, ni todas las emperatrices que temen la pérdida del trono, han llegado a la locura. Su sobrina, la princesa Stephanie de Bélgica (viuda de Rodolfo, hijo de Francisco José, que fue hallado muerto en Mayerling) a menudo la visitaba en su ancianidad. Stephanie creía que el desequilibrio de Charlotte se había agravado mucho por su sentimiento de culpa al haber abandonado a Maximiliano, dejándole librado a su destino en México.

Cuando el arzobispo Dechamps comunicó a Charlotte que habían fusilado a Maximiliano, ella reaccionó de un modo bastante racional, y al principio lloró, y después aceptó con tristeza el asunto, entendiendo que era la voluntad de Dios.

En marzo de 1879 estalló un incendio durante la noche en la residencia de Charlotte en Tervuren, y fue necesario evacuarla de prisa. Pareció que la experiencia le agradaba, y dijo que las llamas eran muy bonitas. Después del incendio se trasladó a Bouchot, un castillo del siglo XII donde vivió el resto de su vida. Salía a pasear en su carruaje por el parque, pero nunca se alejaba de los terrenos del castillo. A menudo tocaba el piano, y aún lo hacía bien.

Su familia la visitaba regularmente y le demostraba mucho cariño. En 1909, cuando falleció Leopoldo II, Alberto, sobrino de Charlotte, ocupó el trono y solía visitarla regularmente con su esposa, la reina Isabel. Al parecer, ella no advertía que ellos eran los reyes de los belgas. Antes del ascenso de Alberto al trono, había sido el conde de Flandes, y cuando la visitaba, Charlotte solía decir: "Han llegado los Flandes".

Tenía conciencia de su estado, y a veces hablaba de sí misma diciendo que era "la loca". Solía referirse a ella misma en tercera persona, y decía a un visitante: "Sí, señor, una es vieja, una es estúpida, una es loca. La loca todavía vive" *(Oui, Monsieur, on est vieux, on est bête, on est fou. La folle est toujours vivante)*. Nunca hablaba de México o de Maximiliano, pero a veces comentaba otros episodios del pasado, por ejemplo la Guerra Germanodanesa de 1864, como si se tratara de asuntos contemporáneos; en la fiesta anual con que se celebró el día de su santo, en noviembre de 1912, preguntó por qué Maximiliano no estaba.

Falleció el 19 de enero de 1927, a la edad de ochenta y seis años. La prensa de muchos países informó acerca de su muerte y publicó notas necrológicas explicando quién era a los lectores más jóvenes. Los mismos periódicos trajeron noticias acerca de la protesta formulada por el papa Pío XI contra un nuevo decreto del gobierno mexicano que limitaba las actividades de la Iglesia Católica en México, un país que acababa de dejar atrás otra década de trastornos revolucionarios.

Charlotte no fue la última sobreviviente de los que habían representado un papel en la historia de Maximiliano y Juárez. Uno de los jóvenes soldados del pelotón de fusilamiento que había ejecutado a Maximiliano aún vivía en 1952, a la edad de ciento once años.

Bibliografía

FUENTES MANUSCRITAS

Archivos del Foreign Office, México: Public Record Office, Kew.
Documentos del Estado Mayor del Ejército, Informes del Departamento de Guerra: National Archives, Washington, D.C.
Archivos de Maximiliano de México: Hans-, Hof-, und Staatsarchiv, Viena.
Documentos de Palmerston: Biblioteca Británica, Londres.
Archivos de William H. Seward: National Archives, Washington, D.C.
Documentos de William T. Sherman: Biblioteca del Congreso, Washington, D.C.

DIARIOS Y PERIODICOS

La Bandera Roja (Morelia, 1859-1863).
Blackwood's Edinburgh Magazine (Edinburgo, 1864).
Boletín Republicano (Ciudad de México, 1867).
El Cronista de México (Ciudad de México, 1862-1866).
The Evening Post, New York (Nueva York, 1865-1867).
La Independencia Mexicana (San Luis Potosí, 1863).
La Liberté (París, 1867).
Le Moniteur Universel (París, 1864-1867).
La Nación (Ciudad de México, 1865).
The New York Times (Nueva York, 1863-1867).

La Orquesta (Ciudad de México, 1862-1863).

El Pájaro Verde (Ciudad de México, 1863).

The Saturday Review (Londres, 1858-1867).

El Siglo XIX (Ciudad de México, 1861).

La Sociedad (Ciudad de México, 1863-1865).

The Times (Londres, 1858-1867).

Le Trait-d'Union (Ciudad de México, 1862).

OBRAS PUBLICADAS

Acton, J.E.E.D. "The Rise and Fall of the Mexican Empire". Conferencia en Bridgnorth, 10 de marzo de 1868. En *Historical Essays and Studies* (Londres, 1907).

Alba, duque de. "La Emperatriz Eugenia". Conferencia en Barcelona, 1947. En *Boletín de la Real Academia de Historia* 120:71-101 (Madrid, 1947).

Alvensleben, Max, barón von. *With Maximilian in Mexico*. Londres, 1867.

Anderson, William Marshall. *An American in Maximilian's Mexico 1865-1866: The Diaries of William Marshall Anderson*. Ed. R.E. Ruiz, San Marino, California, 1959.

Arbelli, H.P. *Les Renards, les Dindons et le Mexique*. Burdeos, 1863.

Arellano, M.R. de. *Ultimas Horas del Imperio*. Ed. A. Pola, Ciudad de México, 1903.

Arias, J. de Dios. *Reseña Histórica de la formación y operaciones del cuerpo del Ejército del Norte durante la Intervención Francesa*. Ciudad de México, 1867.

Arrangoiz, D.F. de Paula de. *Apuntes para la Historia del Segundo Imperio Mejicano*. Madrid, 1869.

Baedecker, K. *Southern Germany and the Austrian Empire: Handbook for Travellers*. Coblenza, 1868.

Baldensperger, F. "L'initiation américaine de Georges Clemenceau". *Revue de Littérature Comparée* 8:127-54 (1928).

Bancroft, F. *The Life of William H. Seward*. Nueva York, 1900.

Bancroft, H.H. *A Popular History of the Mexican People*. San Francisco, 1887.

Barker, Nancy Nichols. *Distaff Diplomacy: The Empress Eugénie and the Foreign Policy of the Second Empire*. Austin, Texas, 1967.

——. "Empress Eugénie and the Origin of the Mexican Venture". *The Historian* 22 (I):9-23 (noviembre de 1959).

Bartlett, I.S. "President Juárez at Old El Paso". *Bulletin of the Pan-American Union* 41:641-58 (5 de noviembre de 1915).

Basch, S. *Erinnerungen aus Mexico: Geschichte der letzten zehn Monate des Kaiserreichs*. Leipzig, 1868.

Belleyme, A. de. *La France et le Mexique*. París, 1863.

Berry, C.R. *The Reform in Oaxaca 1856-76: A Microhistory of the Liberal Revolution*. Lincoln, Nebraska, 1981.

The Betrayal of the Cause of Freedom by William H. Seward, Secretary of State. Washington, D.C., 1866.

Beust, F.F., conde von. *Memoirs of Friedrich Ferdinand Count von Beust*. Londres, 1887.

Biart, L. *Le Mexique d'hier et le Mexique de demain*. París, 1865.

Bibesco, príncipe G. *Au Mexique 1862: Combats et Retraite des Six Mille*. París, 1887.

Bigelow, John. "The Heir-Presumptive to the Imperial Crown of Mexico: Don Agustín de Iturbide". *Harper's New Monthly Magazine* 66:735-49 (abril de 1883).

———. *Retrospections of an Active Life*. Nueva York, 1909.

Blanchot, C. *Mémoires: l'Intervention Française au Mexique*. París, 1911.

Blasio, J.L. *Maximilian Emperor of Mexico: Memoirs of His Private Secretary*. New Haven, 1934.

Blond, G. *La Légion Etrangère*, París, 1964.

Blumberg, A. "A Swedish Diplomat in Mexico, 1864". *Hispanic-American Historical Review* 45:275-86 (1965).

———. "William Seward and Egyptian Intervention in Mexico". *Smithsonian Journal of History* I(4):31-48 (Invierno de 1966-67).

Blumenthal, H. *France and the Unites States: Their Diplomatic Relations 1789-1914*. Chapel Hill, Carolina del Norte, 1970.

Bock, Carl H. *Prelude to Tragedy*. Filadelfia, 1966.

Bonnevie, J.B. *N'insultez pas le Gens de Coeur*. Bruselas, 1865.

Buffin, barón C. *La Tragédie Mexicaine*. Bruselas, 1925.

Bullock, W.H. *Across Mexico in 1864-65*. Londres, 1866.

Bulnes, F. *Juárez y las revoluciones de Ayutla y de Reforma*. Ciudad de México, 1905.

———. *El Verdadero Juárez y la Verdad sobre la Intervención y el Imperio*. Ciudad de México, 1904.

Bülow, Paula von. *Aus verklungenen Zeiten*. Leipzig, 1924.

Burghclere, lady. *A Great Lady's Friendship: Letters to Mary, Marchioness of Salisbury, Countess of Derby 1862-1890*. Londres, 1933.

Cadenhead, Ivie E. (hijo). "González Ortega and the Presidency of Mexico". *Hispanic-American Historical Review* 32:331-46 (1952).

Callahan, J.M. *American Foreign Policy in Mexican Relations*. Nueva York, 1932.

Callcott, W.H. *Liberalism in Mexico 1857-1929*. Hamden, Connecticutt, 1965.

Cambas, M.R. *Los gobernantes de México: Benito Juárez.* Ciudad de México, 1972.

Case, Lynn M. *French Opinion on War and Diplomacy During the Second Empire*, Filadelfia, 1954.

——, comp. *French Opinion on the United States and Mexico 1860-1867: Extracts from the Reports of the Procureurs Généraux.* Nueva York, 1936.

Case, Lynn M. y W.F. Spencer. *The United States and France: Civil War Diplomacy.* Filadelfia, 1970.

Castelot, A. *Maximilien et Charlotte du Mexique.* París, 1977.

——. *Napoléon Trois.* París, 1973-1974.

Castro, J. de. *El Emperador Maximiliano y su augusta esposa la Emperatriz Carlota.* Madrid, 1867.

Causa de Fernando Maximiliano de Habsburgo que se ha titulado Emperador de México y sus llamados generales Miguel Miramón y Tomás Mejía. Ed. A. Pola, Ciudad de México, 1907.

Chevalier, M. La France, le Mexique et les Etats Confédérés. París, 1863.

——. *Le Mexique Ancien et Moderne.* París, 1863.

La Chute de l'Empire du Mexique, par Un Mexicain. París, 1867.

Chynoweth, W.H. *The Fall of Maximilian, Late Emperor of Mexico.* Ed. W.M. Laker. Londres, 1872.

Cleven, N.A.N. "The Ecclesiastical Policy of Maximilian of Mexico". *Hispanic-American Historical Review* 9:317-60 (agosto de 1929).

Cluseret, G. *Mexico and the Solidarity of Nations.* Nueva York, 1866.

Connell, B. *Regina v. Palmerston.* Londres, 1962.

Corti, Egon Caesar, conde. *Maximilian und Charlotte von Mexico.* Zurich, 1924. Traducción al inglés de Catherine Alison Phillips: *Maximilian and Charlotte of Mexico.* Nueva York, 1929. (Las notas, a menos que se diga otra cosa, se refieren a la traducción inglesa. Mis citas son de la edición alemana, que trae los documentos en su idioma original.) Citado como Corti.

——. *Vom Kim zum Kaiser: Kindheit und erste Jugend Kaiser Franz Josephs I und seiner Geschwister.* Graz, 1950.

Coulter, E.M. *The Confederate States of America.* Baton Rouge, Luisiana, 1950.

Cuevas, J. de Jesús. *El Imperio: Opúsculo sobre la situación actual.* Ciudad de México, 1864.

Dabbs, J.A. *The French Army in Mexico 1861-1867: A Study in Military Government.* La Haya, 1963.

Dawson, D. *The Mexican Adventure.* Londres, 1935.

Détroyat, L. *La Cour de Rome et l'Empereur Maximilien.* París, 1867.

Deusen, Glyndon G. van. *William Henry Seward.* Nueva York, 1967.

D'Héricault, C. *Maximilien et le Mexique.* París, 1869.

Dinner to Señor Matías Romero... on 29th of March 1864. Nueva York, 1866.

Domenech, Emmanuel. *L'Empire au Mexique et la candidature d'un Prince Bonaparte au trone mexicain.* París, 1862.

——. *Histoire du Mexique: Juárez et Maximilien.* París, 1868.

——. *Le Mexique tel qu'il est.* París, 1867.

Domenech, Passena. *L'Empire Mexicain, la Paix et les Intérêts du Monde.* Ciudad de México, 1866.

Du Barail, general. *Mes Souvenirs.* París, 1894-1896.

Duniway, C.A. "Reasons for the Withdrawal of the French from Mexico". *Annual Report of the American Historical Association for the Year 1902* I:315-28 (1903).

Duvernois, C. *L'Intervention Française au Mexique.* París, 1868. (A menudo atribuida a Détroyat.)

Edwards, John N. *Shelby and His Men, or the War in the West.* Kansas City, 1897.

L'Empereur du Mexique. París, 1864.

L'Empire mexicain et son avenir considéré au point de vue des intérêts européens. París, 1865.

Enduran, L. *France et Mexique.* Limoges, 1866.

Engels, F. y K. Marx. *Der Briefwechsel zwischen Friedrich Engels und Karl Marx.* Ed. A. Bebel y E. Bernstein. Stuttgart, 1913.

Filon, A. *Recollections of the Empress Eugénie.* Londres, 1920.

Fleury, E.F. *Souvenirs du Général Cte. Fleury.* París, 1897-1898.

Flint, Henry M. *Mexico under Maximilian.* Filadelfia, 1867.

Foussemagne, condesa H. de Reinach. *Charlotte de Belgique, Impératrice du Mexique.* París, 1925.

Franz Joseph. *Briefe Kaiser Franz Josephs I an seine Mutter 1838-1872.* Ed. F. Schnüder. Munich, 1930.

Frazer, Robert W. "Latin-American Projects to Aid Mexico during the French Intervention". *Hispanic-American Historical Review* 28:377-88 (1948).

——. "Maximilian's Propaganda Activities in the United States, 1865-1866". *Hispanic-American Historical Review* 24:4-29 (1944).

Gagern, Carlos von. *Todte und Lebende: Erinnerungen von Carlos von Gagern.* Berlín, 1884.

García, G., comp. *La Intervención Francesa en México según el Archivo del Mariscal Bazaine.* Ciudad de México, 1975.

García, G. y C. Pereyra, comps. *Correspondencia secreta de los Principales Intervencionistas Mexicanos 1860-1862.* Ciudad de México, 1905.

——. *Correspondencia secreta de los Principales Intervencionistas Mexicanos: El Sitio de Puebla en 1863.* Ciudad de México, 1972.

——. *El Gral. Paredes y Arrillaga... los Gobiernos de Alvarez y Comonfort.* Ciudad de México, 1974.

Garibaldi, G. *Edizione Nazionale degli scritti di Giuseppe Garibaldi.* Bolonia, 1932-1937.

Gasparini, Lina, "Massimiliano d'Austria, ultimo governatore del Lombardo-Veneto". *Nuova Antalogia* 7ma. serie, 377:249-78, 353-87 (Roma, enero-febrero de 1935).

——. "Massimiliano nel Messico". *Nuova Antalogia,* 7ma. serie, 399:8-31, 169-213 (Roma, septiembre de 1938).

Gaulot, P. *L'Expédition du Mexique.* París, 1906.

Giménez, M.M. *Memorias del Coronel Manuel María Giménez 1798-1878.* Ciudad de México, 1911.

Goldwert, M. "Matías Romero and Congressional Opposition to Seward's Policy Toward the French Intervention in Mexico". *The Americas* 22:22-40 (julio de 1965).

Gran Banquete dado al Ministro de la República Mejicana. Nueva York (?), 1864 (?).

Grant, Ulysses S. *Personal Memoirs of U. S. Grant.* Nueva York, 1885-1886.

Guedalla, Philip. *The Two Marshals: Bazaine, Pétain.* Londres, 1943.

Gutiérrez de Estrada, J.M. *Carta al Excmo. Sr. Presidente de la República.* Ciudad de México, 1840.

——. *Discurso pronunciado en el Palacio de Miramar el 3 de octubre de 1863.* París, 1863.

——. *Méjico y el Archiduque Fernando Maximiliano.* París, 1862.

Hale, C.A. "José Luis Mora and the Structure of Mexican Liberalism". *Hispanic-Américan Historical Review* 45:196-227 (mayo de 1965).

——. *Mexican Liberalism in the Age of Mora 1821-1853.* New Haven, 1968.

Hall, Frederic. *Life of Maximilian I, Late Emperor of Mexico.* Nueva York, 1868.

Hanna, A. J. y Kathryn A. Hanna. *Napoleon III and Mexico.* Chapel Hill, Carolina del Norte, 1971.

Hanna, Kathryn A. "The Roles of the South in the French Intervention in Mexico". Discurso ante la Southern Historical Association de Jacksonville, Florida, 13 de noviembre de 1953. En *The Pursuit of Southern History,* pp. 298-312. Baton Rouge, Luisiana, 1964.

Hans, Albert. *Querétaro: Souvenirs d'un officier de l'Empereur Maximilien.* París, 1869.

Hansard Parliamentary Debates. Official Report (Cámara de los Comunes y Cámara de los Lores). Londres, 1858-1867.

Hellwald, F. von. *Maximilian I Kaiser von Mexico.* Viena, 1869.

Hugo, Victor. *Oeuvres Complètes.* París, 1880-1890.

Hyde, H. Montgomery. *Mexican Empire*. Londres, 1946.

Iglesias, J.M. *Revistas Históricas sobre la Intervención Francesa en México*. Ciudad de México, 1868-1869.

Jauret, G. *Le Mexique devant les Chambres*. París, 1866.

Jecker, J. B. "La Créance Jecker". *Revue Contemporaine*, 2ª serie, 61:128-49 (París, 15 de enero de 1868).

Jerrold, B. *The Life of Napoleon III*. Londres, 1874-1882.

Johnson, A. *Dictionary of American Biography*. Londres, 1928-1936.

Jordan, D. y E. J. Pratt. *Europe and the American Civil War*. Boston, 1931.

Juárez, B. *Documentos, Discursos y Correspondencia*. Ed. J. M. Tarmayo. Ciudad de México, 1965-1971.

Juárez, B. y Montluc, J.P. A. *Correspondance de Juárez et de Montluc*. Ed. L. de Montluc. París, 1885.

Kendall, J.J. *Mexico under Maximilian*. Londres, 1871.

Kératry, conde E. de. *La Contre-guérilla Française au Mexique*. París, 1868.

——. *La Créance Jecker, les Indemnités Françaises et les Emprunts Mexicains*. París, 1868.

——. *L'Empereur Maximilien, son élévation et sa chute*. Leipzig, 1867.

Kingsley, V.W. *French Intervention in America: Or, a Review of "La France, le Mexique et les Etats-Confédérés"*. Nueva York, 1863.

Knapp, F.A. *The Life of Sebastián Lerdo de Tejada 1823-1889*. Austin, Texas, 1951.

——. "Parliamentary Government and the Mexican Constitution of 1857", *Hispanic-American Historical Review* 33:65-87 (febrero de 1953).

Knowlton, R. J. "Some Practical Effects of Clerical Opposition to the Mexican Reform, 1856-1860". *Hispanic-American Historical Review* 45:246-56 (mayo de 1965).

Kollonitz, condesa Paula. *The Court of Mexico*. Traducción de J.E. Oliphant. Londres, 1868.

Kühn, J. *Das Ende des maximilianischen Kaiserreichs in Mexico: Berichte des königlich preussischen Ministerresidenten Anton von Magnus an Bismarck, 1866-1867*. Gotinga, 1965.

La Barreyrie, F. de. *Révélations sur l'Intervention Française au Mexique de 1866 à 1867*. París, 1868.

La Bédollière, E. de. *Histoire de la Guerre du Mexique: Puebla*. 1ª ed. París, 1863.

——. *Histoire de la Guerre du Mexique 1861 à 1866*. 2ª ed. París, 1866.

——. Histoire de la Guerre du Mexique, 1868: Mort et Funérailles de Maximilien. 3ª ed. París, 1868.

Lally, F.E. *French Opposition to the Mexican Policy of the Second Empire*. Baltimore, 1931.

La Porte, M.A. de. *Maximilien Archiduc d'Autriche, Empereur du Mexique*. Lille, 1867.

Larousse, P. *Grand Dictionnaire Universel du XIXe. siècle*. París, 1866-1876.

Larrainzar, D. Manuel. *Algunas Ideas sobre la Historia y manera de Escribir la de México*. Conferencia ante la Sociedad Mexicana de Geografía y Estadística, 26 de octubre de 1865.

Laurent, Paul. *La Guerre du Mexique de 1862 à 1866: Journal de marche du 3º Chasseurs d'Afrique*. París, 1867.

Leech, Margaret. *Reveille in Washington*. Nueva York, 1941.

Lefèvre, E. *Documents Officiels recueillis dans la Secrétairie Privée de Maximilien: Histoire de l'intervention française au Mexique*. Bruselas, 1869.

Lempriere, Charles. *Notes on Mexico in 1861 and 1862*. Londres, 1862.

Le Saint, L. *Guerre du Mexique 1861-1867*. Lille, 1867.

El Libro Rojo 1520-1867, por Vicente Riva Palacio, Manuel Payno, Juan A. Mateos y Rafael Martínez de La Torre. Ciudad de México, 1905-1906.

Liegel, T.A. *Kaiser Maximilian I von Mexiko*. Hamburgo, 1868.

Lincoln, A. *The Collected Works of Abraham Lincoln*. Ed. Roy P. Besler. Nueva Brunswick, Nueva Jersey, 1953.

Loiseau, M. *Notes Militaires sur le Mexique*. Bruselas, 1872.

Loizillon, teniente coronel. *Lettres sur l'Expédition du Mexique: publiées par sa soeur 1862-1867*. París, 1890.

Loliée, F. *Frère d'Empereur: le Duc de Morny et la Société du Second Empire*. París, 1909.

Lynch, J. *The Spanish American Revolutions 1808-1826*. Nueva York, 1986.

Lynch, hermana M. Claire. *The Diplomatic Mission of John Lothrop Motley to Austria 1861-1867*. Washington, D.C., 1944.

Magruder, H.R. *Sketches of the Last Year of the Mexican Empire*. Wiesbaden, 1868.

Malespine, A. *Solution de la Question Mexicaine*. París, 1864.

Malmesbury, conde de. *Memoirs of an Ex-Minister*. Londres, 1884.

Malortie, barón Carl von. *Twixt Old Times and New*. Londres, 1890.

Márquez, Leonardo. *Manifiestos*. Ciudad de México, 1904.

Márquez de León, M. *Don Benito Juárez a la luz de la verdad*. Ciudad de México, 1885.

Martin, Theodore. *The Life of His Royal Highness de Prince Consort*. Londres, 1875-1880.

Marx, Adrien. *Révélations sur la vie intime de Maximilien*. París, 1867.

Masseras, E. *El Programa del Imperio*. Ciudad de México, 1864.

Maximiliano. *Recollections of My Life by Maximilian I, Emperor of Mexico*. Londres, 1868.

McCornack, R.B. "Maximilian's Relations with Brazil". *Hispanic-American Historical Review* 32:175-211 (mayo de 1952).

McFeely, William S. *Grant*. Nueva York, 1981.

McKee, Irving. *"Ben Hur" Wallace: The Life of General Lew Wallace.* Berkeley, 1947.

Mecham, J.L. "The Papacy and Spanish-American Independence". *Hispanic-American Historical Review* 9:154-75 (mayo de 1929).

Mercer, C. *The Foreign Legion.* Londres, 1966.

Mercier de Lacombe, H. *Le Mexique et les Etats-Unis.* París, 1863.

Mérimée, Prosper. *Correspondance Générale de Prosper Mérimée.* Ed. M. Parturier. París, 1941-1964.

Miller, R.R. "Matías Romero: Mexican Minister to the United States During the Juárez-Maximilian Era". *Hispanic-American Historical Review* 45:228-45 (mayo de 1965).

La Misión Confidencial de Don Jesús Terán en Europa 1863-1866. Prefacio por G. Saldívar. Ciudad de México, 1943.

Mismer, C. *Souvenirs de la Martinique et du Mexique pendant l'intervention française.* París, 1890.

Monnerville, G. *Clemenceau.* París, 1968.

Montlong, W. von. *Authentische Enthüllungen über die letzten Ereignisse in Mexico.* Stuttgart, 1868.

Moreau, H. *La politique française en Amérique 1861-1864.* París, 1864.

Morel, teniente coronel. *La Légion Etrangère.* París, 1912.

Motley, J. L. *The Correspondence of John Lothrop Motley.* Ed. G.W. Curtis. Londres, 1889.

Napoleón III. *Oeuvres de Napoléon III.* París, 1869.

The New Catholic Encyclopaedia. San Francisco, 1967.

Nicolay, John G. y John Hay. *Abraham Lincoln: A History.* Nueva York, 1890.

Niox, G. *Expédition du Mexique 1861-1867.* París, 1874.

O'Ballance, E. *The History of the French Foreign Legion.* Londres, 1961.

Oddie, E. M. *Napoleon II, King of Rome.* Londres, 1932.

Ollivier, E. *L'Empire Libéral.* París, 1903.

——. *L'Expédition du Mexique.* París, 1922.

Orozco, L.C. *Maximiliano y la Restitución de la Esclavitud en México 1865-1866.* Ciudad de México, 1961.

Où conduit l'Expédition du Mexique, par un Ex-Député. París, 1863.

Paléologue, M. *The Tragic Empress: Intimate Conversations with the Empress Eugénie 1901 to 1902.* Traducción al inglés de H. Miles. Londres, 1928.

Parthe, E. *Die Intervention in Mexico und das neue Kaiserreich.* Leipzig, 1864

Paso, Fernando del. *Noticias del Imperio.* Ciudad de México, 1987.

Perkins, D. *Hands Off: A History of the Monroe Doctrine.* Boston, 1941.

Porch, D. *The French Foreign Legion.* Nueva York, 1991.

Poussielgue, M. *Ce qui va arriver au Mexique.* París, 1863.

Primoli, J. A. "L'enfance d'une souveraine". *Revue des Deux Mondes* 7 (17):752-88 (París, octubre de 1923).

La Prise de Puebla. París, 1863.

Proceedings of a Meeting of Citizens of New York to Express Sympathy and Respect for the Mexican Republican Exiles: Held at Cooper's Institute, July 19, 1865. Nueva York, 1865.

Quinet, E. *L'Expédition du Mexique.* Londres, 1862.

Randon, César. *Mémoires du Maréchal Randon.* París, 1875-1877.

Redlich, J. *Emperor Francis Joseph of Austria: A Biography.* Londres, 1929.

Reyes, R. *Benito Juárez: ensayo sobre un carácter.* Madrid, 1935.

Rippy, J.F. *The United States and Mexico.* Nueva York, 1926.

Riva Palacio, M. y R. M. de La Torre. *Histoire du Procès et de la Fin Tragique de l'Archiduc Maximilien d'Autriche.* Bruselas, 1868.

Rivière, H. *La Marine Française au Mexique.* París, 1881.

Robertson, W.S. "The Tripartite Treaty of London". *Hispanic-American Historical Review* 20:167-89 (mayo de 1940).

Roeder, R. *Juárez and His Mexico.* Nueva York, 1947.

Romero, M. *Correspondencia de la Legación Mexicana en Washington durante la Intervención Extranjera 1860-1868.* Ciudad de México, 1870-1885.

——. *Mexico and the United States.* Nueva York, 1878.

——. *Speech of Señor Don Matías Romero... on the 65th Anniversary of the Birth of General Ulysses S. Grant... at the Metropolitan Methodist Episcopal Church of the City of Washington on the 27th day of April 1887.* Nueva York, 1887.

Rouher, E. *Discours de S. Exc. M. Rouher Ministre d'Etat dans la séance du Corps Législatif du 17 janvier 1864.* París, 1864.

——. *Discours de M. Corta... et de S. Exc. M. Rouher Ministre d'Etat (10 y 11 de abril de 1865).* París, 1865.

——. *Discours de S. Exc. M. Rouher Ministre d'Etat dans la séance du Corps Législatif du 9 juin 1865.* París, 1865.

——. *Discours prononcé par S. Exc. M. Rouher Ministre d'Etat et des Finances dans la séance du Corps Législatif du 10 juillet 1867.* París, 1867.

Ruby, E. y J. Regnault. *Bazaine, coupable ou victime?* París, 1960.

Rydjord, J. "The French Revolution and Mexico". *Hispanic-American Historical Review* 9:60-98 (febrero de 1929).

Salm-Salm, príncipe Felix. *My Diary in Mexico in 1867 including the Last Days of the Emperor Maximilian with Leaves from the Diary of the Princess Salm-Salm.* Londres, 1868.

Salm-Salm, princesa Felix. *Ten Years of My Life.* Londres, 1876.

Salomon, H. *L'Ambassade de Richard de Metternich à Paris.* París, 1931.

Sánchez Navarro, C. *Miramón, el Caudillo Conservador.* Ciudad de México, 1945.

Santa-Anna, Antonio López de. *Mi Historia Militar y Política 1810-1874: Memorias Inéditas*. Ciudad de México, 1905.

Sajonia-Coburgo-Gotha, duque de. *Memoirs of Ernest II, Duke of Saxe-Coburg-Gotha*. Londres, 1888-1890.

Scheffer, C. *La grande Pensée de Napoléon III: les origines de l'expédition du Mexique 1858-1862*. París, 1939.

Schneider, F. *Maximilian's Kaiserreich und Tod: von Miramar bis Querétaro*. Berlín, 1867.

Schofield, J. M. *Forty-Six Years in the Army*. Nueva York, 1897.

Scholes, W. V. *Mexican Politics During the Juárez Regime 1855-1872*. Columbia, Mississippi, 1957.

Schönovsky, K.K. *Aus den Gefechten des Österrichischen Freicorps in Mejico*. Viena, 1873.

Schroeder, S. *The Fall of Maximilian's Empire as Seen from a United States Gun-Boat*. Nueva York, 1887.

Schrynmakers, A. de. *Le Mexique: Histoire de l'établissment et de la chute de l'Empire de Maximilien*, 1ª ed. Bruselas, 1882.

——. *Le Mexique*, 3ª ed., *Revue et augmentée*. Bruselas, 1890.

Sears, L.M. "A Confederate Diplomat at the Court of Napoleon III". *American Historical Review*. 26:255-81 (enero de 1921).

Seward, F. W. *Reminiscences of a War-Time Statesman and Diplomat 1830-1915*. Nueva York, 1916.

Sheridan, P.H. *Personal Memoirs of P.H. Sheridan, General U.S. Army*. Nueva York, 1888.

Sherman, W.T. *Memoirs of General William T. Sherman*. Nueva York, 1875.

The Sherman Letters: Correspondence between General and Senator Sherman from 1837 to 1891. Ed. Rachel Sherman Thorndike. Londres, 1894.

Smart, C.A. *¡Viva Juárez!* Filadelfia, 1963.

Smissen, barón van der. *Souvenirs du Mexique 1864-1867*. Bruselas, 1892.

Smith, G. *Maximilian and Carlota*. Londres, 1974.

Stephanie, princesa. *I Was to Be Empress*. Londres, 1937.

Stevenson, Sara Yorke. *Maximilian in Mexico: A Woman's Reminiscences of the French Intervention 1862-1867*. Nueva York, 1899.

——. "Prince Louis Napoleon and the Nicaragua Canal". *Century Magazine* 64:391-96 (julio de 1902).

Stryker, L.P. *Andrew Johnson: A Study in Courage*. Nueva York, 1929.

Tambs, L.A. "The Inquisition in Eighteenth-Century Mexico". *The Americas* 22:167-81 (octubre de 1965).

Tavera, E. Schmit Ritter von. *Die Mexikanische Kaisertragödie: die letzten sechs Monate meines Aufenthaltes in Mexiko im Jahre 1867*. Viena, 1903.

——. *Geschichte des Regierung des Kaisers Maximilian I und die Französische Intervention in Mexico 1861-1867*. Viena, 1903.

Tegetthoff, W. von. *Aus Wilhelm von Tegetthoffs Nachlass*. Ed. A. Beer. Viena, 1882.

Terrell, A. W. *From Texas to Mexico and the Court of Maximilian in 1865*. Ed. Fannie E. Ratchford. Dallas, 1933.

Testory, Abbé. *El Imperio y el Clero Mexicano*. Toluca, 1865.

Théodorus et Juárez. París, 1868.

Thomas, L. *Le Général de Galliffet*. París, 1909.

Timmerhans, L. *Voyage et Opérations du Corps Belge au Mexique*. Lieja, 1866.

Timmons, W. H. "José María Morelos: Agrarian Reformer?" *Hispanic-American Historical Review* 45:183-95 (mayo de 1965).

Treglown, T. *Europe Insulted by the Murder of Maximilian*. Marazion, Cornwall, 1867.

Tyrner-Tyrnauer, A.R. *Lincoln and the Emperors*. Londres, 1962.

Uliczny, J. *Geschichte des österreichisch-belgischen Freikorps in Mexiko*. Viena, 1868.

Valades, J.C. *Don Melchor Ocampo, Reformador de México*. Ciudad de México, 1954.

Valois, A. de. *Mexique, Havane et Guatemala: Notes de Voyage*. París, 1861.

Valori, príncipe Henry de. *L'expédition du Mexique rehabilité au triple point de vue religieux, politique et commercial*. París, 1864.

Verdía, L. Pérez. *Impresiones de un libro "Maximiliano íntimo" por José L. Blasio*. Guadalajara, 1905.

Victoria, *The Letters of Queen Victoria, Second Series 1862-1878*. Ed. George Earle Buckle. Londres, 1926.

Viel Castel, H. de. *Mémoires du Comte Horace de Viel Castel sur le règne de Napoléon III*. París, 1883-1884.

Welles, Gideon. *The Diary of Gideon Welles*. Boston, 1911.

Wellesley, V. y R. Sencourt. *Conversations with Napoleon III*. Londres, 1934.

Wertheimer, E. de. *The Duke of Reichstadt*. Londres, 1905.

West, W.R. "Contemporary French Opinions on the American Civil War". *Johns Hopkins University Studies in Historical and Political Science*, serie 42(I) (1924).

White, Elizabeth Brett. *American Opinion of France from Lafayette to Poincaré*. Nueva York, 1927.

Wilson-Bareau, J., J. House y D. Johnson. *Manet: The Execution of Maximilian*. Londres, 1992.

Woodham-Smith, Cecil. *Queen Victoria: Her Life and Times 1819-1861*. Londres, 1972.

Esta edición terminó de imprimirse en
VERLAP S.A. - Producciones Gráficas
Vieytes 1534 - Buenos Aires - Argentina
en el mes de julio de 1994